Von David Charney ist als
Heyne-Taschenbuch erschienen:

Sensei · Band 01/6879

DAVID CHARNEY

SENSEI
Der Meister des Schwerts

Roman

Deutsche Erstausgabe

WILHELM HEYNE VERLAG

MÜNCHEN

HEYNE ALLGEMEINE REIHE
Nr. 01/7631

Titel der amerikanischen Originalausgabe
SENSEI II: SWORD MASTER
Deutsche Übersetzung von Walter Brumm

Copyright © 1984 by David Charney
Copyright © der deutschen Übersetzung 1988 by
Wilhelm Heyne Verlag GmbH & Co. KG, München
Printed in Germany 1988
Umschlaggestaltung: Atelier Ingrid Schütz, München
Satz: IBV Satz- und Datentechnik GmbH, Berlin
Druck und Bindung: Elsnerdruck, Berlin

ISBN 3-453-00795-6

Für D. H. Verrette und
Lou Black

Laßt uns nach vorne blicken...

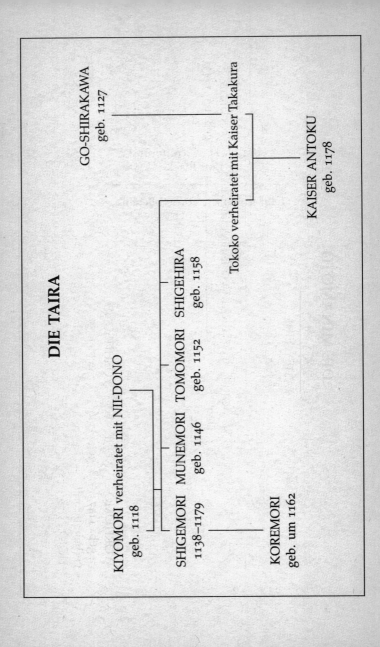

DIE MINAMOTO

TAMEYOSHI
1096–1156

YOSHIKATA verheiratet mit SENJO

YUKIIE
geb. um 1143

KISO YOSHINAKA
geb. 1154

YOSHITOMO
1123–1160

YORITOMO
geb. 1147
verheiratet mit
HOJO MASA

NORIYORI
geb. 1156

YOSHITSUNE
geb. 1159

ERSTES BUCH

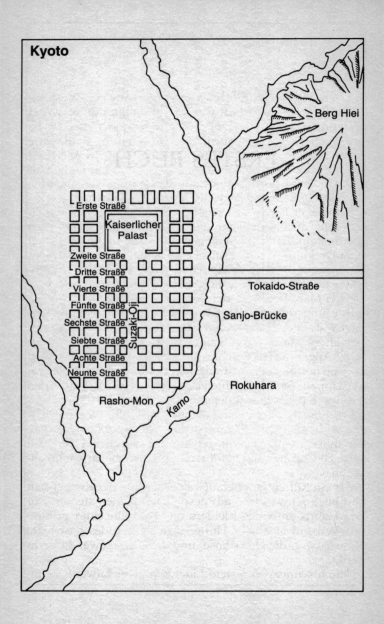

1

Der Berg Hiei im Nordosten von Kyoto hatte eine dicke silberweiße Decke. Die Luft war kalt und still; nur der Wind pfiff, und bisweilen knarzte ein Ast unter dem Druck des lastenden Schnees. Amaterasu, die Sonnengöttin, sandte ihre ersten Strahlen über die aufleuchtenden Schneefelder und tauchte tiefhängende Wolkensäume in Bernstein und Gold. Der Wind blies dünne Schneefahnen von jeder vorstehenden Oberfläche. Es war der zweite Monat des Jahres 1181.

Ein weißer Fuchs, fast unsichtbar im Schnee, floh vor einem seltsamen Ungeheuer, das den steinigen Weg vom alten Friedhof am Berghang herabgewankt kam, in die Sicherheit einer Deckung. Von dort sah er eine Gestalt mit zwei Köpfen, vier Armen, zwei baumelnden und zwei auf dem trügerischen Eis immer wieder ausgleitenden Beinen.

Zwei Männer. Einer, der den anderen trug.

Der jüngere Mann, dessen Gesicht vor Anstrengung verzerrt war, blies dampfenden Atem aus dem offenen Mund. Der ältere Mann hatte Schnee im hakennasigen Gesicht. Seine Augen waren geschlossen, der Kopf baumelte schlaff hin und her. Kein Atem drang aus der Nase oder den blutleeren Lippen. Sein gefurchtes Antlitz zeigte im Tode einen Ausdruck friedvoller Entspannung.

Der jüngere Mann war Tadamori-no-Yoshi. Wenige Stunden vorher hatte er Chikara, dem Älteren, auf dem Feld des Friedhofs im Zweikampf gegenübergestanden. Das Duell hatte zu Chikaras Tod geführt... und beinahe zu seinem eigenen.

Als ein Ruf zu ihm heraufwehte, machte der Krieger halt und blieb schwankend auf gespreizten Beinen stehen. Der Wind zerrte an seinen Kleidern und enthüllte einen primitiven Verband an seiner Hüfte. Durchsickerndes Blut hatte seine *hakama*, die Hemdhose, und das Untergewand durchtränkt.

Durch schneeverkrustete Lider spähte er talwärts. Hundert Schritte weiter unten stand ein grauhaariger Mann neben einem Ochsenkarren auf der Straße und winkte ihm zu.

»Yoshi, was ist geschehen?« rief der Mann, beide Hände um den Mund gelegt.

Yoshi starrte benommen zurück. Er schüttelte den Kopf, dann brach er unter seiner Last in die Knie und sank in den Schnee.

Er erwachte von den rüttelnden Stößen des Ochsenkarrens. Weiß dampfte sein Atem in der frostigen Luft, aber der schneidende Wind ging durch die Wände des Karrens und verwehte die Atemwolke rasch wieder. Yoshi lag ganz still. Jedesmal, wenn die Räder auf eine Unebenheit trafen, ging ein Stoß durch den Ochsenkarren, und ein brennender Schmerz durchbohrte seine Hüfte. Auf dem Weg hinab vom Friedhof hatte er keine Schmerzen gespürt; der Wille und die Anstrengung, sich unter seiner Last auf den Beinen zu halten, hatte den Schmerz zurückgedrängt. Jetzt, da er auf einer dünnen Strohschütte lag, glitt er wieder zurück in die Benommenheit, die ihn nach dem Zweikampf überkommen hatte, als er Stunden kniend neben Chikaras Leichnahm verbracht hatte, während die Gespenster der Vergangenheit um seine Seele gerungen hatten.

Yoshi stöhnte und fühlte eine Hand an seiner Stirn. Er versuchte, die Augen wieder zu öffnen aber es gelang ihm nicht; seine Gedanken verloren sich in einem Strudel von Erinnerungen.

Von Geburt an war sein Leben mit dem Chikaras verbunden gewesen. Chikara, Herr eines benachbarten Besitzes, hatte Yoshis Jugendliebe Nami geheiratet, Nichte des Feudalherrn Fumio. Nami hatte ihre Sommer als Gast auf den Besitzungen Fumios im entfernten Okitsu verbracht. Dort hatte Yoshi sie kennengelernt und einen ganzen Sommer in ihrer Gesellschaft verbracht. Er war damals sechzehn Jahre alt gewesen und hatte sich über beide Ohren in sie verliebt.

Yoshi hatte gerade die konfuzianische Akademie in Kyoto absolviert, und auf seine vierzehnjährige Cousine hatte er den Eindruck eines Musterbeispiels von hauptstädtischer Verfeinerung gemacht. Sein weißgepudertes Gesicht, die geschwärzten Zähne, die gedämpften Farbabstufungen seiner Seidengewänder und der parfümierte Fächer waren auf sie nicht ohne Wirkung geblieben. Und ihre zarte Schönheit und Empfänglichkeit für die Dichtkunst hatten ihn bezaubert.

Sie hatten einen idyllischen Sommer miteinander verbracht, hatten Vertraulichkeiten ausgetauscht und einander erschaudernd berührt. Seine Empfindungen blieben unausgesprochen, doch hatte Yoshi vor, eines Tages zurückzukehren und um die Hand seiner Cousine anzuhalten.

Drei Jahre später war ein geckenhafter Yoshi, das vollkommene Produkt der höfischen Gesellschaft, nach Okitsu zurückgekehrt, um Namis Hochzeit mit Chikara beizuwohnen. Das Ereignis erfüllte sein Herz mit Bitterkeit und Eifersucht und führte zu einem tragischen Zerwürfnis und Yoshis Exil.

Trotz seiner knabenhaften Erscheinung, seiner schwach ausgebildeten Muskulatur und der Schlaffheit seines Benehmens war Yoshi mutig. Er war auch jähzornig und bereit, jede Position einzunehmen, die ihn in einen Gegensatz zu Namis künftigen Gemahl brachte.

Yoshi beleidigte den älteren Mann und wurde zum Duell herausgefordert. Für Chikara war er kein Gegner; schließlich floh er dessen Besitzungen, froh, das nackte Leben zu retten. Von da an verdüsterte ihm der Gedanke an Chikara das Dasein; die schmerzliche Erinnerung ließ ihn nicht mehr los.

Yoshi fand Zuflucht bei einem Waffenschmied. Vier Jahre harter Arbeit in der Schmiede machten aus einem weibischen Höfling einen wortkargen jungen Mann von enormer Körperkraft. Später wurde er Schüler eines berühmten Fechtmeisters. Der unbedingte Wille, die Kunst des Schwertes zu erlernen, dazu eine unwandelbare Treue zu seinem Lehrer trugen ihm schließlich selbst den Titel eines *Sensei* ein, eines Lehrers und Fechtmeisters. Als Yoshis Meister in einem Hinterhalt, den ein ehemaliger Schüler ihm gelegt hatte, das Leben verlor, machte Yoshi zu Unrecht Chikara dafür verantwortlich.

Nachdem Yoshi seines Meisters Fechtschule geerbt hatte, konzentrierte er sich auf die Lehre der Kriegskunst und erlangte ein gewisses Maß an Zufriedenheit, wenn nicht sogar Glück.

Unterdessen befand sich Japan in einem Zustand politischer Gärung. Zwei Familien kämpften um die politische Macht und den Reichtum, der damit verbunden war. Die Sippe der Taira unter der Führung von Taira Kiyomori beherrschte das Land durch die Durchdringung des Hofes und durch Einheirat in die Kaiserfamilie. Ihre Rivalen, die Minamoto, wurden in die nördlichen Provinzen verbannt. Der listige, aber weitgehend entmachtete und in seiner Handlungsfreiheit eingeschränkte Kaiser Go-Shirakawa, einstmals Gönner des Großkanzlers Kiyomori, wurde ein Hauptträger der Opposition. In einem Versuch, das wachsende Übergewicht der Taira zu neutralisieren, befahl er Kiyomori, auch den Minamoto Sitze im kaiserlichen Rat einzuräumen. Kiyomori stimmte aufgrund der Überlegung zu, daß er den Feind besser kontrollieren könne, wenn er die führenden Persönlichkeiten nach Kyoto brachte. Er lud die Minamoto ein, Abgesandte in den Rat zu entsenden.

In der Folge sorgte Chikara dafür, daß die Vertreter der Minamoto in Duelle mit Samurai der Taira verwickelt und getötet wurden.

Unter dem Eindruck der Kampagne, die Chikara gegen sie führte, baten die Minamoto Yoshi, in ihrem Namen dem Rat beizutreten. Gegen seinen Willen nahm er an. Hätte Chikara nicht den Anlaß dazu gegeben, wäre Yoshi niemals nach Kyoto zurückgekehrt und hätte Nami nie wiedergesehen.

In Kyoto wurde er wiederholt von Parteigängern der Taira herausgefordert, die den Fehler begingen, ein leichtes Opfer in ihm zu sehen. Dieser Fehler war tödlich. Die Minamoto waren hocherfreut, als Yoshi ihre Gegner in einer Serie von Zweikämpfen bezwang. Die Verluste waren ein schwerer Schlag für den Stolz der Taira, aber Höflinge der Tairas zu töten war nicht Yoshis Ziel; er hatte es auf Chikara abgesehen, ihren Anführer. Aber Chikara ignorierte ihn.

Trotz der Gefahr ging Yoshi zu Nami und erklärte ihr seine Liebe in einer Nacht der Leidenschaft und beiderseitigen Entdeckung. Am nächsten Tag forderte er Chikara öffentlich heraus, und der Taira-Führer nahm die Herausforderung an. Im Falle seines Sieges würde Yoshi einen bedeutenden Erfolg für die Minamoto erringen und die Gelegenheit erhalten, Nami für sich zu gewinnen.

Aber so einfach war das nicht gewesen.

Yoshi verzog bei der Erinnerung schmerzlich das Gesicht... war es erst gestern abend gewesen? Seine Mutter Masaka und Nami waren zu ihm gekommen und hatten ihn gebeten, Chikara nicht gegenüberzutreten. Als ihre Bitten vergeblich blieben, hatte seine Mutter ihm das Geheimnis anvertraut, das sie seit seiner Geburt bewahrt hatte.

In ihrer Jugend hatte sie am Hof Chikara kennengelernt. Für eine Nacht waren sie Liebende gewesen. Als am nächsten Morgen kein Liebesgedicht gekommen war, hatte sie erkannt, daß sie kompromittiert war. Sie floh vom Hof und beschloß, in ein Kloster zu gehen. Als sie merkte, daß sie schwanger war, reiste sie zu ihrem Vetter, dem Landedelmann Fumio, und bat um Zuflucht auf seinem Besitz. Fumio nahm sie ohne Fragen bei sich auf, und in einer stürmischen Nacht voller Donner und Blitze brachte sie Yoshi zur Welt.

Bis zum vergangenen Abend hatte nur seine Mutter die Wahrheit gewußt: Chikara war Yoshis Vater.

Und Yoshi hatte ihn getötet.

Er hatte eine lange Nacht neben seinem toten Vater verbracht, während die übernatürlichen Welten von Gut und Böse um seine Seele gekämpft hatten. War das Leben eines Samurai und Fechtmeisters gut, wenn es den Tod von Freunden und Verwandten verursachte – und nun sogar den seines eigenen Vaters? Eine böse Klinge bedeutete eine böse Seele. Wie konnte er das Böse meiden und dem Zorn der Götter entgehen?

Seine Schultern zogen sich zusammen, und ein Schluchzen brach aus ihm hervor.

»Yoshi?« Die Stimme gehörte seinem Onkel Fumio, dem grauhaarigen, freundlichen alten Krieger, der ihm in seiner Kindheit den Vater ersetzt hatte.

Yoshi wandte das Gesicht zur Seite. Das trockene kalte Stroh stach in seine Haut und füllte die Nase mit einem Geruch, der aus Staub, Fäulnis und Tod gemischt schien. Chikara? Wo war Chikara? Ein starkes Gefühl von Ekel kam über ihn, und er versuchte sich aufzurichten.

15

»Bitte, beweg dich nicht«, sagte Fumio.

Yoshi schloß die Augen. Er spürte, wie er wieder das Bewußtsein verlor.

Fumio betrachtete ihn mit nassen Augen. Wie hatte der Junge sich verändert, seit er zum Mann herangewachsen war. Die einst weichen, fast ausdruckslosen Züge waren jetzt aus Granit gehauen: breite Backenknochen, von Jahren harter körperlicher Anstrengung geprägt, eine kleine, für ein solch kraftvolles Gesicht zierlich geformte Nase, ein empfindsamer Mund über einem energischen Unterkiefer. Die blasse Haut glattrasiert, das glänzende schwarze Haar straff zurückgestrichen und auf dem Hinterkopf zu einem Knoten gebunden.

Behutsam hob Fumio den Kopf des Verletzten und zog die Kapuze vor, um ihn gegen die Kälte zu schützen. Fumios wettergegerbte, kantige Züge waren ernst und verschlossen; im harten Licht des Wintermorgens war ihm jedes seiner sechzig Jahre anzusehen.

Yoshi war entweder eingeschlafen oder bewußtlos; es gab nichts mehr zu tun, bis er in die Obhut von Priestern und Heilern kam.

»Heute früh hat deine Mutter mir ihr Geheimnis anvertraut«, murmelte Fumio. Er beobachtete Yoshis Züge, doch es war keine Reaktion zu erkennen.

»Es gibt vieles zu bedenken«, fuhr Fumio in murmelndem Selbstgespräch fort. »Daß Chikara dein Vater war, ist eine Sache zwischen dir und der Geisterwelt, aber auf dieser Welt hast du einen nicht wiedergutzumachenden Schaden angerichtet. Indem du Chikara tötetest, zerstörtest du das Gleichgewicht der Kräfte am Hof. Der Großkanzler war auf Chikaras Fähigkeit angewiesen, die Minister zu überwachen, die kaiserliche Armee zu führen und durch seinen Reichtum die Macht der Taira zu stärken. Yoshi, du hast möglicherweise dein eigenes Todesurteil unterschrieben. Kiyomori wird dir niemals das Chaos vergeben, das du angerichtet hast.« Er schwieg und zog die Stirn in tiefe Falten; er wußte, daß Yoshi keine andere Wahl gehabt hatte. Die Ehre verbot jeden anderen Weg.

»Ich bin ein treuer Verbündeter des Hofes«, sagte Fumio

zu dem bewußtlosen Yoshi. »Was ich bin, schulde ich den Taira. Der Schatten Chikaras wird in der nächsten Welt Genugtuung von dir fordern, aber ich muß mich mit meinen Taira-Verbündeten hier arrangieren.«

Yoshi regte sich nicht. Auf seiner Oberlippe kondensierte der Dampf seines Atems zu Rauhreif. Fumio wischte ihn sorgsam ab. »Deine Mutter wird unzweifelhaft überglücklich sein, daß du lebst. Ich kann mir nicht denken, daß sie den Tod deines Vaters bedauern wird; sie hat ihn gehaßt, seit er sie vor so vielen Jahren verließ.«

Es war leicht, Masakas Reaktion vorauszusagen. Nami andrerseits war jetzt Chikaras Witwe und frei, ihr eigenes Leben zu wählen. Sie hatte nie allzusehr unter den Beengungen der Konvention zu leiden gehabt, und es war schwierig vorauszusagen, was sie tun würde. Sie erklärte, sie wolle Kyoto zusammen mit Yoshi verlassen und in den Norden fliehen. In diesem Fall würde sie Chikaras Erbe und ihre Stellung am Hof aufgeben. Zwar hielt sie dies alles für unwichtig, doch hatte Fumio sie ermahnt, nicht nur an den Augenblick zu denken. Sie hatte eine Verantwortung für Chikaras Namen. Eine überstürzte Abreise wäre eine unverzeihliche Beleidigung der Erinnerung ihres Mannes. Der Skandal könnte sie und Yoshi ins Unglück stürzen. Fumio war in großer Sorge, und da Yoshi es nicht sehen konnte, wischte er sich mit dem Ärmel eine Träne aus dem Auge und murmelte: »Lieber Junge, was kann ich schon tun, um dich vor den Schmerzen zu bewahren, die ich voraussehe?«

Yoshi lag wie leblos da. Nur die dünne Wolke seines Atems verriet, daß er nicht Chikaras Schicksal teilte. Fumio wandte sich nach vorn und spähte durch das Gitterwerk. Amaterasu war weiter emporgestiegen, und ihre Strahlen tauchten die Hauptstadt in orangeroten Schein. Der Karren war an den Ausläufern des Hiei-Berges angelangt und näherte sich der Stadt. Hohe Sicheltannen neigten ihre schneebeladenen Zweige, als wollten sie die vorbeiziehenden Wanderer demütig um Linderung ihres Geschickes bitten.

Vom nördlichen Tor kam eine Schar von Kriegermönchen, eingehüllt in dicke Winterkleidung, die Straße herauf. Fumio blinzelte in den Sonnenglanz, um sie genauer zu sehen; die weißen und gelblichbraunen Übergewänder hoben sich kaum vom Schnee ab. Die Mönche trugen ihre gewohnten *geta*, Holzschuhe, mit denen sie durch Eis und Schnee stapften. Die wie aufgebläht wirkenden Gewänder deuteten darauf hin, daß sie wattierte Jacken oder aber Kriegerrüstungen darunter trugen. Einige trugen *naginata*, vier Schuh lange Stahlklingen, die auf hölzernen Schäften steckten. Sie eskortierten die Träger eines an zwei langen Stangen hängenden *mikoshi*, eines tragbaren Schreines. Dieser hatte die Form eines mit reichem Schnitzwerk verzierten Tempels, dessen im chinesischen Stil lackiertes und geschweiftes Dach an den vier Enden aufwärts gebogen war. Schwere Messingringe verstärkten die Tragstange. Diese *sohei* oder Kriegermönche stiegen nicht selten von ihren im Gebirge gelegenen Tempeln herab, wenn sie mit einem kaiserlichen Erlaß nicht einverstanden waren, und sie waren mächtig genug, dem Hof ihre Forderungen aufzuzwingen.

Als der Zug der Mönche den Ochsenkarren passierte, versuchten einige hineinzusehen. Einer rief sogar dem Kutscher zu und verlangte zu wissen, wessen Karren es wage, an den Mönchen von Enryaku-ji vorbeizufahren. Die Antwort schien ihn zu überraschen.

Vor dem Stadttor lungerten Bettler und Diebe herum. Ein Jahr der Hungersnot und Unruhen in den inneren Provinzen hatte eine Randgesellschaft heimatloser Vagabunden geschaffen, die sich im Umkreis der Hauptstadt herumtrieben und auf mildtätige Gaben hofften oder nach Opfern Ausschau hielten, die zu bestehlen sich lohnte. Diese Ausgestoßenen hatten sich bei der Ankunft der bewaffneten Mönche zurückgezogen und kehrten jetzt, als die letzten Mönche das Tor passiert hatten, dorthin zurück.

Als der Ochsenkarren holpernd in die Stadt rollte, stieg ein Schwarm Wildgänse vom halb zugefrorenen kaiserlichen Teich auf und kreiste mit sausenden Flügelschlägen und klangvollen Rufen über den Dächern.

Fumios Haus lag im zweiten Viertel, nahe der Einfriedung des kaiserlichen Palastes. Das Grundstück war ein *cho*, annähernd vier Morgen groß und von einer hohen, weiß getünchten Mauer umgeben. Einer von Fumios Gefolgsleuten öffnete das Tor, und der Karren rumpelte über die steinerne Schwelle, die von einem Torpfosten zum anderen lief.

»Wir sind daheim«, sagte Fumio, ordnete seine Kleidung und rüttelte Yoshi wach.

Der Ochsenkarren knirschte über Kies zum südlichen Eingang der Haupthalle. Dort angelangt, sprang der Kutscher des Ochsengespanns von seinem Platz und schlug mit schwieliger Hand an die Tür. »Wir sind angekommen, meine Herren«, verkündete er und bückte sich, um die Zugseile auszuhängen, so daß Fumio und Yoshi mit der ihnen zukommenden Würde aussteigen konnten.

Fumio faßte Yoshi beim Arm, um ihm herauszuhelfen, aber Yoshi schob die helfende Hand beiseite. »Bin ich ein Schwächling, daß ich wegen einer Kampfwunde Hilfe brauche?« fragte er. »Mach Platz, Onkel, daß ich mit meinen eigenen zwei Beinen aussteigen kann.«

Fumio war stolz auf ihn. Mochte er auch fehlgeleitet sein, Yoshi war doch ein wahrer Samurai.

Yoshi schritt ohne zu straucheln zum Eingang, hinterließ aber eine Spur roter Tropfen auf dem schneebedeckten Weg.

Fumio eilte voraus, um die Türen zu öffnen. Ein Diener spähte zur Tür heraus und sperrte beim Anblick Yoshis den Mund auf. Yoshi war totenbleich und wankte, stand aber ohne fremde Hilfe aufrecht. Dann, als Fumio und der Diener die Tür geschlossen hatten und bevor einer von ihnen ihm zu Hilfe eilen konnte, brach Yoshi zusammen.

2

»Yoshi muß sterben«, erklärte der Priester Chomyo. Sein schmales, bleiches Antlitz war kalt wie der Wind, der durch das Gitterwerk der Wände pfiff. Draußen stieg die Morgensonne über den Horizont; drinnen war die Klosterhalle dunkel wie die Nacht. Holzkohlenbecken verbreiteten stumpfroten Schein und sehr wenig Wärme. Ein erstickender Geruch von Räucherwerk und brennendem Öl hing in der Luft. Blakende Öllampen auf dreieckigen Ständern warfen ein unge-

19

wisses Licht auf die vier in der Mitte des Bodens knienden Gestalten.

Zwei trugen dicke Winterkleidung und hatten die Kapuzen zurückgeklappt, so daß die kahlrasierten Köpfe entblößt waren. Drei waren bärtig; nur der Priester, der gesprochen hatte, war glattrasiert. Der flackernde Schein der Öllampen ließ seine scharfgeschnittenen Züge bald beleuchtet hervortreten, bald in Schatten zurücksinken, als er seinen Zuhörern gegenübersaß, eine Faust auf den Hartholzboden gestemmt, und seine Erklärung wiederholte: »Yoshi muß sterben.«

»Wenn die *kami*, die göttlichen Geister, es erlauben«, sagte ein Mönch, der so lang war, daß er selbst im Schneidersitz beinahe an einen stehenden Mann heranreichte. »Heute früh wurde ein Ochsenkarren gesehen, der Tadamori-no-Yoshi, einen Kabinettsrat der Minamoto, vom Berg Hiei brachte. Er hat kein Recht, am Leben zu sein. Ich argwöhne etwas Übernatürliches in seiner Fähigkeit, dem Tod zu entgehen. Mehr als einmal versuchten Samurai der Taira, ihn zu töten, doch gelang es ihnen nicht. Am vergangenen Abend focht er gegen Chikara, den Minister des Rechtswesens. Sie trafen um die Stunde der Ratte aufeinander, das ist jetzt acht Stunden her. Chikara galt als erfahrenster und bester Schwertfechter Japans, dennoch fiel er unter Yoshis Angriff. Ich zweifle nicht mehr daran, daß wir uns einem Mann gegenübersehen, der mit den *kami* im Bunde ist, und daß nur göttliches Eingreifen ihm Einhalt gebieten kann.«

»Ich habe deinen Bericht gehört und verstanden, Gyogi«, sagte Chomyo. »Du hast recht, daß Yoshi kein gewöhnlicher Mann ist, aber bedenke, daß die Taira mit Ausnahme von Chikara Amateure waren, Dummköpfe, die kein Recht hatten, im Zorn zum Schwert zu greifen. Ich bin *gakusho*, ein Kriegerpriester, also glaube ich zu verstehen, was es mit den Kräften eines Schwertmeisters auf sich hat. Yoshi ist ein *Sensei*, ein berufsmäßiger Lehrer der Fechtkunst. Vergangene Nacht traf er auf unseren Besten und hätte fallen sollen. Es war anders verfügt.«

Chomyo schürzte die Lippen, räusperte sich. »Ich glaube nicht, daß Yoshis Kampfkraft ein Ergebnis übernatürlicher Einwirkung ist. Er vertritt nicht die Welt der Geister. Wir tun es. Wir werden Sutras rezitieren und Opfergaben darbringen. Wir werden um Hilfe beten. Gleichwohl werden wir uns nicht auf Gebete allein verlassen. Wir werden Yoshis Sturz planen, und wenn unsere Bemühungen und Gebete vom Erfolg gekrönt sind, werden wir eine Dankeszeremonie abhalten.«

Ein weiterer Mönch meldete sich zu Wort. Er sprach im schwer verständlichen Dialekt eines Bauern der nördlichen Provinzen. Er war einer von jenen, die während der Hungersnot von 1180, dem Jahr, als Überschwemmungen die Ernte in weiten Teilen des Landes vernichtet hatten, ihre Kleinbauernstellen aufgegeben hatten und in die Städte und Klöster gezogen waren. Nominell dem Priesterstand zugehörig, wurden diese Männer *sohei* genannt und dienten den Klöstern als Kriegermönche. »Ich habe für diesen Yoshi nicht viel übrig«, grunzte er. »Wenn du sagst, daß er sterben muß, so sei es. Soweit ich sehe, ist er auch nur ein Mensch. Du sagst, er sei möglicherweise mit der Geisterwelt im Bunde, aber ich sehe keinen Unterschied zwischen ihm und den Höflingen mit ihren feinen Kleidern und dem vornehmen Getue. Er wird wie jeder von uns bluten und sterben, und ich werde helfen, ihn zu töten... obwohl ich nicht verstehe, warum sein Tod so wichtig sein soll.«

»Muku«, sagte Chomyo, »du brauchst nicht zu verstehen, um deine Arbeit zu tun, aber du mußt den Ernst unserer Lage begreifen. Unser Tempel Enryaku-ji rivalisiert seit zweihundert Jahren mit den Tempeln von Todai-ji und Kofuku-ji. Seit der große Mönch Saicho während der Regierungszeit des Kaisers Kammu unseren ersten Tempel gründete, haben wir die nördlichen Zugangswege nach Kyoto beherrscht. Saichos Weisheit in der Wahl des Berges Hiei verschaffte uns eine Machtposition. Wir erhalten uns diese Macht mit der Unterstützung Taira Kiyomoris, des Großkanzlers. Vor Jahren rasierte er sich den Kopf und wurde einer der unsrigen. Heute wies Kiyomori mich an, Yoshi zu töten. Er machte dies zu einer Bedingung seiner fortdauernden Unterstützung.

Wisse, Muku, daß es drei Kräfte gibt, die um die Herrschaft über das Land miteinander ringen: die Sippe der Taira, die Sippe der Minamoto und unsere Tendai-Mönche. Kiyomori und seine Taira-Familie herrscht über Kyoto und die Heimat-provinzen. Seine Rivalen im Norden, die Sippe der Mina-moto, haben die Unterstützung durch die Mönche von To-dai-ji, unseren Todfeinden. Sollten, was Buddha verhüten möge, die Minamoto an Macht gewinnen oder gar über die Taira siegen, so wird unsere Gemeinschaft geschwächt und vielleicht sogar zerstört werden. Verstehst du? Wer den Mi-namoto hilft, trägt zu unserem Untergang bei. Seit Tadamori-no-Yoshi in den kaiserlichen Rat kam, hat er unsere Existenz bedroht. Manche sagen, sein Handeln habe den schlechten Gesundheitszustand des Großkanzlers herbeigerufen. An-dere sagen, Yoshi habe einen Fluch über den Großkanzler ge-bracht, und nur Yoshis Tod könne ihn und uns retten. Ki-yomori glaubt daran. Darum muß Yoshi sterben.«

Kangen, der letzte der versammelten Mönche, war ein stattlicher Mann mit weichen, angenehmen Zügen, der sein Gesicht nach chinesischer Mode mit einem Schnurrbart und einem dünnen Kinnbart schmückte. »Ich kenne diesen Yoshi«, sagte Kangen und wartete höflich, bis Chomyo die Brauen hob und ihm zunickte.

»Ja«, fuhr Kangen fort. »Als wir jung waren, studierten wir zusammen an der konfuzianischen Akademie. Muku hat recht. Yoshi unterscheidet sich nicht von anderen Höflingen. Als Student war er bekannt für seinen Heldenmut im Par-fümriechen und Gedichtelesen. Er war ein gleichgültiger Fechter und ein körperlicher Schwächling, ein junger Pro-vinzler, der sich als Mann vom Hofe aufspielte. Kaum ein Gegner, der einem Grund zur Besorgnis geben sollte. Den-noch überwand er auf irgendeine Weise Chikara. Gyogi hat von einer übernatürlichen Einwirkung gesprochen... viel-leicht ist die Erklärung viel einfacher. Vielleicht steckt ein un-ehrenhafter Trick dahinter. Ich kann mir nicht vorstellen, daß er einen fairen Zweikampf gewinnt, selbst mit der Hilfe eines kami.«

Chomyo befingerte seine Gebetsschnur. »Unterschätze deinen Jugendgefährten nicht«, riet er. »Tadamori-no-Yoshi war einmal der Höfling, den du beschrieben hast, aber ich be-zweifle, daß du ihn heute wiedererkennen würdest. Seine Lebensgeschichte ist am Hof bekannt geworden und durch meine Zuträger auch mir. Vor fünfzehn Jahren kehrte er als Flüchtling vor der kaiserlichen Garde der Hauptstadt und ihrem bequemen Leben den Rücken. In den Jahren, die seither vergangen sind, hat er viel gelitten und viel gelernt. Sein Leben ist der Ausübung der Kriegskunst gewidmet.

Vergiß also deine Erinnerungen an den jungen Höfling; der existiert nicht mehr. Selbst wenn wir die Geisterwelt außer acht lassen, sah Chikara sich in der vergangenen Nacht einem Mann von Eisen gegenüber, einem Krieger, der schon ein Dutzend Anschläge auf sein Leben unversehrt überstanden hat.«

»Wir können die Geisterwelt nicht außer acht lassen«, polterte Gyogi, der Riese. »Hätten sie nicht eingegriffen, wäre er tot.«

Chomyo maß ihn mit einem kalten Blick. »Aber er lebt noch«, versetzte er. »Sollen wir also die Waffen niederlegen und uns von ihm vernichten lassen? Nein! Ich kann das nicht zulassen. Wir werden die Geisterwelt unserer Sache dienstbar machen.« Er blickte in die Runde. »Wir werden nichts überstürzen. Wir werden für den Fall, daß er wirklich mit den Geistern der Unterwelt verbündet ist, jede Vorsichtsmaßregel ergreifen. Wir brauchen einen narrensicheren Plan, der seine eigene Kraft gegen ihn wendet.«

»Und wo finden wir solch einen Plan?« fragte Kangen.

»Ich habe bereits einen. Einen Plan, der nicht scheitern kann, da er auf Yoshis Charakter abgestellt ist. Bevor wir jedoch über den Plan sprechen, müssen wir uns am Becken läutern und Buddha im Gebet um Hilfe bitten. Wir werden nach einem Zeichen Ausschau halten...«

Als er diese Worte sprach, läuteten von den tausend Tempeln des Hiei-Berges die Glocken und verkündeten die achte Morgenstunde, die Stunde des Drachen.

»Hört«, sagte Chomyo. »Buddha begünstigt unser Unternehmen. Er hat sich beeilt, ein glückverheißendes Zeichen zu senden. Nun brauchen wir die Geisterwelt nicht mehr zu fürchten; sie ist auf unserer Seite. Wir können nicht scheitern, wenn wir geduldig bleiben und den geeigneten Augenblick abwarten.«

3

Am dreizehnten Tag des dritten Monats wurde von den kaiserlichen Astrologen ein Verbot verhängt zu reisen. Vom Hof gab es dagegen keine Einwände, da der Tag wenig bot, was zum Reisen ermuntern konnte. Unzeitig warmes Wetter hatte den Großteil des Februarschnees schmelzen lassen und Straßen und Wege verschlammt. Purpurgraue Wolken flogen, getrieben von stürmischen Winden, über den Himmel, und der Rauch ungezählter Holzfeuer verband sich mit wallenden Nebelschwaden, die um die Dächer zogen und der Kaiserstadt eine düstere Atmosphäre von unguter Vorbedeutung verliehen. Nach Sonnenaufgang begann es zu regnen, und der Regen dauerte den ganzen Tag an, trommelte auf Ziegel, Borkenschindeln und Strohdächer.

Vom Hof war niemand unterwegs. Sogar die Suzaki-Oji, die Hauptstraße, lag verlassen, bis auf einzelne Arbeiter, die breite Kegelhüte und Regenumhänge aus Stroh trugen. Ein kleines Rudel halbverhungerter Hunde platschte durch Pfützen und suchte im Schutz der überhängenden Dächer nach Abfällen. Die Stadt schien unter einem bösen Zauber zu stehen; ein Besucher hätte Mühe gehabt, in ihr die ›Stadt der purpurnen Hügel und kristallklaren Bäche‹ wiederzuerkennen, da die umliegenden Hügel von Wolken verhangen waren und der Regen die Bäche in lehmig-gelb dahingurgelnde Ströme verwandelte.

In Rokuhara, seiner Palastresidenz, weilte Taira Kiyomori, der *Daijo-Daijin* oder Großkanzler, allein in der offenen Südhalle seines Wohngebäudes. Kiyomori war von niedrigem Wuchs und kräftig gebaut. Vor zwölf Jahren, mit einundfünfzig, war er in den Mönchsorden eingetreten und hatte sich den Schädel rasiert. Dieser kahle Schädel, der Stiernacken, die fleischige Nase und die sinnlichen Lippen vermittelten trotz seines Alters den Eindruck großer körperlicher Kraft. Er trug einen schweren gelben *naoshi*, den Hofumhang, und ein grünes Untergewand, das durch die weiten Ärmel zu sehen war. Die weite Hose war dem Untergewand angepaßt. Obwohl er den Morgen allein verbracht hatte, trug er einen schwarzseidenen *koburi* auf dem Kopf. Ein Fächer lag in seinem Schoß.

Kiyomori hatte alle unterteilenden Wandschirme entfernen lassen und saß mit untergeschlagenen Beinen in einsamer Pracht auf einer erhöhten Plattform. Sein einziges Zugeständnis an die Bequemlichkeit war eine geflochtene Matte und ein gelbes Seidenpolster als Armstütze. Der dunkle, glänzend polierte Holzboden erstreckte sich von einer Wand zur anderen und war frei von allem Mobiliar bis auf zwei kalte Holzkohlenbecken und eine Keramikvase mit gelben Frühlingsblumen. Der weite Raum um ihn war leer. Er hatte die Bambusrollos auf der Südseite aufrollen lassen, um den Elementen ausgesetzt zu sein.

»Ich fühle, daß meine Tage zu Ende gehen, und wünsche mit der Natur eins zu sein«, hatte er gesagt. »Der Wind wärmt meine Knochen, und der Anblick und das Rauschen des Regens erfüllen mich mit Frieden.«

Heiroku, sein alter Haushofmeister, hatte mit dem Yin-Yang-Heiler einen Blick gewechselt; sie waren beunruhigt, aber Kiyomori sprach so vernünftig, daß sie schwiegen.

Seit Monaten hatte er sich seltsam benommen. Niemand konnte voraussagen, wie seine nächste Stimmung sein würde; einen Augenblick saß er traumverloren da, im nächsten wütete er gegen jeden, der in Reichweite war. Es waren schwierige Monate für seine Familie und die Bediensteten gewesen. Heute jedoch war der *Daijo-Daijin* ruhig und mit seinen Gedanken beschäftigt; die Bediensteten bewegten sich so leise wie möglich. Niemand wagte ihn zu stören.

Er hatte mehrere Stunden still an seinem Platz gesessen und hinausgeblickt, wo der Regen die Oberfläche seines Zierteiches kräuselte, als die Kammerdienerin seiner Frau mit einer Schriftrolle eintrat. Die Diener erwarteten einen Zornesausbruch, als die junge Dame die Meditation des Großkanzlers unterbrach; sie waren angenehm überrascht und ein wenig eifersüchtig, als er mit einer dickfingrigen Hand die Botschaft entgegennahm und mit der anderen die Wange des Mädchens berührte.

»Dein Name, Kind?« fragte er.

»Shimeko«, antwortete sie.

»Warte, kleine Shimeko«, sagte er und entfernte das karminrote Band von dem dicken Maulbeerpapier. Er überflog die Kalligraphie. »Meine Gemahlin Hachijo-no-Nii-Dono ersucht um ein Gespräch«, sagte er. »Wie seltsam. Seit Wochen hat sie ihren Nordflügel nicht verlassen, und nun behauptet sie, sie müsse mir etwas von Wichtigkeit mitteilen. Was kann diese einfältige Frau wollen?«

Er nickte Shimeko zu, die vor seiner Plattform kniete; in seinen dunklen Augen glänzten Erheiterung und ein wenig Lüsternheit. Shimeko war schön. Ihre Haut war rein und glatt, die Augen unter den sorgfältig gemalten Brauenbogen groß und strahlend. Sie erschauderte und schlug den Blick nieder.

Kiyomori seufzte. Die jungen Mädchen fanden ihn nicht mehr anziehend. Früher war das anders gewesen...

Taira-no-Kiyomori von Rokuhara! Selbst im kaiserlichen Palast sprachen sie seinen Namen mit Respekt aus. Seine Söhne waren Männer vom zweiten und dritten Rang; sechzehn seiner nächsten Verwandten gehörten dem fünften oder einem höheren Rang an. Niemand am Hof besaß mehr Macht als Kiyomori. Es war nicht der bloße Zufall der Geburt, der ihm diese Position verschafft hatte. Nein. Tüchtigkeit, Voraussicht und Planung... Vor Jahren hatte er eine besondere Garde von jungen Männern um sich geschart, Burschen von vierzehn bis achtzehn Jahren, welche die Straßen Kyotos durchstreiften und Gerüchten von Untreue und Verrat nachgingen. Inzwischen waren es annähernd dreihundert, kenntlich an ihrem kurzen Haar und den kirschroten Gewändern. Kein Winkel der Stadt blieb ihnen verborgen: Wirtshäuser, Freudenhäuser, Handelsgeschäfte, sogar Wohnhäuser. Sie meldeten nur Kiyomori, was sie ermittelt hatten. Macht! Er hielt sie fest in seinem Griff, und er hatte guten Gebrauch von ihr gemacht. Viele der weniger Erfolgreichen beneideten ihn, manche haßten ihn vielleicht sogar, aber angesichts der Bedrohung durch die rotgewandeten jungen Burschen blieben sie friedlich.

Dann war seine Krankheit gekommen, und mit ihr die Furcht vor der nächsten Welt. Kiyomori war niemals ein religiöser Mensch gewesen. 1146 hatte er die Mönche am Gion-

Schrein besiegt. Zehn Jahre später, während des Hogen-Konflikts, hatte er wieder gegen die Mönche gekämpft. Später hatten Krankheit und die Drohung des Todes seine Ansichten geändert. Mit einundfünfzig hatte er unter schrecklichen Bauchkrämpfen gelitten. Hohes Fieber hatte sein Gesicht rot gefärbt. Beunruhigt von Gedanken an die Nachwelt, hatte Kiyomori sich der Religion zugewandt. Er hatte in Enryaku-ji seine Mönchsgelübde abgelegt und war neben seinem Amt als Großkanzler des Reiches als der Laienpriester von Rokuhara bekannt geworden.

Die Sutras, die Gebete, die Opfergaben und die Reinigungen blieben nicht ohne Wirkung. Er gesundete; das Fieber ließ nach, die Krämpfe hörten auf, und Kiyomori, dem es gleich war, was die ›besseren Leute‹ dachten, verfiel wieder seinen alten Lebensgewohnheiten, aß zuviel, trank zuviel und ignorierte die Empfindlichkeit des Hofes, indem er Freudenhäuser aufsuchte.

Kiyomori runzelte die Brauen. Es war nicht Shimekos Schuld, daß sie ihn an sein Alter und seine Sterblichkeit erinnerte. Aber er spürte, wie ein unbeherrschbarer Zorn in ihm aufstieg. Mit einiger Anstrengung brachte er ein Lächeln zustande, das gewinnenden Charme ausdrücken sollte. Shimeko war ganz verschreckt.

»Sag der Nii-Dono, daß ich sie gleich empfangen werde«, sagte er, und als sie nicht antwortete, fühlte er Zorn aufsteigen. »Sofort!«

Shimeko rutschte auf den Knien rückwärts, die Stirn auf den Boden gepreßt.

Wieder seufzte Kiyomori. Er war dem Tode geweiht. Das merkte er an dem Zittern, das zeitweilig seine Hände befiel, an dem stechenden Schmerz in seinem Leib und an der aufsteigenden Hitze, die sein Gesicht trotz der Kühle brennen machte und mit Schweiß überzog.

Die beschauliche Stimmung des Morgens war zerstört. Das eintönige Geräusch des Regens verursachte ihm Kopfschmerzen, und das weiche perlgraue Licht über dem Garten bewirkte ein Brennen in seinen Augen.

Ein Tag von böser Vorbedeutung.

Kiyomori gab den Versuch zur Meditation auf und ließ

seine Gedanken schweifen. Er überlegte, ob es richtig sei, politischen Druck zu gebrauchen, um die Mönche zum Handeln gegen Yoshi zu zwingen. Natürlich war es richtig, sagte er sich: das war Sinn und Zweck politischer Macht. Chomyo und die Mönche sollten sich seine Unterstützung verdienen. Yoshi war Yoritomos Agent; die Mönche gehörten ihm, Kiyomori. Er regte sich unruhig. Wieviel von dieser gegenwärtigen Krankheit mochte auf Yoshis Einmischung zurückgehen? Chikaras Verlust war ein harter Schlag. Kiyomori hatte sich darauf verlassen, daß Chikara den kaiserlichen Rat beherrschte. Ohne Chikara war der Sippenverband der Taira ernstlich geschwächt. Chikaras Tod war außerdem ein persönlicher Schlag, ein Gesichtsverlust für die ganze Familie. Wie konnte Yoshi ihn besiegen, den besten Fechter der Taira? Wenn Yoshi die Unterstützung der Geisterwelt gewonnen hatte, dann würde Kiyomori mit der religiösen Macht der Mönche antworten. Sie würden den Sieg davontragen. Sie mußten!

Seine Gedanken kehrten zur Gegenwart zurück. Wo blieb die verdammte Frau? Zuerst schickte sie ein albernes junges Ding zu ihm, um ihn zu behelligen, dann ließ sie ihn warten. Er wedelte verdrießlich mit dem Fächer, versuchte die Hitze zu kühlen, die von seinem rasierten Schädel ausging. Es war vergebens; die Hitze stieg von einem zentralen Punkt in seinem Bauch auf, wo ein *kami* in seinen Eingeweiden wühlte, um ihn zu quälen.

»Ich komme, nach Eurem Befinden zu fragen, mein Gebieter.«

Es war die Nii-Dono. Sie war leise hereingeschlichen und hatte sich vor der Plattform auf die Knie niedergelassen. Sie war eine kleine Frau, dünn und feinknochig. Ihr Haar war zu zwei dicken Flechten von grau durchschossenem Schwarz gekämmt, die beinahe zum Boden reichten. Sie hatte breite Backenknochen mit tiefen Höhlungen darunter. Ihre schmalen Augen waren eingesunken. Beim Sprechen zeigte sie die mit einer Mischung von Eisen und Tanninsäure sorgsam geschwärzten Zähne. Weißer Puder machte ihr hartes Gesicht maskenhaft.

Die Nii-Dono war Macht gewohnt und hatte gelernt, mit

subtiler Rücksichtslosigkeit davon Gebrauch zu machen, um ihre Ziele zu erreichen. Immerhin anerkannte sie, daß mit Kiyomori nicht zu spaßen war und daß ihre Macht als Frau nur ein Abglanz der seinigen war.

Das Leben war für Hachijo-no-Nii-Dono nicht immer leicht und angenehm gewesen. Selbst ihr Name war nur eine Widerspiegelung ihrer Position: Hachijo-no-Nii-Dono bedeutete ›Person des zweiten Ranges von der achten Straße‹. Dieser Rang war ihr durch die Ehe zugefallen. Ja, was sie war, verdankte sie Kijomori, und ihre Loyalität zu ihm war vollkommen, wenn auch gelegentlich ungern.

Kiyomori biß die Zähne zusammen und zischte: »Du strapazierst meine Geduld, Frau. Du verlangtest mich in einer wichtigen Angelegenheit zu sprechen. Sprich, bevor ich ärgerlich werde.«

»Vergebt mir, mein Gebieter. Ich würde nicht hier eindringen, wenn mir nicht Euer Wohl am Herzen läge. Ich sorge mich um Eure Gesundheit und fand es wichtig.«

»Eine wichtige Störung.« Der Sarkasmus war unüberhörbar.

»So ist es. Mein Gebieter, auf die Gefahr hin, Euch zu erzürnen, möchte ich von einem Traum berichten, aus dem ich in Tränen erwachte.« Die Nii-Dono zögerte. Sie wußte, daß der *Daijo-Daijin* an die Bedeutsamkeit von Träumen glaubte, wartete aber auf ein Zeichen von ihm, daß sie fortfahren solle.

Kiyomoris Kopf schmerzte. Er hätte sie am liebsten fortgeschickt, doch seine Neugierde war zu groß. Er nickte.

»Ich hatte eine Vision von der nächsten Welt«, fuhr die Nii-Dono fort, »und dort sandte der gefürchtete König Emma-Ō einen flammenden Wagen aus, um Euch zu seinem Thron zu führen. Ich wollte erwachen, aber die Unterwelt hielt mich in ihrem Bann. Der Wagen war schrecklich; gelbe Flammen erhellten den Himmel, und seine Räder donnerten durch die Tore von Rokuhara. Ein Ungeheuer mit dem Kopf eines Pferdes ging ihm voran, ein zweites mit dem Kopf eines Ochsen folgte ihm.«

Kiyomoris Augen öffneten sich weit. Der Traum stieß ihn ab, doch merkte er, daß er gegen seinen Willen begierig war, das Ende zu erfahren.

»Ja, ja«, knurrte er. »Was geschah dann?«

»Ich fragte, für wen der Wagen sei; und als sie es mir sagten, weinte ich. Sie waren gekommen, Euch zu holen, mein Gebieter. Ich bat und flehte. ›Warum?‹ rief ich. ›Er ist ein guter Mann.‹ Sie ließen sich nicht abbringen. Sie sagten, Ihr hättet ein schlechtes Karma, weil Ihr die hundertsechzig Fuß hohe Statue Vairochanas im Kofuku-ji-Tempel verbrannt habt. König Emma-Ō habe Euch in die heißeste Hölle der Unterwelt verbannt: die Avichi-Hölle, wo Wiedergeburt und Schmerz kein Ende haben.«

Kiyomori ächzte. Der Traum bestätigte seine schlimmsten Befürchtungen. Es war nicht möglich, der Bedeutung dessen, was die Nii-Dono ihm gesagt hatte, auszuweichen. Selbst Baku, der Traumesser, würde solch einen Traum zurückweisen.

Die Mönche von Kofuku-ji haßten ihn. Weil er ihren Tempel hatte einäschern lassen, war er verdammt. Dabei wäre der Tempel niemals in Flammen aufgegangen, hätten die Minamoto ihn nicht unter Druck gesetzt.

Es waren die Minamoto. Sie waren schuldig, nicht er!

Kiyomori starrte finster seine Frau an, ohne sie zu sehen, und hörte ihre Worte nur halb.

»Als ich erwachte«, sagte sie gerade, »ordnete ich sofort an, daß Gaben zu allen Tempeln geschickt werden. Die Mönche vom Berg Hiei beten an jedem Schrein Sutras für Euch. Alles wird getan, Eure Seele zu retten.«

»Hinaus!« rief Kiyomori. Sein Hals schwoll an, und Schweißtropfen rannten ihm über das gerötete Gesicht.

Die Augen der Nii-Dono weiteten sich; hastig zog sie sich zurück. Sie hatte Kiyomori ihren Traum erzählt, schwankend zwischen mitleidiger Fürsorglichkeit und einem Hauch von Bosheit. Ihre Gefühle für ihn waren immer gemischt gewesen; sie liebte ihn wegen der Zärtlichkeit, die er ihr in der Vergangenheit entgegengebracht hatte, und wegen der gesellschaftlichen Stellung, die er ihr in der Gegenwart verlieh. Wenige Frauen erreichten den zweiten Rang, und sie hatte diese herausgehobene Stellung nur durch ihre Ehe mit Kiyomori erlangt.

Als sie sich über die spiegelnde Fläche des Bodens zurückzog, sah sie ihn in sich zusammensinken. Innerhalb von Augenblicken verwandelte er sich in einen welken alten Mann. Die Nii-Dono hob erschrocken eine Hand zum Mund und wollte zurück, ihm zu helfen.

»Nein!« knurrte er; seine Brauen waren zusammengezogen, und er glich dem furchtbaren König ihres Traumes. Im gleichen rauhen Ton murmelte er: »Minamoto Yoritomo«, und dann: »Tadamori Yoshi.«

Sie floh in ihren Nordflügel, und die beiden Namen hallten in ihrem Kopf wider. Sie verstand, was ihn verzehrte. O ja, sie verstand. Vor zwanzig Jahren... man hatte es den Heiji-Aufstand genannt. Die Minamoto-Sippe hatte den Sanjo-Palast angegriffen und in einem Versuch, den Kaiser zu entführen, in Brand gesetzt. Dank Kiyomoris entschlossener Verteidigung und seinem brillanten Gegenangriff waren sie gescheitert. Er hatte den Führer der Minamoto besiegt und getötet, hätte die Gelegenheit gehabt, die ganze Sippe zu vernichten. Methodisch hatte er so gut wie alle bedeutenden Angehörigen der Sippe eingefangen und enthauptet, bis Tokiwa Gozen, die Witwe des Sippenoberhauptes, ihn gebeten hatte, ihre kleinen Söhne zu verschonen.

Die Nii-Dono lächelte grimmig. Sie hatte ihn ermahnt, standhaft zu bleiben, aber Tokiwas strahlende Schönheit hatte Kiyomori zu etwas verleitet, das sich als der größte Fehler seines Lebens erweisen sollte. Gegen den Rat seiner Hauptfrau hatte er sich wie ein brünstiger Hengst benommen und Tokiwa zu seiner Konkubine gemacht.

Der alte Dummkopf hatte Yoritomo, den ältesten Sohn, ins Exil verbannt und die anderen verschont. Jetzt bekam er den Lohn für seine Großzügigkeit. Kein Wunder, daß er im Zorn den Namen Yoritomo hervorstieß. Derselbe Yoritomo sandte gedungene Mörder wie das Ratsmitglied Tadamori Yoshi aus, um zu zerstören, was Kiyomori aufgebaut hatte.

Tränen durchzogen den weißen Puder auf ihrem Gesicht. Ihr armer Herr! Für eine gute Tat leiden zu müssen! Sie mußte ihm helfen, und sie wußte, was zu tun war. Zuerst sollte Yoshi den verdienten Tod erleiden, dann wollte sie sich mit Yoritomo befassen.

Sie klatschte in die Hände, und sogleich erschien Shimeko.

»Geh und rufe Kiyomoris Söhne herbei«, befahl sie. »Ich möchte, daß sie sich heute abend um zehn, zur Stunde des Ebers hier einfinden. Ich werde sie für eine besondere Mission der Rotkittel brauchen.«

4

Yoshi kam in einem geräumigen Zimmer im Hause seines Onkels zu sich. Sein Kopf ruhte auf einer hölzernen Nakkenstütze. Neben ihm stand ein Tablett mit einer Kanne Tee, einer Trinkschale und einer zweiten Schale mit frischen Blumen. Er stieß den *futon* weg und merkte, daß Nami in seiner Nähe kniete, den Rücken einem bemalten *shoji*, einem Wandschirm, zugekehrt. Sie hatte die Augen geschlossen, und ihre Lippen bewegten sich in stummem Gebet. Er betrachtete sie anerkennend, und schmerzlich wurde ihm bewußt, daß er sie seit fast einem Jahr nicht bei Tageslicht gesehen hatte.

Das Haar strömte wie ein ebenholzschwarzer Wasserfall über ihre Schultern und den Rücken. Sie trug Trauerkleidung: das Übergewand war aus schwarzglänzender Seide und paßte zu ihrem Haar. Darunter trug sie mehrere dünne Untergewänder in verschiedenen Abstufungen von Grau. Die graue Seide fächerte von ihren weiten Ärmelöffnungen aus und kontrastierte elegant mit dem schwarzen Übergewand. Ihr Antlitz war glatt wie poliertes Elfenbein, die Nase fein und symmetrisch. Yoshi verspürte eine Regung von Besitzerstolz und Verlangen. Hier war sie endlich. Sein.

Nami schlug die Augen auf. Ihre Lippen hörten auf zu beten und dehnten sich in einem vorsichtigen Lächeln. »Lieber Yoshi, ich finde mich wieder als Pflegerin und Heilerin. Möchtest du etwas Tee?«

»Später. Wie lange bin ich schon hier?«

»Du kamst gestern früh zu uns, mehr tot als lebendig, und zeigtest nicht mehr Vernunft, als ich von dir erwartet hatte. Ohne Hilfe mit einer so ernsten Wunde zu gehen!«

»Sie ist nicht so ernst. Ich habe schlimmere Wunden gehabt. Wir wollen nicht mehr darüber sprechen. Ich möchte wissen, was mit Chikaras Leichnam geschehen ist.«

»Onkel hat alles veranlaßt. Seine Gefolgsleute brachen zum Berg Hiei auf, sobald du versorgt und im Bett warst. Kümmere dich nicht darum. Er wird ein zeremonielles Leichenbegängnis erhalten, wie es seinem Rang zukommt.«

»Es bekümmert mich, daß unser Duell so tragisch ausging. Er starb als ein tapferer Mann. Von welcher Art auch immer seine Taten vor unserem Duell waren, ich kann nicht vergessen, daß er dein Mann und mein Vater war. Es scheint, daß jedesmal, wenn ich mein Schwert ziehe, Unheil die Folge ist. In der Vergangenheit hatte ich kaum eine Wahl. Ich kämpfte, um Herausforderungen zu begegnen oder mich vor Angriffen zu schützen. Diesmal war ich der Herausforderer. Ich zwang Chikara, gegen mich zu kämpfen. Ich sagte mir, es sei für die Sache der Minamoto, für den Kaiser und als Vergeltung, aber ich fürchte, daß ein Teil meiner wahren Motive selbstsüchtig war: dich zu gewinnen.«

Nami ergriff seine Hand. »Es ist getan«, sagte sie leise. »Selbstvorwürfe führen zu nichts.«

»Es sind nicht bloß Selbstvorwürfe. Ich muß mein Leben überdenken, Nami. Ich bin des Tötens müde. Meine Schwerter sind Symbole des Todes. Auf welch eine Art von Leben können wir uns freuen, wenn ich an jeder Ecke das Schwert ziehen und einen Mord begehen muß? Ich bin ein *Sensei*, ein Lehrer. Ich möchte lehren. Ich mache mich nicht falschen Stolzes schuldig, wenn ich sage, daß ich einer der besten Fechtmeister im Reich bin. Ich habe meine Fähigkeit wieder und wieder bewiesen.«

»Niemand zweifelt daran, Yoshi.«

»Warum muß ich dann töten, um am Leben zu bleiben? Ich möchte dich, und ich möchte Frieden, um mein Leben als Sensei zu verbringen. Ich bin bereit, diesen unseligen Ort jederzeit zu verlassen – heute noch, wenn du mit mir kommen willst. Yoritomo wird meiner bedürfen, um seine Krieger auszubilden.«

Nami rückte näher, legte die Hand sanft auf seine Stirn. »Nein, mein Lieber, ich kann Kyoto nicht so schnell verlassen.«

»Aber wir lieben einander. Es gibt keine weiteren Hindernisse auf unserem Weg. Je eher wir Kyoto verlassen, desto früher können wir unser gemeinsames Leben beginnen.«

»Zuerst habe ich bestimmte Verantwortlichkeiten. Wie kannst du so unbedacht sein? Ich habe Pflichten meinem verstorbenen Gemahl gegenüber, bis die *Shijuku-Nichi* vorüber sind, die Totenfeiern der neunundvierzig Tage. Ich kann ihn nicht Emma-Ōs Urteil überantworten, ohne mich für ihn zu verwenden.«

Nami glaubte, daß jeder Mensch sieben Tode starb, ehe er seinem Schicksal entweder im *Gokuraku*, dem Paradies, oder in der *Jigoku*, der Hölle überantwortet wurde. Die sieben Tode fanden innerhalb von neunundvierzig Tagen nach dem leiblichen Tod statt, und in dieser Zeit verharrte die Seele des Dahingeschiedenen in einer Vorhölle, während zehn himmlische Richter über sein Schicksal befanden. Diese neutrale Periode wurde *Chuin* genannt, und Nami glaubte, daß aufrichtige Gebete die Richter in ihrer Entscheidung beeinflussen könnten. Der Umfang der Begräbniszeremonien, die Zahl der Trauergäste und die Aufrichtigkeit der Familie waren alle wichtig für diese endgültige Abwägung.

Chikaras leiblicher Tod war gekommen, als Yoshi ihm die Halswirbel durchtrennte. Sieben Tage später folgten sein zweiter Tod und eine wichtige Trauerzeremonie. Freunde und Angehörige würden sich versammeln und für Chikaras Erlösung beten. Sie würden Opfergaben darbringen, Sutras rezitieren und Kerzen und Räucherwerk abbrennen.

Chikaras Schicksal in den nächsten zehntausend Jahren konnte von der angemessenen Beachtung der *shonanuka* abhängen, der ersten Trauerzeremonie nach sieben Tagen. Brauch und Glaube verpflichteten Nami, darauf zu achten, daß täglich Nahrungsopfer auf den Hausaltar gelegt wurden, denn dort würde Chikaras Geist wohnen, bis er durch seinen letzten Tod am neunundvierzigsten Tag befreit wurde.

Als Chikaras Witwe war Nami verantwortlich für die Vorbereitung der Totenzeremonien. Sie war offiziell in Trauer, und um Chikaras Eingang ins Westliche Paradies zu gewährleisten, durfte sie keine farbige Kleidung tragen, nur weiß, grau oder schwarz, durfte weder Fleisch noch Fisch essen und hatte allen Liebesfreuden zu entsagen.

Erst nach der großen Zeremonie am neunundvierzigsten Tag würde sie ihrer Verpflichtung ledig sein. Dann hatte sie Chikaras Besitztümer an seine Freunde und Angehörigen zu verteilen, während seine Seele die Erde verlassen konnte.

Yoshi bereute seine vorschnellen Worte. »Vergib mir meine Gedankenlosigkeit. Deine Pflicht Chikara gegenüber ist so wichtig wie jede meiner eigenen Pflichten. Ich verstehe das. Doch wird es mir schwerfallen, die neunundvierzig Tage ohne den Trost deiner Berührung zu warten.«

»Wir können einander täglich sehen, ohne uns zu berühren.«

»Für die Welt dort draußen mögen die Tage rasch verstreichen, aber mir werden sie wie eine Ewigkeit erscheinen, wenn es mir versagt ist, dich zu berühren«, erklärte Yoshi.

»Sobald du gehen kannst, wirst du in dein eigenes Quartier zurückkehren, und ich werde dich nur bei den Zeremonien sehen.«

»Wie kann ich dich verlassen?«

»Denk an die Pflicht und deine Beziehung zu meinem toten Herrn. Wir schulden ihm jede Möglichkeit, das Westliche Paradies zu erlangen.«

»Du hast recht. Morgen werde ich wieder meine Pflichten am Hof wahrnehmen. Meine Verletzung ist ohne Bedeutung. Ich werde dich vermissen, aber da ist nichts zu machen.«

»Sobald die Periode der Trauer vorbei ist und ich meine schwarzen Gewänder ablegen kann, werden wir unsere Zukunft planen. Mein Leben wird in deinen Händen liegen. Wenn du Kyoto verlassen möchtest, um nach Norden zu ziehen, werde ich mich fügen. Ich habe für Yoritomo und seine Minamoto-Briganten nichts übrig, aber wo du hingehst, werde auch ich hingehen – frohgemut und willig.«

»Ich liebe dich, Nami.«

»Und ich liebe dich, Yoshi.«

5

Am fünfzehnten Tag war das Wetter für die Jahreszeit verhältnismäßig warm. Der letzte Winterschnee war geschmolzen, und die Pflaumenblüten öffneten ihre weißen Gesichter den Strahlen der Sonne. In der großen Halle des Verwaltungspalastes fand eine Sondersitzung des Rates statt.

Die Ratsmitglieder kamen in einer feierlichen Prozession im Gänsemarsch herein und trennten sich voneinander, als sie die dicken, rot lackierten Holzsäulen passierten. Jeder nahm geräuschlos seinen Platz unter dem hohen, weiten Dach ein. Die kaiserlichen Wahrsager und Gewandmeister, die Zeremonienmeister und Erzieher wandten sich nach links. Die anderen, die Minister für Krieg, Medizin, Haushalt, Bauwesen sowie die Repräsentanten der Provinzen wandten sich nach rechts. Jeder kniete auf seiner Matte nieder. Die hochrangigen Mitglieder waren dem jetzt leeren erhöhten Sitz, wo Kiyomori den Vorsitz zu führen pflegte, am nächsten. Die übrigen knieten in absteigender Rangfolge auf zwei Plattformen, die von der höheren in der Mitte abzweigten. Der Kaiser, Go-Shirakawa, saß den Ratsmitgliedern gegenüber, hörte zu und beobachtete die Sitzung von einem erhöhten Platz hinter einem großen bemalten Wandschirm aus.

Eine beständige Unterströmung von Gewisper störte die Würde der Versammlung. Eine Neuigkeit hatte sich mit Windeseile über die ganze Stadt verbreitet; eine Neuigkeit, die manche beängstigte, andere erfreute. Am Tag zuvor war Taira Kiyomori, der Großkanzler, von einem schrecklichen Leiden befallen und aufs Krankenlager geworfen worden.

Ein Ratsmitglied zur Linken flüsterte seinem Nachbarn zu, er habe direkt aus Kiyomoris Haushalt erfahren, daß der *Daijo-Daijin* von einem verzehrenden Fieber geschüttelt werde und die Heiler ihn in kaltem Wasser badeten, um seine Temperatur zu senken.

Der Empfänger dieser Nachricht gab sie sogleich weiter. »Taira Kiyomori brennt vor Fieber. Selbst kaltes Wasser vermag ihm keine Kühlung zu bringen.« Die Geschichte machte eine weitere Umwandlung durch und lautete schließlich: ›Kiyomori hat eine seltene Krankheit. Sein Fieber brennt dergestalt, daß kaltes Wasser kochend verdampft, wenn es seinen Körper berührt.‹

Im nächsten Stadium hieß es, die Haut des *Daijo-Daijin* sei ›so heiß, daß nicht einmal die Heiler sich ihm nähern können, und wenn er mit kaltem Wasser übergossen wird, verdampft es sofort mit Stichflammen und dichtem Qualm. Sein Krankenzimmer gleicht der heißesten Hölle des gefürchteten Königs Emma-Ō. Wehe unserem Herrn. Sein schlimmes Karma hat ihn schließlich ereilt.«

Die Parteigänger der Taira waren bestürzt. Sie wußten, daß Kiyomori den Mönch Saicho getötet und die einhundertsechzig Fuß hohe Buddha-Statue niedergebrannt hatte. Aus den Ereignissen folgerten sie, daß niemand seinem Karma entkommen kann, wie hoch er sich auch über die übrigen Menschen erheben mag.

Yoshi kniete in einer Gruppe von Ratsmitgliedern des fünften Ranges, die den Minamoto zugehörten oder ihre Anhänger waren. Wie die anderen trug er die vorgeschriebene Hoftracht. Auf dem Kopf hatte er ein *koburi,* dessen schwarze Seide den matten Schein der Öllampen reflektierte. Sein dunkelblaues Übergewand zeigte in einem helleren Blau das heraldische Symbol der Minamoto. Himmelblaue Untergewänder lugten unter den weiten Ärmeln hervor. Er trug Schuhe mit Plateausohlen, und sein Amtsstab lag neben ihm. Das aufgeregte Geflüster beschränkte sich bisher auf die Räte der Taira; Yoshi und die neben ihm knieten geduldig und erwarteten die offizielle Eröffnung der Versammlung.

Nicht lange, und das tiefe Dröhnen eines Gongs verkündete die Ankunft von Kiyomoris Sohn Munemori, der seinen Platz auf dem erhöhten zentralen Sitz einnahm und mit einem Gebet an Amida Buddha feierlich die Ratssitzung eröffnete. Von Kiyomoris Söhnen war Munemori der älteste und unfähigste. Unfähigkeit auf der einen und Selbstüberschätzung auf der anderen Seite ließen ihn fortwährend zwischen Unschlüssigkeit und tyrannischer Hartnäckigkeit – in der er ein Zeichen von Stärke sah – schwanken. Nach dem Eröffnungsritual zögerte er. Sein rundes, weiches Gesicht hatte wenig Ähnlichkeit mit dem seines Vaters. Munemori hatte einen kleinen, verkniffenen Mund und sprach mit einer Stimme, die eher an eine Kammerzofe gemahnte als an einen Krieger. Alle Welt, einschließlich seines Vaters, verachtete ihn.

Nachdem er seine Gedanken gesammelt und versonnen genickt hatte, kam Munemori ohne Umschweife auf den Grund der Sondersitzung zu sprechen. »Minamoto Yoritomo hat in den nördlichen Bergen seine Stärke ausgebaut. Seine Armee ist eine zusammengewürfelte Bande rauher Bergbewohner, Bauern, Arbeiter, berufsmäßiger Samurai und anderer kulturloser Rohlinge. Yoritomo strebt die Herrschaft über unseren Hof und den Kaiser an. Wenn wir ihm nicht Einhalt gebieten, bevor er noch mächtiger wird, kann er uns vernichten. Kundschafter berichten mir, daß diese Briganten einen bewaffneten Angriff gegen unseren geliebten Kaiser vorbereiten. Dies ist eine Lage, die wir nicht dulden können, und mein Vater, der *Daijo-Daijin*, hat mich beauftragt, eine Expedition zur Züchtigung dieser Rebellen auszuführen.«

Munemoris unsteter Blick und seine schlaffe Haltung nahmen den Worten einiges von ihrem kriegerischen Gewicht, aber die Minister und Räte der Taira applaudierten einhellig und erklärten sich bereit, Munemori Gefolgschaft zu leisten. Die meisten von ihnen hatten keine persönliche Kampferfahrung; ihre Vorstellung von tapferer Gefolgschaft bestand darin, daß sie ihre Hintersassen und Samurai entsandten.

Yoshi und die vier anderen Vertreter der Minamoto waren in Verlegenheit. Die Taira-Mehrheit schenkte ihnen keine Beachtung, während sie Pläne zur Bestrafung der Minamoto-Führer diskutierten.

Yoshi flüsterte dem Ratsherrn Hiromi, der zu seiner Linken saß, zu: »Diese Dummköpfe schaffen eine Situation, die sie noch bedauern werden.«

Hiromi war Yoshis einziger Freund im Rat. Hiromi war seinerzeit nach Sarashina gereist, um Yoshi zu bitten, daß er den Sitz im Rat annehme. Yoshi hatte sofort Zutrauen zu ihm gefaßt. Hiromi war keine eindrucksvolle Gestalt, eher schmächtig, beinahe vogelartig, mit feinen Knochen und schmalem Gesicht. Aber aus seinen Augen leuchtete das Feuer großer Intelligenz, und trotz seiner ernsten, pedantischen Art, die durch Bescheidenheit und Freundlichkeit gewann, hatte er einen ausgeprägten Sinn für Humor. Ein guter und herzlicher Mensch, der um Yoshis Wohlergehen besorgt war. Hiromi fühlte sich dafür verantwortlich, daß er Yoshi an den Hof und nun sein Leben in Gefahr gebracht hatte.

Bei all seiner Freundlichkeit und der Abwesenheit kriegerischer Eigenschaften war Hiromi fest von der gerechten Sache der Minamoto überzeugt und bereit, bis zum Tode dafür zu kämpfen.

Hiromis vorstehende Zähne blitzten in einem nervösen Lächeln auf. »Wir alle werden ihre Unbesonnenheit bedauern«, sagte er. »Fürchteten die Taira nicht dein Schwert, sie würden sich schon jetzt gegen uns wenden.«

»In dieser Atmosphäre ist kein Minamoto sicher. Ich schlage vor, daß du sogleich nach dieser Versammlung die anderen um dich sammelst und nach Norden reist.«

»Und du?«

»Ich habe persönliche Gründe, die mich zum Bleiben bewegen. Sorge dich nicht um mich. Ich habe bereits bewiesen, daß ich gegen ihre Besten bestehen kann.«

»Yoshi, Munemori ist gefährlich, weil er ein Dummkopf und ein Feigling ist. Er wird seines Vaters rotgewandete Palastwachen gegen dich aussenden. Nimm dich in acht.«

»Hiromi, ich habe viel ertragen, weil ich mir ein Ziel gesetzt hatte. Nun ist dieses Ziel in Reichweite. Ich werde es nicht aus Furcht aufgeben.«

»Möge Amida dich schützen.«

Die Taira-Räte verließen ihre Plätze und sammelten sich um die Plattform, wo sie Munemori zu seinen kriegerischen Worten beglückwünschten. Yoshi packte Hiromi beim Ärmel. »Jetzt ist es Zeit zu gehen«, sagte er, »bevor sie sich zu einer Dummheit hinreißen lassen. Beeil dich!«

Hiromi erhob und verneigte sich. »*Hai*, ja«, sagte er. »Ich werde Sorge tragen, daß die anderen vor Dunkelwerden die Stadt verlassen.«

»Und du?«

»Ich werde in der Stadt bleiben, solange du hier bist. Ich fürchte diese Höflinge nicht, solange du in meiner Nähe bist.«

Hiromi und die anderen verließen den Saal mit schnellen Schritten, ohne nach links oder nach rechts zu blicken. Yoshi blieb als einziges Ratsmitglied der Minamoto an seinem Platz. Es war, als wäre er von einer unsichtbaren Wand umgeben. Die Taira standen in Gruppen beisammen und sprachen in abgehackten, atemlosen Sätzen, als wollten sie einander Mut machen. Sogar der Kaiser Go-Shirakawa kam hinter seinem Wandschirm hervor. Go-Shirakawa verachtete Munemori, doch spürte auch er, daß die von Munemoris Ansprache ausgelöste Begeisterung unter den Parteigängern der Taira zu stark war, als daß er sich ihr hätte verschließen können. Aus politischen Gründen gesellte er sich zu den Ministern und Räten der Taira, um seine Unterstützung zu zeigen.

Yoshi sah darin ein schlechtes Vorzeichen für die Zukunft. Er kniete mit steinerner Miene an seinem Platz, während die Gruppen beisammen standen und ihn geflissentlich ignorierten, bis Munemori das Zeichen gab, daß die Sitzung beendet sei.

»*Namu Amida Butsu.*«

6

Kiyomori war kaum wiederzuerkennen: weißes Stoppelhaar wuchs um seine Glatze, die Augen waren tief in ihre Höhlen eingesunken, die Haut hing in schlaffen Falten von seinem Kinn.

Die Heiler hatten ihn mit *moe-kusa* behandelt, den traditionellen, stark hautreizenden Kompressen aus pulverisierten Kräutern und Blättern. Das Brennen der *moe-kusa* auf Kiyomoris Haut hätte das Gleichgewicht des *yin-yang*, das durch die zwölf *chi*-Kanäle strömte, wiederherstellen sollen. Die Wiedergewinnung dieses Gleichgewichts hätte ein Nachlassen seines Fiebers bewirken müssen. Die Behandlung fügte seinen übrigen Symptomen jedoch nur zwölf schmerzhaft brennende Hautreizungen hinzu.

Er warf sich auf seinem Lager hin und her, unfähig, eine erträgliche Lage zu finden. »*Ata, ata*, heiß, heiß«, keuchte er. Die Heiler brachten heiliges Wasser vom Berg Hiei. Sie füllten ein steinernes Becken und senkten ihn hinein. Der Schmerz des kalten Wassers auf seiner wie von Verbrennungen geröteten Haut führte zu unkontrollierbarem Zucken, und er mußte herausgehoben werden.

Die meiste Zeit war er sich seiner Umgebung nicht bewußt und murmelte und stöhnte unverständlich.

Die Nii-Dono war ständig in seiner Nähe. Ihr schweres Jasminparfüm und das knisternde Rascheln ihres seidenen Übergewandes kontrastierten mit dem Krankheitsgeruch und den patschenden Geräuschen des Fiebernden, der sich auf den nassen Laken herumwarf.

Am Morgen des einundzwanzigsten Tages des dritten Monats im Jahr 1181 kam Kiyomoris Blick zur Ruhe, und er lag still. Er sah die Heiler mit dem Bambusrohr hantieren, das von oben kühlendes Wasser auf seinen erhitzten Körper tropfte. Heiroku, Kiyomoris Haushofmeister, sah die Veränderung und eilte an die Seite seines Herrn.

Kiyomori flüsterte: »Schick sie fort. Sie sind nutzlos.«

Heirokus Kahlkopf nickte. »Ja, Herr, sogleich«, sagte er, und die Tränen rannen ihm über die faltigen Wangen. »Was kann ich noch tun?« Er hatte Kiyomori seit mehr als vierzig Jahren gedient und trauerte aufrichtig.

Mühsam stützte sich Kiyomori auf die Ellbogen. Sein nackter Leib lag bleich und naß auf den Laken, die Haut hatte den blassen Glanz eines Fischbauches angenommen. Heiroku mußte den Blick abwenden.

»Hol Go-Shirakawa. Ich habe Anweisungen für ihn.«

»Und die Priester?«

»Wenn ich mit dem Kaiser und mit meinen Söhnen gesprochen habe, wird noch Zeit für die Priester sein. Nun tue, was ich gesagt habe. Die Heiler hinaus. Go-Shirakawa...« Kiyomori sank zurück auf die nassen Laken.

»Die Heiler hinaus! Hinaus!« befahl Heiroku. »Ihr habt meinen Herrn gehört.«

»Wir können ihn nicht verlassen. Er ist in unserer Obhut. Du hast keine Autorität, uns fortzuschicken«, sagte einer der Heiler.

»Wachen!« rief Heiroku.

»Nicht nötig, nicht nötig. Wir gehen schon«, sagte der zweite Heiler, packte seinen protestierenden Kollegen am Arm und zog ihn eilig mit sich fort.

Ein rotgewandeter Palastwächter, der vor dem Eingang stationiert war, öffnete den *shoji*-Wandschirm und trat ein.

»Führe diese Männer hinaus«, sagte Heiroku. »Dann komme mit einem Boten wieder. Kiyomori verlangt den Kaiser zu sprechen.«

Eine Stunde später kniete ein aufgeregter und zorniger Go-Shirakawa neben Kiyomoris Krankenlager. Er rümpfte die Nase über den sauren Geruch im Raum und raffte sorgsam sein Obergewand aus purpurnem Seidenbrokat, um es nicht mit der Feuchtigkeit vom Krankenlager des *Daijo-Daijin* zu beflecken.

Go-Shirakawa hegte seit langem einen Haß auf den *Daijo-Daijon*. Zwar brauchte er Kiyomoris Macht zur Stützung des Thrones, doch war ihm seine Politik, Verwandte in Machtpositionen zu bringen, von Herzen zuwider. Oft war es in der Vergangenheit zu Zusammenstößen zwischen ihnen gekommen, und gewöhnlich hatte Kiyomori obsiegt.

Seit Wochen stand Go-Shirakawa im Grunde unter Hausarrest. Unter dem Vorwand, ihn zu beschützen, hatten Kiyomoris Samurai seinen Palast umstellt. In jedem Winkel des Palastbezirks waren die infernalischen Rotgewänder. Go-Shirakawa konnte sich kaum seiner Gärten erfreuen, ohne daß ein schweigender, rotgewandeter junger Mann hinter ihm Wache stand.

So war es kein Wunder, daß Go-Shirakawa keinen Kummer fühlte, als er bei dem sterbenden Kiyomori kniete. Statt in betäubter Trauer zu verharren, eilten seine Gedanken voraus und beschäftigten sich mit Plänen, Kiyomoris einflußreiche Familie vom Hofe zu entfernen. Mit geschürzten Lippen und schmalen Augen hörte er sich Kiyomoris ›Anweisungen‹ an.

»Du wirst dafür Sorge tragen«, murmelte der *Daijo-Daijin*, »daß mein Sohn Munemori die gleiche Unterstützung erhält, die du mir gewährt hast. Ich habe ihm befohlen, eine Offensive gegen die Minamoto einzuleiten. Er muß den uneingeschränkten Befehl über die kaiserlichen Truppen erhalten.«

»Ich werde sehen, daß alles reibungslos abläuft«, sagte der Kaiser, verdrießlich über den Ton selbstverständlicher Autorität. Ich bin es, dachte er bei sich, der die Befehle gibt, nicht dieser ungehobelte Krieger. Wie kann er es wagen, so zu mir zu sprechen? Aber er nickte. Heute mochte Kiyomori sagen, was er wollte; morgen würde er auf dem Weg zum Palast von Emma-Ō sein, dem König der nächsten Welt. *Amida Nyorai Butsu.*

»Hilf Munemori, die Mönche unter Botmäßigkeit zu halten. Sie sind ebenso wie die Minamoto eine Ursache unserer Schwierigkeiten.« Kiyomori wand sich in einem krampfartigen Anfall von Schmerzen und bespritzte Go-Shirakawas Gewand mit Schweiß und Wasser.

Der Kaiser wich zurück; die Situation war unerträglich.

»Und ich möchte, daß du den Minamoto-Spion Yoshi aus dem Rat entfernst. Ich habe veranlaßt, daß er für den Verdruß bezahlen wird, den er mir bereitet hat.«

Go-Shirakawas Augen verengten sich zu dünnen Schlitzen. Anläßlich seiner Berufung in den kaiserlichen Rat hatte Yoshi eine aufreizende Ansprache gehalten und die Taira und ihre Anhänger gegen sich aufgebracht; gleichzeitig aber hatte er dem Thron Treue geschworen. In Go-Shirakawas listenreichem Verstand nistete sich eine Idee ein. Statt Rache an Yoshi zu nehmen, konnte er ihn zu seinem Vorteil gebrauchen...

»Genug. Du wirst meinen Wünschen gemäß handeln.«

Go-Shirakawa neigte den Kopf mit einem schwachen, ironischen Lächeln.

Nachdem er zu seiner Sänfte geleitet und hinausgetragen worden war, kam die Nii-Dono mit ihren drei Söhnen Munemori, Tomomori und Shigehira in den Raum.

Sie scharrten unbehaglich mit den Füßen. Ihr Vater war ein schwieriger Mann und gab jedem von ihnen Anlaß, in seiner Gegenwart nervös zu sein. Kiyomori hatte seinem ältesten Sohn, Shigemori, rückhaltlos vertraut, aber Shigemori war vor fünf Jahren gestorben, und das hatte dem unfähigen Munemori die Anwartschaft auf Kiyomoris Position gebracht.

Sie nahmen ihre Plätze um das Krankenlager des Vaters ein. Die Nii-Dono kniete hinter einem leichten Wandschirm im Hintergrund. Sie hatte bereits entschieden, was sie für ihren Gebieter tun würde, und hatte ihre Söhne entsprechend unterrichtet. Yoshis Zeit würde bald kommen, und danach die des Rebellenführers Yoritomo.

Kiyomori sprach in einem heiseren Flüsterton. Jedes Wort kostete ihn große Anstrengung. »Wir haben immer das Kaiserhaus unterstützt«, sagte er. »Ich widmete mein Leben dem Kaiser und unserem Hof, und meine Treue wurde großzügig belohnt. Meine Familie erfreut sich großen Reichtums und eines hohen Ranges und wird fortfahren, die Früchte meiner Arbeit zu ernten. Als Gegenleistung erbitte ich eine kleine Gefälligkeit von euch.

Ihr habt unzweifelhaft ein feierliches Begräbnis vorbereitet. Das ist für mich ohne Interesse. Ich würde es vorziehen, ohne großes Zeremoniell verbrannt und begraben zu werden, aber –« Kiyomori bedachte seine Söhne nacheinander mit einem unheilvollen Blick »– ich möchte die Köpfe von Yoshi und Yoritomo vor meinem Grab auf Stangen gespießt haben. Das ist alles, was ich von euch verlange.«

Die Nii-Dono konnte nicht an sich halten. Sie eilte hinter ihrem Wandschirm hervor und warf sich neben ihrem Mann auf den Boden. »Es soll geschehen«, rief sie. »Ich habe bereits Vorkehrungen getroffen. Die rotgewandeten Palastwächter werden Yoshis Kopf bringen, ehe die Woche um ist.«

»Dann bin ich zufrieden«, sagte Kiyomori. Er schloß die Augen, und einen Augenblick hielten seine Angehörigen den Atem an, da sie ihn in dem Raum zwischen dieser Welt und der nächsten wähnten. Dann aber, als seine Söhne und seine Hauptfrau sich mit den Ärmeln Tränen aus den Augen wischten, murmelte er: »Laßt die Priester kommen«.

7

Die nächsten Stunden waren gekennzeichnet von dem verzweifelten Bemühen der Priester, den Lauf von Kiyomoris *mono-no-ke* umzukehren; sie vermuteten, dieser schlechte Einfluß sei in seinen Körper gelangt, als er den schädlichen Frühlingswinden ausgesetzt gewesen war.

Der Abt des Klosters Enryaku-ji, Jichin, kam vom Berg Hiei und verurteilte die Bemühungen der Heiler. Er entzündete in den vier Ecken des Raumes Räucherwerk, so daß Wolken von Rauch und süßlichem Duft die Luft erfüllten, worauf er erklärte: »Infolge einer Fehlbeurteilung haben die Heiler unseren Herrn Kiyomori gegen ein Übermaß von *yin* behandelt. Sie haben seinen Zustand verschlimmert. Er leidet unter einem zu starken Einfluß von *yang*. Um sein *chi* wieder ins Gleichgewicht zu bringen, müssen wir ihn mit Akupunktur behandeln.«

Unglücklicherweise hatte die vorausgegangene Behandlung schmerzhaft gerötete Entzündungen auf jedem der zwölf Kanäle des *chi* hinterlassen, und als der Abt die Nadeln setzen wollte, schrie Kiyomori und schlug wild um sich, versuchte sich der Quelle erneuerter Schmerzen zu entziehen.

Der Abt besann sich eines anderen. »Es ist ein böser *kami* von großer Kraft, wahrscheinlich der Geist des Mönches Saicho, den Kiyomori tötete. Arznei allein kann nicht helfen. Wir werden den *kami* mit Hilfe eines *yorimashi* unmittelbar angreifen müssen.«

Diese Neuigkeit durchdrang die Benommenheit des Schmerzes, und Kiyomori heulte auf wie eine verlorene Seele. Er drückte den Rücken durch, preßte die Zähne zusammen und röchelte im verzweifelten Bemühen, die nassen Laken abzuwerfen.

»*Amida Buddha Nyorai*«, rief er, um Vergebung bittend. Weil er einst den Mönch Saicho gefoltert ud enthauptet hatte, würde er am Hof von Emma-ō keine Gnade finden.

Der Abt ließ schleunigst einen Exorzismus vorbereiten. Mönche brachten Reis und Salz, die sie in die vier Ecken des Raumes streuten. Ein Priester wurde ausgesandt, den *yorimashi* zu holen. Das Medium würde den bösen Geist in sei-

nen oder ihren eigenen Körper aufnehmen, nachdem die An-
rufung und Beschwörung des Abtes ihn aus Kiyomori vertrieben hätten.

Daraufhin rief der Abt den grausamen Shinto-Gott Fudo
an, der gelobt hatte, seinen Gläubigen eine Lebensverlänge-
rung von sechs Monaten zu gewähren. »Erhalte unseren geliebten Großkanzler für die versprochene Zeit. Er ist ein wahrer Gläubiger, und wir flehen dich an, ihm seine volle Gna-
denfrist zu gewähren.«

Kiyomori hatte sich an *Amida Buddha* gewandt. Die Heiler
hatten *moe-kusa* angewandt. Jichin hatte durch Akupunktur
helfen wollen und dann Fudo angerufen. Nun konnte er nur
noch auf und ab gehen, Sutras rezitieren und auf den *yorimashi* warten.

Er kam zu spät.

Schließlich glitt Kiyomori still in die Schattenwelt des *chuin*
hinüber; sein Schicksal lag in den Händen der zehn himmlischen Richter.

Die Nachricht verbreitete sich wie ein Lauffeuer durch den
Rokuhara-Palast; Diener und Dienerinnen jammerten und
rauften sich die Haare. Was sollte jetzt aus ihnen werden? Samurai starrten einander mit versteinerten Mienen an. Als
wandernde *ronin* aus dem Palast verstoßen, würde ihr Leben
den Blütenblättern gleichen, die auf dem stürmischen Fluß
Kamo dahintrieben. Nur die Palastwache der rotgewandeten
Jünglinge fühlte selbstlose Trauer; sie waren ein fanatischer
Kern von Gläubigen, die sich Kiyomoris Größe verschrieben
hatten. Auch sie würden wurzellos in die Welt hinausgestoßen, aber sie dachten zuerst an ihren Herrn. Ungewollte Tränen trübten so manches Auge, und sie fragten einander, wie
sie es jenen heimzahlen könnten, die ihres Herrn Krankheit
verursacht hatten.

Am Abend wurde Kiyomoris Leichnam zum Tempel gebracht, wo man ihn mit heißem Wasser wusch und in reine
weiße Baumwolle hüllte. Darauf wurde er in volle Hoftracht
gekleidet und so in den viereckigen vergoldeten Sarg gesetzt,
daß sein Oberkörper in einer ehrfürchtigen Haltung vornübergebeugt und der Kopf zwischen den Knien war. Beutel

mit Zinnober wurden rings um ihn gesteckt, um den Leichnam zu stützen. Zu seinen Füßen lag Silbergeld, mit dem er seine Passage zum Westlichen Paradies bezahlen sollte. Die Priester bestrichen ihn mit aromatischen Salben und breiteten ein weißes Leinentuch über ihn. Dann wurde der Sargdeckel geschlossen und versiegelt, während die Priester Räucherwerk verbrannten.

Go-Shirakawa traf an der Spitze eines Gefolges von Höflingen ein. Mit Kiyomoris Tod war er aller Beschränkungen seiner Bewegungsfreiheit ledig. Allein erstieg er die Tempelstufen. »Ich bringe Gaben von Silber, meinem lieben Freund und Landsmann zu Ehren«, sagte er mit einem boshaften Zwinkern seiner halbgeschlossenen Augen.

»Wir nehmen die Gabe in dem Geist an, in welchem sie gereicht wird«, erwiderte die Nii-Dono, die mit ihren drei Söhnen neben dem Sarg stand, um die Nacht mit Gebeten um göttlichen Beistand zu verbringen.

Shigehira, der aggressivste der Söhne, ergriff das Wort und sagte: »Statt Geschenke zu bringen, könntet Ihr meinem Vater die Ehre erweisen, indem Ihr Yoritomo und seinen Lakaien Yoshi der Gerechtigkeit zuführt.«

»Alles zu seiner Zeit, junger Mann«, antwortete der Kaiser. »Der kaiserliche Rat wird befinden, daß jenen, die sie verdienen, die angemessenen Belohnungen und Bestrafungen zuteil werden.«

»Aber ich bin der Vorsitzende des Rates«, lispelte Munemori. »Mein Vater sagte...«

Go-Shirakawa unterbrach ihn mit einer geringschätzigen Handbewegung. »Dein Vater ist tot. Wir haben viele Entscheidungen zu treffen. Die Zukunft kann für uns alle Veränderung und Überraschung bergen.« Damit kehrte Go-Shirakawa ihm in beleidigender Form den Rücken.

Munemori war verblüfft. Seine Nase rötete sich, die Augen wurden naß und schienen sich auf keinen Punkt konzentrieren zu können. Shigehira sprang seinem Bruder bei. »Wir haben die Samurai von Rokuhara und die Palastwachen«, sagte er. »Sie werden meinem Vater noch im Tode die Treue bewahren. Ist es möglich, daß es Überraschungen gibt, die sogar eine so weise Person wie Ihr nicht voraussehen könnt?«

47

Der Kaiser bedachte ihn mit einem Blick unverhohlener Abneigung. »Nach dem Begräbnis, junger Mann, werden wir sehen, wer am meisten überrascht ist.«

Als Yoshi mit seinem Freund Hiromi zur Stunde des Tigers gegen vier Uhr früh zum Tempel kam, um für die Seele des verstorbenen Großkanzlers zu beten, taten sie es, weil man ihnen bedeutet hatte, daß Ratsmitglieder des fünften Ranges willkommen sein würden, sobald die Höherrangigen gegangen wären. Yoshi und Kiromi banden ihre Pferde außerhalb der Mauern an, brachten ihre Kleidung in Ordnung und betraten das Tor, um sich einer Abteilung Palastwachen gegenüber zu sehen, die ihnen den Weg versperrte. Sie bestand aus etwa einem Dutzend rotgewandeter junger Männer, angeführt von einem hochgewachsenen, schlanken Burschen, der die beiden Räte unfreundlich musterte.

»Ihr seid hier nicht erwünscht«, sagte er.

Hiromi fuhr zurück, als hätte er einen Schlag ins Gesicht erhalten; dies war eine unerhörte Beleidigung eines Rates vom fünften Rang durch einen niedrigen Palastwächter. Er öffnete den Mund, aber Yoshi faßte ihn beim Arm und schüttelte den Kopf.

»Wir sind Mitglieder des kaiserlichen Rates«, sagte er ruhig. »Sicherlich verwechselt ihr uns mit anderen.«

»Es ist kein Irrtum«, antwortete der andere gleichmütig. »Wir haben unsere Befehle.« Seine Hand lag am Schwertgriff.

Yoshi beugte sich zu Hiromi und flüsterte: »Sei ruhig. Laß dir nichts anmerken. Diese Männer sind bewaffnet; wir nicht.« Als ein Zeichen des Respekts vor dem toten Kiyomori hatte Yoshi sein Schwert zurückgelassen.

»Wißt ihr, wer wir sind?«

»Yoshi und Hiromi, die Minamoto-Verräter«, erwiderte der Wächter. »Die Taira-Familie wünscht euch nicht hier zu sehen. Ihr habt freies Geleit... heute nacht.«

Die unausgesprochene Drohung konnte Yoshi nicht entgehen. Seine Miene blieb unbewegt. »Wir gehen in Frieden. Wir haben kein Verlangen, den Toten zu stören.«

Als sie hinausgingen, erkannten sie im Mondschein eine

48

Gruppe von Kriegermönchen, die sie von der Veranda des Tempels beobachtete. Einer der Kriegermönche war ein wahrer Riese, der seine Gefährten um zwei Köpfe überragte, einer hatte die derben Züge eines Bauern, und der dritte hatte ein bekanntes Gesicht, weich und ohne besondere Merkmale. Yoshi konnte sich nicht entsinnen, warum ihm der dritte Mönch irgendwie bekannt vorkam. Die Mönche rührten sich nicht von der Stelle, aber sie schienen Yoshi aufmerksam zu beobachten, und in ihren Gesichtern war nichts Freundliches zu lesen.

Yoshi hörte getragene Musik und die Gesänge der Priester. Der schwere Duft des abgebrannten Räucherwerks drang bis zum Tor hinaus.

Das ungewöhnlich warme Wetter hatte Bestand, und eine drückende Schwüle lag in der Luft. Nebel bedeckte den Tempelbezirk. Yoshi und Hiromi saßen auf und lenkten ihre Pferde fort. Die drei Mönche und die rotgewandeten Palastwächter verschwanden lautlos, als wären sie eine Ahnung von der nächsten Welt.

Eine Nacht von böser Vorbedeutung.

8

Der Trauerzug verließ den Kiyomizu-Tempel um die Stunde des Drachen, ungefähr um acht Uhr morgens. Seit Stunden fiel ein feiner Nieselregen und hatte die Straßen in Schlammsuhlen verwandelt. Trotz des ungünstigen Wetters schien die gesamte Einwohnerschaft auf den Beinen zu sein, um an den Begräbnisfeierlichkeiten teilzunehmen.

Jede Querstraße entlang des Prozessionswegs war vollgestopft mit Ochsenkarren, Reitern und Fußgängern. Beinahe tausend Wagen und Karren mahlten Rad an Rad durch den Schlamm und bespritzten die Festgewänder der Höflinge und die Schuppenpanzer der Samurai.

Kaiserliche Edikte legten genau fest, welche Art von Wagen oder Karren jeder Rangstufe angemessen war, und verboten allen Personen unter dem fünften Rang die Benutzung. Wie so viele andere wohlmeinende, aber nicht durchsetzbare Verordnungen wurde auch diese von allen mißachtet. Jeder, der sich einen Karren oder Wagen leisten konnte, fuhr damit. Zu den Wagen gehörten riesige Fahrzeuge in chinesischem Stil, von Ochsengespannen gezogen und kunstvoll geschmückt mit gedrechselten Säulen und geschweiften Dächern; sie waren so groß, daß sie mit Leitern bestiegen werden mußten. Wagen dieser Art waren Kiyomoris Familie und anderen hohen Würdenträgern zugewiesen. Um einiges bescheidener waren die mit Palmstroh gedeckten Wagen der Minister und Hofadligen des dritten und vierten Ranges. Die zweirädrigen Karren des fünften und sechsten Ranges wurden von einzelnen Ochsen gezogen. Kaufleute, Schreiber und andere Personen ohne Rang hatten nichtsdestoweniger ihre eigenen Wagen und Karren, mit denen sie ihre Nachbarn anrempelten und mit Schlamm bespritzten.

Yoshi und Hiromi teilten sich in einen solchen Ochsenkarren. Ihr Kutscher war einer der größten Schreihälse auf der Straße, und seine Rufe, Flüche und Drohungen begleiteten das träge Holpern und Rumpeln des Karrens. Yoshi saß still auf dem Plankensitz, angetan mit seiner Kriegerrüstung, wie es sich für einen Samurai geziemte: ein leichtes Panzerhemd aus steifen Lederschuppen, die von bunten Schnüren zusammengehalten wurden, dazu dicke lederne Schulterplatten und zwei Brustplatten links und rechts. Zwei Schwerter staken in seinem *obi*, in den Taschen eine Handvoll *shuriken*, scharfgeschliffene eiserne Wurfsterne. Über der Rüstung trug er einen losen Umhang.

Gepanzerte Bogenschützen, den Köcher mit vierundzwanzig Pfeilen auf dem Rücken, ritten zwischen den Fahrzeugen und versahen ihren Dienst als Ordnungshüter; doch trugen sie mit ihrem Gefuchtel und ihren Flüchen mehr zur Verstärkung des allgemeinen Durcheinanders als zu seiner Auflösung bei.

Kaiserliche Sänften, jede von sechs Trägern getragen und von Fußsoldaten eskortiert, die ihnen den Weg bahnten, wurden von neidischen Blicken verfolgt. Trotz einer Eskorte von zwanzig Samurai hatte selbst Gi-Shirakawas von zweiunddreißig Männern getragene Sänfte Schwierigkeiten, vom kaiserlichen Palast bis zur Sanjo-Brücke vorzudringen.

Go-Shirakawa war in Begleitung des dreijährigen Kaisers Antoku. Das Kind war begeistert von dem Gewühl der Menschen und Ochsenkarren und klatschte immer wieder in die Hände. Go-Shirakawa saß auf einem weich gepolsterten Sitz und aß unbekümmert um die Fastenvorschriften süßes Gebäck aus Bohnenmehl. Er war zufrieden, daß er Kiyomori los war, wußte aber, daß eine falsche Entscheidung oder ein vorschnell eingegangenes Bündnis in dieser Zeit politischer Bewegung ihn den Thron und seinen Kopf kosten konnte. Er hatte das Spiel der Macht seit vielen Jahren betrieben und war entschlossen, abermals zu spielen und zu gewinnen.

Der goldene Phönix auf der kaiserlichen Sänfte nickte zum Gleichschritt der Träger, bis sie das Ufer des Kamo erreichten, den Schauplatz der Trauerprozession.

Der Kiyomizu-Tempel stand am Ostufer des Kamo, ein kurzes Stück südlich vom Rokuhara-Palast. Wegen seiner Nähe zu Kiyomoris Palast war er für die Trauerfeierlichkeiten ausgewählt worden. Der Trauerzug begann am Tempel, zog am Palastgelände vorbei und überquerte die Sanjo-Brücke.

Dank seiner Geschicklichkeit und seines unermüdlichen Geschreis gelang es Hiromis Kutscher, den Ochsenkarren an einen Platz in der vordersten Reihe zu manövrieren, wo Yoshi und Hiromi den Trauerzug beim Überqueren der Brücke sehen konnten. Die kaiserliche Garde hatte um die Brückenauffahrt eine weite Fläche abgesperrt, und Yoshi und Hiromi hatten eine ausgezeichnete Sicht; sie waren an der Südseite der freien Fläche, gegenüber der kaiserlichen Phönix-Sänfte.

Der Trauerzug war dem Rang des Großkanzlers angemessen. Angeführt wurde er von dem *hosho*, einem Hofbeamten zu Fuß, der ein rotgesäumtes schwarzes Gewand trug und ein Bärenfell über die Schultern gelegt hatte. Er trug eine groteske Holzmaske mit vier Goldmünzen als Augen, schüttelte in der Rechten einen Speer und hob mit der Linken einen Schild, um die bösen *kami* zu vertreiben.

Ihm folgten hundert weißgewandete Mönche in Zweierreihen, die zehn Fuß hohe Blumenarrangements in Pyramidenform trugen. Hinter ihnen zogen weitere Mönche mit Bannern einher, die Kiyomoris Vorzüge und Tugenden priesen und seine Lieblingssutras zeigten.

Der kaiserliche Zeremonienmeister bestimmte die Zahl der Musiker, die für jeden Rang bei Begräbnisfeierlichen zugelassen waren. Als *Daijo-Daijin* hatte Kiyomori Anspruch auf einhundertvierzig Trommeln, zweihundertzehn Flöten, vier Gongs und vier Zimbeln. Die Musiker spielten langsame, düstere Weisen, die der Feierlichkeit und Trauer des Anlasses angemessen waren.

Der viereckige Sarg stand auf einem Ochsenkarren hinter den Musikern. Der Karren kam alle zehn Schritte zum Stillstand, wenn die Priester, Mönche, Musiker und Lakaien eine Pause einlegten.

Dem Sargkarren folgte der *moshu* oder oberster Trauernder. Er trug ein zerfetztes Gewand aus grober Wolle und Strohsandalen. Er hinkte und taumelte, um seine tiefe Trauer über den Tod des Herrn zu zeigen.

Hinter ihm führte ein weiterer Hofbeamter, der die *ihai* trug – Gedächtnistafeln zu Ehren des Dahingeschiedenen –, die Verwandten und Freunde an, die langsam und feierlich einherschritten und sich mit den Ärmeln ihrer weißen Gewänder ostentativ Tränen aus den Augen wischten.

Normalerweise hätten die Bediensteten des Rokuhara-Palastes mit Kuchen und Speisen für die Armen den Abschluß des Trauerzuges gebildet, aber diesmal gab es eine weitere Gruppe, die eingereiht werden mußte. Starr geradeaus blikkend, mit versteinerten Mienen, schritt die Palastwache stumm hinter den trauernden Verwandten einher. Ihre roten Gewänder waren von weißen Übergewändern bedeckt, die ihre Trauer und Ehrfurcht vor dem toten Führer ausdrückten.

Langsam, immer wieder innehaltend, nahm der lange Trauerzug seinen Weg, begleitet von den gemessenen Trommelschlägen, dem hohen Winseln der Flöten und den dröhnenden Gongs. Der feine Nieselregen durchnäßte die Teilnehmer und dämpfte das Lärmen der Instrumente.

Gegen Mittag erreichte die Spitze des vom Regen durchnäßten Trauerzuges die Hauptstraße und wandte sich südwärts zum Rasho-Mon-Tor. Die Einäscherung sollte auf den sumpfigen Feldern südlich der Stadt vorgenommen werden, bevor Kiyomoris Asche an einem von ihm bestimmten Ort beigesetzt würde.

Als die mit Lebensmittelgaben für die Bedürftigen beladenen Diener an Yoshis Ochsenkarren vorbeizogen, begannen die Zuschauer und Fahrzeuge in den rückwärtigen Reihen den Schauplatz zu verlassen, und wieder entstand ein chaotisches Gedränge und Durcheinander, als die Ochsenkarren und Wagen wendeten, sich ineinander verkeilten, Sänftenträger im Schlamm ausglitten und ihre Passagiere in den nassen Schmutz kippten.

Sobald das Knäuel der Fahrzeuge sich zu entwirren begann, gab Hiromi dem Kutscher Anweisung, den Karren zu wenden. Das Manöver war noch nicht ausgeführt, als Yoshi einen Trupp von ungefähr zehn Palastwächtern näher kommen sah. Sie trugen weiße Übergewänder, doch an den Kragen und Ärmeln war das Rot ihrer Uniformen zu sehen. Und ihre massigen Gestalten deuteten darauf hin, daß sie unter den Gewändern Rüstungen trugen.

Yoshi erkannte gleich den jungen Mann, der ihm am Vorabend den Zutritt zum Tempel verwehrt hatte.

»Hiromi, steig aus«, sagte Yoshi. »Nimm den Kutscher mit und geh zu Fuß zur nächsten Querstraße. Warte dort auf mich.«

»Ich will bei dir bleiben.«

»Ausgeschlossen! Kiyomoris rote Wachen umringen uns. Sie haben es auf mich abgesehen. Wenn du bleibst, werden sie dir keine Barmherzigkeit zeigen. Geh!«

»Ein Grund mehr, nicht zu gehen. Du wirst meine Hilfe brauchen.«

»Bitte, Hiromi. Du bist mein einziger Freund in Kyoto. Ich möchte dich nicht verlieren. Du kannst mir nicht helfen. Wenn du bleibst, wirst du mich nur behindern und womöglich mit deinem Leben bezahlen. Dich wollen sie nicht. Geh jetzt.«

»Ich kann nicht. Ich bin verantwortlich für dich. Ich muß helfen.«

»Hast du eine Waffe?«

53

»Nein.«

»Dann sei nicht töricht.« Yoshi öffnete die niedrige Tür des Karrens und stieß Hiromi ohne weitere Umstände hinaus.

Hiromi wankte rückwärts, konnte das Gleichgewicht nicht halten und fiel in den Schmutz. Sein Gewand geriet in das Zuggeschirr des Ochsen. Er war zornig, überrascht und verletzt. In seiner Verwirrung stieß er unzusammenhängende Worte aus.

»Nimm den Kutscher mit und geh!« befahl Yoshi.

Der Kutscher deutete seinen Ton richtig, begriff vielleicht auch die Gefahr, denn er sprang sofort von seinem Sitz und machte sich zwischen den Wagen davon.

Yoshi sah den Anführer der Gruppe auf sich zukommen. Die anderen waren im Gewühl der Fahrzeuge und Fußgänger verschwunden und nirgendwo zu sehen.

Hiromi hatte sich aufgerappelt und stand neben dem Zuggeschirr des Ochsen, versuchte sein Gewand von dem Schlamm zu säubern. Der Regen rann ihm vom Gesicht und vermischte sich mit Tränen des Zorns und der Enttäuschung.

»Tadamori-no-Yoshi«, sagte der Mann, warf das weiße Übergewand ab und enthüllte seine rote Uniform. »Ich bin Oguri-no-Rokubei. Mein Vater focht an der Seite unseres Herrn Taira Kiyomori im Hōgen-Aufstand und erwarb Ruhm für sich und unsere Familie. Ich schulde meinem Herrn, ob lebendig oder tot, absolute Treue. Ich fordere dich in aller Form zum Zweikampf, so daß ich mein Gelübde einlösen und deinen Kopf am Grabe meines Herrn niederlegen kann.«

Hiromi stand mit gespreizten Beinen vornübergebeugt und wrang mit beiden Händen seinen Gewandsaum aus; sein *eboshi*, durch den Sturz verrutscht, verlieh ihm ein komisches Aussehen. Nun richtete er sich langsam zu voller Höhe auf, rückte sein *eboshi* zurecht und faßte den Rotgewandeten streng ins Auge.

»Junger Mann, du behelligst zwei Mitglieder des kaiserlichen Rates. Ich werde mich bei deinem Vorgesetzten über diese Ungehörigkeit beschweren.« Obwohl er dem Herausforderer nur bis an die Schulter reichte, sprach er selbstbewußt und energisch wie ein Lehrer, der einen widerspenstigen Schüler zurechtweist.

»Aus dem Weg!« knurrte Rokubei.

Hiromi trat unwillkürlich einen Schritt zurück, dann gab er sich einen Ruck und schritt auf Rokubei zu.

»Hiromi, nein!« rief Yoshi und stieg über die Deichsel des Ochsenkarrens ins Freie. Als Rokubei Yoshis Sorge um Hiromi sah, zog er sein Schwert, holte aus und schlitzte mit einem rasch niedersausenden Hieb Hiromis Gewänder und seinen Leib in einer Explosion von Blut und Eingeweiden auf. Hiromis Augen traten aus den Höhlen, er hielt sich den Bauch, versuchte vergeblich, sich zusammenzuhalten. Er brach in die Knie, entsetzt auf den Blutstrom starrend, der sich über seine Hände ergoß und mit dem Regen und Schlamm der Straße vermischte.

»Das werde ich melden...« sagte er, als er vornüber aufs Gesicht fiel. Ein Zucken ging durch seinen Körper, und er war tot.

Die trostlose Betrübnis des *mono-no-aware* senkte sich auf Yoshi herab, das Bewußtsein der Vergeblichkeit des Lebens. Wir sind wahrhaftig Eintagsfliegen, dachte er; wir tanzen kurze Augenblicke durch das Leben, und dann sind wir fort, ob Bauern oder Könige, nicht wichtiger als die Zikade, die im nächtlichen Wald singt, nicht dauerhafter als der Frühjahrsschnee, der bei Amaterasus erstem Lächeln schmilzt.

Das Leben des Schwertes verlangte wieder sein Recht. Yoshi hatte vor Jahren einen Weg gewählt und konnte die Ergebnisse nicht ändern. Wie sehr er auch wünschte, den Kampf zu vermeiden, die Gegenwart seines Schwertes zog die Tragödie an wie ein Magnet die Eisenspäne. Er war voll bewaffnet zum Begräbnis erschienen, wie es dem Brauch entsprach. Vielleicht hätten die Götter dafür gesorgt, daß Hiromi und er überlebten, wenn er Schwerter und Rüstung zu Haus gelassen hätte.

Wie die Dinge standen, kannte er seine Pflicht. Es gab kein Ausweichen. Er verdrängte alle ablenkenden Gedanken aus dem Bewußtsein, zog sein langes Samurai-Schwert, sprang von der Deichsel auf den Boden und bewegte sich auf Rokubei zu.

Dieser wich langsam zurück und hielt das Schwert mit beiden Händen in Abwehrhaltung. Gleichzeitig rief er einen Befehl. Neun rotgewandete junge Burschen, die ihre weißen Übergewänder abgelegt hatten, tauchten zwischen den Karren und Wagen auf, die Schwerter kampfbereit in den Händen. Sie umringten Yoshi.

9

Der Trauerzug war außer Sicht, aber wer den Platz noch nicht verlassen hatte, blieb jetzt, um das Drama zu verfolgen, das sich vor Hunderten von Zuschauern entfaltete. Eine Frau schrie und wurde rasch zum Schweigen gebracht. Hilfe war von diesen Leuten nicht zu erwarten.

Yoshi sprang in einer Finte vorwärts und schlug zu, und Rokubei wich vor dem Angriff zurück.

Yoshi fühlte eine Bewegung zur Rechten und wandte sich, parierte instinktiv einen Hieb. Er sprang auf den Angreifer zu, der sich eilig zurückzog, dann drehte er sich im Kreis und faßte jeden der Rotgewandeten ins Auge, als sie den Ring um ihn langsam schlossen. Sie waren allesamt jung, einige nicht älter als fünfzehn oder sechzehn. Das war freilich ein geringer Trost, da Yoshi überzeugt war, daß sie eine Elitetruppe darstellten, ausgewählt nach ihrer Tüchtigkeit im Umgang mit dem Schwert. Und tatsächlich konnte er keine offensichtliche Blöße oder Schwäche ausmachen. Sie hielten ihre Schwerter wie erfahrene Krieger.

Die Palastwachen waren diszipliniert und geübt. Die nasse, schlammige Straße wirkte sich zu ihrem Vorteil aus, da sie Yoshi zu vorsichtigen Bewegungen zwang. In scheinbar wahlloser Reihenfolge sprangen Rotgewandete im Angriff vor und zogen sich gleich wieder zurück. Um sich nicht gegenseitig abzulenken und zu behindern, konnte jeweils nur einer angreifen. Yoshi spreizte die Beine, um einem festen Stand zu haben, und die Zuschauer, der Regen, das Begräbnis und Hiromis jämmerliches Ende waren vergessen, ebenso sein Wunsch, den Gebrauch des Schwertes im tödlichen Kampf zu vermeiden.

Yoshi wurde zu einer Überlebensmaschine. Seine Stirn

war glatt, seine Augen schmal, der Mund geschlossen, aber entspannt. Er war sich des schwachen Geruchs der umliegenden Felder bewußt, des Duftes von Räucherwerk und Blumen, den der Durchzug der Trauerprozession hinterlassen hatte. Der leichte Regen dauerte an. Yoshi spürte jede Angriffsbewegung seiner Gegner und parierte und konterte mit beinahe unbewußter Präzision.

Innerhalb kurzer Zeit merkte er, daß seine Gegner eine Reihenfolge für ihre Angriffe festgelegt hatten; dies erleichterte ihm die Reaktionen. Neun Angriffe, und keiner war auch nur an ihn herangekommen. Nun war der zehnte Mann fällig. Er stand hinter Yoshi. Als hätte er Augen im Hinterkopf, spürte Yoshi die Luftbewegung, als der zehnte Mann zum Schlag ausholte. Er wich mit einer seitlichen Körperdrehung aus, ging auf ein Knie nieder, schlug in weitem Bogen zurück.

Yoshis Klinge durchschlug die Oberschenkel des Burschen. Blut verspritzend, stieß der Bursche einen gellenden Schrei aus, verlor sein Schwert und fiel. Er schnellte wie ein Fisch auf dem Trockenen im Schlamm herum, und sein Blut besudelte die Männer ringsum.

Yoshi zögerte nicht. Er sprang auf die andere Seite des Kreises zu, und sein Schwert blitzte in dem achtseitigen Hieb, um dann in die Schmetterlingstechnik überzugehen. Seine Klinge war ein Lebewesen, das ihn auf allen Seiten deckte. Die Rotgewandeten wichen zurück, als Yoshi sich zu den Ochsengespannen hinbewegte.

»Haltet ihn auf! Laßt ihn nicht zwischen die Wagen!« rief Rokubei in der Erkenntnis, daß der Vorteil verloren wäre, wenn Yoshi den Rücken frei bekäme.

Einer der Angreifer sprang ihn mit einem Wutschrei an. »Du hast meinen Bruder getötet!« schrie er und schlug blindlings auf Yoshi ein. Dieser sah sich durch den undisziplinierten Angriff momentan aus dem Konzept gebracht. Überleben! Er konnte sich weder Gnade noch Großzügigkeit leisten. Dem blindlings dreinschlagenden Jungen wurde der Schrei an der Kehle abgeschnitten, und sein Kopf rollte in den Schlamm.

Der nächste Mann verlor das Gleichgewicht und glitt in einem Versuch, dem Kopf seines Gefährten auszuweichen, im

Schlamm aus. Das war sein Verhängnis. Yoshis Schwert stieß unter seine Schulterplatte, durchtrennte die Armsehnen und sank tief in seine Brusthöhle.

Mit einem weiteren Schritt war Yoshi zwischen zwei Ochsengespannen. Die nervös stampfenden und schnaufenden Tiere deckten seine Flanken.

»Zurück und umgruppieren!« befahl Rokubei. Es waren nur noch sieben gegen Yoshi.

Die Insassen der Ochsenkarren und gedeckten Fuhrwerke starrten je nach ihrer Natur fasziniert oder entsetzt durch die Bambusjalousien. Rokubei und seine Freunde standen Yoshi gegenüber und steckten die Köpfe zusammen. Rokubei unterteilte sie in Zweiergruppen und flüsterte Befehle. Auf ein Zeichen gingen die drei Paare auseinander und schlüpften zwischen die Fahrzeuge.

Yoshi hörte Rufe und Befehle hinter sich und zu beiden Seiten, und Rokubeis Strategie wurde ihm klar. Die Rotgewandeten wollten die schützenden Fahrzeuge nacheinander entfernen, bis Yoshi bei dem letzten gestellt werden konnte.

Beim Wendemanöver verlor eines der großen Fuhrwerke ein Rad und brach auf einer Seite zusammen. Aufgeregte Schreie erfüllten die Luft. Im Schutze der allgemeinen Verwirrung kletterte Yoshi auf das Dach des Wagens zu seiner Rechten. Er steckte das Schwert in die Scheide und erreichte, von Dach zu Wagendach springend, den rückwärtigen Teil des Wagenstaus. Zwei Rotgewandete beschimpften die Insassen des havarierten Fuhrwerks: sechs Hofdamen und einen älteren Herrn. Die Rufe der Damen und die fruchtlosen Befehle des Herrn vermehrten die Verwirrung noch. Die Beschimpfungen der jungen Palastwachen waren zwecklos; das Fuhrwerk ließ sich nicht bewegen, solange es nicht repariert war.

Der alte Herr, dessen Haarknoten in Unordnung geraten war und dessen *eboshi* zerknittert auf dem Kopf saß, verließ den mit bedrohlicher Schlagseite im Schlamm steckenden Wagen, um die erregten jungen Männer zurechtzuweisen. Sein schwarzes Übergewand war zerrissen, naß und zerknittert. Einer der Angesprochenen hob drohend das Schwert, und der betagte Adlige wich rasch zurück, trat in eine tiefe

Pfütze und bespritzte sich mit lehmigem Regenwasser. Er hob in abwehrender Geste den Arm und schrie in Empörung und Furcht, als der junge Mann sich anschickte, ohne Rücksicht auf Rang und Namen zuzuschlagen.

Der Schwertstreich wurde nicht vollendet. Yoshi sprang in den Morast der Straße, parierte den Abwärtsschlag des anderen, führte einen Gegenangriff und durchtrennte den Unterarm des jungen Mannes knapp über dem Handgelenk. Klinge und Hand fielen in die Pfütze vor die Füße des alten Herrn. Diese wurde bleich wie ein Fischbauch und starrte mit schreckgeweiteten Augen den schreienden Jungen an, der seinen Unterarm hielt und sich in Panik um die eigene Achse drehte, so daß sein Blut wie aus einem Schlauch in die Runde spritzte.

Ehe sein Gefährte reagieren konnte, hatte Yoshi bereits mit einem kraftvollen Schlag durch Lederpanzer und Fleisch geschlagen und ihn niedergestreckt.

Yoshi schüttelte das Blut von der Klinge und steckte sie in die Scheide. Dann sprang er auf das Dach des benachbarten Fuhrwerks. Seine Strategie war klar. Zum ersten Mal, seit die Rotgewandeten ihn eingekreist hatten, waren sie in getrennten Gruppen; zwei weitere Paare und Rokubei. Wieder sprang er in weiten Sätzen von einem Wagendach zum nächsten, turnte leichtfüßig über stehende Ochsengespanne und balancierte auf den geschweiften Dächern.

Die nächsten hörte er, bevor er sie sah. Diese zwei hatten mehr Glück bei ihrem Versuch gehabt, die Fuhrwerke aus dem Weg zu schaffen. Zwei hatten bereits gewendet, und ein drittes wurde gerade aus dem Gedränge manövriert. Die jungen Männer hatten ihre Schwerter in die Scheiden gesteckt. Der erste war tot, ehe er seine Waffe gezogen hatte; der zweite starb, als er instinktiv nach dem bösen Geist schlug, der von oben herabgekommen war.

Noch drei.

Yoshi kauerte unter einem mit Palmstroh gedeckten Wagen und spähte in alle Richtungen; er hoffte auf den Vorteil der Überraschung, indem er den Feind zuerst ausmachte. Er sah sich in einem Dickicht von eisenbeschlagenen Rädern und den Beinen nervös stampfender Ochsen. Der Geruch von Dung vermischte sich mit dem ranzigen Gestank des Fischöls, mit dem die Achsen geschmiert wurden. Er schwitzte unter seiner Rüstung. Er konnte in seinem Versteck unbemerkt bleiben, aber das war nicht Yoshis Art. Seine Erziehung zum Samurai hatte ihn gelehrt, daß es unehrenhaft war, einem Feind den Rücken zu kehren; wie aussichtlos eine Lage auch war, nur im Kampf bis zum Tode konnte die Ehre gewahrt bleiben. Einen übermächtigen Feind suchte man nach Möglichkeit zu vereinzeln und getrennt zu schlagen; war dies nicht möglich, kämpfte ein guter Samurai mit Todesverachtung und jeder Überlebenslist, die ihm zu Gebote stand.

Yoshi hörte in der Nähe eine jugendlich klingende Stimme und schlüpfte unter dem Wagen heraus, das Schwert in der Hand. Da waren sie, hinter dem übernächsten Ochsenkarren, und stritten mit den Insassen eines Wagens. Yoshi hörte die protestierende Stimme einer älteren Frau und die zornige Erwiderung der Palastwachen. Dann Ausrufe, Klagen und Gejammer von einer Gruppe junger Frauen, die sich vor den rücksichtslos auftretenden Rotgewandeten ängstigten. Das Wehklagen der Frauen steigerte sich zu Entsetzensschreien, als Yoshi wie ein zorniger *kami* hinter dem nächsten Ochsenkarren hervorsprang. Er hielt das Schwert mit beiden Händen, die Spitze in einem Winkel von fünfundvierzig Grad erhoben, bereit zum Angriff.

Der ihm nächste Junge rief seinem Gefährten eine Warnung zu und wollte sich mit einem Satz in Sicherheit bringen, aber schon war Yoshi über ihm, wie ein Habicht, der sich auf ein Kaninchen stürzt. Seine Klinge pfiff durch die Luft, traf aber nur das Schwert und schlug es dem Jungen aus der Hand. Der Junge war wehrlos. In dem Sekundenbruchteil, bis der helle Klang der vibrierenden Klinge verhallte, war Yoshi sich mit eigentümlicher Klarheit aller Dinge um ihn her bewußt. Es war, als stehe die Zeit still. Er sah das junge Gesicht, den offenen Mund und die trotzig blickenden Augen. Der Regen hatte den Haarknoten auf dem Kopf des Jungen gelöst, und das Haar hing ihm auf den Kragen. Trotz der Pokkennarben in seinem Gesicht war er hübsch, ungefähr sechzehn, in dem Alter, in dem Yoshi gewesen war, als er vor so

langer Zeit Kyoto verlassen hatte. Yoshi zögerte, wieder be-
drängt von aufkommender Melancholie. Diese Burschen waren halbe Kinder. Wie konnte er fortfahren, sie zu töten? Er
biß die Zähne zusammen. Tue es, sagte er sich. Tue es!

Sein Zögern hatte dem Partner des Jungen eine Chance gegeben, und Yoshi spürte einen harten Schlag auf die rechte
Schulter. Der lackierte Lederpanzer rettete ihn; die Klinge
wurde von der Schulterplatte abgelenkt, und statt einer Verletzung trug er nur eine Prellung davon. Er fuhr herum und
zog mit der linken Hand sein kurzes zweites Schwert.

Als er den zweiten Gegner sah, wurd ihm klar, warum er
noch lebte. Dieser Junge schien kaum älter als fünfzehn; er
hatte nicht die Kraft, eine Rüstung zu durchschlagen. Sein
Gesichtsausdruck ermahnte Yoshi jedoch, ihn nicht zu un-
terschätzen. Das junge Gesicht strahlte kalte Intelligenz und
haßerfüllte Entschlossenheit aus.

Zum Überlegen war keine Zeit. Ein weiterer Schwertstreich war bereits unterwegs. Yoshi duckte ihn ab und
fühlte, wie die vorbeisausende Klinge sein Haar bewegte.

Das Kurzschwert war nur elf Zoll lang, nicht viel mehr als
ein Dolch, und der Junge, obschon körperlich nicht sehr kräftig, war flink und ein ausgebildeter Fechter. Yoshi wich seitwärts aus und suchte beide im Gesichtsfeld zu behalten. Der
ältere hatte sein Schwert und seine Fassung wiedergewon-
nen; er versuchte hinter Yoshis Rücken zu kommen.

Yoshi brachte ein Wagenrad hinter sich, parierte zwei Angriffe, hielt sich den jüngeren mit einer Finte vom Leib und
trieb dem älteren das kurze Schwert in einem Aufwärtsstoß
unter die Rüstung. Blut ergoß sich über den Schwertgriff auf
sein Handgelenk und durchnäßte seinen regennassen Ärmel. Sein Gegner brach zusammen, bevor Yoshi die Klinge
herausziehen konnte; er ließ sie los, faßte mit beiden Händen
das Langschwert und parierte mit knapper Not den nächsten
Schlag des wild schreienden anderen Jungen.

Der Gedanke, einen Jungen zu töten, der kaum mehr als
ein Kind war, widerte ihn an, aber jeder Akt von Barmherzigkeit würde ihn selbst den Kopf kosten. Er fing eine Kombina-
tion an, ein Finte, die auf den Kopf des Jungen zielte und von
einem Schlag zum Körper gefolgt war. Der Junge hätte die

Klinge hochziehen und die Finte parieren müssen, so daß sein Körper ungeschützt blieb. Jeder erfahrene Fechter hätte seinen Kopf geschützt, aber der hysterische Junge achtete nicht auf Yoshis Manöver, sondern führte einen weit ausholenden Streich gegen seine Mitte. Beide Klingen trafen gleichzeitig. Der Kopf des Jungen hob sich in einem anmutigen Bogen von den Schultern und rollte einem Ochsengespann zwischen die Beine. Die Tiere stampften unruhig und drängten seitwärts, und eine breite Klaue trat auf den abgetrennten Kopf, zermalmte die feinen Knochen und trat den zerbrochenen Schädel in den Schlamm.

Die Klinge des Jungen war durch Yoshis Brustplatte gedrungen und berührte seine bloße Haut. Yoshi zog sie heraus und warf sie zu Boden. Er war tief betrübt. Ein *Sensei*, ein Lehrer der Fechtkunst, der Kinder enthauptet. Obwohl er sich nur seiner Haut gewehrt hatte, glaubte er versagt zu haben. Der Geruch von Blut, Dung, Fischöl, nassem Holz und seinem eigenen Schweiß verursachte ihm Übelkeit.

Langsam schritt er hinaus auf die freie Fläche. Er war sich der Zuschauer bewußt, die ihn durch die Jalousien und Latten der Fahrzeuge beobachteten. Was würden sie von ihm denken? Ihn schauderte. Die bösen Geister, die ihn zur Gewalt führten, hatten ihn wieder verraten. Er war des Todes überdrüssig. Hiromi, die Jungen. Warum? Der arme Hiromi. Es war nicht sein Kampf gewesen. Der sanfte, gelehrte Mann war gestorben, weil das Schicksal ihn im unrechten Augenblick auf den falschen Platz gestellt hatte.

Yoshi flüsterte: »*Namu Amida Butsu*«, um Hiromis Seele auf ihre Reise zu den zehn Richtern zu bringen. Die Berührung des Todes, sagte er sich, war leichter als eine Feder, und jeder mußte einmal diesen Lebenszyklus verlassen. Aber es blieb ein schwacher Trost, wenn es sein einziger Freund war, der ihn verlassen hatte, um den Zyklus des Lebens allein zu durchleiden.

Ein furchtbarer Schlag warf Yoshi taumelnd vorwärts, so daß er in die Knie brach, das Schwert verlor und auf allen vieren durch den Schlamm rutschte. Die trüben Gedanken hatten ihn dazu verleitet, in seiner Aufmerksamkeit nachzulassen. Vor Hunderten schweigender Augenzeugen war Rokubei von rückwärts näher geschlichen und hatte ihn mit einem sausenden Schwertstreich enthaupten wollen. Nur sein Übereifer angesichts der günstigen Gelegenheit hatte Yoshi vor dem Tode bewahrt; Rokubei verschätzte sich in der Distanz und traf Yoshi einen Zoll unter dem Halsansatz. Der Lederpanzer hielt, aber Yoshi wurde von der Wucht des Schlages niedergeworfen.

Rokubei raste. Er heulte wie ein wilder Affe und sprang auf Yoshis ungeschützten Rücken zu. Der morastige Boden brachte ihn aus dem Gleichgewicht, und er schwenkte die Arme, um auf den Beinen zu bleiben.

Yoshi nutzte die Gelegenheit und warf sich seitwärts. Er hatte sein Schwert verloren und sah keinen rettenden Ausweg. Bis er auf die Beine käme, würde es aus sein. Er verlagerte sein Gewicht weiter auf die Seite und fühlte einen harten Druck an der Hüfte.

Die *shuriken*!

Messerscharfe Wurfsterne, jeder ungefähr drei Zoll im Durchmesser. Und jeder imstande, einen Ochsen zu töten, wenn er richtig eingesetzt wurde.

Yoshis Hand flog zur Jackentasche. Rokubei holte bereits zum nächsten Schlag aus, als Yoshi den Arm hochriß und drei *shuriken* auf ihn schleuderte.

Einer spaltete Rokubeis Stirn, ein anderer schnitt ihm ein Ohr ab und der dritte pfiff über die freie Fläche und fuhr mit einem hörbaren Schlag in die Seitenwand eines Ochsenkarrens.

Rokubei fiel vornüber, und seine Klinge schlug wenige Handbreit von Yoshis Gesicht entfernt in den aufgeweichten Boden.

Yoshi lag über und über besudelt im knöcheltiefen Schlamm und hatte Tränen in den Augen. Er war angewidert und voller Selbstekel. *Sensei Tadamori-no-Yoshi*, Kinderschlächter.

10

Es war der dreiundzwanzigste Tag des dritten Monats, und die Sonne schien warm. Die Pfirsichblüten waren aufgegangen, Forsythien kränzten die Stadtmauer mit ihrem leuchtenden Gelb, und die Weiden von Suzaki-Oji leuchteten im zarten Grün der jungen Blätter. Wildgänse zogen über die Stadt nach Norden. Amaterasu entschädigte die Menschen für das schreckliche Wetter während Kiyomoris Begräbnis. Yoshi hatte den langen Nachmittag angenehm verbracht, mit Nami Gedichte ausgetauscht, seine Mutter besucht und sie trotz Warnungen vor ihrem depressiven Zustand wohlauf und in guter Stimmung angetroffen.

Sie beglückwünschte ihn zu seinem Plan, mit Nami von Kyoto fortzugehen. »Manch einer wird dir abraten, den Hof zu verlassen«, sagte sie, »aber ich sehe hier nur Gefahren für dich. Du verdienst eine Gelegenheit zur Gründung deiner eigenen Familie, und ich freue mich auf Enkelkinder. Mein Leben wird erfüllter sein, wenn ich weiß, daß du und Nami das verdiente Glück genießen könnt.«

Sogar Yoshis Onkel Fumio, ein verwitweter adliger Grundbesitzer und Verwalter des Hofarchivs, der Yoshis Mutter in seinen Haushalt aufgenommen hatte und ursprünglich gegen Namis Abreise gewesen war, hatte seine Meinung geändert. Er segnete Yoshi und Nami und ihre gemeinsame Zukunft. Er war ein treuer Anhänger der Taira und überzeugt, daß man sich am Hofe auf seine früheren kriegerischen Verdienste besinnen und ihn während des geplanten Feldzuges gegen die Minamoto und ihren Führer Yoritomo zum Ratgeber der jungen und unerfahrenen Taira-Generäle machen würde: des gerade zwanzigjährigen Koremori, Kiyomoris Enkel, und des nur um einige Jahre älteren Taira Shigehira, Munemoris jüngstem Bruder. »Sie brauchen mich, diese jungen Generäle. Sie brauchen meine Kenntnisse und Erfahrungen. Ich fühle mich wieder jung. Ich werde kein Archiv mehr von innen sehen, bis der Feldzug vorüber ist. Eine letzte Gelegenheit, um zu beweisen, daß ich noch von Wert bin.«

Am Ende dieses erfreulichen Nachmittags, als Yoshi den Besitz seines Onkels verließ, sah er den riesenhaften Mönch, der ihm vor einiger Zeit beim Tempel aufgefallen war, in der Nähe von Fumios Herrenhaus. Der Mönch schien auf der anderen Seite der Nijo-Straße Geschäften nachzugehen, aber es war das zweitemal innerhalb einer Woche, daß Yoshi ihn hier sah. Er fragte sich, ob es ein Zufall war.

Seit dem Überfall beim Begräbnis des Großkanzlers war er äußerst vorsichtig und auf jede mögliche Bedrohung gefaßt. Nun, als er sein Pferd heimwärts lenkte, sah er sein Gartentor angelehnt.

Yoshis kleiner Besitz lag auf der westlichen Seite der Hauptdurchgangsstraße, im nordwestlichen Viertel, nicht sehr vornehm, doch passend zu seinem fünften Rang. Sein Haus war bescheiden, verglichen mit dem Herrensitz seines Onkels oder Chikaras kleinem Palast. Der Palisadenzaun und die Hecke verliehen den drei aneinandergebauten kleinen Holzhäusern eine Atmosphäre von Zurückgezogenheit, aber das Grundstück war klein. Es gab einen Blumengarten, aber keinen künstlichen Teich, keine Brücken, keine Pavillons. Ein gepflasterter Pfad führte vom Tor zum Haupthaus: einem großen Raum, der durch Wandschirme in mehrere kleinere unterteilt war.

Die zwei kleineren Gebäude waren rückwärtige Anbauten, zu denen überdachte Wege führten. In einem wohnte Yoshis Gefolgsmann, das andere war für Gäste bestimmt.

Yoshi saß ab und band sein Pferd an einen nahen Orangenbaum. Leise und schnell trat er durch das Tor.

Das Abendlicht am Westhimmel wurde schwächer. Im Dämmerschein tanzten Glühwürmchen unter den Büschen, und der Duft von Orangenblüten erfüllte die Luft. Alles war geeignet, Yoshi ein Gefühl von Ruhe und Frieden zu vermitteln. Statt dessen spürte er Gefahr.

Geräuschlos bewegte er sich im Schutz der Hecke zu dem überdachten Verbindungsgang an der Nordseite des Hauses. Er kletterte auf die Veranda, sorgsam darauf bedacht, sich durch nichts zu verraten, und bewegte sich am Geländer weiter, ohne auf die knarrenden mittleren Dielenbretter zu treten. Leise zog er das Langschwert aus der Scheide und trat mit drei raschen Schritten in den Hauptraum.

Ein alter Mann kniete auf dem polierten Hartholzboden.

Sein kühler Blick begegnete Yoshis, die runzligen Züge zeigten keine Furcht, obwohl er unbewaffnet war. Es war Yukitaka, ein alter und treuer Diener des Kaisers. Yoshi steckte das Schwert ein und atmete auf. Seine Entschlossenheit, die Klinge nicht zum Töten zu gebrauchen, sollte diesmal nicht auf die Probe gestellt werden.

Yukitaka streckte ihm ein gefaltetes und versiegeltes Maulbeerpapier hin. »Der Kaiser befahl mir, Euch dies persönlich zu übergeben«, sagte er.

Yoshi beäugte ihn mißtrauisch; ein Überfall aus dem Hinterhalt war noch immer denkbar. Ohne den alten Mann aus den Augen zu lassen, erbrach er das Siegel und entfaltete das Papier. Ein kurzer Blick sagte ihm, daß die Botschaft, abgefaßt in der Form eines Gedichts, tatsächlich von Go-Shirakawa kam. Der Kaiser schrieb ihm persönlich! Wie schmeichelhaft!

Yoshi nahm die Hand vom Schwertgriff. »Vergib mir mein Mißtrauen. Ich erwartete keine Gäste.«

»Ich verstehe«, antwortete Yukitaka. »Eure Lage ist bekannt. Obwohl ich den Inhalt der Botschaft nicht kenne, glaube ich, daß es Euch zum Vorteil gereichen wird, sie zu lesen und sogleich zu befolgen.«

»Danke, alter Mann. Du kannst jetzt gehen.«

»Nein. Mein Herr erwartet eine sofortige Antwort. Ich habe mehrere Stunden auf Eure Rückkehr gewartet. Ein paar Minuten mehr sind ohne Bedeutung.« Er verbeugte sich tief.

Yoshi nickte. Die Kalligraphie war prachtvoll und spiegelte die Qualität der Ausbildung in den höfischen Künsten.

> Fudschijamas Gipfel
> Die Mondsichel grüßt den Hirsch
> Der still
> Die Sicherheit seiner weißen Krone sucht
> Hoch über den roten Ahornbäumen.

Die Pinselstriche vibrierten von beherrschter Energie. Yoshi konzentrierte sich auf die verborgene Bedeutung des Gedichts. Es war unwahrscheinlich, daß der Kaiser ihm ein Gedicht sandte, nur um ihn mit seinem dichterischen Können zu beeindrucken. Das Gedicht enthielt eine Botschaft, die bedeutsam genug war, daß Go-Shirakawa sie persönlich geschrieben und den Boten angewiesen hatte, auf eine Antwort zu warten.

Fudschijama, der heilige Berg, dessen Name Unsterblichkeit bedeutete, mußte Go-Shirakawa verkörpern. Der verstohlene Hirsch mußte dann Yoshi sein. Und in der ›weißen Krone‹ hoch über den roten Ahornbäumen‹ verbarg sich ein Wortspiel, das die Minamoto und die Taira symbolisierte. Weiß war die Bannerfarbe der Minamoto, rot die Farbe der Taira. Deutete Go-Shirakawa Sympathie für die Sache der Minamoto an?

Yoshi hob erstaunt die Brauen. Wenn er die Botschaft richtig deutete, forderte sie ihn auf, insgeheim Verbindung mit Go-Shirakawa aufzunehmen. Die Mondsichel stand heute am Himmel. Das Ende des Mondmonats stand bevor. In wenigen Tagen würde Neumond sein und den vierten Monat ankündigen.

Komm insgeheim, sagte die Botschaft. Heute nacht.

Die *shika*, die Hirsche, waren in den Bergen von Nachstellungen sicher. Wenn sie in die Wälder und Ebenen herabstiegen, wurden sie gejagt und getötet. Die Macht des Kaisers würde der Berg sein, der Yoshi vor den Taira schützte.

Yoshi schritt zu einem niedrigen Lacktisch in einer Ecke des Hauptraumes, befeuchtete seinen Tintenstein, zog den Pinsel darüber und beantwortete das geheimnisvolle Gedicht in kühnen, sicheren Pinselstrichen.

> Ein scheuer weißer Hirsch
> Zieht still durch den Schnee
> Des Fudschijama
> Seine Fährte ist unsichtbar
> In Tsukiyomis schmalem Lächeln.

Er faltete und versiegelte das dicke Papier. Selbst wenn Yukitaka unterwegs überfallen würde, bliebe das Gedicht ohne seinen Zusammenhang bedeutungslos. Der Minamoto-Agent – weißer Hirsch – würde heute abend unter der

dünnen Sichel Tsukiyomis, des Mondgottes, beim Fudschijama – dem kaiserlichen Palast – erscheinen.

11

Tausend Glocken läuteten die Stunde der Ratte, Mitternacht,
von den Hängen des Berges Hiei. Die Nacht war warm und
erfüllt vom Duft unzähliger Frühlingsblumen. Die Kirsch-,
Pflaumen- und Pfirsichbäume standen in voller Blüte.

Yoshi erreichte das Suzaku-Mon, das Haupttor am südlichen Eingang zum kaiserlichen Palastbezirk. Go-Shirakawa
mochte ihn aufgefordert haben, heimlich zu kommen, aber
das Tor mit seinem Wachhaus glich selbst zu dieser späten
Stunde einem Bienenstock. Kaiserliche Wachsoldaten pa-
trouillierten vor der Einfassungsmauer, Fackeln erhellten
den Zugang zum Tor, und es herrschte geschäftiges Kommen und Gehen. Yoshi trug für sein Gespräch mit dem Kaiser Hoftracht, bestehend aus einem mitternachtsblauen Umhang, weiten grünen Hosen und einer schwarzseidenen
Kopfbedeckung. Er ging unbewaffnet und betrachtete dies
als eine Probe seiner Fähigkeit, ohne Schwert zu überleben.
Er band sein Pferd außer Sichtweite des Tores an einen blühenden Baum und ging an den Rand des vom Fackelschein
erhellten Bereiches, wo er sich unter eine Hecke duckte und
versuchte, unauffällig zu bleiben. Er fühlte sich verwundbar
von jedem vorbeigehenden Fremdling.

Der Verkehr am Tor war nicht so stark wie tagsüber, doch
auch jetzt kamen Händler mit Lieferungen für die kaiserlichen Küchen; ihre Ochsenkarren und Fuhrwerke wurden
von den Torhütern inspiziert. Kleine Wagen brachten Höflinge, die in privaten oder dienstlichen Geschäften außerhalb
des Palastbezirks zu tun gehabt hatten; auch sie wurden ungeachtet ihres Ranges angehalten und befragt. Ein paar größere Wagen brachten Abordnungen auswärtiger Würdenträger zu Versammlungen; die kaiserliche Regierung machte
kein Zugeständnis an die Stunde; viele Ämter begannen
schon zur Stunde des Tigers um vier Uhr früh mit der Arbeit,

andere arbeiteten vom frühen Abend bis zum Morgengrauen.

Die Wachsoldaten waren diszipliniert. Zwar durften Ein-
zelpersonen den Palastbezirk unkontrolliert verlassen, aber
jeder Ankömmling und jedes eintreffende Fuhrwerk wurde
angehalten und überprüft, ehe sie Einlaß fanden. Yoshi
hoffte sich einer der offiziellen Abordnungen anschließen zu
können, sah aber bald, daß dies unbemerkt nicht möglich
war. Der Kaiser hatte sich klar genug ausgedrückt: Yoshi
sollte ungesehen und unangemeldet kommen.

Tsukiyomis dünne Sichel war auf ihrem Weg zum Horizont ein gutes Stück vorangekommen, ehe Yoshi seine Gelegenheit gekommen sah. Ein Fischkarren holperte auf das Tor
zu, als eines der Räder sich von der Achse löste. Der Karren
kippte seitwärts und blieb mitten auf der Straße liegen. Die
drei Fischer und der Kutscher drängten sich fluchend um das
havarierte Fahrzeug.

Die Lieferung von Fisch war ein riskantes Unternehmen.
Im Frühling war das Meer vor Saizaki voller *tai*, Seebrassen.
Sie waren leicht zu fangen und wurden wegen ihres Wohl-
geschmacks am Hof geschätzt. Es war ein Rennen, den frischen Fisch von der Küste zum kaiserlichen Palast zu bringen, da es kein Eis gab; wer sich Zeit ließ, erreichte Kyoto mit
einer Ladung verdorbener Fische und kehrte ohne Bezahlung heim.

Die Fischer trugen Lendenschurze und zerlumpte Baum-
wollumhänge. *Hachimaki*, Stirnbänder, bändigten das strup-
pige Haar. Sie schrien mit aufgeregten, mehr oder minder
zahnlosen Grimassen durcheinander und konnten sich nicht
einig werden, was nun geschehen sollte. Sie waren Männer
aus dem Volk, Vertreter jener breiten Massen, die man am
Hofe als *esemono* bezeichnete, Menschen minderer Qualität,
Halbmenschen. Die Erfahrungen, die Yoshi in seinen Jahren
als Schwertschmied gemacht hatte, hatten ihn gelehrt, daß
diese Menschen – äußerlich unsauber und ungeschliffen –
keinen Vergleich mit den Männern vom Hofe zu scheuen
brauchten, was Ehrlichkeit und Empfindsamkeit betraf.

Yoshi ergriff die Gelegenheit. Rasch legte er Umhang und
Untergewand ab und faltete sie zu einem Bündel. Aus sei-

nem *obi* machte er eine Art Lendenschurz, löste den Haarknoten, zerzauste sich das Haar und band sich ein Halstuch als *hachimaki* um die Stirn. Mit seinem muskulösen Oberkörper glich er mehr einem Arbeiter als einem Höfling. Die Verkleidung, wenn auch nicht vollkommen, sollte für die Kontrolle am Tor reichen.

Die Torhüter lachten, riefen den Fischern spöttische Bemerkungen zu und erteilten ihnen Ratschläge. Yoshi blieb auf der Schattenseite des Karrens, gesellte sich wortlos zu den Fischern und faßte mit an. Sie starrten ihn verblüfft an. Wer würde sich freiwillig bereit finden, armen Arbeitern zu helfen? Dieser sah wie ihresgleichen aus, aber es war etwas an ihm, das ihn unterschied. Vielleicht war es der Umstand, daß er trotz des bloßen Oberkörpers sauber war.

Yoshi warf sein Bündel in den Karren. Der Fischgeruch war überwältigend; ob diese Lieferung angenommen würde, erschien ihm zumindest fraglich. Einige Fische stanken bereits.

Yoshi kroch unter den schiefliegenden Karren, kauerte nieder und stemmte die Schulter gegen ein Querholz. Dann bedeutete er den Fischern, das Rad zu halten. Mit aller Kraft versuchte er, den beladenen Karren anzuheben. Salzwasser und Flüssigkeit aus den Fischen sickerte durch die Bodenbretter auf seinen bloßen Rücken. Langsam, mit ungeheurer Anstrengung hob er die Last um einen Zoll, dann sank der Karren zu den enttäuschten Ausrufen der Fischer und dem höhnischen Gelächter der Torwächter wieder zurück.

Noch einmal. Yoshi biß die Zähne zusammen, verengte die Augen zu Schlitzen. Einen Zoll. Noch einen. Einen weiteren. Der Karren hob sich, das Rad konnte auf die Achse gesteckt werden. Yoshi sank auf die Knie, verausgabt von der übermenschlichen Anstrengung. Die Fischer und der Kutscher halfen ihm unter dem Karren heraus, umdrängten ihn, dankten ihm für die Rettung. Ihr Atem und der Geruch ihrer Körper war noch unerträglicher als der Fischgestank.

Yoshi atmete schwer. Er schnappte nach Luft.

»Wie können wir dich entlohnen?« fragte der Kutscher. »Wir sind arme Männer.«

»Kümmert euch nicht um mich. Ich werde mitgehen und

sehen, daß auf dem Weg zur Palastküche nichts mehr passiert.«

So kam es, daß Yoshi kurz vor drei am frühen Morgen von Yukitaka zu Go-Shirakawa geführt wurde. Seine Kleidung war zerknittert und fleckig vom Fischkarren, aber er hatte sich gekämmt, und sein *eboshi* saß auf dem Haarknoten.

»Alle müssen wissen, daß du hier bist, Tadamori-no-Yoshi«, sagte der Kaiser.

»Nein, Herr. Ich befolgte Eure Anweisung und kam als Fischer verkleidet. Niemand sah mich.«

»Sehr gut. Aber der Geruch!« Go-Shirakawa führte mit einer Hand ein parfümiertes Taschentuch an die Nase und wedelte mit einem bemalten Fächer in der anderen.

»Ich sehe, daß du der ideale Mann für meinen Auftrag bist. Ein großer Krieger und ein Fischer, der kluge Gedichte zu schreiben versteht! Ja, ja, ich empfange wenig Nahrung von den roten Rosen seit Munemori ihr Führer geworden ist. Vielleicht, mein kleiner weißer Fisch aus Kamakura, können wir mit deinem Anführer eine sättigendere Mahlzeit vorbereiten.« Er musterte Yoshi mit schlauem Blick. »Bist du bereit, Tadamori-no-Yoshi, deinem Kaiser und dem japanischen Volk zu dienen?«

»*Hai*, ja«, antwortete Yoshi ohne zu zögern.

»Selbst wenn es dein Leben in Gefahr bringt?«

Yoshi sagte: »Die Pflichterfüllung gegenüber meinem Kaiser ist mir wichtiger als mein Leben.« Er zögerte.

»Du hast Vorbehalte«, sagte Go-Shirakawa. »Nenne sie.«

»Ich habe auch eine Treuepflicht gegenüber den Minamoto«, antwortete Yoshi. »Ich werde sie nicht verraten.«

»Das ist nicht nötig. Ich wünsche einen loyalen Vertreter, dem ich vertrauen kann, daß er den Interessen unseres Landes dient. Du wirst Gefahren zu bestehen haben, aber der Erfolg wird Belohnung bringen.«

»Es ist mir eine Ehre zu dienen, ungeachtet einer Belohnung.« Yoshi verneigte sich im Knien, bis seine Stirn den Boden berührte.

»Dies also ist dein Auftrag: Du wirst nach Kamakura gehen und dich erbötig machen, Yoritomo zu dienen. Er wird annehmen, da er von deinen Diensten für die Minamoto weiß. Du wirst ehrenhaft für ihn handeln, aber du wirst niemals vergessen, daß das Vaterland und dein Kaiser von vorrangiger Bedeutung sind. Dein Bericht über Yoritomo, den Mann, und Yoritomo, den Staatsmann, wird meine Entscheidung, wen ich in der an Prüfungen reichen Zukunft unterstützen werde, beeinflussen. Übergib Yoritomo meine versiegelte Botschaft. Jede verlorene Minute verringert deine Erfolgsaussichten. Die Taira werden nichts unversucht lassen, dich in ihre Gewalt zu bringen oder zu töten. Geh noch heute nacht. Unverzüglich!« Nach kurzem Zögern fügte er hinzu: »Vielleicht solltest du dir Zeit für ein heißes Bad und den Wechsel deiner Kleider nehmen. Jedenfalls wünsche ich, daß du Kyoto vor Sonnenaufgang verläßt.«

»Ich muß meine Familie mitnehmen, Herr. Wir beabsichtigen in Kürze zu reisen, so daß es eine geringfügige Verzögerung geben wird.«

»Keine Verzögerung!« Go-Shirakawas Augen glitzerten wie schwarzer Obsidian. »Ich kenne deine Verbindung mit Chikaras Witwe. Ich gebe dir meine allerhöchste Zustimmung. Nimm sie mit, aber... du mußt heute nacht abreisen.«

»Ich bin hier, um zu gehorchen, Herr. Ich reise vor Tagesanbruch.«

»Beginne jetzt.«

»*Hai.*«

Yoshi zog sich unter tiefen Verbeugungen zurück. Go-Shirakawa blies den Atem in einem Ausdruck von Erleichterung durch die fast geschlossenen Lippen und roch an seinem parfümierten Taschentuch. Das Schicksal des Landes hing von einem Mann ab, der nach stinkenden Fischen roch!

12

Um zehn Uhr abends traf Fumio vor dem zweistöckigen Tor des Rokuhara-Palastes ein. Er trug Amtskleidung und ein Zeremonienschwert an seiner Seite. In der Rechten hielt er den Amtsstab des kaiserlichen Archivs, in der Linken einen eisernen Fächer.

Er ignorierte die rotgewandeten jungen Palastwachen, die in großer Zahl das Tor und die Wege im Inneren bevölkerten. Rokuhara wimmelte zu allen Zeiten von ihnen, und wenn an diesem Abend mehr als sonst am Tor standen, hatte das nicht viel zu bedeuten. Die Wachen ließen seinen Karren passieren, und er fuhr vor den Palast, wo er ausstieg und seinen Kutscher entließ.

Vor noch nicht allzu vielen Jahren war dieses Gebiet östlich des Kamo eine wenig anziehende Fläche sumpfiger Felder gewesen. Nach dem Bau der Sanjo-Brücke machte Kiyomori den Bezirk zum gesellschaftlichen und politischen Mittelpunkt Kyotos. Das ausgedehnte Gelände wurde mit Dutzenden von Häusern bebaut, in denen Taira-Angehörige ihren Wohnsitz nahmen. Hohe Mauern umschlossen Herrenhäuserd mit mehrstöckigen geschweiften Ziegeldächern, die mit ihren geschnitzten Dachbalken und den hochgezogenen Ecken das massive Mauerwerk der Gebäude beinahe schwerelos erscheinen ließen. Die Schönheit und der Reichtum von Rokuhara rivalisierten mit dem kaiserlichen Palastbezirk. Hier gab es Vergnügungspavillons im chinesischen Stil zur Betrachtung des Mondes, für Gedichtlesungen, Tanzvorführungen und Ringkämpfe. Eine Rennbahn verlief parallel zum Ufer des Kamo. Künstliche Teiche und Bäche waren belebt von Fröschen, die auf ihren Lotusblättern quakten. Es gab sogar besondere Pavillons zum Angeln in den Bächen und zur Betrachtung eines Wasserfalls.

Die Einladung der Nii-Dono in den Rokuhara-Palast war eine Ehre, die nur von einer persönlichen Einladung des Kaisers übertroffen wurde. Fumio wahrte eine diszipliniertförmliche Miene; sein Inneres aber war von einer freudigen Erregung ergriffen, wie er sie seit Jahren nicht verspürt hatte. Die Taira brauchten ihn. Endlich würde er seine Erfahrung und Weisheit zum Nutzen des Vaterlandes weitergeben können.

Fumio erstieg die breiten Stufen am Eingang der Haupthalle. Eine Ehrenwache von sechs Soldaten empfing ihn. Es
waren ältere, reifere Soldaten, nicht die jungen Hitzköpfe, in
deren Nähe Fumio stets ein Unbehagen befiel. Diese hier waren abgehärtete Veteranen, die mit dem unverkennbaren,
wiegenden Gang des Kämpfers einherschritten. Fumio
nickte anerkennend. Das war die rechte Art, einen hochrangigen Besucher zu empfangen.

Die Soldaten umringten ihn. Zwei gingen voraus, zwei
flankierten ihn, zwei marschierten hintendrein. Sie eskortierten Fumio in die große Halle. Diese glich beinahe in allen Einzelheiten der großen Empfangshalle im kaiserlichen Palast.
Behauene Balken trugen die hohe Decke, und dick lackierte
Holzsäulen ragten in präzisen Abständen auf. Die zentrale
Plattform war als einziger Teil des weitläufigen Raumes vom
Licht mehrerer Öllampen auf hohen Dreifüßen erhellt. Der
Geruch verbrannten Öls lag in der Luft.

Hachijo-no-Nii-Dono beobachtete ihn von einem geschnitzten Sessel in der Mitte der vom Licht beschienenen
Plattform aus. Sie hatte den traditionellen Wandschirm entfernen lassen und saß auf dem Platz, der dem Oberhaupt der
Taira-Sippe zukam. Neben ihr knieten ihre drei Söhne Munemori, Tomomori und der junge General Shigehira. Die Nii-
Dono trug ein blaßgraues Übergewand und darunter verschiedene Abstufungen von Weiß bis Schwarz: die Trauerkleidung einer Hauptfrau. Sie hielt das Gesicht gesenkt, und der
Widerschein der Flammen belebte ihre schmächtige kleine
Gestalt mit flackernden Schattenspielen, aber in ihren Augenhöhlen und unter den breiten Wangenknochen lag Schwärze.

Fumio machte vor der Plattform halt und verneigte sich vor
der Nii-Dono und ihren Söhnen. Zum ersten Mal kamen ihm
Bedenken. Warum wichen Munemori und seine Brüder seinem Blick aus?

»Eure Einladung ehrt mich. Ich hoffe, mich nützlich erweisen zu können«, sagte er.

»Ihr werdet Euch nützlich erweisen, Fumio«, sagte Nii-
Dono mit ihrer dünnen, schrillen Stimme.

Munemori regte sich unbehaglich. Ohne Fumio ins Auge zu sehen, sagte er: »Mutter, laß uns zur Sache kommen.«

Die Nii-Dono beachtete ihn gar nicht. »Wir haben Euch Fragen zu stellen, Fumio«, sagte sie.

»Fragt, und ich werde nach bestem Wissen antworten.«

»Steht Ihr loyal zu unserer Sache?«

»Selbstverständlich.«

»Würdet Ihr, wenn nötig, Euer Leben für uns geben?«

»Wie könnt Ihr mich dies fragen? Ich bin stets ein treuer Gefolgsmann der Taira gewesen. Mein Leben ist Euer, wenn Ihr es verlangt.«

»Und doch beherbergt Ihr einen, der uns großen Kummer bereitet hat.«

»Verehrte Hachijo, Yoshi hat mir noch größeren Kummer bereitet. Ich zog ihn auf und versuchte Liebe zum Kaiser und zu unserer Sippe in ihm zu entfachen. Aber unglückliche Umstände wirkten zusammen und ließen ihn sich gegen uns wenden. Wenn Ihr die traurigen Einzelheiten wüßtet, würdet Ihr ihm vergeben.«

»Niemals! Fumio, auf seinem Sterbebett verlangte mein Gemahl Yoshis Kopf. Ich erachte es als ein heiliges Vermächtnis, daß wir seine Wünsche ausführen. Zwei Köpfe werden vor seinem Grab aufgepflanzt: Yoshis und Yoritomos. Nun sagt mir, ob Ihr uns helfen werdet.«

»Niemand hat jemals meine Treue zu den Taira in Frage gestellt. Verehrungswürdige Hachijo, ich achte Euch und alle Mitglieder unserer Familie. Verlangt von mir, daß ich ins Feld ziehe. Verlangt, daß ich Yoritomo zur Strecke bringe. Ich werde gehen und mein Leben dafür einsetzen. Aber Yoshi... ich liebe den Jungen wie meinen eigenen.«

»Wir sind uns dessen bewußt. Wir wissen auch, daß er Euch liebt und vertraut. Darum erwarten wir Eure Hilfe. Yoshi scheint die Hilfe böser Geister gewonnen zu haben, um unserem Zorn zu entkommen; jeder Versuch, ihn zu fangen oder zu töten, ist bisher gescheitert.« Die Nii-Dono beugte sich nach vorne, und ihr Gesicht lag jetzt ganz im Schatten. Ihre Stimme war nur noch ein Zischen. »Gelobt Eure Treue. Gelobt, daß Ihr keine Mühe scheuen werdet, uns gegen Yoshi zu helfen. In diesem Augenblick befindet Yoshi sich in einer Falle. Er kann nicht entkommen. Wenn die Mönche vom Berg Hiei seinen Kopf bringen, bleibt Euch nichts weiter zu tun. Euer Gelöbnis wird erfüllt sein, und Ihr werdet unsere vollständige Unterstützung und Loyalität verdient haben. Wir werden Sorge tragen, daß Ihr angemessen belohnt werdet. Wollt Ihr General der Armee werden? Es sei Euch gewährt. Wünscht Ihr die Rückgabe Eurer Besitzungen in Okitsu? Es sei gewährt! Sagt uns, was Ihr wünscht, wir werden es erfüllen.«

»Ich bin verwirrt«, sagte Fumio. »Ihr wünscht das Gelöbnis meiner Treue. Sie gehört Euch, wie sie Euch immer gehört hat. Ja, ich wäre gern General unserer Armee, aber wenn ich Euch und dem Kaiser in einer geringeren Funktion dienen kann, wird mir das genügen. Ich dachte, Ihr hättet mich eingeladen, um meinen Rat für die jungen Generäle zu erfragen. Wenn das nicht Euer Wunsch war, warum bin ich dann hier?« Mutige Worte, aber im Innern fühlte Fumio eine kalte Hand, die sein Herz zusammenpreßte. Auf dem Gesicht der Nii-Dono lag etwas, das er nie zuvor gesehen hatte, etwas, das kaum Ausdruck eines gesunden Verstandes sein konnte.

»Gemeinplätze«, versetzte sie. »Wir brauchen mehr als leere Versprechungen.«

»Mein Gelöbnis ist kein leeres Versprechen«, sagte Fumio. Schweiß war ihm auf die Stirn getreten und bedeckte seine Oberlippe, doch die Finger, die Amtsstab und Fächer hielten, waren kalt. Kalt wie der Tod. Die Szene vor seinen Augen begann zu verschwimmen. Es war, als ob er einen gräßlichen Traum durchlebte. Die Nii-Dono schien sich vor ihm aufzublähen und wieder zusammenzuziehen. Er wurde sich seines dumpf pochenden Pulsschlags bewußt, der sechs Samurai, die ihn umringten, des Gestanks der Öllampen, der unglücklichen Mienen der drei Männer auf der Plattform und vor allem des irren Glanzes in den Augen von Kiyomoris Witwe.

»Versagt unsere Falle, werdet Ihr uns Yoshi ausliefern«, schrillte die Nii-Dono.

Fumio wich unwillkürlich einen Schritt zurück. Er stieß gegen den gepanzerten Soldaten hinter ihm.

»Das ist unmöglich«, sagte Fumio mit einfacher Würde. »Yoshi ist für mich wie ein Sohn.«

»Abführen!« zischte die Nii-Dono.

Und das Unerhörte geschah: zwei Samurai packten Fumio bei den Armen und hielten ihn fest. Gewöhnliche Krieger, die einen Hofbeamten des dritten Ranges wie einen Banditen festnahmen! Fumio wehrte sich, versuchte sein Zeremonienschwert zu erreichen, aber vergebens. Er stieß Verwünschungen aus und gebrauchte Worte, die ihm in den fünfunddreißig Jahren seit seiner letzten Teilnahme an einem Feldzug nicht mehr über die Lippen gekommen waren. Sie fesselten ihm die Hände auf den Rücken und führten ihn hinaus.

»Mutter, Fumio ist immer unser Freund gewesen. Wie kannst du ihn so grausam behandeln?« sagte Munemori.

Die Nii-Dono verzog geringschätzig den Mund. »Du bist ein Schwächling. Aber du darfst nicht außerdem noch ein Dummkopf sein. Wenn die Mönche Erfolg haben und uns Yoshis Kopf bringen, können wir dem alten Fumio nie wieder vertrauen. Er muß mit allen anderen Mitgliedern seiner Familie sterben. Vergiß nicht, was deinem Vater widerfuhr, weil er Yoritomo verschonte. Sollten die Mönche versagen, werden wir Fumio brauchen, um Yoshi in eine Falle zu locken, aus der er nicht entkommen wird.« Sie dämpfte die Stimme zu einem rauhen Flüstern, das noch tödlicher war als ihre schrille Wut. »Daraus folgt, daß Fumio Rokuhara nicht lebendig verlassen wird, selbst wenn er sich bereit erklärt, uns zu helfen.«

Munemori blickte zu seinem Bruder.

Tomomori wandte sich ab.

Shigehira aber schüttelte verneinend den Kopf. »Du bist im Irrtum, Munemori«, sagte er. »Mutter hat recht. Es gibt keine andere Möglichkeit. Fumio muß mit seiner gesamten Familie ausgelöscht werden. Der letzte Wunsch unseres Vaters darf nicht auf die leichte Schulter genommen werden; wir müssen Yoshis Kopf vor seinem Grab aufpflanzen, wenn wir nicht am Hof und im ganzen Land Gesicht und Macht verlieren wollen.«

»Du hast wie ein wahrer Taira gesprochen«, erklärte die

Nii-Dono. »Obwohl du der Jüngste bist, verstehe ich, daß der Kaiser dich zum Führer unserer Armeen ernannt hat.« Sie wandte sich wieder zu Munemori. »Deine Schwäche macht mir Schande. Dies ist eine Zeit, in der wir die Herzen verhärten müssen. Obwohl Fumio ein alter Freund ist, werde ich nicht zögern, ihn zu gebrauchen und wegzuwerfen. Das ist der Weg der Macht. Wenn du sie erringst, mußt du dich als stark genug erweisen, sie zu bewahren.«

Fumio wurde in vollständiger Dunkelheit an einen Pfosten gekettet. Er war in einem Gebäude, das der Unterbringung von Staatsgefangenen diente.

Nach einer Stunde vollkommener Stille kam eine Gruppe rotgewandeter Palastwachen mit einer Harzfackel herein; sie steckten die Fackel in einen Wandhalter.

Fumio hielt sich sehr aufrecht. Er war entschlossen, kein Zeichen von Schwäche oder Furcht zu zeigen. Nichtsdestoweniger bebte er innerlich. Viele Jahre waren vergangen, seit er zuletzt Drohungen und Gewaltsamkeiten ausgesetzt gewesen war. Es kostete ihn keine geringe Anstrengung, standhaft zu bleiben und nicht um Gnade zu bitten. Die allein in der Finsternis verbrachte Stunde hatte ihm Gelegenheit gegeben, seinen Entschluß zu überdenken; er würde Yoshi niemals verraten. Was es ihn auch kosten mochte, er konnte den Schmerz ertragen. Über sein Schicksal gab er sich keinen Illusionen hin. Die Nii-Dono war so unversöhnlich entschlossen, Yoshis Tod herbeizuführen, daß sie Fumio kaum gestatten konnte, Rokuhara lebend zu verlassen. Fumio fürchtete sich, wollte aber ehrenhaft sterben.

Drei junge Palastwächter entzündeten ein Feuer in einem Ofen am anderen Ende des Raumes. Im Feuerschein und dem Licht der Harzfackel konnte Fumio nun seine Umgebung erkennen. Er war an den mittleren von drei Pfosten gekettet, die in einer Reihe aufgestellt waren. Der Raum war groß und auf drei Seiten von Lehmwänden eingeschlossen. Die vierte Wand bestand aus schweren Holzbanken, die rechtwinklig zueinander angeordnet waren und eine Art massives Gitter bildeten. Vor dieser durchbrochenen Wand befand sich ein niedriges Podium, auf dem ein massiver

Holzklotz stand. An der Seitenwand neben dem Ofen hingen Waffen und Werkzeuge der verschiedensten Art.

Mit schwindendem Mut erkannte Fumio seine Umgebung als die Folterkammer und Richtstätte von Rokuhara. Dieser große Raum war vor Jahren vom Kaiser dazu bestimmt worden, Staatsgefangene und Verbrecher dem Verhör und der Bestrafung zuzuführen. Hinter dem durchbrochenen Balkenwerk waren Sitze, von wo aus Zuschauer einer Hinrichtung beiwohnen konnten. Fumio hatte erst im Vorjahr hinter dieser Wand gestanden und der Enthauptung eines Mörders beigewohnt.

Seine Knie zitterten. Bitte, hätte er am liebsten ausgerufen, ich bin ein Mann des Friedens, ich habe hier keinen Streit. Verschont mich! Sein Entschluß geriet ins Wanken; er fragte sich, ob es wirklich von Bedeutung sei, wenn er gelobte, Yoshi auszuliefern. Die Nii-Dono hatte gesagt, Yoshi sei bereits so gut wie tot. Versuchten sie ihn zu täuschen? Er könnte nicht leben, wenn er den Mann verriet, der ihm wie sein eigener Sohn lieb und teuer war.

Die drei Rotgewandeten hatten eine Schwertklinge ins Feuer gesteckt und erhitzten sie. Dabei scherzten sie untereinander. Die Klinge glühte bereits hellrot.

Um sich Mut zu machen, richtete Fumio seinen Blick auf die durchbrochene Wand und sang: »*Namu Amida Butsu*«. Das Bewußtsein des unmittelbar bevorstehenden Todes traf ihn mit physischer Gewalt. Der Tod war so endgültig, das Sterben so bitter! Er hatte länger gelebt als die meisten seiner Zeitgenossen, doch fühlte er, daß ihm noch viele Jahre blieben. Konnte er nachgeben? Würde Yoshi verstehen? Yoshi war ein guter Sohn; er würde vergeben.

Nein. Nein! Die Ehre über alles. Fumio biß sich auf die Zunge.

Einer der Palastwächter kam auf ihn zu, das Schwert mit der weißglühenden Klinge ausgestreckt. Die feuchte Luft des Raumes zischte von der Hitze.

»Unterwerfe und rette dich«, sagte der junge Mann.

»Rufe die Nii-Dono«, murmelte Fumio mit der Stimme eines alten Mannes.

»Gib uns dein Gelöbnis; dann werden wir sie rufen.«

Die Klinge war drei Zoll vor seinem Gesicht. Fumio spürte, wie seine Haut von der Hitze Blasen bekam. Er öffnete den Mund. Schloß ihn wieder. Keuchte: »*Namu Amida Butsu...*«

Ein qualvoller Schmerz strahlte von seiner Brust bis in den linken Arm. Die Augen traten ihm aus den Höhlen, auf seinem geröteten Gesicht brach der Schweiß aus. Er begrüßte den Schmerz als Sühne für den Gedanken, daß er Yoshi hätte verraten können.

»Niemals!« rief er, als sein Herz stillstand.

13

Yoshi ließ sein Haus in der Obhut Goros, seines alten Gefolgsmannes zurück. »Es kann sein, daß ich längere Zeit ausbleiben werde«, sagte er zu ihm. »Kümmere dich um Haus und Garten, als ob sie dein eigen wären. Ich habe dir genug Silber für ein Jahr dagelassen. Wenn du mehr brauchst, geh zu Fumio. Er wird dir helfen.«

»Es soll geschehen. Möge Euch Buddha lächeln.«

In weniger als einer Stunde würde der neue Tag anbrechen. Überall in Kyoto wurden Lampen angezündet, und Hofbeamte und Arbeiter bereiteten sich auf den kommenden Tag vor. Yoshi ritt im Trab durch die Stadt. Die Straßen waren beinahe leer, und kurze Zeit später langte er vor Fumios Besitz an.

Als er sich dem Tor näherte, fühlte er ein Prickeln der Kopfhaut. Er lenkte sein Pferd zum Zaun, saß ab, band es an einen Pfosten und ging zum rückwärtigen Tor, das nur vom Dienstpersonal und von Handelsleuten benutzt wurde. Gewöhnlich standen dort zwei Posten Wache. In dieser Nacht war niemand zu sehen.

Yoshi sog die Nachtluft ein. Es wehte ein leichter Wind. Die gepflegten Gärten seines Onkels waren voller blühender Sträucher und Stauden: die chinesischen Feder- und Feuernelken dufteten um die Wette, aber in diese feinen Düfte mischte sich ein scharfer, beißender Geruch. Von brennendem Holz? Papier? Er hatte diesen Geruch kennengelernt, als nach einem Erdbeben Häuser in Brand geraten waren. Aber hier war kein Feuerschein zu sehen, keine Spur von Hitze in der Nachtkühle.

Der Mond spendete nur wenig Licht. Yoshi tastete sich vorsichtig durch den Garten und betrat den verlassenen Nordflügel. Seine Mutter war nicht da, auch keine der Bediensteten. Die Räume lagen verlassen, doch gab ihm gerade dieser Umstand das Gefühl, von unsichtbaren Feinden umringt zu sein. In den Schatten lauerte spürbar die Gefahr.

Auf leisen Sohlen durchschritt Yoshi den Korridor. Am liebsten hätte er Nami beim Namen gerufen. Seine Kehle war trocken, ein dünner Film von Schweiß hatte sich auf seiner Stirn gebildet.

Eine Bewegung in der Haupthalle! Yoshi schlich außen herum zur Waffenkammer. Er brauchte ein Schwert, um sich im Notfall zu verteidigen. Ein Schwert zu tragen, bedeutete nicht notwendig, es zu gebrauchen. Er wählte zwei gute Klingen aus. Eine steckte er in den *obi*, die andere behielt er in der Hand. So stahl er sich zurück zur Haupthalle, blieb stehen, lauschte. Wer immer sich dort aufhielt, er machte kaum ein Geräusch. Ein Mann? Zwei? Mehr konnten es nicht sein.

Ein kratzendes, metallisches Geräusch, das Anschlagen eines Feuersteins, ein winziges, zur Flamme wachsendes Glimmen. Yoshi hob das Schwert, gefaßt auf einen Überfall.

Nur ein Mann war im Raum, ein Kriegermönch mit einem weißen Gewand über der Rüstung. Sein rasierter Kopf beugte sich über die in einem kleinen Messingbecken eben entfachte Flamme. Er blies vorsichtig in ein Häuflein Zunder und Stroh, aus dem eine kleine Flamme leckte. Er hatte Yoshi den Rücken zugekehrt und schien nicht zu merken, daß er Gesellschaft hatte. Yoshi sah, wie er das Feuer nährte und dann ein kleines Bündel brennender Strohhalme aus dem Messingbecken nahm und an ein Bündel Stoff und Papier legte, das er vor sich liegen hatte. Das Papier flammte auf, aber der Stoff widerstand dem Feuer.

Dies war der Geruch, den Yoshi wahrgenommen hatte. Offenbar waren die kleinen Feuer ausgegangen, bevor sie auf das massive Balkenwerk des Gebäudes übergreifen konnten.

In einer Gesellschaft, deren Häuser größtenteils aus Holz

und gewachstem Papier bestanden und mit Stroh gedeckt waren, galt Feuer als der am meisten gefürchtete Feind. Nach dem letzten Erdbeben waren weite Teile Kyotos in einer Feuersbrunst zerstört worden. Wer absichtlich ein Haus in Brand setzte, mußte wissen, daß das Feuer die halbe Stadt verzehren konnte; solch ein Mensch war schlimmer als ein Mörder. Er bedrohte den Bestand des ganzen Gemeinwesens.

Die Flammen leckten eine kleine Weile an dem Wollstoff, dann war das Papier verbrannt, und sie gingen wieder aus. Der Mönch murmelte halblaut vor sich hin.

Genug! Yoshi zögerte mit erhobenem Schwert. Ihm war, als folge ihm ein Fluch, wohin er auch ging. Waren jene, die er liebte, zum Leiden verurteilt? Er würde sich niemals verzeihen, wenn Nami oder seiner Mutter etwas zugestoßen wäre. Er begriff instinktiv, daß der Mönch sein Feind war, nicht Fumios. Die Mönche wußten, daß sie nur seine Familie zu fangen brauchten, wenn sie ihm schaden wollten. Sicherlich hatten sie ihn aus diesem Grund seit mehreren Tagen beobachtet. Yoshi hatte erwartet, daß die Taira versuchen würden, Vergeltung zu üben, aber dieser Mann war ein Mönch. Welchen Streit hatte er mit den Mönchen vom Hiei?

Yoshi schluckte; sein Mund war trocken wie Sommererde. Er entsann sich, daß Onkel Fumio am vergangenen Abend fortgegangen war, um die Nii-Dono aufzusuchen. Er war in Sicherheit. Aber Nami und Mutter! Yoshi ging leise auf den Mann zu, doch der Mönch mußte gehört oder gespürt haben, daß er nicht allein im Raum war, denn er warf sich vorwärts und drehte sich gleichzeitig zur Seite, um das Schwert zu ziehen. Er war schnell. Das Schwert war draußen, ehe seine Bewegung aufgehört hatte. Yoshi glaubte einen Ausdruck des Wiedererkennens und Hasses in den schwarzen Augen zu sehen. Und auch ihm kam das Gesicht des Mönches bekannt vor. Rundlich und blaß, mit einem chinesischen Spitzbart und einem dünnen Oberlippenbart. Aber schon war der andere aufgesprungen, und für weiteres Zögern gab es keine Zeit.

Zur Probe zielte Yoshi einen Schlag auf den Kopf des Mannes. Wie erwartet, wurde er mit Leichtigkeit pariert. Der Mönch reagierte mit einem Gegenangriff, der Yoshi zum

Ausweichen zwang. Dazu stieß er Yoshis Namen hervor und folgte mit einer Angriffskombination, die Yoshi leicht blokkierte. »Du erinnerst dich nicht an mich«, zischte der Mönch, als er zurückwich. »Yoshi, der Bauerntölpel.« Yoshi war seit seiner Jugend an der konfuzianischen Akademie nicht mehr ein Bauerntölpel genannt worden. Das runde Mönchsgesicht wurde von einer alten Erinnerung fast deckungsgleich überlagert. »Tsadamasa!« sagte Yoshi.

Der Mönch schnaufte bereits von der Anstrengung seiner wenigen Bewegungen. Sein Mund stand offen. Yoshi konnte jeden seiner hastigen Atemzüge hören. »Früher einmal Tsadamasa«, schnaufte der Mönch. »Jetzt Kangen, Kriegermönch von Enryakuji.«

»So, Kangen. Ich entsinne mich. Du verhöhntest mich, als ich ein Kind war. Was willst du jetzt von mir? Was hast du mit meiner Familie getan?«

Kangen antwortete nicht. Er sammelte seine Kräfte zu einem blitzschnellen und tückischen Überraschungsangriff, der Yoshi bis zur Tür zurücktrieb. Dort geriet ihm abziehender Rauch in die Nase und rief einen Hustenreiz hervor. Ohne die Klinge seines Gegners aus den Augen zu lassen, suchte er den Ursprung des Qualms auszumachen. Das Feuer, das erloschen gewesen schien, fraß sich langsam durch die Stoffabfälle, erzeugte dichten Rauch und ließ da und dort züngelnde Flammen auflodern. Wenn er diesem Kampf nicht bald ein Ende machte, würde das ganze Herrenhaus ein Raub der Flammen.

»Genug, Kangen«, sagte Yoshi, sprang auf die weiße Gestalt zu und zwang den Mönch mit einer Serie rasch und kraftvoll geführter Hiebe in die Abwehr. Kangen parierte die ersten paar Schläge und zog sich zur Wand zurück. Hier, wo er nicht weiter zurückweichen konnte, ließ er sein Schwert wie eine Windmühle kreisen, um weitere Vorstöße abzuwehren. Yoshi blieb während der nächsten drei Durchgänge außer Reichweite, dann trat er mit sicherem Gespür im richtigen Augenblick in den Kreis und entwaffnete den Mönch mit einer ruckartigen Drehung aus dem Handgelenk.

Kangen sah sein Schwert davonfliegen und in einem dunklen Winkel des Raumes landen. Ehe er reagieren konnte, fühlte er Yoshis Kurzschwert an der Kehle. Er drängte gegen die Wand zurück, aber der Druck der scharfen Spitze ließ nicht nach und blieb gerade so stark, daß er die Haut ritzte.

»Bitte«, stieß Kangen hervor. »Laß mich leben. Ich weiß, wohin deine Familie gebracht wurde. Bitte« Eine Träne rann ihm über die weiche Wange, und seine Knie begannen nachzugeben.

14

In der Meditationshalle eines kleinen Tempels hinter dem weitläufigen Komplex des Klosters Enryaku-ji befanden sich der *gakusho* und zwei Kriegermönche in vertraulichem Gespräch.

»Kann Kangen ihn überzeugen?« fragte Gyogi, der riesenhafte Mönch. »Ein Mann mit seinen übernatürlichen Fähigkeiten . . .«

»Unsinn«, unterbrach ihn Chomyo. »Er besitzt keine übernatürlichen Fähigkeiten. Hör auf, den Narren zu spielen; Yoshi ist ein Mensch wie jeder andere, nicht mehr, nicht weniger. Ein erfahrener Krieger, nichtsdestoweniger den gleichen Schwächen unterworfen, mit denen wir Sterblichen zu ringen haben. Hör endlich auf, von seinen übernatürlichen Kräften zu reden! Wir sind die Priester.«

»Du hast recht«, murmelte Gyogi. »Es ist nur, daß er so viel Glück hat . . .«

»Seine Glückssträhne ist zu Ende«, versetzte Chomyo. »Mein Plan kann nicht fehlgehen, da er seine Natur und alles berücksichtigt, was wir von seiner Liebe zu dieser Frau wissen.«

Muku, der dritte im Bunde, schien nicht überzeugt. »Wir hätten in Fumios Haus warten und ihn überfallen sollen. Dein Plan ist zu kompliziert. Woher willst du wissen, daß er hierherkommen wird?«

»Muku, ich achte dich als einen tapferen Krieger. Das Überlegen und Planen mußt du jedoch mir überlassen. Ich habe Yoshis Charakter studiert. Ich kenne ihn. Er wird Kangen nicht töten, weil seine Liebe zu der Frau größer ist als sein Verlangen nach Rache.

Ich befahl Kangen, alles zu tun, um Yoshi zu töten. Es wird ihm nicht gelingen, aber sein Versagen wird überzeugend sein. Sollte er erfolgreich bleiben, sei es durch Glück oder List, ist unser Ziel erreicht und wir werden die Geiseln freilassen. Wird Kangen jedoch überwunden, wie ich erwarte, ist unser Ziel dennoch erreicht. Yoshi wird ihn zum Sprechen bringen, und Kangen wird nur widerstehen, solange er sein Leben nicht wirklich bedroht sieht. Dann wird er Yoshi verraten, wo wir sind. Sobald Yoshi dies weiß, wird er kommen.«

»Wann wird das sein?« fragte Gyogi.

»Meine Vermutung geht dahin, daß er innerhalb der nächsten Stunde eintreffen wird.«

»Und wenn er bis nach Tagesanbruch wartet?«

»Noch besser. Es geht hier nicht um eine formale Samurai-Schaustellung von Tapferkeit. Sobald Yoshi den Wald verläßt und in Sichtweite des Tempels kommt, werde ich die Tempelglocke läuten lassen, und zehn Bogenschützen werden ohne Warnung schießen.«

»Warum«, sagte Muku, »bist du so fest davon überzeugt, daß er unter den Pfeilen deiner Bogenschützen fallen wird?«

»Es gibt nur einen Weg, auf dem ein Mann wie Yoshi kommen wird. Er ist zornig und aus dem inneren Gleichgewicht gebracht. Er wird sich sagen, daß Mönche ihm im Kampf nicht ebenbürtig sind. Da er kein Dummkopf ist, wird er die Vorteile und Nachteile des Wartens auf den Tag abwägen. Und er wird nicht warten, weil er in der Dunkelheit einen Vorteil gegenüber unserer zahlenmäßigen Überlegenheit sieht. Yoshi ist ein gerader Mann, ein ehrenwerter Krieger. Er wird uns herausfordern und mit seinem Schwert entgegentreten.«

»Angenommen, er dringt in den Tempel ein, bevor die Bogenschützen ihn sehen?«

»Ich bin nicht einfältig. An jeder Straße, die Kyoto verläßt, sind Posten aufgestellt. Bis er die Lichtung erreicht, werden wir auf ihn vorbereitet sein. Die Posten werden seine Annäherung durch den Ruf einer Eule ankündigen.«

»Es kann nichts schiefgehen?« Gyogi rang nervös die gewaltigen Hände. Sein Glaube an Yoshis übernatürliche Kräfte war ihm ins Gesicht geschrieben.

Chomyo schüttelte den Kopf. »Es kann nicht fehlschlagen«, erklärte er.

Trotz seiner zur Schau gestellten Zuversicht war Chomyo nicht weniger nervös als Gyogi. Er blickte in Mukus verdrießliches, bärtiges Gesicht und beneidete den bäurischen Mönch um seine offene, fantasiearme Natur. Natürlich würde nichts schiefgehen. Er hatte seinen Plan oft genug durchdacht. Er hatte Yoshis Charakter und seine frühere Geschichte studiert. Er wußte, wie er reagieren würde.

Dennoch war Chomyo unruhig und konnte die Hände nicht stillhalten. Ein *gakusho* war eher Priester als Krieger, mehr ein Kenner der Sutras als ein Kämpfer. Er war es nicht gewohnt, aktiv an einem Überfall teilzunehmen. Er verdrängte sein Unbehagen mit einem Achselzucken. Sollten die *sohei* kämpfen; er würde die Leitung innehaben.

Am Osthorizont war ein erster grauer Streifen auszumachen. Vom Tor des Tempels konnte er über die nordöstlichen Ebenen und Wälder zu den Ufern des Biwa-Sees und zu den fernen Bergen jenseits davon sehen.

Von Kyoto führte eine steile, schmale Straße den felsigen, waldbedeckten Berghang zum Kloster herauf. Der Zugang zum Tempelbezirk erfolgte über eine schmale Treppe und auf eine von Bäumen umstandene Lichtung... von Bäumen, die zwei Dutzend Bogenschützen verbargen.

Yoshi würde sein Pferd zurücklassen und die Treppe hinaufsteigen müssen. Sobald er über die Lichtung käme, brauchte Chomyo nur die Glocke zu läuten und den Bogenschützen damit das Zeichen zu geben.

Ein Eulenruf in der Ferne!

Plötzlich hörte Chomyo seinen Puls in den Schläfen pochen. Er spähte über die Lichtung. Der Augenblick hätte nicht günstiger gewählt sein können. Das Licht reichte gerade hin, daß er unbestimmte weiße Umrisse zwischen den Bäumen erkennen konnte – die am Waldrand versteckten Bogenschützen. Sie waren bereit.

Wieder ein Eulenruf, jetzt näher. Yoshi kam rasch voran.

»Er kommt«, sagte Chomyo mit erzwungener Ruhe.

»Laßt uns beten«, sagte Gyogi.

Muku warf dem zitternden Riesen einen geringschätzigen Blick zu. »Laß ihn kommen«, knurrte er. »Ich fürchte ihn nicht. Wenn die Bogenschützen ihn verfehlen, werde ich zeigen, was ich kann.«

Vom Rand der Lichtung ertönte ein hohler Eulenruf. Weit in der Ferne lag die stille Oberfläche des Biwa-Sees im Widerschein einer Wolke, die das erste Licht des anbrechenden Tages reflektierte. Der Wald flüsterte schlaftrunken in der leichten Brise. Die entfernten Berge lösten sich als dunkle Silhouetten vom Horizont. Bald würde heller Tag sein, und der Geruch in der Luft versprach einen vollkommenen Frühlingstag.

Eine Gestalt löste sich von den Bäumen am unteren Rand der Lichtung und lief unbeholfen über die freie Fläche auf den Tempel zu. Sie trug volle Rüstung, aber die Lederschuppen würden den Mann nicht vor der Durchschlagkraft der Pfeile schützen. Auch trug er einen Helm, und sein dunkelblaues Übergewand flatterte hinter ihm. Chomyo glaubte das weiße Minamoto-Emblem auf dem mitternachtsblauen Gewand zu erkennen.

Er läutete die Glocke.

Noch ehe der erste Ton verhallt war, schwirrten die Bogensehnen.

Mehr als zwanzig Pfeile sausten auf die einsame Gestalt zu. Einige wurden von der Rüstung abgelenkt, andere durchschlugen sie mit dem unverkennbaren dumpfen Schlag. Die Bogenschützen legten neue Pfeile auf und schlossen eine zweite Salve auf die lautlos zusammenbrechende Gestalt. Das blaue Gewand bedeckte einen Körper, dem die Pfeile Ähnlichkeit mit einem Stachelschwein verliehen.

Muku grunzte enttäuscht und angewidert.

»Gepriesen sei Buddha«, flüsterte Gyogi. »Mit seiner Hilfe ist es gelungen.«

»Er ist tot«, sagte Chomyo nüchtern. »Unsere Pflicht ist getan.«

15

Yoshi packte das weiße Mönchsgewand vor Kangens Brust und hielt ihn aufrecht. »Schnell«, sagte er mit einer Stimme, die um so gefährlicher war, weil sie so ruhig schien. »Was habt ihr mit meiner Familie getan?«

Kangens Antwort blieb unverständlich. Er würgte und hustete. Yoshi drückte mit dem Kurzschwert zu. »Du lebst nur, wenn du meine Fragen beantwortest. Ich habe keine Zeit zu verlieren. Ich werde dich noch einmal fragen.« Yoshis kraftvoller linker Arm hob Kangen von den Füßen. Der Druck der Schwertspitze ließ nicht nach. Als Kangens Gesicht in gleicher Höhe mit dem seinigen war, wiederholte Yoshi die Frage. Kangen konnte nicht wissen, daß es eine leere Drohung war.

Diesmal brachte er eine verständliche Antwort hervor. »Sie sind von den Mönchen zum Kloster Enryaku-ji gebracht worden«, keuchte er.

»Warum?«

»Vor seinem Tod befahl Kiyomori, dich zu töten. Du bist unser Feind.«

»Ich habe niemals gegen die Mönche gehandelt. Sie haben einen Irrtum begangen.«

»Es war kein Irrtum. Chomyo, der *gakusho*, hat deinen Tod befohlen. Er gibt dir die Schuld an Kiyomoris tödlicher Krankheit.«

»Ich hatte mit Kiyomori nichts zu schaffen...«

»Aber Kiyomori glaubte, daß du unser Überleben bedrohst. Du tötetest viele der mit uns verbündeten Taira und warst Ursache, daß unser Tempel Gesicht verlor.«

»Ich verstehe nicht. Ich bin ein Mitglied des kaiserlichen Rates. Ich habe keine Meinungsverschiedenheiten mit eurer Tendai-Sekte, doch ihr bedroht mich und meine Familie.«

Schweißperlen rannen Kangen übers Gesicht. Seine weichen Lippen bebten unter dem Schnurrbart. Yoshi lockerte seinen Griff, und der Mönch sackte in sich zusammen. Ohne ihn aus den Augen zu lassen, trat Yoshi zurück und trat das schwelende Feuer aus.

Was sollte er tun? Go-Shirakawa hatte ihm befohlen, Kyoto

vor Tagesanbruch zu verlassen. Pflicht und Verantwortungsgefühl verlangten, daß er sofort aufbrach. Nami? Die Mutter? Die Bediensteten? Pflichtgefühl und Liebe zu seiner Familie verlangten, daß er keine Anstrengung scheute, sie zu retten.

Sollte er bei dem Rettungsversuch ums Leben kommen, bliebe seine Mission freilich unerfüllt, und er würde als ein Verräter an der kaiserlichen Familie dastehen. Man würde ihm nachsagen, daß seine Familie ohne Belang hätte sein müssen, verglichen mit seiner Verpflichtung dem Kaiser gegenüber. Er war in diesem Glauben erzogen worden; früher hätte er den Mönch getötet und seine Familie verlassen, um dem Pfad der Pflicht zu folgen; aber er konnte Nami nicht in den Händen der Mönche lassen. Sollte er bei dem Rettungsversuch sterben, so war es der Wille der Götter.

Das Feuer war ausgetreten. Die über den Hartholzboden verstreute Asche rauchte noch da und dort, aber die Gefahr für das Haus war gebannt.

»Für einen Fremden ist es leicht, zwischen den Tempeln am Berg Hiei die Orientierung zu verlieren«, sagte Yoshi, wieder zu Kangen gewandt. »Führe mich dorthin, wo meine Leute festgehalten werden, und wenn ich überzeugt bin, daß du mir die Wahrheit gesagt hast, werde ich dich freilassen.«

»Einverstanden«, blubberte Kangen.

Yoshi band Kangen die Handgelenke mit einer Seidenkordel zusammen und führte ihn durch die Verbindungskorridore zu den Stallungen seines Onkels. Pferdeknechte und Kutscher waren fort, aber in den Ställen waren mehrere Pferde und Ochsen. Yoshi dachte daran, Kangen in einem Ochsenkarren den Berg hinaufzufahren, aber dafür war die Zeit zu knapp. Kangen würde reiten müssen.

Yoshi knebelte den Mönch mit einem Stirnband und fesselte seine Hände an den Sattelknopf. Die Füße wurden unter dem Pferdebauch zusammengebunden. Dann führte Yoshi das Tier zur Waffenkammer, wo sein Onkel die feinsten Lederpanzer verwahrte. Yoshi wählte einen gehörnten Kriegshelm und eine vollständige Körperpanzerung. Er legte die Rüstung eilig an und zog sein mitternachtsblaues

Gewand darüber. Das weiße Übergewand des Mönches machte ihm Sorgen. Im Wald würde es wie ein Leuchtfeuer wirken. Es war jedoch keine Zeit, etwas anderes für ihn zu suchen.

Yoshi beobachtete den Osthimmel. Noch kein Zeichen von Amaterasus Lächeln. Der traurige Mond war tief zum Horizont hinabgesunken. Es mußte möglich sein, den Tempel noch vor Tagesanbruch zu erreichen.

Kangen hielt sich gut im Sattel, als die Pferde durch die Stadt trabten. Sie verließen Kyoto durch das Nordtor, Kangen mit flatterndem Gewand voran.

Bald stieg die Straße an, und sie ritten durch nachtschwarzen Wald aus Kiefern, Sicheltannen, Eichen und Rotahorn. Kangen wies mit einer Kopfbewegung den Weg, als sie zu einer Gabelung kamen. Der Weg führte stetig aufwärts und querte die Hänge des Hiei ostwärts. Nach einiger Zeit bemerkte Yoshi, daß in dem Wald ringsum Gebäude standen. Sie passierten kleine Schreine, größere Tempelbauten und Wohnhäuser der Mönche. Wenn sie in die Nähe kamen, schienen die Bauwerke sich aus dem Wald zu lösen, um wieder Teile von ihm zu werden, wenn sie vorübergeritten waren.

In der Nähe rief eine Eule. Zu ihrer Rechten fiel der Berg mit felsigen Steilhängen zu den nordöstlichen Ebenen ab. Bald würden der Biwa-See und die nördlichen Gebirge in der Morgendämmerung sichtbar sein.

Kangen schüttelte den Kopf und produzierte trotz seines Knebels irgendwelche Geräusche, bemüht, Yoshis Aufmerksamkeit auf sich zu lenken. Yoshi hielt an und beugte sich zu dem anderen, um den Knebel zu lockern.

»Wir sind da. In der Senke unter uns steht die große Vorlesungshalle. Der Haupttempel befindet sich auf der Felsstufe darüber. Du mußt die Treppe hinaufsteigen. Oben ist eine Lichtung; über sie führt der Zugang zu dem Gebäude, wo die Gefangenen festgehalten werden. Du mußt zu Fuß weitergehen; der Weg ist für die Pferde zu steil und schmal.«

»Wie soll ich das Gebäude erkennen? Wir sind an Dutzenden vorbeigeritten und es ist zu dunkel, um eines vom anderen zu unterscheiden.«

»Wann wirst du mich freilassen?«

»Sobald ich überzeugt bin, daß du nicht gelogen hast.«

»Ich könnte rufen. Die Mönche würden mir zu Hilfe eilen.«

»Und du würdest zu früh sterben, um sie zu sehen.«

»*Hai*, ich habe keine Wahl. Also . . . überquerst du die Lichtung oberhalb der Treppe, wirst du ein von Fackeln erhelltes Gebäude sehen. Es ist dasjenige, das du suchst. Wachen stehen am rückwärtigen Eingang Posten. Dort, in der Küche, wird deine Familie festgehalten. Sobald du die Fackeln und die Posten siehst, wirst du wissen, daß ich die Wahrheit gesagt habe.«

»Und dich freilassen.« Yoshi saß ab und führte die Pferde zu einem Baum, wo er sie festband. Er knebelte Kangen von neuem und befahl ihm, zu warten.

Er stieg die steinerne Treppe hinauf. Es mutete seltsam an, daß hier keine Wachen standen. Wieder ließ eine Eule ihren traurig-dumpfen Ruf vernehmen, diesmal vom oberen Ende der Treppe, wo der Waldrand war. Yoshi bewegte sich geräuschlos.

Als er die Lichtung überblicken konnte, sah er die Fackeln und die Posten, wie Kangen sie beschrieben hatte. Abermals rief die Eule, und Yoshi zog sich vorsichtig eine Stufe zurück. Seine Augen waren auf einer Ebene mit dem Unterwuchs des Waldrandes, als er über die Lichtung spähte. Bald hatte er drüben zwischen den Bäumen einen undeutlichen hellen Fleck ausgemacht . . . und noch einen. Und einen dritten.

Er nickte stumm, machte kehrt und lief die Stufen wieder hinab.

»Du sagtest die Wahrheit«, sagte er zu Kangen. »Das Gebäude ist, wie du es beschrieben hast.«

Kangen nickte eifrig.

»Ich werde unsere Vereinbarung einhalten.« Yoshi durchschnitt die Fesseln an Kangens Händen und Füßen. »Steig ab.«

Kangen ließ sich vom Pferd rutschen, stampfte und streckte Arme und Beine, um den Blutkreislauf in Gang zu bringen. Er faßte nach dem Knebel.

»Noch nicht«, sagte Yoshi. »Du bist in deinem weißen Gewand zu auffällig. Zieh es aus.«

Kangen hob erstaunt die Brauen, gehorchte aber.

»Zieh mein Gewand über deine Rüstung«, sagte Yoshi.

Kangens Augen weiteten sich, als er Yoshis Absicht erkannte. Er schüttelte heftig den Kopf und gab kleine, blökende Geräusche von sich.

Yoshi zog das Schwert und hielt Kangen die Klinge an die Kehle. Der Mönch zog das blaue Gewand über. Yoshi nahm seinen Kriegshelm ab und befestigte ihn auf Kangens Kopf. Dann fesselte er die Hände des Mönches auf dessen Rücken.

»Zur Treppe«, sagte Yoshi. »Ich bleibe hinter dir.« Er hüllte sich in das Mönchsgewand und zog die Kapuze über den Kopf. »Vorwärts«, sagte er und stieß den Mönch mit dem Schwert vor sich her, bis sie dem oberen Ende der Treppe nahe waren.

»Du bist frei«, flüsterte Yoshi und schlug dem anderen die flache Schwertklinge über den Rücken. Kangen sprang die letzte Stufe hinauf und lief vornüber gebeugt unbeholfen auf das Hauptgebäude zu.

Eine Glocke läutete.

Yoshi war zwischen den Bäumen, als er die erste Bogensehne schwirren hörte.

16

Chomyo erreichte als erster den Toten, gefolgt von Muku und Gyogi. »Soviel für übernatürliche Kräfte«, sagte er und stieß den Toten mit dem Fuß an. Der Mann lag auf dem Gesicht, sein Kriegshelm war verrutscht und das Gewand von einem Dutzend Pfeilen an den Körper geheftet.

Das Licht veränderte sich rasch. Der Osthimmel war perlgrau geworden, und Streifen hoher Bewölkung verfärbten sich in den ersten Lichtstrahlen vom Horizont rot und golden. Der Berg schützte Tempel und Kloster vor dem Nordwestwind; es war totenstill. Schweigend umstanden die hohen dunklen Bäume die im Morgengrauen liegende Lichtung.

Wie weiße Schatten kamen die Bogenschützen einer nach

dem anderen unter den Bäumen hervor und sahen schweigend zu, wie Chomyo den *nembutsu* anstimmte. Gyogi kniete nieder und begann *juzu*, Gebetskugeln, durch die Finger gleiten zu lassen, während er das Todesgebet sprach, das Yoshis Seele den Weg zur nächsten Welt ebnen sollte. »*Amida Nyorai*, deren Licht durch die zehn Weltteile erstrahlt, nimm diese arme Seele auf, die deinen Namen nicht rufen kann.«

Muku, der seine Gelegenheit, sich mit Ruhm zu bedecken, geschwunden sah, murrte und stieß den Toten mit seinen hölzernen *geta*.

»Unsere Mission ist beendet«, sagte Chomyo, nachdem er sein Gebet beendet hatte. »Laßt die Welt wissen, daß die Tendai-Mönche taten, was die ganze Taira-Sippe nicht vermochte. Gyogi, bring die Botschaft zur Nii-Dono und kehre mit ihrer Bestätigung sogleich hierher zurück.«

Gyogi stand auf; er fuhr fort, die einhundertachtzig Kupferperlen durch die Finger gleiten zu lassen.

»Jetzt!« sagte Chomyo. »Zuerst überbringst du die Botschaft, dann zählst du deine Gebetskugeln.«

Der Riese ließ den Kopf hängen. »Wie soll ich nach Rokuhara gehen und gleich wieder zurückkehren?«

»Gebrauche deinen Kopf. Yoshi muß auf einem Pferd gekommen sein. Such im Wald. Das Pferd wird irgendwo am Fuß der Treppe an einen Baum gebunden sein. Nimm es. Die Nii-Nono muß wissen, was heute nacht hier geschah.«

»Und wenn ich sie nicht finden kann?«

»Sie wird da sein und auf Nachricht warten. Und für die Überbringung solch guter Nachricht wird sie dich unzweifelhaft belohnen.«

Gyogi ging. Er hielt die doppelte Schnur mit den aufgereihten Kupferperlen in den riesigen Händen und murmelte trotzig seine Gebete, als er sich auf die Suche nach Yoshis Pferd machte.

Der Rand der Sonne hob sich über den Horizont. Die Oberfläche des fernen Biwa-Sees verwandelte sich in geschmolzenes Gold und spiegelte die Glorie der Sonnengöttin. Ein Schwarm Krähen störte die Stille über der Lichtung mit ihrem rauhen Krächzen und dem Rauschen der Flügelschläge.

Chomyo winkte den schweigenden Bogenschützen.

»Bringt den Toten zum Tempel«, sagte er. »Unser Ziel ist erreicht. Es ist Zeit, die Geiseln freizulassen.«

Zwei Bogenschützen kamen heran, streckten den Leichnam aus und wälzten ihn herum, um das Tragen leichter zu machen. Chomyo und Muki entfernten sich. Die Bogenschützen bückten sich über den Toten, einer, um ihn unter den Schultern zu fassen, der andere, ihn bei den Füßen zu nehmen. Plötzlich rief der erste aus: »Kangen! Wir haben Kangen getötet!«

Chomyo und Muku blieben stehen, wandten sich langsam um, vor Schreck wie gelähmt.

In diesem Augenblick ertönte noch ein Schrei vom Tempel. »Feuer! Feuer!«

Yoshi zog sich in den Schutz der Bäume zurück. Als der *gakusho* und seine zwei Gefährten bei dem Toten anlangten, war er bereits auf dem Weg zur Klosterküche.

Das weiße Übergewand, das an jedem anderen Ort auffallend gewesen wäre, war hier eine vollkommene Tarnung. Mit hochgeschlagener Kapuze unterschied er sich durch nichts von den wenigen anderen Mönchen, die zu dieser frühen Stunde ihren Tageslauf begannen. Ohne Aufmerksamkeit auf sich zu lenken, gelangte er hinter den Tempel und erstieg die Stufen zur Veranda. Die beginnende Helligkeit des Tages ließ die Fackeln verblassen. Mitternachtsblau wurde zu Perlgrau.

Zwei Doppelposten bewachten den Bereich der Klosterküche. Yoshi trat kühn auf das nächstbeste Paar zu und sagte: »Befehl vom *gakusho*. Ich soll die Gefangenen abholen.«

»Wer bist du? Wir kennen dich nicht«, sagte einer der beiden.

»Ich bin auf Chomyos Befehl hier. Wenn ihr ihn fragen wollt, tut es gleich. Er wartet auf der Lichtung. Der Mann, um den es geht, ist tot, und Chomyo möchte die Gefangenen so rasch wie möglich fortschaffen.«

»Nur Chomyo kann unsere Befehle aufheben.«

»Wie schade«, sagte Yoshi. Er zog das Schwert und griff an. Der erste Posten starb, ehe er eine Bewegung machen konnte. Der zweite riß sein Schwert aus der Scheide und öff-

94

nete den Mund, um eine Warnung zu rufen. Der Ruf wurde zu einem Gurgeln, als Yoshis Klinge seine Kehle durchstieß; sein Kopf hob sich und kippte zurück, festgehalten nur von einem dünnen Streifen Haut und Muskel im Nacken. Aus seiner Halsschlagader stieg eine dünne rote Fontäne beinahe bis zu den Dachbalken. Der Mönch wankte noch zwei Schritte, bevor er über das niedere Geländer fiel. Yoshi hatte die Tür bereits aufgestoßen.

Im Halbdunkel der Küche sah er die Familie in Gruppen beisammenkauern.

Nami sprang auf und lief auf ihn zu. »Yoshi, *Amida* sei gedankt, daß du hier bist! Seit Stunden sind wir in Angst und Schrecken. Ich bin wohlauf, aber kümmere dich um deine arme Mutter.«

Sie führte Yoshi zu Masaka, die, in ihr Nachtgewand gehüllt, zusammengesunken an der Wand saß. Yoshi hatte Mühe, seine Mutter wiederzuerkennen. Sie hatte nicht, wie üblich, weißen Puder aufgelegt. Wie entwürdigend, eine Dame des Hofes zu zwingen, unvorbereitet vor ihr Dienstpersonal zu treten. Ohne Wandschirm, ohne die angemessene Schminke und Tusche.

Die Stallknechte, Köche, Dienstboten und Kammerfrauen, in kleinen Gruppen voneinander getrennt sitzend, wandten die Blicke von ihrer hilflosen Herrin.

Yoshi drückte Namis Hand und bat sie, seine Mutter und das Personal zum rückwärtigen Ausgang zu führen und dort zu warten, bis er wiederkäme. Die Veranda war durch einen überdachten Weg mit einem kleinen Vorratshaus weiter oben am Berg verbunden. Unglücklicherweise würde die Gruppe der Geiseln an den verbleibenden Posten vorbeikommen, wenn sie die Küche verließ. Er mußte sie ablenken.

Während Nami wie geheißen vorging, warf Yoshi Holzspäne und Scheite, die zum Befeuern des Küchenherdes bereitlagen, an der hölzernen Wand auf einen Haufen. Er goß Öl aus den Lampen darüber und in Rinnsalen zu den angrenzenden Wänden aus Flechtwerk und Holz. Dies getan, ging er hinaus auf die Veranda und nahm eine Harzfackel aus dem Halter.

»Was geht dort vor?« rief einer der verbliebenen Posten.

Die Sonne hob sich über den Horizont. Es war schon hell genug, daß die Posten ihre toten Gefährten sehen konnten, aber noch waren sie nicht auf sie aufmerksam geworden. In heiserem Ton, der den toten Wächter, welcher ihn angerufen hatte, nachahmen sollte, rief Yoshi: »Ich erklär's dir gleich; zuerst muß ich nach den Gefangenen sehen.«

Yoshi trug die Fackel in die Küche und legte sie auf den öldurchtränkten Scheiterhaufen. Das Feuer loderte auf und verbreitete sich in Windeseile entlang den Wänden.

»Schnell hinaus! Durch den Korridor nach rückwärts.« Er stieß die der Tür nächsten Gefangenen hinaus. Sie waren verwirrt, gehorchten aber und eilten durch den überdachten Gang zu dem Vorratsraum.

»He, was geht da vor?« wiederholte der Posten.

Yoshi beachtete ihn nicht. Inzwischen war es Tag, und Yoshi mußte ebenso deutlich sichtbar sein wie die beiden gefallenen Posten. Am blauen Himmel kreiste ein Krähenschwarm und krächzte.

»Du bist nicht Hanshun«, sagte der Posten. Er zog sein Schwert und fügte, über die Schulter zu seinem Gefährten blickend, hinzu: »Gib acht, er ist ein Spion. Laß ihn nicht entwischen!«

Die beiden Mönche gingen auf ihn los. Der eine hielt das Schwert vorgestreckt mit einer Hand und marschierte direkt auf Yoshi zu.

»Leg deine Waffe nieder und ergib dich, solange du kannst!«

Yoshis Antwort war, daß er Verteidigungshaltung einnahm. Der Mönch zog unmutig die Brauen zusammen, nahm das Schwert in beide Hände und führte einen schlechtgezielten Streich auf Yoshis Kopf. Yoshi wich seitwärts aus und konterte mit einem waagerecht geführten Schlag, der den Leib des Mönches von vorn bis hinten aufschlitzte. Der Mönch ließ das Schwert fallen, legte die Hand an die Seite und blickte Yoshi vorwurfsvoll an. »Wer...« sagte er und brach tot zusammen.

Flammen züngelten aus dem knisternden Flechtwerk der Küchenwand, leckten nach dem strohgedeckten Dach. Der zweite Wächter starrte Yoshi mit offenem Mund an, dann flog er herum und lief zur Frontseite des Tempels. Sein Warnruf gellte durch die Morgenstille.

»Feuer! Feuer!«

»Bleibt hier, bis ich zurückkomme.«

»Yoshi, bitte. Bring uns jetzt nach Hause. Wir sind in Todesangst. Deine Mutter hat einen Nervenzusammenbruch. Vergiß die Mönche.«

»Liebe Nami, wir haben keine andere Wahl. Die Mönche stehen zwischen uns und der Sicherheit. Meine Mutter kann den Berg nicht überqueren. Zur Linken ist ein felsiger Steilhang, zur Rechten der Wald. Nur eine Straße führt hinab, und die Mönche beherrschen sie.«

»Du kannst sie nicht alle bekämpfen.«

»Nein, aber es gibt eine andere Möglichkeit. Wenn ich an diesen *gakusho* herankomme, den sie Chomyo nennen, könnte unser Überleben gesichert sein.«

»Dann sei Amida mit dir. Yoshi, sollte es dir nicht gelingen, wisse, daß ich dich liebe.«

»Es wird gelingen.«

Die feurige Lohe schlug aus dem Strohdach und blies Funkenschauer und gelblichen Rauch in die Luft. Mönche eilten mit Wassereimern hin und her. Trotz des scheinbaren Durcheinanders folgten sie einem lang feststehenden Plan. Feuer war eine so allgegenwärtige Gefahr, daß jeder Tempel, jedes Kloster eine eigene organisierte Feuerwehr besaß.

Nur Chomyo und Muku beachteten den Brand nicht. »Der verdammte Yoshi!« fluchte Chomyo. »Wie konnte er unserer Falle entkommen? Hat Kangen uns verraten?«

»Kangen hätte uns nie verraten. Er war mein Freund. Yoshi wird für seinen Tod büßen.«

»Was willst du machen? Er entkam unseren Bogenschützen. Wir wissen nicht, wo er ist.«

Mukus derbes Gesicht war wie eine steinerne Maske, in der die geschlitzten Augen böse glitzerten.

»Mir ist gleich, wo er ist«, erwiderte er. »Ich werde mich an

die Geiseln halten. Die gesamte Familie Tadamori-no-Yoshis
wird sterben, um Kangens Tod zu sühnen!«

»Richtig«, sagte Chomyo. »Die Familie wird sich im Vorratshaus versteckt haben; es ist der einzige mögliche Ort.
Töte sie alle.«

Yoshi sah Muku mit dem Langschwert in der Hand am Tempel vorbei zu den rückwärtigen Gebäuden laufen. Sein Gewand war halb offen und enthüllte eine vollständige Leder-
panzerung. Schienbeine und Unterarme waren mit hartge-
gerbtem Leder wie mit Schienen bedeckt, Platten schützten
Schultern und Rücken, während lederne Schuppen seinen
Rumpf schützten. Statt der bequemen Bärenfellstiefel eines
Kriegers trug er jedoch hölzerne *geta*, die traditionelle Fuß-
bekleidung der Mönche.

Die *geta* verliehen ihm eine unbeholfene Gangart, die jedoch von seiner Schnelligkeit Lügen gestraft wurde. Er hatte
sein Leben lang Holzschuhe getragen und ging gut darin.

Yoshi wartete in dem überdachten Gang, der zum Vorratshaus führte. Wenn er überlebte, Nami und seine Mutter retten konnte, wollte er niemals wieder ein Schwert gebrauchen, um zu töten.

Mit einer beinahe übernatürlichen Ruhe, die ein Ergebnis
dieser Entscheidung war, ließ er den Mönch herankommen.
Ein Mönch würde seine Fechtkunst kaum auf eine harte
Probe stellen, doch erhielt sich ein Fechtmeister am besten
dadurch am Leben, daß er niemals die Tüchtigkeit seines
Gegners unterschätzte.

Muku erblickte den wartenden Yoshi und machte halt. Die
Art und Weise, wie Muku das Schwert in den schwieligen
Händen hielt, die Klinge leicht aufwärts gerichtet vor sich
haltend, die Spitze in Augenhöhe, verriet Zuversicht und
Selbstvertrauen.

Er begann mit einer Finte und machte einen Ausfall, nicht
den erwarteten Stoß nach dem Kopf, sondern einen Schlag
auf Yoshis Handgelenk.

Er war schnell, viel schneller als Yoshi erwartet hatte, aber
nicht schnell genug, um seine Verteidigung zu durchdringen. Yoshi parierte und ging einen halben Schritt zurück.

Der nächste Angriff folgte sofort, diesmal mit einer doppelten Sequenz. Überraschend verfeinert für einen Bauernmönch. Finte zum Kopf, Stoß gegen die Mitte. Yoshi fing die Wucht des Stoßes mit der Klinge ab und geriet ins Wanken. Der Mönch war nicht nur schnell, er war auch stark und erfahren. Um wieder festen Stand zu bekommen, wich Yoshi noch einen halben Schritt zurück.

Muku folgte wie eine Katze. Sie gerieten nahe aneinander, die Klingen gekreuzt. Muku setzte seine ganze Kraft ein; die Lippen entblößten schiefe braune Zähne. Dieser Höfling konnte ihm körperlich nicht ebenbürtig sein. Dennoch... sein Schwert wurde niedergezwungen.

Yoshi fühlte Mukus Stoppelbart an seiner Wange. Roch den heißen Atem des anderen. Er könnte diesen Kampf aus dieser Nähe bestehen, aber das dauerte zu lange. Er löste sich und ging zurück.

Muku bewegte die Schwertspitze in einem kleinen Kreis und forderte Yoshi heraus.

»Dies ist der große Schwertfechter, der die Besten der Taira bezwang? Was für armselige Fechter müssen sie gewesen sein!«

Yoshi antwortete nicht. Er war ruhig und gefaßt. Er fühlte den hölzernen Boden unter den Stiefeln, die vom Feuer ausstrahlende Hitze.

Er war sich vollkommen der gegen das Feuer ankämpfenden Mönche bewußt, nahm Chomyo wahr, wie er näher kam und einem Bogenschützen signalisierte, den Wassereimer fallen zu lassen und zu ihm zu kommen. Yoshis Bewußtsein war wie ein klarer Wasserspiegel, der alles ringsum reflektierte.

Die Zeit reichte nicht für weitere Feinheiten, für das Aufspüren von Schwächen seines Gegners. Yoshi begann seinen Angriff. Nicht einen oder zwei, sondern eine verwirrende Serie aufeinanderfolgender Schläge, von denen nicht zwei demselben Ziel galten.

Muku behauptete sich während der Anfangsphase des Angriffs, dann aber wich er widerwillig der Kampfeswut, die den geschliffenen Stahl mit solch atemberaubender Schnelligkeit und Sicherheit führte, daß die Klinge nur verwischt wahrzunehmen war.

Als Muku einen Hieb parierte, gab er sich für einen Sekundenbruchteil eine gefährliche Blöße. Es war ein tödlicher Fehler. Seine Augen glotzten, sein Bart schien sich zu sträuben, dann ergoß sich Blut aus Nase und Mund. Sein Körper fiel in sich zusammen und trennte sich von seinem Kopf, der auf die Dielenbretter fiel und hinunter ins Gras kollerte.

Yoshi zögerte nicht. Kaum war Muku zusammengebrochen, da setzte er schon über das Geländer und erreichte Chomyo.

Dieser leistete keinen Widerstand. Er senkte den Kopf und murmelte: »*Namu Amida Butsu.*«

Yoshi drehte den Priester herum und brachte ihn zwischen sich selbst und den Bogenschützen. Sein Unterarm schob sich unter das Kinn und machte dem Gebet des Priesters ein Ende; Yoshis Schwertspitze stach ihn in den Rükken.

»Sag dem Mann, er soll seinen Bogen sinken lassen«, sagte Yoshi in das Ohr des Priesters und linderte den Druck gegen seine Kehle.

Chomyo würgte, brachte kein Wort hervor.

»Jetzt«, sagte Yoshi. »Ich will dich nicht töten.«

»Den Bogen nieder«, befahl Chomyo mit heiserer Stimme. Dann zu Yoshi: »Was willst du?«

»Freies Geleit für mich und meine Familie, und du wirst leben.«

Chomyos Zuversicht kehrte zurück. Es würde ein anderes Mal geben. Yoshi sollte für seine Untaten zahlen. »Einverstanden.«

»Langsam zurückgehen«, sagte Yoshi.

Den Ellbogen unter Chomyos Kinn, das Schwert in seinem Rücken, bewegte Yoshi sich mit seiner Geisel den überdachten Gang zum Vorratshaus hinauf.

Nami erwartete sie in ängstlicher Erleichterung. »Du lebst, Buddha sei gepriesen«, begrüßte sie ihn. Dann faßte sie Chomyo ins Auge. »Dies ist der Mann, der uns entführte und hierher brachte. Er muß bestraft werden.«

»Ich versprach, ihn zu verschonen, wenn wir freies Geleit erhalten.«

»Ihm ist nicht zu trauen. Töte ihn, Yoshi.«

Masaka, Yoshis Mutter, kam zu ihnen. »Nein, laß ihn leben«, sagte sie mit bebender Stimme. »Er ist ein Priester, und ich will nicht, daß wir seinen Tod auf dem Gewissen haben. Wenn er uns freies Geleit gewährt, hat er für sein Leben bezahlt.«

»Gut gesprochen, Mutter«, sagte Yoshi. »Ich habe kein Verlangen, seinen Tod auf mich zu laden.« Er band Chomyo die Hände auf den Rücken und instruierte ihn. »Wir gehen jetzt, du voran. Ich werde hinter dir bleiben. Gib den Bogenschützen Befehl, ihre Waffen niederzulegen. Du wirst freigelassen, sobald wir den Schutz der Treppe erreicht haben. Beim ersten Anzeichen von Verrat wirst du sterben.«

Chomyo und Yoshi gingen voran, Nami, die Kammerfrauen mit Masaka, die Diener und Stallknechte folgten. Eine strahlende Morgensonne schien auf die Gruppe herab, als sie die taunasse Lichtung überquerte. Hinter ihnen liefen die Mönche wie weiße Ameisen auf einem brennenden Haufen durcheinander. Die Eimer mit Brunnenwasser verhinderten eine Ausbreitung des Feuers, aber das Küchengebäude war ein Raub der Flammen geworden.

Obwohl die meisten Mönche mit der Bekämpfung des Brandes beschäftigt waren, rief Chomyo immer wieder: »Freies Geleit, freies Geleit«, als sie die Lichtung überquerten. Zwei Bogenschützen mit aufgelegten Pfeilen folgten ihnen auf beiden Seiten im Schutz des Waldes.

Yoshi befahl Chomyo, sie zurückzuschicken. »Freies Geleit!« rief Chomyo und rollte mit den Augen, als wollte er den Bogenschützen zu verstehen geben, daß sie seinen Befehl unbeachtet lassen sollten.

Sie erreichten die steinerne Treppe. Yoshi überließ es Nami, alle anderen hinunterzuführen, während er mit Chomyo zurückblieb. Sobald er sich vergewissert hatte, daß der letzte Stallknecht außer Sicht war, sagte er zu Chomyo: »Du bist frei, zu deinem Tempel zurückzukehren.«

Chomyos Augen glitzerten. Er wandte den Kopf zur Lichtung und rief: »Auf, Brüder, tötet ihn!«

Die zwei Bogenschützen, die auf ihre Gelegenheit gewartet hatten, zielten, spannten die Bogen und ließen die Pfeile fliegen. Yoshi stieß Chomyo vorwärts und sprang zu den Stufen. Chomyo strauchelte. Ein Pfeil zischte an Yoshis Ohr vorbei, der andere traf mit einem dumpfen Klatschen Fleisch. Chomyo war kopfüber in die Flugbahn des Pfeils gestolpert, der neben seinem Schlüsselbein in den Körper fuhr, die Lunge durchschlug und bis in die Bauchhöhle drang. Er fiel auf die Knie; der Pfeil hielt ihn noch eine kleine Weile aufrecht, so daß er mit ausgebreiteten Armen und gesenktem Kopf in Gebetshaltung kniete, bevor er vornüberfiel.

Gyogi fand Yoshis Braunen, wo Chomyo vermutet hatte. Er ritt im Galopp durch den dunklen Wald talwärts. Zur Linken flankierte ein felsiger Steilhang die Straße, zur Rechten ragte dichter Wald, der kaum einen Sonnenstrahl zum Boden dringen ließ.

Trotz seiner Größe verstand Gyogi mit Pferden umzugehen und hatte ein feines Gespür für ihre Belastbarkeit. Er verlangsamte und lenkte das Pferd auf Abkürzungswegen, die nur den Mönchen bekannt waren, die waldigen Hänge talwärts. Bald erreichte er die Stadt und galoppierte über die Sanjo-Brücke zum Rokuhara-Palast.

Die Nii-Dono hatte angeordnet, daß man nach Boten vom Kloster Ausschau halte, und so wurde Gyogi unverzüglich vorgelassen. Die alte Frau lächelte mit bitterer Befriedigung, als sie die Nachricht hörte.

»Also ist er tot«, sagte sie. »Wie traurig, daß unser Freund Fumio nicht lange genug lebte, um von unserem Triumph zu hören. Wo ist Yoshis Kopf?«

Gyogi entschuldigte sich, daß er ihn nicht bei sich habe.

»Ich versprach zwei Köpfe am Grab meines Herrn aufzupflanzen – Yoshis und Yoritomos. Der erste wird heute zum Grab gebracht. Ich werde nicht zufrieden sein, bis es geschehen ist.«

Gyogis Unbehagen wuchs von einem Augenblick zum anderen. Das bittere Lächeln der Nii-Dono war in kalte Bösartigkeit umgeschlagen. Er rutschte auf den Knien zurück und verbeugte sich bis zum Boden, murmelte eine neuerliche Entschuldigung.

»Geh zurück«, befahl die alte Frau. »Wenn ihr Mönche und euer Tendai-Tempel die Unterstützung Rokuharas wünscht, werdet ihr unverzüglich tun, was ich verlange.«

Gyogi verneigte sich, berührte den Boden mit der Stirn und rutschte rückwärts zum Ausgang. Er war nur zu froh, den Palast verlassen zu können. Etwas Übles, Krankes ging von der alten Frau aus.

Minuten später hatte er den Palastbezirk hinter sich und trieb den Braunen zum Galopp an. Sein riesenhafter Körper war eine ungewohnte Last, und bald bedeckte Schweiß den Hals und die Flanken des Pferdes. Gyogi sprach begütigend auf das Tier ein und ließ es etwas langsamer gehen. Gern hätte er dem Pferd eine Ruhepause gegönnt, aber er wagte es nicht. Jede unnötige Verzögerung konnte Chomyos Zorn und die unberechenbare Willkür der Nii-Dono über ihn bringen.

Gyogi nahm eine Abkürzung, die ihn am Gipfel des Shimei vorbeiführte. Der Weg war schmal, bisweilen zog er sich zwischen einem Abgrund zur Rechten und steilen Felswänden zur Linken dahin. Das gleichförmige Geräusch der Hufschläge, der im Sonnenschein leuchtende Bergwald und der schöne Morgen besänftigten nach und nach sein beunruhigtes Gemüt.

Als er wieder auf den Hauptweg gekommen war, sah er weit vor sich eine Gruppe Menschen kommen. Keine Mönche. Die Geiseln! Gyogi war erleichtert. In Wirklichkeit war er ein friedlicher Mensch. Zwar hatten seine Körpergröße und sein bedrohliches Aussehen ihn in die Rolle eines Kriegermönches gedrängt, doch waren seine Wünsche niemals über ein ruhiges klösterliches Leben der Meditation und des Gebets hinausgegangen. Er hatte befürchtet, der kalte, berechnende Chomyo würde die Gefangenen nicht freilassen. Gyogi fehlte die kalte Brutalität zum Abschlachten Unschuldiger. Er war so abergläubisch und empfindsam, daß ihn sogar der Gedanke, Yoshis Kopf zu der Nii-Dono zu tragen, mit Sorge erfüllte.

Schließlich hatte er seinen Teil getan. Ein anderer konnte

den Kopf abliefern. Jemand wie Muku, ein blutdürstiges Ungeheuer, das im Töten schwelgte.

Er lenkte das Pferd ins Unterholz abseits der Straße und tätschelte ihm begütigend die Flanken. Er hegte Schuldgefühle wegen dieser Ruhepause, fand es jedoch zweckmäßig, daß die Gefangenen ihn nicht zu sehen bekämen. Man hatte sie freigelassen; er würde sie passieren lassen.

Nach einer Weile kamen sie in einer ungeordneten Reihe vorbei: Frauen, Bedienstete, das ganze Personal eines Herrenhauses, einige bedrückt und still, andere lachend und erleichtert. Freiheit ist ein Getränk, das leicht zu Kopf steigt.

Als die Gruppe außer Sicht war, zog Gyogi den Braunen aus dem Dickicht und saß auf. Er fühlte sich jetzt wohler und begann vor sich hin zu pfeifen, während er den schmalen Karrenweg hinaufritt. Der Ausblick zur Rechten war prachtvoll. Er überschaute meilenweite Wälder frühlingsgrüner Bäume und Felder. Die nördlichen Berge lagen bläulich-purpurn am Horizont, und vor ihnen glänzte der Spiegel des Biwa-Sees noch blauer als der Himmel. Vögel sangen im Geäst der hohen Bäume, durchkreuzten in raschem Flug das weite Luftmeer. Er atmete tief die frische Luft und war zufrieden. Er hatte seinen Teil getan.

Vor ihm erschien eine einzelne Gestalt in Mönchskleidung, die den Weg herabgetrottet kam. Wer war das? Die Bewegungen verrieten ihm nicht, welcher der Brüder es sein konnte.

Dann, als die Gestalt näher kam, wuchs in Gyogi die Erkenntnis. Er hatte die ganze Zeit recht gehabt. Yoshi war ein übernatürliches Wesen. Ein Geist. Er hatte mit eigenen Augen den gefallenen Körper gesehen, mit Pfeilen gespickt. Und doch kam er ihm hier auf dem Weg entgegen, leichtfüßig wie ein Hirsch, ohne die Spur einer Verletzung.

Diese Begegnung mit der Welt der Geister war zuviel für ihn. Gyogi riß an den Zügeln, der Braune bäumte sich wiehernd auf. Gyogi versuchte nicht einmal, im Sattel zu bleiben. Mit einem gequälten Aufschrei, der etwas zwischen

Yoshis Namen und dem unartikulierten Heulen eines von Angst besessenen Tieres war, fiel er vom Pferd, sprang mit einer für seine Größe überraschenden Behendigkeit auf und rannte in den Wald, dessen Unterholz rauschend hinter ihm zusammenschlug.

ZWEITES BUCH

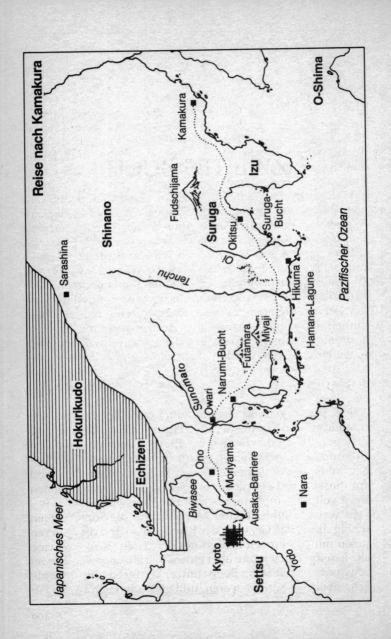

17

Der vierte Monat des Jahres 1181 brachte eine Rückkehr unmäßiger Kälte. Das Wetter brachte Unheil über die junge Saat; bewässerte Reisfelder waren übergefroren, die jungen Triebe starben ab. Nicht besser sah es mit Hirse und Gerste aus. Bauern und Seher prophezeiten einhellig eine weitere Hungersnot in den Zentralprovinzen.

Während Yoshi und Nami nordwärts nach Kamakura reisten, hielt Kiso Yoshinaka, ein Vetter Yoritomos, Kriegsrat mit seinem Onkel Yukiie und seinen beiden engsten Vertrauten, Imai-no-Kanehiro und Imais Schwester Tomoe Gozen.

Dem Namen nach war Kiso ein Teil von Yoritomos Armee und seinem Vetter unterstellt. Tatsächlich aber stand er im Wettbewerb mit Yoritomo. Unter Kisos Kommando entwikkelte sich die Armee von einem zusammengewürfelten Haufen Gebirgsbriganten zu einer disziplinierten militärischen Einheit. Obwohl die Armee den Auftrag hatte, die Taira in Yoritomos Namen durch Überfälle zu schwächen und schließlich zu überwinden, sind alte Gewohnheiten zählebig, und Kisos Taktik unterschied sich sehr oft in nichts von den Methoden gewöhnlicher Wegelagerer und Straßenräuber.

Sein Standlager und Hauptquartier war eine regellose Ansammlung von strohgedeckten Hütten, Blockhäusern und Zelten; es lag in den Bergen der Provinz Shinano, ungefähr einhundertzwanzig Meilen nordöstlich von Kyoto. Unter einer hohen Kiefer war eine Decke ausgebreitet worden, und auf dieser stand ein niedriger Lacktisch mit einem irdenen Krug voll Sake und einer Schale mit Yamswurzeln.

Es war ein kühler, klarer Morgen, und die Sonne schien schräg durch das Gezweig der Bäume. Kiso und die anderen saßen mit gekreuzten Beinen um den Tisch. Kiso trug eine alte lederne Panzerjacke über einem Baumwollgewand, zwei Schwerter an der Seite, Beinschützer aus Stroh, die um seine Schienbeine gebunden waren, und Strohsandalen an den Füßen. Sein Haar war zottig, staubig und ungekämmt und wurde von einem *hachimaki* aus Hanfseil gehalten. Er war ein typischer Gebirgskrieger, aber seine brennenden Augen und der herrische, befehlsgewohnte Gesichtsausdruck verrieten, daß mehr in ihm steckte, als auf den ersten Blick zu erkennen war.

Kiso war vor sechsundzwanzig Jahren in den Bergen geboren worden. Obwohl seine Mutter, Senjo, eine berühmte Hofdichterin gewesen war, und sein Vater, Yoshikata, ein hochrangiger Minamoto, der im Kampf gefallen war, ohne seinen Sohn zu sehen, machte Kiso selten Gebrauch von seinem Familiennamen, Minamoto Yoshinaka.

Die vorausgesagte Hungersnot bedrückte Kiso. Seine Soldaten mußten aus dem umgebenden Land ernährt werden. Diese Notwendigkeit und seine zur Ungeduld neigende Natur bewogen ihn, eine Offensive einzuleiten, solange das Land noch Vorräte hatte, um seine Gebirgskrieger zu ernähren. Er brauchte mehr Waffen und mehr Soldaten, und er hatte einen Plan ausgedacht, der die feindlichen Streitkräfte aufsplittern sollte, während er sich bemühte, Waffen und Silber aufzutreiben.

Gegenwärtig war Kiso ärgerlich, und wenn Kiso ärgerlich war, wußte das jeder. Er hatte niemals die Fähigkeit des Höflings erworben, sich zu verstellen. Er konnte Diplomatie, die er mit Schwäche gleichsetzte, nicht ertragen.

»Ich dulde keinen Widerspruch!« schrie er Yukiie an, das schmale Gesicht wutverzerrt. »Nur ich treffe hier die Entscheidungen.«

Minamoto Yukiie senkte den Kopf unter Kisos unheilvollem Blick. Seine aufgedunsenen Züge versuchten ein beschwichtigendes Lächeln, aber es wurde nur eine seltsame Grimasse daraus. Er war fett und weichlich, mit kissenartigen Fleischpolstern, weibischen Brüsten und breiten Hüften. Wenn er ging, stellte er die Füße auswärts und rieb die Knie aneinander. Sein Haar war gefärbt, um die ersten grauen Strähnen zu verbergen, die Wangen dick gepudert, die Zähne im traditionellen Stil geschwärzt. Yukiie war fünfzehn Jahre älter als sein Neffe, und sein Charakter war durch die frühen Jahre am Hof geformt worden. Niemand mochte ihn, doch weil er der Bruder von Kisos Vater war, wurde er von den Samurai des Lagers widerwillig geduldet.

Yukiie versuchte, sich auf Kisos Ausführungen zu konzentrieren. Er wußte, daß sie wichtig waren, doch er war vor Morgengrauen zu dieser Besprechung aus dem Bett geholt worden und hatte sich noch nicht gefaßt. Seine Gedanken waren noch im Zelt, wo er seinen neuesten Liebhaber hatte, einen hübschen jungen Krieger. Es war schwierig, seine Aufmerksamkeit auf Fragen der Strategie und Logistik zu richten, wenn ihn noch die Anwesenheit des jungen Mannes in seinem Bett beschäftigte.

Yukiie zog sein etwas fadenscheiniges Brokatgewand mit einem violetten Blumenmuster enger um sich, wie um unwillkommene Kälte fernzuhalten. Er runzelte die Stirn und zwang sich, Kisos Blick zu begegnen. Er war bereit, allem zuzustimmen, um rasch wieder in sein Zelt zu kommen, aber er durfte keinen Fehler machen. Kiso, der liebe Junge, war wirklich zornig.

Kiso fuhr fort, ihn finster anzustarren, und wartete auf eine verbale Anerkennung.

»Ja, ja. Ganz recht, Neffe«, lispelte Yukiie. »Du weißt, ich überlasse die Planung dir. Ja, ja, wenn du möchtest, daß ich meine Männer nach Owari führe, soll es mir recht sein. Ich hatte nicht die Absicht, dir zu widersprechen. Ich fragte bloß, ob unsere Hauptarmee die Leute entbehren kann.«

»Sie kann und wird. Ich möchte, daß du unsere Truppen an Kyoto heranführst und Munemoris Armee durch ein Ablenkungsmanöver aus der Stadt lockst. Sie soll damit beschäftigt sein, deine Leute zu verfolgen, während ich entlang der Tokaido-Straße Waffen und Gold erbeute. Es wird nicht nötig sein, daß du dich zum Kampf stellst.«

Yukiie entspannte sich. Er verstand. Es würde nicht gefährlich werden. Eine Woche fort von Kiso und seinem infernalischen Pflegebruder, Imai. »Freilich«, sagte er, »ich verstehe deinen Plan. Ja, ja. Nicht zum Kampf stellen. Die Taira schwächen. Ihre Kräfte aufsplittern.« Er wandte sich zu Imai, der schweigend dasaß. »Dein Pflegebruder ist ein weiser Mann, ein brillanter Planer«, sagte er mit einem schmeichlerischen Lächeln.

Imai war ein asketischer junger Mann, etwas älter als Kiso. Sie waren zusammen aufgewachsen. Er war nicht nur Kisos Pflegebruder, sondern auch sein bester Freund und treuester Anhänger. Es fiel ihm schwer, seine Abneigung gegen Yukiie zu verbergen. Die Gegenwart des Mannes bereitete ihm Unbehagen.

Imai bewahrte eine Miene betonter Gleichgültigkeit, als habe er Yukiie nicht gehört, streckte die Hand über den Tisch und schenkte sich großzügig Sake ein. Er wußte von dem jungen Krieger in Yukiies Zelt. Imai war ein Samurai und hatte den größten Teil seines Lebens im Feld verbracht; auch er hatte schon Jünglinge in seinem Zelt gehabt. Aber Yukiies weibische Art brachte ihn auf. Was immer man im Feld tat, man sollte Mäßigkeit üben und in der Tradition der Samurai Selbstachtung und Würde wahren. Yukiie war ein verachtungswürdiger Feigling, ein fetter Fresser und Genießer, der sein bleiches, schwammiges Hinterteil jedermann ins Gesicht reckte. Imai schluckte den Sake und schwieg.

Kiso sah stirnrunzelnd Imai an. »Bist du anderer Meinung, Bruder?« fragte er.

Ehe Imai antworten konnte, ergriff seine Schwester, Tomoe Gozen, das Wort. Sie war klein und drahtig. Manche fanden sie schön, obwohl ihre Schönheit nicht von der üblichen Art war; ihre Nase war zu kühn, ihr Kinn zu kräftig, ihr Blick zu direkt. Tomoe verschmähte jegliche Schminke und schnitt ihr Haar kurz. Sie trug die Rüstung und Bewaffnung eines Samurai-Kämpfers, und diese Attribute waren nicht bloße Dekoration. Sie hatte sich in vielen Kämpfen einen Namen gemacht und galt als ebenso furchtlos und geübt wie jeder männliche Krieger. Tomoe hatte sich bisher eher unbeteiligt gegeben, aber zwischen ihr und Kiso bestand eine starke emotionale Bindung. Seit mehr als zehn Jahren war sie Kisos Vertraute und Geliebte. Nun sagte sie: »Wir können für Yukiies Kommando nur dreitausend Mann erübrigen, die meisten davon sind unausgebildet und ohne Kriegserfahrung. Sie werden in Reichweite der feindlichen Hauptarmee operieren, die mindestens zwölftausend ihrer besten Krieger zählt...«

Imai nahm einen weiteren Schluck Sake und nickte. »Tomoe hat recht. Wir müssen sichergehen, daß Yukiie...«

»Dann glaubst du, daß mein Plan fehlschlagen wird?« unterbrach ihn Kiso.

»Nein, nicht fehlschlagen. Wenn wir deinem Onkel vertrauen können, daß er seine Truppen klug befehligt, mag es der Auftakt zu einem brillanten Feldzug sein. Yukiie kann uns die Freiheit geben, Waffen und Gold zu beschaffen, während er die Streitkräfte der Taira zersplittert und ins flache Land hinauslockt, aber vorsichtig genug ist, kein offenes Gefecht mit ihnen zu suchen.«

Kiso entspannte sich und griff zum Sake. »Ausgezeichnet«, sagte er. »Mein Pflegebruder zeigt gesunden Menschenverstand.«

»Wann soll ich meine Truppen zum Abmarsch bereithalten?« fragte Yukiie.

»Laß sie sofort mit den Vorbereitungen beginnen«, erwiderte Kiso. »Ich möchte so frühzeitig wie möglich losschlagen. Mein Vetter Yoritomo mag in Kamakura sitzen; wir werden Kyoto gewinnen, bevor er merkt, was geschehen ist.«

»Sofort. Ja, ja. Ich hasse dieses elende Lager. Wir werden nach Kyoto aufbrechen. Meine Truppen werden bis Mittag marschbereit sein«, sagte Yukiie.

»Oder eher.«

»Mittags, Neffe, mittags.« Yukiie erhob sich unbeholfen und verneigte sich vor seinem Neffen, bevor er zu seinem Zelt watschelte. Er leckte sich erwartungsvoll die Lippen; wenigstens zwei Stunden blieben ihm, bevor er mit den Vorbereitungen zum Abmarsch beginnen mußte.

18

Der Reiter saß auf einem kräftigen Fuchs. Er trug einen Umhang aus rotbraunem, goldgesäumten Brokat über einem blauen Untergewand. Obwohl seine Kleidung und die Ausstattung seines Pferdes die eines Samurai waren, steckte kein Schwert in seinem *obi*; er trug weder Bogen noch einen Köcher mit Pfeilen auf dem Rücken. Er saß aufrecht auf einem rot und golden verzierten Sattel. Und obwohl er unbewaffnet war und nur von einem berittenen Diener und einem Tragtier begleitet wurde, strahlte er ruhige Kraft aus.

Drei Schritte hinter ihm ritt sein Gefolgsmann, ein schlanker Jüngling in grobem braunem Baumwollzeug auf einem zähen Gebirgspferd. Er hatte einen weiten, konischen Strohhut tief in die Stirn gezogen und trug ein Kurzschwert an der Seite. Eine *naginata* oder Hellebarde, ungefähr vier Fuß lang und mit einer vierzehnzölligen Stahlklinge, war in einer Schlaufe am Sattel befestigt. An einem kurzen Seil führte der Gefolgsmann das Tragtier.

Die Reiter reisten auf der Tokaido-Straße. Sie hatten die Ausaka-Barriere, die erste und wichtigste Station auf der Straße, die von der Hauptstadt nordwärts führte, hinter sich gelassen. Die Barriere war vor langer Zeit am Südende des Biwa-Sees als militärischer Vorposten errichtet worden. Dort erhob sich auch die große Statue des Ausaka-Buddha am Rand eines hohen Felsens und blickte über die Köpfe der Reisenden hin nach Nordosten.

Das Tragtier war beladen mit der Rüstung des Samurai und Kleidung zum Wechseln, dazu Deckenrollen und ein Zelt. In einer Satteltasche befanden sich Tintenstein, Pinsel, Pulver, Öl und ein besonderer Kasten, der eine geheime Botschaft enthielt. Dieser Kasten war in den Deckel einer unauffälligen hölzernen Proviantbüchse eingelassen. Yoshi und Nami, der unbewaffnete Reisende und sein Gefolgsmann, waren den zweiten Tag unterwegs, doch wollten ihm trotz der neuen Eindrücke dieser Reise die letzten schrecklichen Ereignisse nicht aus dem Sinn...

Als Yoshi seine Familie und das Personal vom Berg Hiei zurück zu Fumios Besitz geführt hatte, waren sie auf eine gräßliche Weise begrüßt worden: von Fumios abgeschnittenem Kopf, der vor dem Tor auf einer Stange steckte.

Yoshi konnte nicht mit Genauigkeit sagen, wer für den Mord verantwortlich war, zweifelte aber nicht daran, daß seine Feinde ihre Hände mit im Spiel gehabt hatten. Dennoch, Fumio war ein Taira, der treu zu deren Sache stand. Er hatte niemals jemandem Unrecht getan. Warum also?

Noch jetzt, zwei Tage später, kamen Yoshi die Tränen, wenn er sich der Fürsorge erinnerte, die Fumio ihm hatte angedeihen lassen, der Liebe, der Unterstützung in Kindheit und Jugend. Gab es einen Fluch, der ihm auf Schritt und Tritt folgte? Jene, die er liebte, starben gewaltsam, ohne daß er auf ihr Schicksal hätte Einfluß nehmen können. Er gelobte sich, nie wieder sein Schwert zu gebrauchen. Dies mußte eine Vergeltung der Götter für das Unheil sein, das sein Schwert angerichtet hatte. Er war ein *Sensei* und wollte lernen, aber nie durfte er das Schwert gebrauchen, um zu töten.

Während Nami, sanft vom Pferderücken geschaukelt, hinter ihm ritt, waren ihre Gedanken von unbeschwerterer Art. Sie hatte gut geschlafen, und die Muskelschmerzen nach dem ersten Tagesritt waren erträglich. Sie war mit Yoshi zusammen, atmete tief den Duft des Frühlingsmorgens ein und freute sich an den prachtvollen Farben des Osthimmels. Es war gut, in diesen Tagen des vierten Monats 1181 lebendig und frei zu sein.

Sie überlegte, wie ihr Leben sich seit dem Beginn des Jahres geändert hatte. Für manche mochte das Leben einer Hofdame ruhmvoll und erstrebenswert sein, aber sie hatte es als unerträglich langweilig empfunden, im Halbdunkel zu sitzen, immer verborgen hinter Wandschirmen, Bambusvorhängen und bemalten Bildrollen. Selbst wenn sie ausging, mußte sie verschleierte Hüte tragen und hinter dem Holzgitter eines Ochsenkarrens sitzen. In ihrer Jugend hatte sie einmal gelobt, sie werde sich niemals hinter einem Wandschirm verstecken und auf einen Mann warten, doch einige Jahre später hatte sie sich in eben dieser Position befunden.

Männer klagten über ihre Pflichten. Sie hatten keine Ahnung, wie schwer und unbefriedigend es war, eine Hofdame zu sein. Die sinnentleerten Stunden des Wartens, die Enttäuschung, wenn niemand zu Besuch kam. Kein Wunder, daß die Damen so leicht weinten. Ihr Leben war ganz nach innen auf ihre Gefühlswelt gerichtet. Es gab nichts, womit sie sich sonst beschäftigen konnten.

Nami schüttelte diese Gedanken ab. Der Hof lag hinter ihr. Sie war frei. Über ihr öffnete sich der Wolkenhimmel in hellblauen Flecken. Lerchen stiegen trillernd in den Himmel auf, und vor ihnen wand die Straße sich zwischen Hecken, Feldern und lichten Gehölzen aufwärts zu den dunklen Nadelwäldern der Berge. Von Zeit zu Zeit wandte sie den Kopf und überblickte das ruhige Wasser des Sees zu ihren Füßen. Dann wieder betrachtete sie Yoshi, der, in Gedanken versunken, vor ihr tritt. Er schien so sicher, so im Einklang mit sich selbst. Sie beneidete ihn.

Ihr eigenes Selbstgefühl war immer wieder von Unsicherheit gekennzeichnet. Ihr schönes langes Haar war unter einem Bauernstrohhut aufgebunden. Ihre Haut war der Luft und Witterung ausgesetzt. Sie trug keine feinen Gewänder, nicht einmal einen Umhang. Keine Farben, die ihre Erscheinung vorteilhaft betonten. Was mußte Yoshi von ihr denken, wie sie so in derbes Baumvollzeug gekleidet auf dem Pferd saß, von Sonne und Wind rauh und verbrannt. Sie senkte den Kopf, damit er, wenn er sich umwandte, nur den Strohhut sähe.

Hätte sie gewußt, wie Yoshi darüber dachte, wäre sie beruhigt gewesen. Für sein Empfinden machten die von ihrer anstrengenden Reise verursachten Veränderungen Nami nur noch schöner.

Gegen Abend erreichten sie die kleine Stadt Ono auf einem hohen Vorgebirge über dem See. Zikaden sangen in den Bäumen, Glühwürmchen tanzten an den Waldrändern, und von den Lotusteichen unter ihnen drang das Quaken der Frösche herüber. Am Himmel standen rosafarbene und purpurne Wolken, die das Licht der untergehenden Sonne einfingen.

Nami war vom langen Ritt steif, und jeder Muskel und jedes Gelenk schmerzten. So begrüßte sie die Annehmlichkeiten des kleinen Gasthauses, in dem sie abstiegen. Nach einem bescheidenen Mahl von Hirsebrei entschuldigte sie sich und ließ in einem Zuber ein Bad bereiten. Nie zuvor hatte sie ein einfaches Bad so genossen. Die Anstrengungen der Reise erhöhten ihre Sensibilität und machten aus kleinsten Bequemlichkeiten große Genüsse. Welch eine Wohltat war es, die derbe, häßliche Männerkleidung abzulegen, die Kaskade ihres schwarzen Haares zu lösen, Schweiß und

Staub abzuwaschen und zu fühlen, wie das warme Wasser die Haut weich und geschmeidig machte.

Unterdessen hatte Yoshi die Bambusvorhänge entfernt und die Wand geöffnet, so daß sie einen freien Ausblick über die Weite des Sees hatten. Bevor Dunkelheit das Land einhüllte, konnte Nami noch das jenseitige Ufer als ein Panorama sehen, das sich vom Berg Hiei im Südwesten bis zu der fernen Küste der Inlandsee im Norden erstreckte.

Die Nacht brachte willkommene Ruhe, aber auch eine Fortsetzung ihrer beiderseitigen Entdeckung, und als der dritte Tag wolkenverhangen begann, brach Nami ungeachtet ihrer Muskelschmerzen glücklich und wohlgemut von Ono auf. Der Ritt führte sie zunächst durch eine mit übermannshohem Schilfgras bestandenen Ebene, aber bald öffnete der Himmel seine Schleusen, und Regengüsse verwandelten die Landstraße in unpassierbaren Morast. Über weite Strecken wateten die Pferde abseits der Straße durch bewässerte Reisfelder. Nach und nach begann Namis Körper sich den neuen Anforderungen anzupassen. Sie gewöhnte sich an den Schmerz, die Nässe und die Unannehmlichkeiten der Witterung, und die endlosen Meilen waren nicht mehr so qualvoll. Sie konnte wieder ihre Umgebung betrachten und trotz der von grauen Regenschleiern verhüllten Landschaft Schönheit sehen, während sie sich zuvor nur mit ihren körperlichen Beschwerden beschäftigt hatte. Eine Kette später Wildgänse zog nordwärts über sie hin. Die Vögel waren im Regen nur als schemenhafte dunkle Flecken zu erkennen, aber sie erfüllten die Luft mit ihren melancholisch tönenden Rufen. Yoshi zeigte hinauf und lächelte ihr zu.

Am vierten Tag überquerten sie den Sunomata-Fluß auf einer Pontonbrücke; kleine Boote waren mit dicken Hanfseilen miteinander vertäut und trugen einen Übergang aus rohen Holzplanken. Nami war entsetzt. Sie hatte niemals schwimmen gelernt, und die Regenfälle hatten den Fluß anschwellen lassen und in einen lehmigen, reißenden Strom verwandelt. Aber Yoshi wachte über sie, und sie klagte nicht. Mit zusammengebissenen Zähnen blieb sie ruhig im Sattel sitzen, während die Pferde vorsichtig den schwankenden Plankenweg über die strudelnden Wasser gingen.

Am Nachmittag des vierten Tages ritten sie durch die Zedernwälder der Provinz Owari, und am Abend erreichten sie die Poststation Orido, wo sie erfuhren, daß der nächste Straßenabschnitt nur am frühen Morgen bei Ebbe passierbar war.

Als der Morgen kam, fand Nami, daß sie die Schmerzen der ersten Tage beinahe ganz überwunden hatte. Obwohl es noch nicht Sommer war, hatten Sonne und Wind ihre Hautfarbe verändert. Der Strohhut, der ihr Gesicht bedeckte, reflektierte das Licht und hatte die blasse Porzellanfarbe ihrer Wangen nicht vor einem Anflug von Farbe schützen können. Ihre Hände waren ganz braun, und sie war bestürzt, als sie merkte, daß sich Schwielen gebildet hatten. Sie versuchte die Hände vor Yoshi zu verbergen. Was würde er denken? Ihre Erziehung und das Leben am Hof hatten sie so stark geprägt, daß sie sich nicht vorstellen konnte, ein Mann von Stand und Rang könne eine Frau mit rauhen Arbeitshänden lieben.

Die Pferde waren gesattelt und auf der Straße, sobald der Morgen graute und den Weg erkennen ließ. Die Halbinsel Narumi war frei von Wasser. Nami folgte Yoshi die Hügel hinab zum weißen Sandstrand, der sich in beide Richtungen erstreckte, so weit das Auge sehen konnte. Die Straße war unsichtbar, aber große Schwärme langbeiniger Regenpfeifer liefen beinahe wie Fremdenführer den Strand entlang und hinterließen ihre Spuren im Sand. Nami fühlte sich hinreichend erholt, um ein Gedicht zu improvisieren:

> »Regenpfeifer des Strandes
> Führer der Reisenden
> Mit den kleinen Zeichen der Füße
> Ruft ihr aus Trauer
>   Auf Narumis weißem Sand?«

Yoshi lächelte. Er wußte ein gut empfundenes und gestaltetes Gedicht zu schätzen. Er wies nach vorn, wo *miyakadori*, schwarzköpfige Lachmöwen mit roten Schnäbeln und Füßen, in weit ausschwingenden Kreisen auf Fische niederstießen, die bei Ebbe in Seewassertümpeln am Strand zurückgeblieben waren. Er beantwortete Namis Gedicht mit einer eigenen Improvisation:

»*Miyakadori*
Rote Füße und Schnäbel sind euer
Gemahnt an die Ziegeldächer der Heimat
Den ruhelosen Wanderer
An Narumis schimmerndem Strand.«

Am Abend verließen sie den Strand und errichteten ihr Zelt am Fuß des Futamura-Berges unter einem hohen Baum. Die Seeluft und das Rauschen der Brandung wiegten sie bald in den Schlaf.

Am nächsten Tag ritten sie durch eintönige Felder und scheinbar endlose Moore bis zu den Vorbergen des Takashi-Gebirges. Die Straße umging den Miyaji-Berg, führte durch einen Bambuswald, und wieder sah Nami die See. Stürmische Winde fegten Gischt von den weißen Wellenkämmen, und die Brandung donnerte an den Strand, so daß sie den Boden unter ihren Füßen vibrieren fühlten. Vom Wind mitgerissene Sandkörner prickelten in Namis Gesicht. Sie strengte das Gehör an, als Yoshi durch den Brandungslärm und die gellenden Schreie Tausender von Kormoranen rief, die in der tobenden Brandung nach Nahrung suchten.

»Binde dir das Halstuch vors Gesicht«, rief er ihr zu und band sich selbst ein Stück Tuch vor Mund und Nase.

Nami beeilte sich, seinem Beispiel zu folgen. Ihre empfindliche Haut fühlte sich allmählich rauh wie Sackleinwand an.

Schweigend ritten sie weiter, das unwillige Packpferd nachziehend. Sonnenreflexe, Gischt und stäubender Sand zwangen Nami, die Augen zu schmalen Schlitzen zusammenzukneifen. Die einsame Schönheit des Strandes überwältigte sie mit dem pulsierenden Donner der Brandung, dem salzigen, kühlen Seewind. Sie erinnerte sich des ruhigen Wassers der Suruga-Bucht in ihrer Kindheit. Konnte dieses tobende Ungeheuer dieselbe See sein? Ja. Und konnte sie dieselbe Nami sein? Wieder ja. Der Gedanke an die Unbeständigkeit des Lebens machte sie erschauern. Sie spornte ihr Pferd an, bis es neben Yoshis ging, und unterbrach seine Gedanken:

»Takashis weiße Gischt
Peitscht den Ufersaum
Kann dies dieselbe See sein
Die meine Kindheit nährte
An ihrem stillen blauen Busen?«

Die Wirkung war verdorben, weil sie das gefühlvolle Gedicht
wie eine Fischerfrau schreien mußte. Auch so schien Yoshi es
kaum zu hören. Seit ihrem Aufbruch am Morgen war er wortkarg und in sich gekehrt.

Nun starrte er Nami an, als wüßte er nicht, wer sie war.
»Ich habe eine Vorahnung. Letzte Nacht träumte ich, wir
würden auf diesem Abschnitt der Reise Unheil begegnen.«

Nami war niedergeschmettert. Die Reise war bisher so gut
verlaufen. In fünf Tagen hatten sie auf der Landstraße keine
anderen Reisenden angetroffen. Die Leute in den Gasthäusern und Poststationen hatten ihnen entweder geholfen oder
sie nicht beachtet. Aber ein Traum! In Träumen lag böse
Macht. Jeder wußte es. Träume mußte man beachten.

»Wie weit noch, bis wir am Ziel sind?« rief sie.

»Nicht mehr weit«, antwortete Yoshi. »Wir kommen gut
voran, haben eine weite Strecke ohne Zwischenfall zurückgelegt. Vor uns liegt die Lagune von Hamana. Jenseits der
Lagune ist die Poststation Hikuma. Dort werden wir übernachten und uns ausruhen. Die Poststation liegt unweit des
Flusses Tenchu, der die Hälfte unseres Weges markiert. Wir
werden ihn morgen früh überqueren.«

19

»Heute abend werden wir in der Poststation von Hikuma
übernachten«, erklärte Kiso.

Der schweigsame Imai nickte unmerklich, aber Tomoe
runzelte die Stirn. Die Abendsonne schien ihr ins Gesicht,
glättete die scharfgeschnittenen Kanten und ließ sie weibli-
cher als sonst erscheinen. Sie zuckte mit der Schulter, um zu
zeigen, daß sie mit dem Plan nicht ganz einverstanden war,

aber ihr Bruder reagierte nicht auf den unausgesprochenen Kommentar.

Die Pferde gingen zu dritt nebeneinander im Schritt die steinige Gebirgsstraße abwärts. Hinter den Anführern ritten Kisos Unterführer, Tezuka, Jiro und Taro, und ihnen folgten die Soldaten von Kisos Trupp, zwanzig Mann auf zähen kleinen Gebirgspferden. Die Hufschläge klangen hell auf dem steinigen Grund, die Waffen und Rüstungen klapperten und klirrten, das Lederzeug knarrte, und die unvermeidliche Wolke von Fliegen und Steckmücken um den Reitertrupp erfüllte die Luft mit unaufhörlichem Gesumm. Vogelgezwitscher und die vereinzelten Warnrufe von Affen aus den Höhen der Baumkronen vervollständigten die Geräuschkulisse. Bisweilen machte einer der Reiter eine Bemerkung, oder ein anderer lachte, aber die meisten waren nach dem langen Tagesritt müde und wortkarg.

Tomoe schlug nach einer Stechmücke. Sie hatten seit Kisos Ankündigung eine halbe Meile hinter sich gebracht, und während dieser Zeit hatte sie mit der Versuchung gerungen, ihre Meinung zu sagen. Obwohl sie als ebenbürtig anerkannt wurde, war sie sich stets bewußt, daß sie mutiger und ausdauernder als die Männer sein mußte, um von ihnen akzeptiert zu werden. Niemals durfte sie sich auch nur den leisesten Anschein von Schwäche geben.

Sie räusperte sich und sagte in mißbilligendem Ton: »Kiso, nach den Regenfällen der letzten Wochen werden die Gasthäuser voll sein. Reisende auf der Tokaido-Straße werden in Hikuma aufgehalten, bis der Tenchu wieder passierbar sein wird. Und das wird noch mindestens einen Tag dauern.«

»Warum sollte uns das stören?«

»Wir werden Schwierigkeiten haben, Unterkunft zu finden. Wir sind fünfundzwanzig. Ein ganzes Gasthaus wird nötig sein, um uns Obdach zu geben. Es ist unwahrscheinlich, daß wir zu dieser Zeit eines leer antreffen werden. Sollten wir nicht lieber am Berg lagern und morgen früh nach Hikuma reiten?«

»Nein! Die Leute brauchen Abwechslung, und ich freue mich auf eine angenehme Nacht in einem Gasthaus. Sei unbesorgt, wir werden Zimmer finden.«

Tomoe kannte diesen Ton, knapp und eine Spur ungeduldig. Kiso war schlau und mutig, aber auch ungemein eigensinnig. Er hatte sich entschlossen, und weitere Diskussion würde ihn in seinem Entschluß nur bestärken.

Tomoe war verärgert. Kiso reagierte auf ihren Vorschlag, als wäre er nicht einmal einer Überlegung wert. Er brachte sie vor ihrem Bruder und vor den anderen in Verlegenheit. Sie schürzte die Lippen und starrte stirnrunzelnd geradeaus.

Sie waren seit zwei Tagen kaum aus den Sätteln gekommen; einen ganzen Tag lang waren sie in strömendem Regen durch gebirgiges Gelände geritten. Es stimmte, daß die Leute eine Abwechslung brauchten, um ihre körperlichen Beschwerden zu vergessen: nasse Kleidung, die unter den Rüstungen an der Haut klebte, Schweiß und Juckreiz von der Hitze des Nachmittags; Stechmücken und Fliegen, die Männer und Pferde quälten.

Ja, sie verstand, daß Kiso in einem Gasthaus übernachten wollte, aber seine brüske und rücksichtslose Art beleidigte sie. Mitten in der Nacht vor ein Gasthaus zu reiten und ein paar arme Pilger zu berauben, mochte den einen oder den anderen der rauhen Gebirgsbewohner belustigen, nicht aber Tomoe. Wenn sie sich in den Gasthäusern von Hikuma wie gewöhnliche Straßenräuber aufführten, konnte das erhebliche Schwierigkeiten nach sich ziehen. Ihre Mission war es, Gold und Waffen zur Ausrüstung der Armee aufzutreiben, nicht aber, Wanderer und Dorfbewohner zu drangsalieren und sich zu Feinden zu machen. Hikuma, der Hauptort des Hamamatsu-Bezirks, war ein kaiserlicher Außenposten. Es gab dort Soldaten. Nicht, daß sie die Soldaten fürchtete, denn die meisten Garnisonstruppen waren schlapp und verweichlicht. Nein, sie wollte einfach ihre Mission durchführen und zurückkehren.

»Eine Stunde noch«, grunzte Imai. Seine Miene war undurchdringlich, doch war ihm die Verärgerung seiner Schwester nicht verborgen geblieben. Sie war von hitzigem Temperament, und nach zwei Tagen im Sattel schien sie nahe daran, aus der Haut zu fahren. Sie starrte finster geradeaus, aber Kiso achtete nicht darauf. Imai versuchte seine

Schwester zu beruhigen, indem er leise wiederholte: »Nur eine Stunde, nicht mehr.«

»Bruder, die Zeit bekümmert mich nicht. Aber ich finde es töricht, die Reisenden zu plagen, wenn es so wenig einbringt«, sagte sie durch die Zähne.

»Aber es hält die Leute davon ab, unruhig zu werden. Warum bist du so aufgeregt? Von den Soldaten des Außenpostens haben wir wenig zu fürchten. Zum einen sind wir mehr als sie. Zum anderen fehlt ihnen der Mut zum Kämpfen. Sie sind Weichlinge aus dem Süden, nur darauf aus, bequem zu leben und den durchziehenden Pilgern an Wegezöllen abzunehmen, was sie können.«

Kiso beugte sich zu ihnen. »Was flüstert ihr da?«

»Nichts von Bedeutung, Kiso«, sagte Imai. »Tomoe hat Bedenken wegen der heutigen Nacht.«

»Sie hört sich an wie eine der fetten Hofdamen aus Kyoto. Fehlt nur noch, daß sie uns erzählt, sie habe einen schlimmen Traum gehabt.« Kiso lachte, als hätte er einen lustigen Witz erzählt. Dann merkte er, daß er allein lachte, und sein schmales, kantiges Gesicht verhärtete sich in zorniger Gereiztheit. Er wandte sich zu Tomoe. »Du ermüdest mich«, sagte er drohend. »Vielleicht sollten wir dir das Schwert abnehmen und dich am Straßenrand zurücklassen.«

Das war Tomoe zuviel. »Bilde dir nur nicht ein, du könntest mich tyrannisieren, du Flegel«, knurrte sie. Ihre Rechte hielt den Handgriff ihres Schwertes umfaßt.

Sie liebte Kiso, hatte ihn seit Kindheitstagen geliebt, war aber bereit zu sterben, um ihre Ehre zu verteidigen. Ihre Position als Offizier war bedroht. Wer von den Männern würde ihr noch gehorchen, wenn sie sahen, daß Kiso sie wie ein albernes Weib behandelte? Tomoe glaubte, daß auch Kiso sie liebte, wußte aber, daß es ihn nicht daran hindern würde, sie in Verteidigung seiner Ehre zu töten.

Sie saß angespannt, eine Hand am Schwertgriff, und hielt das Pferd mit den Knien auf der Stelle. Sie konnte es mit Kiso nicht aufnehmen, aber wenn es sein mußte, würde sie sich tapfer schlagen.

Zornig funkelte sie ihn an.

Die Sekunden zogen sich hin, eine Minute verging und

noch eine halbe. Die Pferde scharrten unruhig mit den Vorderhufen. Die Truppe hatte sich um die beiden Gegner gruppiert. Es war nichts Außergewöhnliches, daß ein Samurai wegen einer wirklichen oder eingebildeten Zurücksetzung einen anderen zum Zweikampf bis zum Tode herausforderte.

Kisos Gesicht war bleich geworden. Seine onyxschwarzen Augen schienen das Licht zu verschlucken. Keiner der anderen sagte etwas. Sogar die Zikaden, Vögel und Baumfrösche schienen verstummt zu sein.

Dann warf Kiso den Kopf in den Nacken und brüllte: »Wo in den zehn Provinzen gibt es noch eine Frau wie diese? Ich liebe sie, beim Buddha, ich schwöre es!«

Die Krieger schmunzelten und machten schmeichelhafte Bemerkungen über ihre Führer. Die Erleichterung über die abgewendete Konfrontation machte sich in Derbheiten und Rippenstößen Luft. Tomoe war beliebt bei den Kriegern. Sie kannten ihre Fähigkeiten.

Imai schnalzte seinem Pferd. »Genug«, sagte er. »Wir vergeuden unsere Zeit. Laßt uns nach Hikuma reiten.«

Die sinkende Sonne war hinter den Wipfeln der Bäume verschwunden. Es begann zu dunkeln, und ein kühler Wind erhob sich und raschelte im Laub.

Kiso spähte durch die Baumkronen zum Himmel, wandte den Kopf und schnupperte die Luft. »Es wird bald wieder regnen. Hikuma ist weniger als eine Stunde entfernt. Zieht jemand es vor, die Nacht im Freien zu schlafen?«

Ein Chor höhnischer Rufe erschallte aus den Reihen der Krieger.

»Niemand?« sagte Kiso. »Dann laßt uns reiten, als wäre Emma-Ō selbst hinter uns her.«

»Nach Hikuma«, rief Imai.

»Nach Hikuma«, echote Tomoe.

Um diese Zeit feilschten Yoshi und sein schmächtiger Gefolgsmann um das letzte freie Zimmer im größten Gasthaus von Hikuma. Wenige Pilger waren in dieser regnerischen Jahreszeit auf Landstraßen unterwegs. Der Tenchu führte jedoch Hochwasser, und die einzige Fähre am Flußübergang hatte den Betrieb eingestellt. Seit drei Tagen hatte niemand mehr den Fluß überquert, und die Gasthäuser waren überfüllt. Da gab es Pilgergruppen, unterwegs zum Mishima-Schrein, Beamte in Ochsenkarren, auf Dienstreise durch die Provinz, Büßermönche mit Bettelschalen in der Hand. Selbst die Postenstation war überfüllt. Die sechs diensttuenden Soldaten scheuten sich nicht, verzweifelten Reisenden für Schlafstellen am Fußboden des baufälligen alten Zollhauses Geld abzuverlangen. Die kleineren, billigeren Gasthäuser waren zuerst voll; aber auch das größte und am komfortabelsten ausgestattete Gasthaus hatte nur noch ein Bediensteten-zimmer frei.

Yoshi überzeugte den Gastwirt, daß er es sich leisten konnte, den exorbitanten Preis – im voraus – für das winzige Hinterzimmer zu bezahlen. Eine Silbermünze besiegelte die Übereinkunft.

Der Raum war kahl und kaum groß genug, um ihren *futon* ausbreiten zu können, doch waren Yoshi und Nami so erschöpft, daß sie es kaum bemerkten.

Kurz nach Sonnenuntergang setzte leichter Regen ein.

»Wenigstens ist das Zimmer trocken«, murmelte Nami, als sie ihr Haar löste und sich auf dem *futon* ausstreckte. Sie schlief sofort ein.

Eine Stunde später wurde sie von heiseren Rufen und polternden Schritten im Hausgang geweckt. Jemand rannte durch den Gang, schlug an die Türen und brüllte. Zuerst war es unmöglich, etwas zu verstehen, dann aber wurden die Worte mit dem Näherkommen des Rufers deutlicher, und es waren Worte, die jedes Herz augenblicklich mit Furcht erfüllten: »Feuer! Das Gasthaus brennt! Alles hinaus, schnell!«

Yoshi war augenblicklich hellwach. Er zögerte nicht. Ohne auf das Gepäck zu achten, das im Raum lag, faßte er Nami bei der Hand und zog sie in den Korridor. Dort trafen sie andere verwirrte und verschlafene Gäste, die nicht wußten, was sie tun sollten.

»Hinaus! Alles hinaus! Hier entlang!« rief jemand. Und als ob es dieser Aufforderung bedurft hätte, drängten die halbbekleideten, zerzausten Männer und Frauen in Panik zum Ausgang.

Yoshi hatte auf die Warnung instinktiv reagiert. Nun aber zögerte er. »Seltsam, ich rieche keinen Rauch«, sagte er.

Leute, die hinter ihnen kamen, stießen ihn in den Rücken, damit er schneller ginge. Statt dessen drückte er sich an die Wand, zog Nami neben sich und ließ die Leute vorbei. »Das war nicht die Stimme des Gastwirtes«, sagte er.

»Ganz gleich«, versetzte Nami, »wenn Feuer ausgebrochen ist, dann kann das ganze Gebäude innerhalb von Minuten in Flammen stehen. Der Rufer ist ein braver Mann, der sein eigenes Leben in Gefahr gebracht hat, uns zu retten.«

»Gewiß«, sagte Yoshi, »aber ich rieche keinen Rauch. Ich fühle keine Hitze, höre kein Knistern. Etwas stimmt nicht. Es ist kein Feuer. Wir sind getäuscht worden.«

Unterdessen leerte sich der Korridor. Die Gäste liefen hinaus in den Regen. Statt ihrer erschien eine Gruppe gepanzerter Samurai und marschierte auf ihn zu. »Schnell! Geh zurück ins Zimmer und binde dein Haar auf. Sie dürfen nicht sehen, daß du eine Frau bist. Ich halte sie hier auf, bis du fertig bist.« Und er trat zwischen Nami und die näherkommenden Samurai.

»Hinaus, Dummkopf«, sagte ihr Anführer mit rauher Stimme.

Es hätte der unfreundlichen Anrede nicht bedurft, daß Yoshi eine Abneigung gegen den Mann faßte. Er hatte ein schmales Gesicht und schwelende schwarze Augen; er hatte eine Ausstrahlung von Macht, Gewalttätigkeit, aber auch ein Charisma, das nicht zu leugnen war. Er war offensichtlich eine Führernatur.

»Hast du die Warnung nicht gehört? Willst du sterben?« Yoshi glaubte im Gesicht des Mannes einen Anflug von Wahnsinn zu sehen. »Ich sehe und rieche kein Feuer«, erklärte Yoshi. »Und ich frage mich, warum ihr so unbesorgt seid. Eine Gruppe Soldaten, die in den Hausgang eines brennenden Gasthauses marschiert, ist ein ungewöhnlicher Anblick.«

»Genug Unsinn!« sagte der Mann. »Packt ihn!«

»*Hai*, Kiso«, antworteten die Männer hinter ihm im Chor.

Kiso trat beiseite, und sechs stämmige Krieger schoben sich näher.

Sie erwarteten keinen Widerstand. Yoshi war halbbekleidet, allein und unbewaffnet. Doch als der erste Mann ihn bei der Schulter nehmen wollte, wurde er von einer harten Handkante begrüßt, die ihn unters Kinn schlug. Sein Kopf flog in den Nacken, seine Augen verdrehten sich, und er fiel wie ein Sack voll Reis vor seine Gefährten.

Yoshi hatte geschworen, kein Schwert mehr anzufassen, es sei denn als Fechtlehrer. Nichtsdestoweniger war er bereit, seine Hände, Füße und, wenn es sein mußte, auch die Zähne zu gebrauchen, um diese Strauchritter lange genug aufzuhalten, daß Nami fliehen konnte.

Kiso zog das Schwert und fuhr seine Männer an: »Gemeinsam, ihr Dummköpfe. Dieser Mann ist kein gewöhnlicher Reisender. Fangt ihn lebendig. Wir können ihn für ein Lösegeld festhalten.«

Der Hausgang war so breit, daß Yoshi die Samurai nicht daran hindern konnte, ihn zu umringen. Er versuchte es auch nicht, sondern hoffte nur, Zeit zu gewinnen, daß Nami ihre Verkleidung anlegen und sich der Schar der ausquartierten Gäste anschließen konnte.

Zwei Krieger packten ihn gleichzeitig. Mit einer Drehung des Oberkörpers wich Yoshi dem ersten aus, und mit einem Stoß der ausgestreckten Hand in die Kehle des zweiten wehrte er diesen ab. Der Mann wankte mit seltsam gurgelnden Geräuschen zurück.

Yoshi wartete nicht ab, was nun geschehen mußte: er stürzte sich auf die verbliebenen vier Krieger und ihren Anführer. Die Übermacht der Gegner warf ihn zu Boden, aber nicht, bevor er zwei weitere kampfunfähig gemacht hatte. Einer fiel mit zerschmetterter Kniescheibe, der andere wälzte sich stöhnend am Boden und hielt sich die Genitalien.

Die zwei Samurai hielten Yoshi nieder, während Kiso über ihm stand und seine Kehle mit der Schwertspitze berührte. Ein fast krankhafter Zorn brannte in den schwarzen Augen. Seine Männer waren ausgetrickst worden. »Wer bist du?« verlangte er zu wissen.

Yoshi schwieg.

Kiso ritzte ihm die Haut mit der Schwertspitze. »Jetzt bist du schweigsam; bald wirst du sprechen«, drohte er. Ohne ihm die Schwertspitze vom Hals zu nehmen, schickte er einen seiner Leute, Verstärkung zu holen. Vier kamen, und Kiso befahl ihnen, Yoshi zu binden. »Verletzt ihn noch nicht«, sagte er. »Morgen werden wir ihn verhören. Er wird uns sagen, wer er ist. Ist er ein Lösegeld wert, dann werden wir einen guten Teil unserer Mission erfüllt haben: Gold für Waffen und Rüstungen. Nun, jemand war bei ihm. Eine Frau? Tezuka, du durchsuchst die Räume. Bring sie hierher.«

Tezuka verneigte sich, schritt durch den Hausgang und stieß die Türen auf. Die anderen Samurai banden Yoshi. Als sie fertig waren, war er kaum mehr zu einer Bewegung fähig. Die auf den Rücken gebundenen Handgelenke waren unten mit den Knöcheln zusammengebunden, und ein zweiter Strick führte aufwärts und endete in einer Schlinge um seinen Hals. Bei jeder unvorsichtigen Bewegung lief er Gefahr, sich selbst zu erwürgen.

Tezuka kehrte mit leeren Händen von seiner Suche zurück. »Im Haus ist niemand mehr«, meldete er. »Wer bei ihm war, muß durch die Hintertür entkommen sein.«

Kiso sah das befriedigte Aufblitzen in Yoshis Augen. »Ganz gleich«, sagte er, »in Hikuma kann sich niemand verstecken. Morgen werden wir herausfinden, wer es war, und über eine angemessene Bestrafung entscheiden.«

»Was tun wir mit dem da, Kiso?« fragte einer der Samurai und versetzte dem liegenden Yoshi einen achtlosen Fußtritt.

»Schafft ihn aus dem Weg. Ich glaube, wir haben für seine Gefangennahme und unser Glück, solch ein feines Quartier zu finden, eine Feier verdient.« Kiso stieß das Schwert in die Scheide. »Regnet es noch?«

»Stärker als vorhin.«

»Sehr gut. Schafft den Hund hinaus in den Regen und hängt ihn an einen Baum. Zieht ihn hoch und laßt ihn dort bis morgen baumeln«, befahl Kiso.

Ein Samurai bückte sich und zerrte an Yoshis Fesseln, so daß sich die Schlinge um seinen Nacken zusammenzog.

»Vorsichtig, du Idiot. Für einen Toten bekommen wir kein Lösegeld. Ihr zwei, helft beim Hinaustragen. Bindet ihn fest

und sicher an den Baum. Wir wollen nicht, daß er hinunter-
fällt.« Kiso lachte gutgelaunt; der mörderische Zorn der letzten Minuten war vergessen.

Ein Samurai stimmte in sein Lachen ein, dann ein zweiter.
Augenblicke später brüllten sie alle vor Vergnügen.

»Beeilt euch!« rief Kiso, »und kommt schnell zurück. Wir
haben Sake, Frauen und warme Betten, die auf uns warten.«

Der Regen hatte sich zu einem heftigen Frühlingsgewitter
entwickelt. Blitzschläge erhellten ein jammervolles Bild. Der
Gastwirt, das Hauspersonal und die Gäste standen hilflos im
Wolkenbruch. Sie jammerten und weinten, viele waren un-
zureichend bekleidet, und alle sahen sich hilflos den Natur-
gewalten ausgeliefert. Mehrere Briganten, die weite, koni-
sche Strohhüte und Regenumhänge aus Stroh trugen, ritten
im Kreis um die ausgestoßenen Gäste, hielten sie wie eine
Schafherde beisammen und quälten sie mit Grimassen, wü-
sten Drohungen und geschwungenen Schwertern.

Dies war der Anblick, der sich Nami bot, als sie durch die
Hintertür ins Freie schlüpfte. Sofort machte sie kehrt und lief
zu einer Baumgruppe hinter dem Gasthaus. Das Unterholz
war dicht und ungeschnitten, denn hier verlief die Grenze
zwischen dem Grundstück des Gasthauses und der freien
Natur. Sie kroch zwischen die Sträucher, blieb an Brombeerranken hängen und zerkratzte sich Gesicht und Hände.

Sie verkroch sich so tief im Unterholz, daß ihr Versteck
nicht einmal bei Tageslicht entdeckt werden konnte, dann
hüllte sie die Decke, in die sie Yoshis und ihre Habseligkeiten
gebunden hatte, in ihren Umhang.

Sie zitterte im herabprasselnden kalten Regen, nicht nur
wegen der Nässe und Kälte, sondern auch aus Furcht um
Yoshi. Was war geschehen? Lebte er noch? Konnte sie ihm
helfen? Wie?

Stunden vergingen. Aus dem Gasthaus drang der Lärm
der Feiernden. Betrunkene Stimmen sangen Lieder der Bergbewohner. Zwei Samurai, die Arme einander um die Schultern gelegt, kamen schwankend über die rückwärtige Veranda, polterten die Holzstufen herunter und näherten sich
Namis Versteck bis auf sieben oder acht Schritte. Das Herz

schlug ihr im Halse. Durch das gleichmäßige Rauschen des Regens hörte sie das schnaufende Atmen der beiden, glaubte den Dunst von Sake und Zwiebeln zu riechen, den sie verströmten. Ein Wetterleuchten des abziehenden Unwetters erhellte das Land, wiederholte sich, und nach einer Weile folgte dumpf rollender Donner.

»Warst du das?« prustete eine betrunkene Stimme.

»Ich dachte, du«, versetzte die andere.

Die beiden standen nebeneinander und urinierten in die Büsche. Im Wetterleuchten zeichneten ihre Gestalten sich deutlich ab. Ihr Scherz erheiterte sie unmäßig.

»Komm mit, Yomi, es gießt.«

»Das ist gar nichts gegen mein Pissen.« Erneutes Gelächter.

»Wie wird es unserem Gefangenen bei diesem Wetter ergehen?«

»Wie soll's ihm gehen? Es pißt auf ihn.« Mehr Gelächter.

»Ein ganz übler Geselle. Bin froh, daß ich nicht dabei war, als sie ihn schnappten.«

»Ich auch. Hast du gesehen, wie er Hanazo zugerichtet hat? Der wird eine Woche lang nicht reden können.«

»Und Masakiyos Eier! Mit denen wird er eine Weile nichts anfangen können.«

»Dafür, was er unseren Freunden angetan hat, verdient der Kerl mehr, als er kriegt. Sehen wir nach, ob er auch nicht entkommen kann.«

»Ich bin naß. Zu Emma-Ō mit ihm. Gehen wir hinein. Ich möchte die Dicke, die du vorhin hattest.«

»Da wir schon naß sind, kommt es auf die paar Minuten auch nicht mehr an.«

»Meinetwegen.« Die beiden stapften einträchtig davon und verschwanden hinter der Ecke des Gasthauses.

Nami schlug das Herz im Halse. Hatten sie von Yoshi gesprochen? Sie mußte ihnen nachgehen und sehen, wo er gefangen gehalten wurde. Sie vergewisserte sich, daß der Dolch in ihrem *obi* steckte, und schlüpfte durch das triefende Gesträuch und die stacheligen Brombeerranken, das Gesicht vor Schmerz verzogen, aber entschlossen, die beiden nicht aus den Augen zu verlieren.

Sie erreichte die Seitenwand des Gebäudes, dessen Dach weit genug überhing, daß sie im Trockenen war. Der Regen rauschte herab. Mit Ausnahme der zwei Spaßvögel waren die Briganten im Gasthaus, wo es warm und trocken war. Gelächter, Lieder, das gelegentliche Schrillen einer Frauenstimme kündeten vom Fortgang der Feier. Anscheinend hatte man die männlichen Gäste hinausgejagt, zumindest einige der Frauen aber zurückgehalten. Nami schauderte bei dem Gedanken, was für ein Schicksal sie erlitten hätte, wenn Yoshi sich nicht für sie geopfert hätte.

Neuerliches Wetterleuchten zeigte ihr die beiden Samurai, wie sie schwankend im aufgeweichten Erdreich standen und Beleidigungen zu den Ästen eines mächtigen Baumes hinaufriefen. Einer warf einen Stein, lachte und verlor das Gleichgewicht.

Dann sah Nami den schwarzen Umriß einer gefesselten Gestalt, die von einem Ast hing. Yoshi baumelte wie ein Sack Hirse am Strick, offenbar unfähig zu jeder Bewegung. Oh, die kindische Grausamkeit der Männer.

Bald waren die Betrunkenen ihres Spiels überdrüssig und kehrten wankend zurück zum Gasthaus.

Nami lief unter den Baum. »Yoshi!«

»Lauf weg, Nami, solange du kannst. Ich werde entkommen und dir folgen.« Yoshis Stimme war ein rauhes Gurgeln und Keuchen. Sie sah, daß eine Seilschlinge ihm den Hals zudrückte.

Sie ließ sich auf keine Diskussion ein. Der Baumstamm hatte eine rauhe Borke, und die Männer, die Yoshi an den Ast gehängt hatten, waren hinaufgeklettert. Also konnte sie das auch. Der Stamm war schlüpfrig vom Regen, und zweimal rutschte sie ab und schürfte sich die Hände und die Innenseite der Schenkel auf, aber beim dritten Versuch erreichte sie den untersten Ast. Ihre Hände bluteten, und sie mußte daran denken, wie unglücklich sie gewesen war, als sie sie gebräunt und schwielig vom Ritt in Wind und Wetter gesehen hatte. Sobald sie sich auf den Ast gezogen hatte, war es einfach. Sie kletterte weiter zu dem Ast über Yoshi, der sie besorgt beobachtete.

»Du wirst fallen«, sagte sie.

Seine Antwort war ein unartikuliertes Gurgeln. Sie vermutete, daß er wiederholen wollte, was er zuvor gesagt hatte. Sie kümmerte sich nicht darum, streckte den Arm mit dem Dolch zu ihm hinab und durchschnitt das Seil, das Hände und Kehle verband. Sowie die würgende Beengung gewichen war, befahl er ihr, sofort fortzulaufen und sich zu retten. Nami hörte nicht darauf; sie durchschnitt den Strick, der Yoshis Hände und Füße zusammenhielt. Nun waren seine Gliedmaßen frei, aber er hing noch immer an dem Ast.

»Kannst du dich am Ast festhalten?« fragte Nami.

»Ich habe kein Gefühl mehr in Händen und Füßen.«

»Wenn ich die anderen Seile durchschneide, wirst du hinunterfallen. Soll ich warten, bis du wieder etwas spürst? Kannst du den Sturz aushalten?«

Wetterleuchten geisterte über den Himmel; dumpf murmelte der Donner.

»Jetzt! Mach schon!« sagte Yoshi.

Nami hielt den Atem an. Bis zum Boden waren es ungefähr fünfzehn Fuß. Unter dem Baum wuchsen Sträucher, und der Boden war aufgeweicht. Sie betete, daß dies ausreichen würde, um den Aufprall abzufangen.

Sie durchschnitt das erste Seil; es gab einen Ruck, und Yoshi baumelte mit den Füßen voran frei in der Luft. Rasch durchschnitt sie die anderen Stricke, und mit einem lauten Rauschen und Knacken landete Yoshi in einem Maulbeerbusch.

Nami rutschte den Stamm hinab und zerriß in ihrer Eile den Umhang. Yoshi lag auf dem Rücken, Arme und Beine in einer seltsamen, verdrehten Haltung. Einen Augenblick dachte sie in sprachlosem Entsetzen, er sei tot. Oh, im Namen Buddhas!

Dann... ein Stöhnen, und Yoshi drehte sich auf die Seite.

Im Nu war Nami bei ihm, kniete nieder und umfing seinen Kopf mit beiden Händen.

Langsam beugte und streckte er Arme und Beine, versuchte die Finger zu bewegen.

»Yoshi! Den Göttern sei Dank, daß du lebst. Laß dir hel-

fen.« Sie rieb ihm Arme und Beine, und als er sich einigerma-
ßen erholt hatte, versuchte sie ihn aufzurichten. »Bitte, wir
müssen uns verstecken, bevor sie uns finden.«

Mit großer Anstrengung und von ihr gestützt, kam Yoshi
auf die Beine und stand schwankend wie ein Betrunkener da.
Nami umfaßte ihn mit einem Arm, und so tappten sie zur
Rückseite des Gebäudes. Mit jedem Schritt nahm die Beweglichkeit seiner Gliedmaßen wieder zu. Tausend Nadeln
schienen in seine Haut zu stechen, als das Blut in das abster-
bende Gewebe zurückströmte. Er war durchnäßt und
schlammbedeckt. Sein Hals zeigte einen hellroten Ring, und
sein Haar hing ihm in wirren Strähnen ums Gesicht.

»Bitte, Yoshi, beeile dich«, sagte Nami. »Die Pferde sind
wahrscheinlich in den Stallungen. Laß uns gehen.«

»Ja, die Pferde...« Yoshis Stimme klang rauh und fremd,
wie Nami sie noch nie gehört hatte.

Sie schlichen vorbei an der Küche und den Quartieren des
Dienstpersonals, dann über einen gepflasterten Hof. Yoshi
konnte jetzt ohne Hilfe gehen.

»Die Samurai sind zu betrunken, um sich mit mir zu beschäftigen«, sagte Yoshi beim Satteln seines Pferdes. Er vergewisserte sich, daß die Botschaft des Kaisers in ihrem Versteck war. Mit raschen, sicheren Griffen belud er das Tragtier
mit ihren Habseligkeiten. Als er fertig war, sagte er: »Es gibt
noch etwas, das ich erledigen muß, bevor wir losreiten.«

Namis Magen zog sich zusammen. Sie fürchtete, er werde
auf Vergeltung bestehen. Warum waren Männer so töricht?
Sie verlegte sich aufs Bitten. »Nein, Yoshi. Du hast geschworen, das Schwert nicht mehr zu gebrauchen. Was kannst du
ohne Waffen ausrichten? Du darfst dein Leben nicht wieder
in Gefahr bringen, wenn wir diese Chance haben, davonzu-
kommen.«

»Nami, dieser Bursche – sie nannten ihn Kiso – darf nicht
ungestraft bleiben. Die Ehre verlangt, daß er dafür, was er
mir angetan hat, bezahlt.« Yoshis Gesicht war wie in Granit
geschnitten, mit seinen funkelnden Augen, der gefurchten
Stirn und den abwärtsgezogenen Mundwinkeln eine Inkarnation des Gottes Fudo.

»Und deine Pflicht gegenüber dem Kaiser? Er hat dir die

133

Botschaft für Yoritomo anvertraut. Würdest du das in Gefahr bringen?«

»Nami, mein Auftrag beschränkt sich nicht auf die bloße Überbringung einer Botschaft. Ich bin beauftragt worden, die möglichen Verbündeten des Kaisers einer Bewertung zu unterziehen. Ich vermute, daß Kiso mehr ist als der gewöhnliche Bandit, der er zu sein scheint. Unter den Gebirgsbewohnern ist Kiso ein verbreiteter Name, und wahrscheinlich werden wir diesem Kiso nie wieder begegnen, aber ich muß erreichen, daß er mich respektiert. Er mag ein wichtiger Verbündeter sein – oder ein tödlicher Feind. Ich kann nicht reiten, bevor ich mir diesen Respekt verdient habe. Ich kann mir nicht leisten, das Gesicht zu verlieren, wenn ich dem Kaiser von Nutzen sein soll. Also . . . kein Wort mehr. Ich werde tun, was ich tun muß.«

20

Das Lärmen der Zecher ließ in dem Maße nach, wie Kisos Krieger einer nach dem anderen der Wirkung des reichlich fließenden Sake erlagen. Am Eingang zum Gasthaus waren zwei Wachen postiert, aber auch sie hatten ihren Teil getrunken. Disziplin war nicht die Stärke von Kisos Truppe.

Nur Tomoe war relativ nüchtern. Kisos Beleidigung schmerzte noch immer, aber während der Mahlzeit und beim Ausbringen der Trinksprüche stand sie den Männern in nichts nach. Später zog sie sich zurück, als die Trunkenheit zunahm und die Krieger untereinander um die gefangenen Frauen stritten.

Kiso trank mehr als alle anderen. Er hielt sich etwas darauf zugute, jeden seiner Männer unter den Tisch trinken zu können, wie es sich für einen General geziemte. Er saß mit untergeschlagenen Beinen hinter einem niedrigen Tisch am Ende des Speisesaales; wohlwollend nickte er seinen Leuten zu und schlürfte Sake aus einer großen runden Tafelflasche. Er bemühte sich, den scherzhaften Reden und Späßen der anderen zu folgen, aber um die Wahrheit zu sagen, er langweilte sich. Sie machten immer die gleichen Possen, und obwohl er lächelte und ihnen zunickte, war er ihres Treibens überdrüssig. Seine Gedanken kehrten zu Tomoe zurück. Gern wäre er zu ihr gegangen und hätte sie um Vergebung gebeten. Nachdem der letzte seiner Männer betrunken hingesunken war, nahm Kiso einen letzten Schluck Sake und schickte sich an aufzustehen.

Plötzlich schloß sich ein muskulöser Arm um seine Kehle, und eine Stimme flüsterte in sein Ohr: »Keine Bewegung, kein Geräusch, oder du stirbst.« Adrenalin schoß durch seine Adern und verbrannte die Wirkung des Alkohols. Sein halbbetäubtes Nicken war bereits von einer klaren Einschätzung der Situation begleitet. Einer Einschätzung, die ihm sagte, daß außer dem Arm, der ihm die Luft nahm, ein scharfer Gegenstand die Haut unter seinem Ohr berührte.

»Hände im Schoß zusammenlegen«, befahl die Stimme.

Er gehorchte, und ein junger Mann, dessen Gesicht unter dem weiten Strohhut eines Bauern verborgen war, schob den Tisch mit dem Sake fort, zog einen seidenen Schal hervor und band ihm damit die Handgelenke.

»Ich werde den Druck gegen die Kehle lockern«, sagte die Stimme hinter ihm. »Aber ein Geräusch, und du stirbst auf der Stelle.«

Kiso überlegte, ob er sich auf den jungen Mann stürzen sollte. Er konnte um Hilfe rufen... nein, niemand war in Reichweite, der imstande gewesen wäre, ihm zu helfen. Imai, Tezuka, Jiro und Taro waren mit Frauen in die Gästezimmer verschwunden. Die wenigen Samurai, die noch im Speisesaal geblieben waren, lagen sinnlos betrunken da und schnarchten. Überdies sah er, daß der junge Mann einen Dolch in der Hand hielt, um ihn abzuwehren.

Der Druck an seiner Kehle lockerte sich.

»Wer immer du bist, du bist ein Dummkopf«, flüsterte Kiso. »Du wirst den Morgen nicht erleben.«

»Still. Sprich nur, wenn ich es dir sage. Nun steh langsam auf und geh.«

Der Gefolgsmann eilte vor ihnen her. Nach seinem Gang urteilte Kiso, daß dieser Jüngling Onkel Yukiie interessieren würde. In den Bewegungen der Beine und Hüften lag eine weibliche Anmut. Interessant, daß der Krieger hinter ihm auch eine Schwäche für Jungen hatte. Kiso verzog die Lippen zu einem höhnischen Lächeln.

Als sie sich dem Eingang näherten, spannte er die Schultern. Sowie die dort stationierten Posten den Jungen anhielten, wollte er handeln.

Aber der Junge eilte unbehelligt zum Eingang hinaus. Als Kiso ihm folgte, sah er zu seinem Verdruß beide Wächter gebunden und geknebelt am Boden liegen. Sie verdrehten hilflos die Augen, als er an ihnen vorbei in den Regen hinausgeführt wurde.

Das Gewitter hatte sich verzogen, aber der Regen hatte kaum nachgelassen und fiel in rauschender Monotonie. Das Gelände um das Gasthaus glich einem Reisfeld; nur die Spitzen der Gräser schauten aus dem Wasser. Da und dort hoben sich grasige Inseln aus der Wasserfläche.

»Ihr werdet mir nicht entkommen«, knurrte Kiso. Schon hatte der Regen ihm das Haar durchnäßt und rann ihm in die Augen.

»Wir werden sehen«, antwortete der andere ruhig.

Unter dem hohen Baum mußte Kiso sich bäuchlings in den Schlamm legen. Als er sich dagegen sträubte, fühlte er die scharfe Spitze im Genick und ergab sich in sein Schicksal. Innerhalb von Minuten war er in der gleichen Position gefesselt, in der Yoshi sich befunden hatte. Dann wurde er auf den Rücken gewälzt, und ein weiches Tuch wurde ihm als Knebel in den Mund gesteckt.

Zum ersten Mal sah Kiso seinen Gegner – es war derselbe Mann, den sie überwältigt und gebunden hatten! Derselbe, den er zuletzt hilflos von einem Ast hatte hängen sehen. Wie hatte er entkommen können? Unmöglich, aber er war da. Kiso knirschte mit den Zähnen; der Mann hatte nur einen zugespitzten Stecken in der Hand, kein Dolch, kein Schwert, kaum eine Waffe. Das Blatt hatte sich gewendet. Kiso konnte keine Gnade erwarten. Haß brannte in seinen Augen. Er drohte und fluchte, aber der Knebel machte daraus unverständliche Kehllaute.

Auf einmal wurde er hochgerissen und emporgehoben, schwebte wild hin und her baumelnd zu einem Ast empor.

Sein Fänger zog an einem dicken Seil, das, über einen Ast geworfen, wie ein Flaschenzug wirkte. Bestürzt wurde ihm klar, daß er den Rest der Nacht in dieser elenden Position würde hängen müssen.

Am Morgen, wenn der Regen aufhörte und seine Leute ihren Rausch ausgeschlafen hatten, würden sie kommen und denken, er sei der Gefangene. Der Gesichtsverlust, wenn sie ihn fänden, zusammengeschnürt wie ein Huhn auf dem Markt, würde vernichtend sein. Gütiger Buddha! Und wenn sie entdeckten, daß er von einem unbewaffneten Mann überwältigt worden war... er zappelte und wand sich, doch das führte nur zu einer Verengung der Schlinge um seinen Hals. Er erinnerte sich seiner Worte an die Krieger, die den Gefangenen vor Stunden gefesselt und am Ast emporgezogen hatten. »Beeilt euch nicht«, hatte er ihnen gesagt. »Laßt ihn lange genug hängen, damit er seine Lektion gründlich lernt.«

Kiso knirschte hilflos mit den Zähnen. Der Regen rauschte auf das Laub nieder und verschluckte die leisen Geräusche, die er hervorbrachte.

Niemand würde ihn hören. Niemand würde kommen. Wie es einem Krieger geziemte, machte er sich auf die lange Wartezeit gefaßt.

Tomoe erwachte am Morgen als erste. Sie hatte weniger getrunken und war früher zu Bett gegangen als die anderen Samurai. Sie erhob sich, ließ sich Zeit mit dem Ankleiden und putzte ihre Waffen. Sie war überrascht, daß Kiso in der Nacht nicht zu ihr gekommen war. Er war jähzornig, aber nicht nachtragend, und konnte eine leichte Verstimmung beinahe sofort vergessen. Sie beschloß, zu ihm zu gehen und sich mit ihm zu versöhnen. Es war albern, einander wegen einer kleinen Meinungsverschiedenheit zu grollen.

Sie schritt durch den Speisesaal, wo sie ihn zuletzt gesehen hatte. Welch ein Anblick! Schnarchende Krieger lagen regellos hingestreckt zwischen zerbrochenem Mobiliar, ausgelaufenen Sakeflaschen und zerrissenen Wandschirmen. Im Hausgang lag Imai und schlief seinen Rausch aus.

Tomoe stieß ihm in die Rippen. »Auf, Bruder«, sagte sie. »Das Fest ist vorbei. Wir haben zu tun.«

Imai schlug die Augen auf, hob den Kopf und blickte zu ihr auf. Dann tastete er nach einer Sakeflasche, die unweit von ihm lag. Tomoe stieß sie aus seiner Reichweite. »Schon recht. Schon recht«, murmelte Imai. »Gleich werde ich aufstehen.«

Zu ihrer Bestürzung fand Tomoe die Wachtposten gebunden und geknebelt. Ohne Wachen war die Truppe jedem unseligen Zufall, jeder Diebesbande ausgeliefert. Verdruß! Sie hatte es gefühlt, und sie hatte recht behalten. Während der Nacht hätte man ihnen allen die Kehle durchschneiden können. Sie kniete neben einem der Wachtposten nieder und durchschnitt die Schnur, die seinen Knebel hielt. Er starrte mitleidheischend zu ihr auf. Nach jedem militärischen Reglement hatte er den Tod verdient.

»Wir wurden überrascht«, jammerte er. »Verrat. Ein wilder Haufen von Dämonen überwältigte uns.«

»Wurm! Kiso wird euch bestrafen, wie es euch zukommt.«

»Kiso! Sie nahmen ihn mit! Ich sah, wie sie ihn wegführten.«

»Was? Wohin? Sprich, Dummkopf!«

»Ich konnte nicht sehen, wohin sie mit ihm gingen, aber sie führten ihn zum Tor hinaus.«

Tomoe war betroffen. Ihre Verärgerung vom Vorabend war vergessen. Wenn ihm nur nichts zugestoßen war!

Sie lief hinaus durchs Tor. Obwohl der Regen aufgehört hatte, war der Boden noch völlig aufgeweicht, und allenthalben standen Pfützen. Spuren, denen sie hätte folgen können, gab es nicht. Sie war verzweifelt. Sollte sie zurücklaufen und Hilfe holen oder die Suche allein fortsetzen? Dann fiel ihr Blick auf den Baum, und sie sah ihn, aufgehängt an einem Seil, zehn Fuß über dem Boden baumelnd, bewegt von der Morgenbrise. Sie war versucht, ihn an ihre Warnung zu erinnern, aber der wilde und gequälte Blick seiner Augen ließ sie verstummen. Wenn die Männer ihn so sähen, würde der Gesichtsverlust für ihn unerträglich sein. Sie war froh, daß sie allein war.

Das Seil war um den Baumstamm gebunden. Sie durchschnitt es mit ihrem Kurzschwert und ließ ihn so sanft wie möglich herab, konnte aber nicht verhindern, daß er mit dem Gesicht voran in einer Pfütze landete. Zuerst durchschnitt sie die Fesseln, dann befreite sie ihn von dem Knebel.

Kiso röchelte und blubberte, unfähig, zusammenhängend zu sprechen.

Tomoe knetete und rieb ihm die abgestorbenen Gliedmaßen. Nach einer Weile konnte sie verstehen, was er unaufhörlich hervorstieß:

»Ich werde ihn fangen. Der Tod wird zu gut für ihn sein. Er wird leiden! Leiden wird er!«

21

Der Tenchu führte Hochwasser. Ein strudelnder, reißender, lehmgelber Strom ergoß sich von den Bergen zum Meer. Yoshi und Nami warteten seit mehreren Stunden am Ufer. Es gab nur eine Fähre, bestehend aus zwei mit Seilen und Brettern zusammengefügten Fischerkähnen, die eine Art Floß abgaben. Der Fährmann war noch älter als die Kähne. Er erklärte geduldig, daß er nur zu diesem reifen Alter gelangt sei, weil er die Fähre bei Hochwasser nie über den Tenchu führte.

Yoshi bot ihm Silber. Der alte Mann zeigte seine zahnlosen Kiefer und kicherte, als sei das Angebot ein gelungener Scherz. »Was soll ich mit soviel Silber?« fragte er. »Ich bin zu alt, um die Freuden des Lebens zu genießen. Ich habe soviel Reis und Hirse, wie ich essen kann. Ich habe keinen Bedarf an neuen Kleidern. Nein, mein junger Krieger, ich bin nicht zu kaufen.«

Yoshi beobachtete den Sonnenaufgang. Bald würden Reiter von Hikuma kommen. Er hatte gelobt, nicht mehr mit dem Schwert zu kämpfen. Würden sie die gleiche Rücksichtnahme zeigen? Selbstverständlich nicht! Yoshi wußte, daß er entkommen konnte, indem er dem Flußufer nach Norden folgte, befürchtete aber, Nami würde in den Bergen nicht mithalten können.

Nach alledem, was den Frauen im Gasthaus widerfahren war, machte er sich keine Illusionen über Namis Schicksal, sollte sie in die Hände einer Truppe zorniger Samurai aus dem Bergland geraten. Sein Gelöbnis, das Schwert nicht mehr im Kampf zu gebrauchen, erwies sich als äußerst schwierig einzuhalten. Der Trick mit dem zugespitzten Stecken an Kisos Hals war erfolgreich gewesen, doch ein zweites Mal konnte er ähnliches nicht erwarten. Ihm blieb nur die Möglichkeit, Konfrontationen aus dem Weg zu gehen, aber das lag nicht in seiner Natur. Yoshi war des Stolzes schuldig – des Stolzes auf seine Fähigkeit im Umgang mit dem Schwert. Stolz konnte ein ernster Fehler sein, aber war Feigheit nicht schlimmer? Konnte er sein Leben damit verbringen, daß er immer vor Gefahren davonlief? Leichter würde es sein, sich zu behaupten und wehren.

Aber er hatte gesehen, daß Gewalt nur mehr Gewalt zeugte. Wo würde das enden? Wenn Kiso sie in seine Hände bekäme, und er verteidigte sich nicht bis zum Tode, würde Nami leiden müssen. Diesen Gedanken konnte er nicht ertragen. Kämpfte er mit dem Schwert, wie sollte er sich vor sich selbst und den Göttern rechtfertigen, denen er einen Eid geschworen hatte? Welche Entscheidung er auch traf, würde sie mit seiner Mission für den Kaiser im Einklang stehen? Konnte er sich einen Gesichtsverlust leisten? Wenn er von den Samurai, mit denen er zu tun hatte, nicht respektiert wurde, würde er für Go-Shirakawa schwerlich seinen Wert behalten. Yoshi war zwischen seinem Gelöbnis und seinen Pflichten Nami und dem Kaiser gegenüber hin und her gerissen.

Im Laufe des Morgens kamen viele Reisende zur Fähre, nur um abgewiesen zu werden. Die schäumenden braunen Wasser überzeugten sie, daß der Fährmann recht hatte. Es wäre Selbstmord, eine Flußüberquerung zu versuchen.

Yoshi wußte nicht, wie er mit seinem Problem weiterkommen sollte. Während seiner Verhandlungen mit dem Fährmann hatte Nami sich im Hintergrund gehalten. Nun ritt sie näher und flüsterte ihm etwas zu. Zuerst lehnte er ihren Vorschlag ab, aber nach kurzer und hitziger Diskussion gab er nach. Was sie vorschlug, konnte gefährlich werden, aber wenn ihr Plan fehlschlug, waren sie beide verloren.

Mit einem letzten bedeutsamen Blick zu Yoshi saß Nami ab

und ging zu der Stelle, wo der Fährmann bei seinem Seil kauerte. Die Fähre war mit einem dicken Tau an einen Baum gebunden. Das Tau war straff gespannt, weil die Doppelrumpf-Fähre vom vorbeischießenden Wasser parallel zum Ufer gehalten wurde.

»Ein Wort mit dir, Fährmann«, sagte Nami.

»Gewiß, junger Herr, doch ehe du fragst, wisse, daß ich dir antworten werde, was ich deinem Herrn sagte.«

»Ich verstehe, Fährmann, du bist ein weiser und vorsichtiger Mann, niemand leugnet es.«

Der Fährmann nickte, und Nami fuhr fort: »Wir sind nicht, was zu sein wir scheinen«, sagte sie. »Mein Herr ist ein berühmter Schwertfechter, der geschworen hat, sein Schwert nur in höchster Not zu gebrauchen. Selbst dann wird er sein Äußerstes tun, um einen Kampf zu vermeiden. Du siehst selbst, daß er kein Schwert trägt. Wir werden von schlechten Menschen verfolgt. Mein Herr wird den Tod finden, wenn sie ihn fangen.«

»Nicht meine Sorge«, sagte der Fährmann.

»Ich sagte, daß wir nicht sind, was zu sein wir scheinen. Ich bin nicht der Gefolgsmann meines Herrn.«

»Nein?«

»Nein. Ich verdiene nicht einmal die Anrede, die du gebrauchtest. Ich bin kein junger Herr, sondern eine Dame vom Hof, die vor diesen Straßenräubern flieht. Muß ich beschreiben, was mir geschehen wird, wenn ich gefangen werde?«

Angesichts dieses überraschenden Bekenntnisses sperrte der Fährmann die Augen auf. Er starrte Nami ins Gesicht, als sie ihren Bauernstrohhut abnahm und ihr Haar fast bis zum Boden fiel. Sein zahnloser Mund klappte auf. In seinem ganzen Leben hatte er niemals eine adlige Dame ohne ihre Schleier und Abschirmungen gesehen. Ihr feines Gesicht war unverkennbar das Gesicht einer Hofdame.

Der Fährmann war sprachlos.

»Ich bin im Dienste des Kaisers auf einer geheimen Mission. Wenn du uns nicht über den Fluß bringst, bevor unsere Verfolger eintreffen, wird meine Mission fehlschlagen, und wenn die Nachricht davon den Kaiser erreicht, wirst du bestraft werden.«

»Bestraft? Ich?« Der Fährmann war verblüfft. »Ich habe nichts getan.«

»Eben deshalb.« Nami dämpfte ihre Stimme zu einem vertraulichen Flüstern. »Weil du nichts getan hast, wird die kaiserliche Mission fehlschlagen. Bedenke die Foltern, die du erleiden wirst, bevor sie dir den Kopf abschlagen!«

Der alte Fährmann zog die Stirn in Falten. »Wie werden sie es erfahren?« fragte er nervös.

»Der Gefolgsmann meines Herrn ist mit der Botschaft bereits unterwegs zum Kaiser. Es gibt kein Entkommen für dich. Wage die Überfahrt oder stirb unter der Folter, wenn der Bote mit den kaiserlichen Soldaten zurückkehrt.«

»Vielleicht ist der Wasserstand gesunken«, meinte der alte Mann vorsichtig. »Ich denke, wir könnten die Überfahrt jetzt versuchen.« Und er machte sich daran, das Haltetau loszuwerfen.

»Schnell, vorwärts!« Nami signalisierte Yoshi, die Pferde an Bord zu führen.

Rufe von der anderen Seite des Fährhauses! Vier Reiter kamen in Sicht. Kiso, Tomoe, Imai und Jiro galoppierten wie Racheengel auf den Fluß zu, daß die Pferdehufe Erdklumpen und Wasser verspritzten.

Das Tau flog los, die Strömung erfaßte die Fähre und zog sie vom Ufer fort, als die Reiter sich der Anlegestelle näherten.

Kiso zügelte sein Pferd, griff über die Schulter und zog einen Pfeil aus seinem Kriegsköcher. In einer flüssigen Bewegung nahm er den Bogen hoch, legte den Pfeil auf, zielte und schoß. Es war ein guter Schuß, aber die Bewegung und Schnelligkeit des aufgewühlten Stromes bewirkten, daß der Pfeil Yoshis Pferd um einige Handbreit verfehlte.

Kisos Verwünschungen gingen bald im Tosen des Flusses und dem rasch wachsenden Abstand vom Ufer unter. Die Verfolger ließen einen Schauer von Pfeilen fliegen, doch alle fielen zu kurz, da die Fähre rasch flußabwärts getragen wurde und der Fährmann sie mit seiner Stange zur Flußmitte drückte. Sie näherten sich rasch dem Mündungsgebiet, ohne dem gegenüberliegenden Ufer sehr viel näher zu kommen. Die sehnigen Arme des alten Mannes stakten immer wieder die Stange ein, und immer wieder stemmte er die Fähre unter Aufbietung aller Kräfte weiter zur Flußmitte. Nami und Yoshi konnten unterdessen nicht mehr tun, als ihre Pferde zu halten.

Die Flußmündung lag kurz vor ihnen. Es schien unmöglich, zu verhindern, daß sie vom Hochwasser auf die See hinausgeschwemmt wurden. Zuletzt aber gelang es dem erfahrenen Fährmann, sein Floß in die Stauwasserzone unterhalb eines Ufervorsprungs zu steuern und mit Hilfe der dort herrschenden Gegenströmung ans Nordufer des Tenchu zu lenken.

Yoshi und Nami führten ihre Pferde vom Deck der Fähre auf den Sand. Bevor sie aufsaßen, trat Yoshi auf den alten Mann zu. »Nimm dies. Du hast es verdient.« Und er gab dem alten Mann einen Beutel voll Silber.

»Ich habe Euch dem Kaiser zuliebe übergesetzt«, sagte der alte Mann, zögerte jedoch nicht, den Beutel anzunehmen und in seinen Lendenschurz zu stecken.

Als sie aufgesessen waren, rief Yoshi dem alten Mann, der seine Fähre an einem kleinen Baumstumpf festmachte, über die Schulter zu: »Laß dir Zeit, Alter, bevor du die anderen übersetzt.«

»Das will ich meinen!« versetzte der Fährmann. »Ich wäre ein Narr, vor morgen oder dem nächsten Tag eine Überfahrt zu machen.«

Yoshi und Nami ritten fast ohne Unterbrechung den ganzen Tag. Am Spätnachmittag des zweiten Tages durchritten sie den breiten Oi an einer meilenbreiten Furt, und am dritten Tag erreichten sie den Strand bei Okitsu, einer kleinen Stadt am Meer, die einst zu Fumios Familienbesitz gehört hatte. Tränen traten Yoshi in die Augen, als er den vertrauten Ort überblickte. Vor dreizehn Jahren hatte er nahe dieser Stelle gestanden und der mühsamen Arbeit der Salzmacher zugesehen. Jetzt fing er den gleichen Geruch von Holzrauch ein, der sich mit der Seeluft mischte. Es war, als sei er nie fortgewesen. Wie unwissend und unschuldig er damals gewesen war, an der Schwelle zu einem neuen Leben! Ein geckenhafter Höfling, der unvorbereitet in die rauhe Wirklichkeit hinausgestoßen worden war.

Frauen trugen hölzerne Eimer mit Salzwasser an Jochen, unter denen ihre Rücken sich beugten. Einst hatte er die Ästhetik des Anblicks gesehen, ohne die körperlichen Anforderungen ständiger Schwerarbeit zu verstehen. Die kleinen Gestalten der Frauen bewegten sich unter ihren Lasten langsam den Strand entlang; dahinter erstreckte sich Miho in die Bucht, eine sichelförmige Halbinsel aus schwarzem Sand, bestanden mit uralten Kiefern.

Es war ein Bild, das er nie vergessen hatte. Jetzt konnte er auch mit dem harten Leben dieser Bauersfrauen fühlen. Wie viele von ihnen waren dieselben, die er damals gesehen hatte?

»Ich möchte Onkels Burg sehen, bevor wir Okitsu verlassen«, sagte Nami.

»Es könnte die Gefahr erhöhen«, erwiderte Yoshi. »Aber du hast recht; es wäre eine Unehrerbietigkeit, wenn wir das Heim unserer Kindheit nicht besuchten.«

Die alte Burg Okitsu lag auf der ebenen Höhe eines niedrigen Berges, eine Meile abseits der Straße. Die Reisenden nahmen den steinigen Pfad vorüber am Seiken-ji-Tempel, wo Yoshi vor Jahren gebetet hatte. Am frühen Abend hatten sie die Lichtung der ebenen Hochfläche erreicht. Als sie in Sichtweite des Burgtores kamen, machten sie verblüfft halt. Die hohe Mauer lag in Schutt und Trümmern. Das Tor war verschwunden. Nur die steinerne Bodenschwelle war geblieben.

Die Burg war niedergebrannt, und um die Ruinen hatte sich junger Wald angesiedelt und wuchs empor. Yoshi spürte eine Beengung in seiner Brust, als er die Verlassenheit des Ortes vor sich sah. Fumio war so stolz auf diesen Familienbesitz gewesen, hatte ihm viel liebevolle Aufmerksamkeit geschenkt. Was eine der schönsten und festesten Burgen in diesem Teil des Landes gewesen war, hatte ein grausames Schicksal in geschwärzte Trümmer verwandelt, die sich häßlich von der heiteren, natürlichen Ruhe der Bäume und Sträucher ringsum abhoben.

Im einstigen Innenhof befand sich ein kleiner Lagerplatz. Fuhrwerke und Zelte standen dort; Pferde und Kühe weideten im Abendlicht. Als Yoshi und Nami noch stumm das Bild in sich aufnahmen, überwältigt von widerstreitenden Gefühlen, und keiner von beiden das erste Wort sagen wollte, um nicht die Selbstbeherrschung zu verlieren, kam ein fetter Mann von niedrigem Wuchs auf sie zugewatschelt.

»Was wollt ihr hier?« fragte er herausfordernd.

22

Der Mann war o-beinig und hatte einen Bauch, der über seinen *obi* herabhing. Sein rundes Gesicht hatte Hängebacken und eine rote Nase, die auf Genußsucht schließen ließ.

»Dies ist unser Lagerplatz. Wir wollen hier keine Fremden«, sagte er. Er war unbewaffnet und kaum größer als Nami. Seine drohende Stimme hatte einen etwas hohlen Klang.

Yoshi stellte sich höflich als ein Samurai vor, der mit seinem Gefolgsmann reise, und bat um Nachtquartier.

»Dies ist kein Gasthaus«, antwortete der kleine Mann. »Unten in Okitsu gibt es Gasthäuser, wo ihr Unterkunft finden könnt.«

»Aber es ist beinahe dunkel«, sagte Yoshi ruhig. »Wir würden gern hier lagern. Wir werden euch nicht stören.«

»Das sagst du«, versetzte der andere. »Wie kannst du beurteilen, was mich stören wird? Nun... wir werden sehen.« Er wandte sich um und rief: »Shite, Shite, komm her... schnell!«

Ein großer, gutgebauter junger Mann, das wahre Abbild seines Namens Shite, der ›Held‹ bedeutete, kam aus einem der Zelte gelaufen. In seiner Eile, dem Ruf Folge zu leisten, stolperte er beinahe.

»*Hai*, Ohana, *hai*«, schnaufte er, als er bei ihnen anlangte und sein *hakama* in Ordnung brachte.

»Entferne diese Eindringlinge von unserem Lagerplatz«, befahl Ohana.

»Aber... aber Ohana, es ist nicht unser Lagerplatz und...« Shite blickte abschätzend zu Yoshi, seiner Samuraikleidung und der Rüstung auf dem mitgeführten Tragtier.

»Wir brauchen Unterkunft, mehr nicht«, sagte Yoshi. »Früher einmal lebten wir nahe dieser Burg. Könnt ihr uns sagen, was sie in diesen traurigen Zustand versetzt hat?«

Der junge Mann namens Shite antwortete bereitwillig. »Es heißt, der ursprüngliche Besitzer sei vor vielen Jahren nach Kyoto geflohen. Die Bauern der Umgebung übernahmen die Burg und die Felder. Eines Tages brach hier ein Feuer aus, und die Bauern waren unvorbereitet und unfähig, etwas zu unternehmen, und ließen die Burg niederbrennen. Manche von ihnen sind seither fortgezogen, andere aber sind geblieben und bestellen die umliegenden Felder. Wir sind nur eine arme Truppe reisender Dengaku-Schauspieler. Wir benutzen diesen Lagerplatz, wenn wir in der Gegend sind.«

»Danke«, sagte Yoshi.

Shite wandte sich zu Ohana. »Bitte, laß sie bleiben. Sie haben keine bösen Absichten.« Ohana räusperte sich unmutig, schien jedoch erleichtert, daß eine Konfrontation vermieden worden war. Shite war trotz seines Namens und seiner stattlichen Erscheinung heroischer Taten unfähig.

»Sie mögen draußen im Feld bleiben, weit von unseren Zelten«, räumte Ohana ein. »Wir müssen üben, und ich kann nicht dulden, daß sie uns stören.«

Shite freute sich wie ein junger Hund, der gestreichelt wird. »Ihr könnt bleiben«, sagte er. »Willkommen in Meister Ohanas Dengaku-Gesellschaft.«

Yoshi und Nami schlugen ihr Zelt nahe den Schutthaufen der alten Außenmauer auf.

»Durch die Vermeidung von Gewalt haben wir unser Ziel erreicht«, sagte Yoshi. »Wo würden wir heute abend sein, wenn ich mein Schwert gezogen hätte?«

»Du machst dir unnötige Vorwürfe. Im Leben eines Samurai ist es oftmals notwendig, um des eigenen Überlebens und der Ehre willen zu töten.«

»Ganz gleich, ich möchte diese neue Lebensweise versuchen. Die alte hat immer wieder zu Trauer und Selbstvorwürfen geführt. Ich kann Onkel Fumios Schicksal nicht vergessen.«

»Es war nicht deine Schuld. Vielleicht werden wir eines Tages erfahren, wer ihn tötete und warum...«

»Du bezweifelst, daß es meinetwegen geschah?«

»Yoshi, deine Feinde waren seine Freunde. Warum sollten sie?«

»Sie waren zu allem bereit, wenn es nur meinen Untergang bewirkte. Sie gingen gegen Fumio, gegen meine Mutter, gegen dich vor, um mich in ihre Hände zu bekommen. Sie wollen meinen Kopf, Nami. Ich fürchte nichts für mich, und ich würde mit Freuden mein Leben für dich und meine Mutter geben, aber ich darf meine Mission für den Kaiser nicht vergessen. Das Geschick des Landes ruht auf meinen Schultern, und ich glaube, wenn ich mein Schwert niederlege, werden die Götter dafür sorgen, daß meine Mission gelingt.«

Am Morgen schauten sie bei einer Probe der Schauspieltruppe zu. Herumziehende Schausteller wie Ohanas Truppe waren im ganzen Land anzutreffen. Sie unterhielten die Landbevölkerung auf den Reisfeldern, die Feudalherren auf ihren Landsitzen und die Bewohner der Städte auf Marktplätzen und Straßen. Sie boten anspruchslose Unterhaltung: kleine Sketches, Rezitationen, Lieder und akrobatische Kunststücke.

An einer Stelle beugte Yoshi sich zu Nami und flüsterte ihr ins Ohr: »Ich glaube, so gut könnte ich es auch.«

»Eine passende Karriere für einen großen Schwertfechter!«

Um die Mittagszeit waren sie wieder auf dem Weg.

Die nächsten Tage vergingen ohne besondere Vorkommnisse. Am Abend des vierten Tages nahmen sie Quartier in der Provinzhauptstadt Izu, und während Nami, erschöpft von den tagelangen Ritten, sich in dem großen, gutgeführten Gasthof zur Ruhe begab, suchte Yoshi den Mishima-Schrein auf, um sein Gelübde vor dem Shinto-Gott Hachiman zu erneuern.

Kleine weiße Fahnen flatterten von Stangen, die zu beiden Seiten der Pilgerstraße im Boden steckten. Die Fahnen waren beschrieben mit dem Namen der Gottheit Hachiman und dem Namen der Person, die göttliche Hilfe erbat.

Der Mishima-Schrein war einer der ältesten, die dem Gott Hachiman geweiht waren. Als der massige Tempel mit seiner großen Mittelsäule vor ihm aufragte, war es Nacht geworden, und im Mondschein konnte er undeutlich den mächtigen, geschweiften *chigi* oder Querbalken des Daches ausmachen.

Daß er einen Shinto-Schrein besuchte, um zu Hachiman zu beten, während er wenige Tage zuvor noch in Seiken-ji zu Buddha gebetet hatte, war für Yoshi kein Anlaß zu Gewissenskonflikten. Wie die meisten Japaner verehrte er Buddha und die Shinto-Gottheiten in gleicher Weise.

Er erstieg die unbemalten Holzstufen, zog seine Stiefel aus und reinigte sich am Becken vor dem Portal. Im Inneren beleuchteten Harzfackeln die Statuen Hachimans und seines legendären Begleiters Takenouchi-no-Sukuna. Der Schrein war leer bis auf einen älteren Mönch, der stumm in einem dunklen Winkel betete. Das erste Mal seit seinem tragischen Duell mit Chikara fühlte Yoshi sich im Frieden mit sich selbst. Takenouchi-no-Sukuna symbolisierte Langlebigkeit; seine enge Verbindung mit Hachiman, dem Gott des Krieges, schien ein gutes Omen. Seit jener Nacht, als er von seiner Beziehung zu Chikara erfahren hatte, war Yoshi von widerstreitenden Empfindungen zerrissen gewesen. Als er jetzt vor dem Altar kniete, erinnerte er sich wieder des Zweikampfes und der darauf folgenden Ereignisse, doch konnte er es nun ohne Bitterkeit und Zorn tun.

Das Schicksalsrad drehte sich gleichmäßig. Yoshi sah sich selbst nicht als einen religiösen Menschen, obgleich der Shintoismus ihn die Bedeutung der Ahnenverehrung gelehrt hatte. Jeder Haushalt wurde von den Geistern der Vorfahren beherrscht; die ungeheure Menge der toten Geister beherrschte die Welt der Lebenden: Tag, Nacht, Frühling, Sommer, Winter, Regen, Schnee, Erdbeben, Lawinen und Brände. Es schien Yoshi, als habe er mit seinem Entschluß, auf das Schwert zu verzichten, die Götter gnädig gestimmt. Hatten sie ihn und Nami nicht vor Gefangennahme und Tod geschützt? Er hatte ohne sein Schwert gegen Kiso gekämpft und ihn mit Hilfe der Götter überwältigt.

»Ich werde den Gebrauch des Schwertes in deinem Namen lehren«, betete Yoshi zu Hachiman. »Aber ich werde das Schwert meines Standes nicht mehr tragen. Ich werde mich und meine Familie schützen, aber das Schwert nicht mehr zum Töten gebrauchen.« Er drückte seine Stirn gegen den harten Holzboden.

Nach einer Weile stummer Andacht fuhr er fort: »Man mag mich einen Feigling nennen, ich werde meinen Stolz hinunterschlucken. Du, Hachiman, wirst verstehen, daß Selbstbeherrschung schwieriger ist als Kampf. Und sollte eine Zeit kommen, da ich diesem Eid abschwören muß, um die Mission des Kaisers zu erfüllen, wirst du mir ein Zeichen senden. Bis dahin werde ich dir nach besten Kräften mit leeren Händen und klarem Kopf dienen.«

Yoshi zog sich vom Altar zurück. Seit Monaten hatte er sich nicht so frei gefühlt. Am Portal des Schreines bot der Mönch und Wächter ihm ein *omamori* an. Yoshi bezahlte für das kleine Stück Papier, das mit Hachimans Segen beschrieben war. Der Mönch, der bis dahin still im Schatten geblieben war, segnete Yoshi, wünschte ihm Frieden und ein langes Leben.

Das war ein gutes Omen.

23

Im Jahr 1181 war Minamoto Yoritomo, der Anführer der Minamoto-Sippe, vierunddreißig Jahre alt. Als Kind aus Kyoto vertrieben, hatte er seither im Norden gelebt. In den zwanzig Jahren, seit sein Leben aufgrund einer Laune Taira Kiyomoris verschont worden war, hatte Yoritomo mehr als einmal geschworen, niemals den Fehler zu begehen, einem Feind Gnade zu erweisen. Um 1180 hatte er an der Küste bei Kamakura ein Feldlager errichtet und sich zum Herrn von Kamakura erklärt.

Yoritomo war feinknochig, klein und körperlich nicht stark. Er war ein in sich gekehrter Mann, der jedoch, wenn die Gelegenheit es verlangte, großen Charme ausstrahlen konnte. Er machte jedoch sparsam davon Gebrauch, hauptsächlich, um politische oder gesellschaftliche Vorteile zu erlangen. Seine Macht als Sippenoberhaupt erwuchs ihm aus

149

einer Verbindung von Intelligenz, Rücksichtslosigkeit und unbedingtem Glauben an die Idee, eines Tages werde er die Taira stürzen und der Minamoto-Sippe den ihr zukommenden Platz am Hof zurückerobern.

Er war vierzehn Jahre alt gewesen, als er ins Exil gegangen war. Schon in diesem jugendlichen Alter hatte er gespürt, daß sein Weg zur Macht aus einer anderen Richtung kommen würde. Seine Erziehung und Ausbildung wurde von Hojo Tokimasa überwacht, einem Landedelmann aus einer alten Seitenlinie der Taira, der ihm viel Freiheit ließ. Da ihm die Laufbahn des Samurai verwehrt war, nutzte Yoritomo die Güte seines Ziehvaters Tokimasa und erlernte die Kunst des Krieges und der Politik.

Noch als Heranwachsender erfuhr Yoritomo eine für sein weiteres Leben richtungweisende Beeinflussung durch Mongaku, einen verrückten Mönch, der seit langem einen tiefsitzenden Groll gegen Taira Kiyomori hegte. Der Mönch hatte sein Leben der Aufgabe gewidmet, die Herrschaft der Taira zu unterminieren, und in Yoritomo sah er das Instrument seiner Rachepläne. Er brachte Yoritomo einen Schädel, welcher, wie er behauptete, dem Vater des Jungen gehört hatte, der von Kiyomori getötet worden war. Er ließ den Jungen schwören, sein Leben der Vernichtung Kiyomoris und der Taira zu widmen. Dazu bedurfte es keiner langen Überredung, denn Yoritomo hatte bereits beschlossen, dereinst die Herrschaft über ganz Japan zu erringen. Obschon noch ein Jüngling, träumte er von der Macht über das Reich. Der Mönch hatte seinen Ehrgeiz geschärft, und von da an galt Yoritomos einziges Interesse der Erlangung von Macht für sich selbst und seine Familie; Macht – wie er es sah –, um Gutes für das Reich zu tun.

Yoritomo hatte jedoch erlebt, welche verhängnisvollen Auswirkungen übereiltes Handeln haben konnte. Die Minamoto waren beinahe ausgelöscht worden, weil sie ihren Aufstandsversuch während des Hogen-Konflikts nicht ausreichend vorbereitet hatten. Yoritomo war ein umsichtiger Mann, der seine langfristigen politischen Pläne mit Geduld verfolgte. Er hoffte zu siegen, indem er jede Aktion gründlich vorbereitete.

Eine seiner ersten Handlungen war, daß er Hojo Masa, die Tochter seines Ziehvaters und Wohltäters, umwarb und heiratete. Mit dieser Eheschließung erreichte er mehrere Ziele. Er gewann im Herrschaftsbereich seines Schwiegervaters eine Machtbasis und befreite sich durch die Heirat von den Irrungen und Ablenkungen romantischer Liebesaffären. Masa war größer als er, grobknochig, dicklich und körperlich unattraktiv. Sie war aber auch ungewöhnlich intelligent, was ihm sehr willkommen war. Allmählich begann Yoritomo den Meinungen und Ratschlägen seiner Frau hinsichtlich seiner Politik zu vertrauen. Sie war von Natur aus gütiger und weicher als er, mit einem Hang zur Sentimentalität, der bisweilen ihr Denken beeinflußte. Es diente Yoritomos Zwecken, diese Weichheit zu pflegen. Er war klug genug zu erkennen, daß sein kalter Verstand wirksamer war, wenn er durch ihr Gefühl gemäßigt wurde.

Im vergangenen Jahr war Yoritomo die treibende Kraft hinter der gescheiterten Revolte des Prinzen Mochihito gewesen. Diese Erfahrung bestätigte seine Entschlossenheit, niemals zu handeln, ehe der Erfolg gewiß war. Prinz Mochihito verlieh Yoritomos Ehrgeiz den Stempel der Legalität, aber der Prinz war umgekommen, verraten von seinem Stiefbruder. Yoshi hätte ihm in der Schlacht bei der Brücke von Uji beinahe das Leben gerettet. Die Nachricht von seinem heroischen Kampf gegen eine überwältigende Übermacht erreichte Yoritomo. Seit jener Zeit hatte er gehofft, mit Yoshi zusammenzutreffen und ihn für seine Streitmacht zu gewinnen.

Nun galoppierte ein Bote mit der Nachricht ins Lager, Yoshi, begleitet von einem Gefolgsmann, werde in Kürze eintreffen. Es schien, daß Yoritomos Pläne, Yoshis Fähigkeiten für sich nutzbar zu machen, bald in die Tat umgesetzt werden könnten.

Hojo Masa betrat den Raum mit einer Kanne Tee und einer Schale mit getrockneten Früchten. Sie trug ein in blauen Bambusmustern gefärbtes, ungefüttertes Übergewand und darunter acht dünne seidene Untergewänder, deren Farbenskala von rosa bis dunkelorange reichte. Sie kniete vor der erhöhnten Plattform nieder, auf der Yoritomo saß, und deckte einen niedrigen Tisch für ihn.

Zusammen mit viel überflüssigem Zeremoniell hatte man in Kamakura auch manche höfischen Annehmlichkeiten abgeschafft, etwa die schützenden Wandschirme. Die meisten Männer und Frauen lebten und kleideten sich in einer ländlich-einfachen Art. Hojo Masa war eine der wenigen Frauen, die es vorzogen, sich nach Art des Hofes zu kleiden – sie fand, daß es die Plumpheit ihres Körpers verbarg –, doch sie bewegte sich frei, ohne Schleier oder Wandschirme. Sie betrachtete sich als sehr fortschrittlich.

Yoritomo knabberte an einer getrockneten Frucht und legte sie wieder zurück. »Hast du gehört? Der Heldenkrieger Yoshi wird noch in dieser Stunde bei uns eintreffen.«

»Ja, eine meiner Kammerfrauen brachte mir die Nachricht. Ist er der Mann, der beinahe Prinz Mochihito gerettet hätte?«

»Ja. Wir dürfen jedoch den wichtigsten Umstand nicht aus den Augen verlieren...«

»Und der ist?«

»Er scheiterte.«

»Aber angesichts unüberwindlicher Schwierigkeiten. Der Taira-Kriegsherr Chikara führte annähernd dreißigtausend Krieger gegen eine Handvoll ins Feld, doch Yoshi hielt sie zwei Tage lang an der Brücke von Uji auf. Wir haben ihn für seine Anstrengungen nicht belohnt.«

»Eine Niederlage belohnen? Ganz gleich, wie tapfer Yoshi kämpfte, die Schlacht endete mit dem Tode des Prinzen und einem schweren Rückschlag für unsere Sache.«

»Dafür kannst du ihn nicht verantwortlich machen.«

»Das tue ich nicht; aber ich biete auch keine Belohnungen. Wir werden sehen, wenn er kommt.« Nach einer Pause setzte er hinzu: »Yoshi hat die Fähigkeit zu führen; das hat er bewiesen. Ich möchte ihm den Befehl über eine Truppe geben und die Vorhuten der Taira angreifen lassen.«

»Du hast viele Hauptleute. Warum Yoshi schicken?«

»Meine Kundschafter berichten, daß der junge Shigehira dreizehntausend Mann durch die Provinz Mino führt. Yoshi kann seine Fähigkeiten an ihnen erproben.«

»Ja, eine weise Entscheidung, da wir nicht einmal halb so viele Krieger erübrigen können.«

Yoritomo lächelt ein dünnes, eisiges Lächeln und griff in

die Fruchtschale. Diesmal steckte er eine halbe Aprikose auf einmal in den Mund, kaute sie und spülte sie mit Tee hinunter.

Am Haupteingang ertönte Glockenklang. Ein Besucher war eingetroffen.

Ein Gefolgsmann klopfte diskret; Yoritomo biß in eine weitere Frucht und nahm sich Zeit, sie zu kauen. Nach einer Weile sagte er: »Herein.«

Der Diener kam eilig auf den Knien hereingerutscht, den Kopf bis zum Boden gebeugt. Yoritomo lächelte Masa zu, und seine Lippen formten das Wort *Yoshi*.

»Ein Kurier ist mit einer Botschaft Kiso Yoshinakas eingetroffen«, erklärte der Diener. »Er verlangt Euch zu sprechen.«

»Er verlangt?« Zwei senkrechte Falten erschienen zwischen Yoritomos Brauen. »Schick ihn herein.«

Der Diener eilte hinaus, und statt seiner erschien ein staubiger, gepanzerter Samurai, der unerschrocken auf Yoritomo zuschritt und sich mit einer leichten Verneigung begnügte. »Ich bin Okabe-no-Santaro, Hauptmann des Dämonenkriegers Kiso Yoshinaka. Ich komme mit einer Botschaft und einer Bitte.«

»Sprich, Okabe-no-Santaro«, befahl Yoritomo.

»Ich bin viele Stunden ohne Aufenthalt geritten. Als erstes möchte ich um eine Erfrischung bitten, um meine ausgedörrte Kehle zu benetzen, so daß ich leichter sprechen kann.«

Yoritomos Miene verdüsterte sich so unmerklich, daß nur Hojo Masa dessen gewahr wurde. Das strikte Hofzeremoniell, dachte er bei sich, hatte seine Vorzüge. Der neuen Generation von Gebirgskriegern mangelte es an der allgemeinen Höflichkeit im Umgang, welche es leichter machte, Autorität auszuüben. Er faßte Santaro ins Auge und sah einen kräftigen, breitschultrigen Bergbewohner, bärtig, von derben Manieren, doch in eine gutgearbeitete Rüstung aus blauem, purpurn verziertem Leder gekleidet. Der Samurai hatte den Helm abgenommen, trug aber seine Fellstiefel, die eine Staubfährte auf dem hölzernen Boden hinterlassen hatten. Ein Lümmel, aber ein Lümmel mit der Haltung und dem Benehmen eines Kämpfers.

Yoritomo winkte mit dem Finger, und Hojo Masa beeilte sich, dem Boten eine Schale Tee einzuschenken.

Santaro trank gierig, wischte sich Mund und Bart mit staubiger Hand. »Wir haben in der Provinz Owari einen Verlust erlitten«, sagte er ohne Überleitung. »Yukiie sollte eine kleine Truppe in die Provinz führen, um die Hauptmacht von General Shigehiras Armee abzulenken. Er geriet am Fluß Sunomata in einen Hinterhalt, und seine Krieger waren gezwungen, sich unter schweren Verlusten in die Berge zurückzuziehen.«

»Ja. Onkel Yukiie ist kein verläßlicher General«, sagte Yoritomo kalt. »Warum vertraute Kiso ihm eine solch heikle Mission an?«

»Er erwartete nicht, daß Yukiie mit dem Feind aneinandergeraten würde. Kiso dachte, eine Ablenkung würde ihm Zeit geben, an der Küste Gold und Waffen zu erbeuten.«

»Und gelang es ihm?«

Santaro errötete. »Unglücklicherweise blieb der ,Zug zur Küste erfolglos. Darum wurde ich zu Euch entsandt.«

»Tatsächlich?« Yoritomos Blick nahm einen abwesenden Ausdruck an. Die Ungeduld, die er vorher gezeigt hatte, war verschwunden; es war, als hätte er Santaros Anwesenheit vergessen. Das war charakteristisch für ihn, wenn er spürte, daß eine Forderung bevorstand, die er nicht zu erfüllen wünschte.

»Kiso benötigt mehr Waffen und Krieger. Er bereitet für die kommenden Monate eine Offensive gegen die Taira vor.«

»Warum schickt er zu mir?«

»Unsere Krieger werden die Hauptlast des Kampfes tragen. Wir sind bereit, unser Leben zu geben, um einen Sieg gegen die Taira zu erringen, von dem Ihr gleichen Nutzen haben werdet wie wir. Wir möchten unsere Kriegspläne mit den Eurigen abstimmen und erbitten Eure Hilfe mit Versorgungsgütern.«

»Ist dies die Botschaft von Kiso? Ich bemerkte bei ihm einen wachsenden Geschmack an der Macht. Wenn ich meine Männer gebe, wenn ich mein Gold gebe, wenn ich Waffen und Proviant gebe, wie kann ich Gewißheit haben, daß sie nicht gegen mich selbst gerichtet werden? Ich würde meine Armee schwächen, wenn ich die seine stärke.«

»Kiso ist ein Minamoto, und seine Ehre als Samurai ist hinreichend Garantie seiner Treue.«

»Ich verlange handfestere Zusicherungen, bevor ich meine Männer, mein Geld und meine Rüstungen gebe.«

»Großer Herr Yoritomo«, sagte Santaro, »das Land wird bald unter der Sommersonne verdorren, und Versorgungsgüter werden knapp sein. Wir müssen unsere Offensive beginnen, solange es auf dem Land noch Reisvorräte und Heu gibt.« Santaro umriß die Größe des Problems mit ausholenden Armbewegungen. Er schwieg fünf Herzschläge lang, dann sagte er entschlossen: »Ich brauche gleich eine Antwort.«

Mit jedem Wort, das Santaro vorbrachte, wurde Yoritomo zorniger. »Mein lieber Santaro, du stellst unerhörte Forderungen, und dann hat du die Dreistigkeit, eine sofortige Antwort zu verlangen. Dein Benehmen ist ungehörig, und deine Forderungen sind beleidigend. Wer bist du, daß du so zu mir sprichst? Du lebst nur, weil mein Vetter und ich ähnliche Ziele haben. Merke dir wohl: Ich werde mir Zeit nehmen, soviel ich brauche, um meine Entscheidung zu treffen.« Er wandte sich zu Hojo Masa. »Sieh zu, daß jemand sich um diesen Boten und sein Pferd kümmert. Er hat das Lager nicht ohne meine Erlaubnis zu verlassen. Laß ihm ein Quartier zuweisen und ihn unter Hausarrest stellen.«

Santaro wich zurück, als wäre er geschlagen worden. Sein bärtiges Antlitz verfärbte sich dunkel. Als hochrangiger Hauptmann in Kisos Armee hatte er die Stärke seiner Position überschätzt. Yoritomo behandelte ihn wie einen Bauernlümmel von niedriger Geburt; seine Ehre war gekränkt. Er schwankte zwischen dem Verlangen, seine Würde zu verteidigen, und der notwendigen Besonnenheit. Obwohl er den Tod nicht fürchtete – er war Kiso gegenüber verantwortlich. Die Besonnenheit siegte. Er ließ das Schwert in der Scheide.

Währenddessen schlüpfte Hojo Masa hinaus und kehrte mit einer Abteilung von sechs Soldaten zurück.

Santaro brach das Schweigen. »Kiso wird die Art und

Weise, wie Ihr mich empfangen habt, nicht gerade freundlich aufnehmen«, stieß er hervor.

»Und er wird deine Rückkehr noch weniger freundlich aufnehmen, wenn du mit deiner Mission erfolglos bleibst.« Yoritomo winkte den Wachen und entließ Santaro beinahe geringschätzig.

Der Augenblick, da Santaro ehrenhaft hätte handeln können, war vorüber. Nun konnte er nur noch versuchen, seine Mission zu retten. Er grunzte in Anerkennung seiner Niederlage und wandte sich ohne Verbeugung ab. Ein armseliger Triumph. Dann marschierte er in aufrechter Haltung vor den Wachen hinaus.

Hojo Masa sagte: »Ich finde, du warst unnötig grob zu ihm. Wir könnten Kisos guten Willen in der nahen Zukunft nötig haben.«

»Kiso muß seine Krieger lehren, wie man Höhergestellten Resekt bezeigt und sich nicht wie ein Straßenräuber benimmt. Unsere vereinten Armeen sind nicht so zahlreich wie die der Taira. Wenn wir nicht Disziplin wahren, sind wir verloren. Dieser Mann ist ein Flegel. Kommt mit staubigen Stiefeln in mein Quartier, kniet nicht nieder, wie es sich gehört. Stellt Forderungen! Gibt Befehle! Kisos gutem Willen zuliebe verschone ich sein Leben.«

»Wirst du seine Forderungen erfüllen?«

Yoritomo kaute gedankenvoll auf einer Aprikosenhälfte. »Ich werde gründlich darüber nachdenken«, sagte er. »Ich traue Kiso nicht, aber ich brauche ihn.«

Hojo Masa schaute ihn an und überlegte, ob sie sprechen sollte. Schließlich sagte sie: »Kisos Armee besteht aus undiszipliniertem Gesindel, doch sind diese Leute zugleich hervorragende Krieger. Wir dürfen eine weise Entscheidung nicht von persönlicher Abneigung beeinflussen lassen.«

»Meine Gefühle beeinflussen niemals meine Entscheidungen.«

»Ich weiß. Vergib die unnötige Einmischung.«

Yoritomos kühler Blick ruhte auf Hojo Masas plumpen Zügen. Allmählich erweichte sich sein Ausdruck. Sie war nicht schön, nicht anziehend, aber er fühlte eine Zuneigung für sie, die nur wenige sehen durften. Selbst Hojo Masa erfuhr sie selten.

Freundlich sagte er: »Das Leben eines Führers ist schwierig. Ich wünschte, es wäre anders. Ich muß die Vorteile gegen die Nachteile einer Allianz mit Kiso abwägen. Einerseits stärkt Kiso unsere Sache mit seiner Armee von Kämpfern. Auf der anderen Seite ist er nicht vertrauenswürdig. Mein Ziel ist es, dem Reich zu dienen, indem ich die korrupte Taira-Regierung absetze. Ich habe nicht die Absicht, die Regierungsgewalt meinem barbarischen Vetter zu übergeben. Meine Ungeduld mit Kisos Boten entsprang meiner Befürchtung, daß eine unheilvolle Zeit bevorsteht. Ich dachte, Yoshi werde der erste sein, der heute früh eintrifft. Vielleicht wird seine Ankunft unser Karma ändern.«

»Er wird jeden Augenblick erwartet.«

»Hoffen wir, daß er bald wohlbehalten eintreffen wird.«

24

Es war zehn Uhr vormittags, die Stunde der Schlange, als Yoshi angekündigt wurde. Yoritomo lächelte. Das Omen änderte sich. Nach einem schwierigen Morgen konnte er sich entspannen und eine seiner wenigen und seltenen Belohnungen vergeben. Er würde es nicht eine Belohnung nennen, denn, wie er Hojo Masa erklärt hatte, man belohnte Niederlagen nicht. Es sollte eine Anerkennung sein, ein Zeichen seiner Freude, den Helden der Schlacht von Uji zu begrüßen. Yoritomo war zuversichtlich, daß Yoshi seine Großzügigkeit mit Freuden annehmen würde: den Rang eines Generals und ein Kommando in den Armeen der Minamoto.

Die Glocke erklang, und auf Hojo Masas Aufforderung hin kam ein Diener auf den Knien herein und wartete. Wieder war es Hojo Masa, die sprach, während Yoritomo geradeaus blickte und seine Gedanken sammelte. Sie forderte den Diener auf, sein Anliegen vorzutragen.

»Ich habe die Ehre, meinem Herrn zu melden, daß die erwartete Person im Vorzimmer wartet.«

»Bring ihn herein.« Hojo Masa wandte sich zu Yoritomo und fragte bescheiden, ob sie bleiben dürfe. Yoshis Ankunft war von besonderer Bedeutung, und die Gegenwart einer Frau könnte gegen das Protokoll verstoßen.

Yoritomo nickte stumm; sie war willkommen.

Yoshi trat mit festem Schritt ein und sank vor der Plattform sofort auf die Knie. Er verneigte sich mit der Stirn bis zum Boden, dann richtete er sich auf und saß mit geradem Rücken auf den Fersen. »Ich bin Tadamori-no-Yoshi«, sagte er, »Abkömmling einer Seitenlinie der Taira in der Provinz Suruga. Ich bin Patenkind Taira-no-Fumios, der ein tapferer Krieger im Dienste des Kaisers war. Ich habe meinem Herrn Yoritomo im Rat zu Kyoto gedient und bin hier, um eine Botschaft vom Kaiser zu übergeben und meinem Herrn Yoritomo meine Dienste anzubieten.«

»Gut gesagt, gut gesagt«, erklärte Yoritomo mit einem leichten Nicken zu Hojo Masa. Sie wußte, was er damit sagen wollte: ›Dies ist ein rechter Krieger, anders als Kisos lümmelhafter Santaro.‹

Yoritomo räusperte sich. »Wo ist die Botschaft?«

Yoshi nahm den Kasten aus seinem Gewand und zog die Botschaft aus ihrem Versteck im Deckel. Wortlos überreichte er sie Yoritomo.

Dieser betrachtete das kaiserliche Siegel, hielt es hoch, daß Hojo Masa es sehe, dann erbrach er es ohne Umschweife. Überrascht hob er die Brauen. »Go-Shirakawa bietet seine Unterstützung an, wenn wir in den nächsten achtzehn Monaten auf Kyoto marschieren.« Yoritomo war beeindruckt. Nachdenklich klopfte er mit dem Papier auf seine Armstütze und fügte mit leiser Stimme, beinahe im Selbstgespräch hinzu: »Dies bedeutet, daß ich Bündnisse mit den anderen Familien schließen muß, den Miuras, den Dois, den Ochiais. Es wird jede Minute der achtzehn Monate erfordern, sie unter einem Banner zu einigen.« Er zögerte. »Wird mir das gelingen?«

»Gewiß wird es dir gelingen«, ermutigte ihn Hojo Masa. »Mein Vater wird dich unterstützen. Die großen Familien des Nordens werden sich voller Eifer dir anschließen, sobald sie von Go-Shirakawas Zusicherung erfahren.«

»Dies ist eine höchst bedeutsame Botschaft, Yoshi. Ihr seid zu beglückwünschen, daß Ihr sie sicher überbracht habt.«

Yoshi berührte den Boden mit der Stirn.

Yoritomo fuhr fort: »Wir haben viel über Eure guten Dienste gehört. Ihr seid durch Geburt der Sippe unserer Feinde verbunden, doch habt Ihr wiederholt Eure Treue zu unserer Sache bewiesen.«

Yoshi verneigte sich abermals.

»Ihr wißt, daß ich Belohnungen nicht freizügig vergebe. Obwohl dies nicht als eine Belohnung zu betrachten ist, möchte ich Eure Dienste anerkennen. Tadamori-no-Yoshi, ich erhebe Euch zum General der Minamoto. Ihr werdet eine Armee von fünftausend Samurai befehligen. Ihr werdet sie ausbilden und zum Kampf gegen die Taira-Usurpatoren führen. Was sagt Ihr dazu?«

Wieder drückte Yoshi die Stirn auf den Boden. »Ich bin geehrt«, sagte er. »Es ist ein Angebot, das meine Erwartungen weit übersteigt... weit jenseits meiner Verdienste.«

Yoritomo gab Befriedigung zu erkennen. Dieser Mann war ein Krieger vom alten Schlag, ein Samurai, der sich auf die Notwendigkeit des Zeremoniells ebenso verstand wie auf die Wahrung seiner Ehre.

Yoshi zögerte, bevor er fortfuhr: »Doch obgleich ich Eure Großzügigkeit zu würdigen weiß, muß ich ablehnen.«

Yoritomos Augen öffneten sich ein wenig weiter.

»Erlaubt mir, daß ich erkläre«, sagte Yoshi. »Ich bin Euer getreuester Diener und möchte Euch nach meinem besten Vermögen dienen. Ich bin ein *Sensei*, ein Lehrer und Meister des Schwertes. Die Götter haben dafür gesorgt, daß ich viele Kämpfe überlebt habe. Ich bin jedoch zu der Einsicht gelangt, daß mein Schwert mehr dem Bösen als dem Guten dient. Ich bin durch Umstände gezwungen gewesen, im Interesse des Überlebens bedrückende Sünden auf mich zu laden. Ich habe Jugendliche getötet... heilige Männer...«

»Das ist das Los eines Samurai«, unterbrach ihn Yoritomo. »Ich kenne Eure Laufbahn. Ihr habt stets ehrenhaft gehandelt, vielleicht ehrenhafter als die meisten es in der gleichen Lage getan hätten. Ihr habt keine Ursache, Euch zu schämen.«

»Aber ich bin von Schuldgefühlen zerrissen. Ich glaube, daß meine eigennützige Liebe zum Schwert vielen, die mir nahestanden, Schmerzen und Tod gebracht hat.«

»Auch das ist das Leben eines Kriegers«, sagte Yoritomo.

»Ich bin ein Lehrer, kein Krieger«, fuhr Yoshi unerschütterlich fort. »Ich habe vor Buddha und den Shinto-Göttern gelobt, daß ich mein Schwert nie wieder gegen eine andere Person erheben werde, sofern ich nicht ein unverkennbares Zeichen von den Göttern empfange.«

»Ich, Yoritomo, Herr von Kamakura, gebe Euch jetzt dieses Zeichen. Ihr werdet meine Krieger in die Schlacht führen. Das ist ein Befehl.« Yoritomo preßte die Lippen zusammen und faßte Yoshi scharf ins Auge.

Yoshi neigte den Kopf, bis sein Kinn die Brust berührte. »Ich kann Euren Befehl nicht annehmen. Verlangt alles andere von mir; es soll geschehen. Doch kann ich nicht gegen meine Gelübde handeln.«

Während dieses Gespräches hatte Yoshi sein Gegenüber beobachtet und versucht, zu einer Einschätzung Yoritomos zu kommen. War er des kaiserlichen Vertrauens würdig? Soweit er sich jetzt schon ein Urteil erlauben durfte, neigte Yoshi dazu, die Frage zu bejahen. Yoritomo schien ein harter Mann zu sein, aber ehrenhaft. Yoshi beschloß zu warten, bevor er sich auf ein endgültiges Urteil festlegte. Hatte Yoritomo wirklich soviel Macht, wie er behauptete? Wer waren seine Verbündeten?

Hojo Masa ergriff mit leiser Stimme das Wort und sagte: »Ist Euch bekannt, Yoshi, daß auf Euren Kopf ein Preis ausgesetzt ist? Wir hören aus Kyoto, daß die Nii-Dono eine große Belohnung in Silber und Land demjenigen in Aussicht gestellt hat, der ihr Euren Kopf oder den meines Herrn bringt.«

»Ich wußte es nicht, aber es ändert mein Gelübde nicht.«

Yoritomo schaute verdrießlich drein. »Die für unsere Köpfe ausgesetzte Belohnung ist die gleiche. Der Unterschied ist, daß ich diese verruchte Frau und den verfaulten Hof, der sie hervorbrachte, bekämpfen werde. Yoshi, man sagte mir, Ihr wäret der Tapfersten einer. Ich finde, daß Ihr ein Feigling seid. Ihr entzieht Euch durch Ergebung Eurer Verantwortung.«

»Ich tue, was ich tun muß.«

»Ich verachte Eure Haltung. Ihr solltest hingerichtet werden, um die Ausbreitung dieser Verrücktheit auf andere zu verhindern... Gleichwohl schulde ich Euch Dank für Eure vergangenen Taten und Bemühungen. Darum lasse ich Euch das Leben und werde jeder Bitte oder jedem Vorschlag, Eure Zukunft betreffend, ein geneigtes Ohr leihen.«

Wieder verneigte sich Yoshi bis zum Boden, um Yoritomos Großzügigkeit anzuerkennen. Er fühlte sich ruhig und fest in seiner Selbstgewißheit. Das Gelübde begünstigte ihn. Die Götter hielten in ihrem geheimnisvollen Ratschluß dafür, ihn vor Yoritomos Zorn zu verschonen.

»Ich möchte meine Erfahrung und Fähigkeit nutzen, um Eure Samurai auszubilden. Ich bin ein erfahrener Fechtmeister. Einige der besten Fechter des Landes sind aus meiner Schule in Sarashina hervorgegangen. Erlaubt mir, in Kamakura zu bleiben und eine Schule der Fechtkunst aufzubauen.«

»Ausgeschlossen«, versetzte Yoritomo. »Ich kann einem Feigling nicht erlauben, meine Krieger auszubilden. Das würde ein schlechtes Beispiel geben.«

Yoshi verneigte sich stumm. Sein Gesichtsausdruck gab nichts von den Gefühlen zu erkennen, die ihn bewegten. Er hatte an die Möglichkeit von Yoritomos Verweigerung nicht geglaubt. Wo waren die Götter, die über ihm wachten? Er konnte auf die Beleidigungen, mit denen Yoritomo ihn überhäufte, nicht in gleicher Weise antworten; er hatte seinen Stolz unterdrückt und mußte sie hinnehmen. Yoshi wußte, daß er kein Feigling war; er wußte auch, daß der Kurs, den er sich selbst gesetzt hatte, gefährlicher war als jener, den er verschmähte; doch es war ihm ebenfalls bewußt, daß manche sein Gelübde als ein Zeichen der Schwäche ansehen würden. Allerdings hatte er eine so heftige Reaktion von seiten des Minamoto-Führers nicht erwartet. Yoritomo nannte ihn einen Feigling, und er mußte es hinnehmen.

»*Hai*, ja«, antwortete er. »Ich wünsche nur, Euch in Frieden zu dienen.«

»Was sollen wir mit Euch anfangen? Ihr verweigert unser Angebot eines Generalsranges und besteht auf diesem erniedrigenden Weg. Mir in Frieden dienen! Ihr seid ein Narr. Ich brauche keine Männer, die mir in Frieden dienen. Ich brauche Krieger, Kämpfer, nicht friedvolle Männer Gottes. Geht! Werdet ein Mönch. Schließt Euch der Bruderschaft Amidas an und vergeßt die Kämpfe und Streitigkeiten in unserer Welt. Ihr habt keinen Platz unter den Kriegern der weißen Flagge.«

Yoshis Blick war auf den Boden gerichtet. »*Hai*.«

»Mit meines Herrn Erlaubnis?« sagte Hojo Masa.

Yoritomo nickte. Er würde überglücklich sein, einen eleganten Ausweg aus dem Dilemma zu finden, das Yoshis Erklärung verursacht hatte.

»Wir haben es mit zwei Problemen zu tun«, sagte Hojo Masa bedächtig, »denen durch eine Lösung abgeholfen werden könnte.«

»Ja, weiter«, sagte Yoritomo.

»Santaro kam mit einem Ersuchen von Kiso. Obwohl Santaros Verhalten dich verärgerte, würdest du dem Ersuchen gern stattgeben, wenn man Kiso vertrauen könnte.«

»Richtig, Frau. Sag, woran du denkst.«

»Verwende Yoshi zu deinem Vorteil. Er möchte nicht die Armee befehligen, erklärt jedoch seine Treue zu unserer Sache. Ich glaube, er ist aufrichtig. Nach allem, was wir über Yoshi gehört haben, kann er kein Feigling sein...«

»Die Menschen verändern sich«, entgegnete Yoritomo.

»Ich denke, das ist nicht wahr. Yoshis Weigerung zu kämpfen, erfordert große Charakterstärke. Ich glaube, er ist so mutig wie je zuvor... und vielleicht ist er, wie der gehärtete Stahl einer feinen Klinge, stärker und treuer als zuvor.«

Yoshi neigte zustimmend den Kopf.

Yoritomo blickte interessiert.

»Entsende Yoshi in Kisos Lager«, fuhr Hojo Masa fort. »Kiso hält sich für einen guten Strategen, und der ist er auch, doch läßt er seine persönlichen Gefühle bisweilen die Oberhand über die Vernunft gewinnen. Ernenne Yoshi zu seinem Berater, zu unserem Abgesandten und Bevollmächtigten in Kisos Hauptquartier, wo er unser Auge und Ohr sein wird. Vielleicht kann Yoshi verhüten, daß er aus Impulsivität Fehler begeht.«

Yoritomo ließ sich auf seine Fersen zurücksinken, spitzte die Lippen und dachte nach. Schließlich sagte er: »Du hast wohl gesprochen, ehrenwerte Frau. Ich würde es vorziehen, wenn Yoshi ein aktiver General wäre, aber ich werde einen Vorteil nicht aus Enttäuschung ausschlagen.« Er ließ seinen Blick auf Yoshi ruhen. »Was sagt Ihr zu Hojo Masa Vorschlag?«

Yoshi war interessiert. Ob der Mann, zu dem sie ihn sandten, derselbe Kiso war, dessen Bekanntschaft er bereits gemacht hatte, oder ob es ein anderer war, Yoshi würde auf diesem Wege eine Gelegenheit erhalten, Yoritomos wichtigsten Verbündeten näher kennenzulernen. Und er würde Yoritomos Unterstützung genießen. Mit ihrem Vorschlag hatte Hojo Masa einen Weg gewiesen, wie er auf ehrenhafte Weise zwei Herren dienen konnte.

»Ich werde Euch gern in seinem Hauptquartier vertreten«, sagte Yoshi. »Bevor wir uns auf diesen Weg einigen, stelle ich eine Frage.«

»Fragt.«

»Ist Kiso ein Krieger mit schmalem Gesicht und tiefliegenden Augen, der eine rauhe Truppe von Gebirgsbewohnern befehligt?«

»*Hai*, das beschreibt ihn gut.«

»Dann sehe ich Schwierigkeiten voraus. Vor kurzem begegnete ich ihm in Hikuma und...« Yoshi schilderte kurz seine Begegnung mit Kiso und schloß: »Zwar hege ich keinen Groll gegen ihn, aber ich warne Euch, daß er mich vielleicht nicht akzeptieren wird.«

Yoritomo lachte lauthals – eine seltene Demonstration gefühlsmäßiger Übereinstimmung – während Yoshis Bericht. Dann sagte er gutgelaunt: »Eure Geschichte bekräftigt meinen Entschluß. Ihr werdet mir sicherlich treu bleiben, wenn es Euch gelingt, am Leben zu bleiben. Und wenn Ihr tapfer genug wart, Kiso unbewaffnet entgegenzutreten, ziehe ich meinen Vorwurf der Feigheit zurück. Ich werde Euch nach besten Kräften helfen, weil ich Euch Erfolg wünsche. Ihr werdet ein General meiner Armee sein und eine persönliche Botschaft bei Euch tragen, in der ich Euch zu meinem Bevollmächtigten erkläre. Kiso wird gewarnt sein, daß ich jeden

Schaden, den er Euch zufügt, als einen mir selbst zugefügten Schaden betrachten werde. Helft ihm strategisch, aber traut ihm nicht.«

»Ich verstehe und akzeptiere«, sagte Yoshi bescheiden.

»Noch eins«, setzte Yoritomo hinzu. »Kisos Schwäche ist, daß er den persönlichen Stolz oft über den gesunden Menschenverstand stellt. Er könnte meine Verordnung ignorieren und Euch ungeachtet der Folgen töten lassen. Könnt Ihr dieses Risiko akzeptieren?«

»Ich akzeptiere es.«

25

Der sechste Monat hatte begonnen und brachte für Yoshi arbeitsreiche Tage. Er war verantwortlich für die Aufstellung und Ausrüstung einer tausend Mann starken Truppe, die er zu Kiso führen sollte. Santaro hielt sich die meiste Zeit mißmutig abseits.

Yoritomo wies General Yoshi einen kleinen Pavillon nahe der Küste zu. Auch bot er ihm drei persönliche Diener an, auf die Yoshi mit dem Bemerken verzichtete, er habe seinen eigenen treuen Gefolgsmann mitgebracht und benötige keine anderen.

Am Vorabend des Abmarschtermins machte Yoshi sich auf die Suche nach Santaro, um ihm den Plan mitzuteilen; die Truppe sollte Kamakura zur Stunde des Hasens um sechs Uhr früh verlassen. Yoshi wurde zu der Taverne gewiesen, wo Santaro abends gewöhnlich anzutreffen war. Das Lager hatte zwei kleine Tavernen zur Zerstreuung der dienstfreien Truppe. Die Soldaten waren rauhe Gesellen – disziplinierter als Kisos Krieger, wenn sie im Dienst waren, aber genauso ungezügelt in ihrer freien Zeit. Ihre ausgedehnten Zechgelage endeten oft in betrunkenen Schlägereien. Die Offiziere mischten sich nicht ein, weil sie meinten, die Leute hätten diese Freisetzung ihrer Energien nötig. Diese Streitigkeiten führten bisweilen zum Tod guter Krieger, aber die Überlebenden wurden durch die Übung bessere Kämpfer. Die

164

Handgreiflichkeiten, die meist bis zum Waffengebrauch gingen, schärften das Reaktionsvermögen und stärkten die Kampfkraft.

Yoshi hatte die Taverne noch nicht erreicht, als im Inneren heftiger Lärm ertönte. Augenblicke später durchbrach ein großer, gepanzerter Samurai die Wand aus Gitterwerk und fiel auf die Straße.

Noch bevor der Staub sich gelegt hatte, folgte ihm Santaro, der durch die geborstene Wand sprang und in kampfbereit geduckter Haltung landete, die Hand am Schwertgriff.

Der große Samurai hatte sich trotz seiner Rüstung bereits behende zur Seite gerollt und war aufgesprungen. Nun zog er fluchend das Schwert.

Auch Santaros Schwert flog blitzend aus der Scheide; er umkreiste den anderen und wartete ab, ob er sich eine Blöße geben würde. Beide bewegten sich unsicher auf den Beinen, aber ihre tödliche Absicht war unverkennbar.

Während er sich in geduckter Haltung seitwärts bewegte, knurrte Santaro: »Du stießest mich absichtlich, du tolpatschiger Affe. Entschuldige dich oder stirb.«

»Ich sah dich nicht, du bedeutungsloser Wurm«, zischte der andere, »aber du wirst sterben, weil du dir zunutze machtest, daß ich anderweitig beschäftigt war. Du hättest mich niemals durch die Wand werfen können, wäre ich nicht mit Freunden beschäftigt gewesen. Du bist es, Ainuzwerg, der sterben wird.«

Santaro sprang vorwärts und schlug die Klinge kreuzweise in einem Angriff auf den Körper des anderen. Die Plötzlichkeit seines Vorstoßes hätte dem Kampf ein Ende machen können, doch war seine Technik durch die Wirkung des Alkohols ungenau, und sein Schwert glitt an der Panzerung des Gegners ab.

Mit einem Wutgebrüll ging der große Samurai in einer blendenden Schaustellung des klassischen Wasserradmusters zum Gegenangriff über. Santaro wurde bis zum Eckpfosten der Taverne zurückgedrängt. Die Klinge pfiff knapp an seinem Kopf vorbei und bohrte sich in das harte Holz.

Wieder hatte Santaro eine Chance. Seine blutunterlaufenen Augen fixierten den anderen mit einem Ausdruck unvernünftiger Wut; schaumiger Speichel war in seinem Bart, und seine Brust hob und senkte sich angestrengt. Und wieder forderte die Wirkung des Alkohols ihren Tribut. Santaro griff an, während die Klinge des großen Samurai noch im Holzpfosten steckte, aber der Angriff erreichte sein Ziel nicht; Santaro glitt im Staub der Straße aus und fiel vornüber auf alle viere.

Sein Kontrahent ergriff die Gelegenheit, ließ das Schwert stecken und sprang Santaro auf den Rücken. Mit einem vernehmlichen Prusten wurde alle Luft aus Santaros Lungen gepreßt, als das volle Gewicht des anderen ihn flach auf den Boden drückte. Santaro war hilflos. Der große Samurai saß rittlings auf seinem Rücken, unter jedem Knie einen Arm. Er zog das Kurzschwert und riß Santaros Kopf zurück, so daß seine Kehle entblößt war.

Santaro erkannte, daß er verloren war. Er keuchte: »*Namu Amida Butsu*«, und erwartete den Tod.

Bei diesem Stand der Dinge griff Yoshi ein. Leichtfüßig wie eine Katze sprang er den großen Samurai von hinten an und schloß seinen muskulösen linken Arm um die Kehle des Mannes, die er durch Abwinkeln des Armes unter Druck setzte. Der andere bekam keine Luft mehr. Er versuchte, nach dem Mann zu stoßen, der ihm die Kehle zudrückte, aber der unbeholfen nach rückwärts geführte Stoß wurde von Yoshis freier Hand abgewehrt, und dann fiel das Kurzschwert in den Staub, als der Samurai das Bewußtsein verlor. Santaro kroch unter ihm heraus, stand schwankend auf und holte mit dem Schwert aus.

»Nein!« sagte Yoshi in scharfem Ton. »Ich gebe dir dein Leben als ein Geschenk, weil ich dich brauche. Dieser Samurai kämpfte tapfer und hätte dich getötet, wäre ich nicht eingeschritten. Er wird nicht wegen meines Eingreifens sterben.«

Santaro starrte ihn aus zusammengekniffenen Augen an. Aber er zögerte, denn Yoshi war unbewaffnet. Sein benebelter Verstand versuchte die Situation einzuschätzen; mit einem Schwertstreich konnte er sich des Mannes entledigen, gegen den er einen tiefen Groll hegte ... aber Yoshi hatte ihm das Leben gerettet. Außerdem war etwas an Yoshis lockerer, entspannter Haltung, das ihn zweifeln ließ, ob Yoshi so leicht

166

zu töten wäre. Yoshi hatte den Samurai, der bewaffnet und eineinhalbmal so groß war wie er, mit bloßen Händen angegriffen. Er hatte sich nicht gefürchtet und schien sich auch jetzt nicht zu fürchten. Santaros Nackenhaare richteten sich auf. Zum ersten Mal in einem gefahrvollen Leben wurde ihm klar, was Furcht bedeutet.

Santaro hatte gehört, daß Yoshi sich weigerte, vom Schwert Gebrauch zu machen, und betrachtete ihn darum als einen Feigling. Die Geschehnisse dieses Abends änderten seine Einstellung.

Santaro stieß das Schwert in die Scheide, schüttelte den Kopf und wischte sich den Speichel mit dem Handrücken aus dem Bart.

Yoshi beobachtete ihn schweigend, reaktionsbereit. »Nun?« fragte er.

Santaro verneigte sich. »*Hai*«, sagte er. »Ich schulde dir mein Leben. Sag mir, was du willst, und es soll getan werden.«

Yoshi erwiderte die Verbeugung. »Komm«, sagte er, »wir haben zu tun. Tausend Krieger sollen morgen früh den Marsch antreten. Die Traglasten für die Packpferde stehen bereit, und alle Männer sind ausgerüstet und marschbereit.«

»Dank deiner Anstrengungen.«

»Richtig. Ich bin ohne deine Hilfe ausgekommen, aber nun brauche ich dich. Diese Männer müssen Kiso und seine Hauptleute respektieren. Du bist ihr Hauptmann. Ich möchte, daß du den Befehl übernimmst und sie zum Gebirgslager führst.«

»Du hast sie ausgebildet; dir gebührt die Ehre, sie zu führen.«

»Santaro, ich begehre nicht Ruhm oder Macht. Yoritomo hat mich beauftragt, als Kisos Ratgeber zu wirken. Mehr will ich nicht. Du wirst den Befehl übernehmen, bis wir das Lager erreichen.«

»Ich habe dich falsch beurteilt, Tadamori Yoshi. Du bist würdiger als ich. Ich bin stolz, für dich zu handeln. Betrachte mich von diesem Tag an als deinen Freund und Diener.«

»Ich danke dir, Santaro, und ich nehme die Ehre deiner Freundschaft an.«

Am nächsten Morgen brachen tausend berittene und gepanzerte Krieger von Kamakura auf. Sie waren gefolgt von fünfhundert mit Waffen und Rüstungen beladenen Tragtieren. In der Vorhut ritt Okabe-no-Santaro in einer himmelblauen, mit purpurnen Schnüren geschmückten Lederrüstung. Er ritt einen geschmeidigen weißen Hengst, der in Blau und Gold gepanzert und gesattelt war. An einem langen Stab, der hinten am Sattel befestigt war, flatterte ein weißer Wimpel. Santaro trug einen Köcher mit vierundzwanzig Kriegspfeilen auf dem Rücken, zwei Schwerter an der Linken und rechts an seinem Sattel einen Bogen.

Yoshi, in einen braunen Jägerrock gekleidet, ohne Waffen und Rüstung, ritt auf seinem Fuchs am Ende der Kolonne, gefolgt von seinem treuen Diener, der sein Tragtier an der Leine hielt.

Am Morgen des zehnten Tages des sechsten Monats kreisten Dohlen am messingfarbenen Himmel. Die Luft war klar unter der wolkenlosen Weite, kein Lufthauch bewegte die Atmosphäre, und die fernen Schreie der Vögel waren das einzige Geräusch. Im Gebirge hatte es seit mehr als einer Woche nicht geregnet; Wege und Straßen waren staubig, und an sonnigen Hängen begann das Gras bereits gelb zu werden.

Santaros Pferd war mit einer Schicht grauen Staubes bedeckt, den seine Hufe vom Weg aufwirbelten. Seit mehr als zwei Stunden war er mit der Vorhut von Yoshis Verstärkungsarmee unterwegs, als er auf Kisos Posten stieß. Er wurde sogleich erkannt und zu Kisos Zelt geleitet.

Santaro ließ die Stille des Waldes hinter sich und ritt in ein Lager, das vor Geschäftigkeit wimmelte. Seit Yukiie besiegt vom Gefecht am Sunomata zurückgekehrt war, hatte Kiso seine Krieger erbarmungslos gedrillt. Er hatte begriffen, daß seine Armee ohne Disziplin niemals ihr Ziel erreichen würde.

Trotz der schon spürbaren Hitze und der drückenden, unbewegten Luft arbeiteten Huf- und Waffenschmiede fieberhaft, um den Waffenvorrat zu erweitern und die Pferde für einen langen Feldzug vorzubereiten.

Auf einer Seite des Lagers, wo sich ein weites, trockenes

Feld erstreckte, übten berittene Samurai ihre Zielsicherheit, indem sie vom Rücken galoppierender Pferde Pfeile abschossen. Das dumpfe Trommeln der Hufe und das Schwirren der Bogensehnen vermischte sich mit den Rufen der Männer. Schwertfechter schwitzten in der Sonne bei Übungen mit Holzschwertern oder scharfen Waffen. Stahl klirrte auf Stahl, Holz klatschte auf Leder, und über allem lag das Summen unzähliger Fliegen, die Reiter wie Fechter in Wolken hüllten.

Kisos Zelt war groß und schmucklos. Den größten Teil des Innenraums nahm eine freie Fläche mit nacktem Erdboden ein, wo Beratungen stattfanden. Das einzige Mobiliar war ein Kreis von Matten um einen niedrigen Tisch. An einem Stützpfosten hingen zwei Schwerter über einem Kriegshelm mit vergoldeten Hörnern. Ein schmuckloser Wandschirm trennte den Teil des Zeltes ab, in dem Kiso und Tomoe lebten.

Santaro war gewarnt worden, daß inzwischen scharfe Disziplin im Lager herrschte. Die gewohnte Zwanglosigkeit wurde nicht mehr geduldet. Das verdroß ihn, doch beschloß er, in der Erinnerung an sein unglückliches Zusammentreffen mit Yoritomo, den äußeren Formen der Höflichkeit Genüge zu tun.

Als er eintrat, war Kiso allein und kniete auf einer der Dekken. Santaro hörte jedoch eine Bewegung hinter dem Wandschirm und vermutete, daß es Tomoe war. Er kniete gegenüber von Kiso nieder.

»Okabe-no-Santaro, Hauptmann der Wachen, meldet sich von seiner Mission bei Yoritomo zurück.«

Kiso nickte. Schweigend und aufmerksam musterte er Santaro. Dieser hatte während seines Aufenthalts bei Yoritomo offenbar den Wert formalen Zeremoniells erkannt. Ein gutes Zeichen.

Obwohl Kiso begierig war, alles über Santaros Mission und ihren Erfolg oder Mißerfolg zu erfahren, unterdrückte er seine Ungeduld. Es war ihm bekannt, daß er den Ruf eines Hitzkopfes mit einem verhängnisvollen Hang zu überstürztem Handeln genoß, und er suchte dem entgegenzuwirken, indem er sich jetzt staatsmännisch benahm. Unter Tomoes Anleitung bereitete er sich auf die Rolle eines Herrschers über das Reich vor. Kisos Ehrgeiz war grenzenlos. Er wollte zum Shogun ausgerufen werden, dem militärischen Herrscher Japans. Dies war eine Ehre, die seit vielen Generationen keinem Führer mehr zuteil geworden war.

»Wir hatten eine frühere Rückkehr erwartet«, sagte Kiso.

»Ich wurde von Yoritomo festgehalten«, sagte Santaro.

»Ein schwieriger Mann«, bemerkte Kiso. Eines Tages würden er und sein Vetter zusammenstoßen, um zu entscheiden, wer die Sippe in Zukunft führen würde. Außerstande, seine Pose unerschütterlicher Ruhe aufrechtzuerhalten, fragte er: »Hast du die verlangten Krieger und Waffen erhalten?«

»Eintausend Mann und fünfhundert zusätzliche Pferde sind zwei Stunden hinter mir.«

»Gut, Santaro, gut. Unser Feldzug kann bald beginnen. Sobald wir diese neuen Truppen in unsere Armee eingegliedert haben, werden wir einen Angriff führen, der erst zum Stillstand kommen wird, wenn wir Kyoto selbst erreicht haben.«

»Yoritomo stellte eine Bedingung.«

»Bedingung?«

»Er schickte mit den Truppen einen Berater.«

»Bei Emma-Ō, ich brauche keinen Berater!«

»Aber das ist die Bedingung, die Yoritomo stellte. Sein Berater hat den Rang eines Generals der Kamakura-Armee.«

»Solch ein Berater ist nichts anderes als ein Spion!«

»Das mag sein, aber die tausend Mann sind angewiesen, deine Befehle zu mißachten, es sei denn, sie werden von Yoritomos General gebilligt und bestätigt.«

»Dieser Hurensohn geht zu weit. Wir könnten die Kolonne angreifen und die Waffen und Versorgungsgüter wegnehmen. Wir können unseren Feldzug ohne seine tausend Mann fortsetzen.«

Tomoe kam schweigend hinter dem Wandschirm hervor. Ihre scharf geschnittenen Züge ließen nichts erkennen; die kühne Nase und das kräftige Kinn schienen aus Granit gemeißelt. »Mit deiner Erlaubnis, Kiso, würde ich gerne etwas dazu sagen...«

»Nicht jetzt«, sagte Kiso.

»Jetzt«, entgegnete sie fest. »Santaro, solange wir drei allein sind, wollen wir zwanglos miteinander sprechen. Du bist einer unserer vertrauenswürdigsten Führer. Nach mir und Kisos vier Hauptleuten Imai, Tezuka, Jiro und Taro bist du der ranghöchste Offizier in unserer Armee. Ich schlug vor, dich zu Yoritomo zu schicken. Du bist oft eigensinnig und stolz, aber ich glaube, du hast die innere Kraft, einen guten Befehlshaber abzugeben.«

»Genug!« unterbrach Kiso. »Was willst du sagen?«

»Nur dies: ich vertraue Santaros Urteil. Er ritt mit Yoritomos General; er hat eine Meinung über den Mann. Ist er ein Spion? Wird er unsere Sache fördern oder ihr schaden?«

Santaro verbeugte sich gemessen. Dann wandte er sich zu Kiso. »Ich verdanke dem General mein Leben. Durch eine törichte Handlung brachte ich mich in eine Lage, in der ich den Tod hätte finden können. Ich hätte dieses Schicksal verdient. Dieser Mann trat dazwischen und rettete mich, indem er mit bloßen Händen einen bewaffneten Samurai angriff. Ich sage dir dies, damit du meine Position verstehen kannst. Mein Leben ist sein, doch du bist mein Führer. Ich habe deiner Sache die Treue geschworen und werde dir nach besten Kräften dienen.«

»Ja, ja«, sagte Kiso. »Sprich weiter.«

»Der Mann ist ein Spion. Er wurde von Yoritomo selbst ausgewählt. Seine Ernennung zum General erfolgte erst, nachdem er die Mission angenommen hatte. Wir müssen das akzeptieren. Gerüchten zufolge ist er ein meisterhafter Taktiker und hat keinen persönlichen Ehrgeiz. Er verdient Vertrauen und wird dir loyal dienen, aber nur solange er glaubt, daß du Yoritomo dienst.«

»Ich glaube«, warf Tomoe ein, »wir können hinnehmen, daß er Yoritomos Mann ist.«

»Nur solange es mir paßt, Yoritomo zu dienen. An dem Tag, da unsere Interessen auseinanderlaufen, wird dieser General sterben...« Kiso blickte mit einem höhnischen Lächeln von Tomoe zu Santaro und zurück.

Santaro verneigte sich. Er würde niemals zulassen, daß Yoshi von Kisos Hand den Tod fände. Er hatte ihm Freundschaft gelobt, und seine Ehre verlangte, daß er dazu stand.

Wenn die Zeit käme, würde Yoshi gewarnt sein und eine Gelegenheit zur Flucht erhalten.

Zwei Stunden später ritt die Kolonne der Verstärkungen in Kisos Lager. Die Männer waren schon dabei, auf einer abseits gelegenen Fläche ihre Zelte zu errichten, als Yoshi und Nami mit den letzten Tragtieren eintrafen. Innerhalb einer Stunde war eine Einzäunung errichtet, und die von ihren Lasten befreiten Pferde wurden hineingetrieben.

Um zwei Uhr nachmittags, der Stunde des Schafes, wurde Yoshi von Santaro in Kisos Zelt geführt.

»Tadamori-no-Yoshi, General in der Armee Minamoto Yoritomos«, verkündete er.

Kiso saß Tomoe gegenüber und trank Sake aus einer runden Tafelflasche. Er blickte auf. Sein Gesicht lief rot an, die Adern an seinen Schläfen traten reliefartig hervor.

»Du!« zischte er.

26

Yoshi kniete nieder und berührte den Boden mit der Stirn. Sein Verhalten war ruhig, wie es sich für einen General geziemte, der seinem Oberkommandierenden Meldung macht, respektvoll, doch ungezwungen. Er ließ sich nicht anmerken, daß er Kiso wiedererkannte.

»Ich vertrete das Hauptquartier in Kamakura«, sagte er. »Ich bin vom Oberherrn Yoritomo zum General in den Armeen der Minamoto ernannt worden. Ich bringe eintausend voll ausgerüstete Krieger, dazu fünfhundert Pferde mit Traglasten, die Waffen und Rüstungen enthalten und ein Geschenk unseres Sippenoberhauptes an Minamoto Yoshinaka, bekannt als Kiso, darstellen.«

Während dieser Rede verharrte Kiso in Sprachlosigkeit. Endlich stieß er hervor: »Hikuma... du! Du wagst es, hierher zu kommen! Du...« Er hatte Schwierigkeiten, seine Stimme unter Kontrolle zu bringen. Sein Blick ging zu den Schwertern am Pfosten. Nur Tomoes Hand hielt ihn zurück. Eine innere Stimme sagte ihm überdies, daß es unklug wäre, den

Spion jetzt zu töten. Aber lohnte es sich, Zurückhaltung zu üben? Wenn der Zeitpunkt gekommen wäre, wollte er seinen Vetter Yoritomo stürzen. Zu Beginn eines größeren Feldzuges würde ein Streit mit Yoritomos Abgesandtem nachteilig sein. Jetzt zu handeln, wäre zwar befriedigend, aber voreilig.

»Du bist ein Spion meines Vetters! Warum sollte ich dich in mein Lager aufnehmen?«

»Weil ich die Krieger und Waffen biete, die du zur Förderung deiner Pläne benötigst.«

»Ich kann dich töten und sie nehmen.«

»Als Gefangene vielleicht, aber nicht als Krieger, die bereit sind, unter deinem Banner zu kämpfen.«

»Ich werde genug Waffen haben, um mein Ziel zu erreichen.«

»Du würdest Waffen haben, aber auf Kosten des guten Willens und der Bündnistreue deines Vetters.«

Tomoe ließ eine Hand fest auf Kisos Unterarm. Ihr Blick löste sich nicht von seinem Gesicht. Es hatte seine gewohnte Farbe, und die Adern waren abgeschwollen. Er schien wieder Herr seiner Gefühle zu sein. Tomoe glaubte, ihm einstweilen trauen zu können.

Unwillkürlich kam ihr Kisos Gesichtsausdruck in den Sinn, als sie ihn in Hikuma vom Baum losgeschnitten hatte. In dem Augenblick, als sie Kiso *Hikuma* hatte aussprechen hören, war ihr klar gewesen, daß Yoshi der Mann war, der ihn so gedemütigt hatte. Sie wußte, daß Kiso diesen Vorfall niemals vergessen oder vergeben würde. Sobald er die Gelegenheit hätte, würde er Yoshi töten, ganz gleich, wie teuer die Mordtat ihn politisch zu stehen kommen würde.

Männer sind Kinder, dachte Tomoe. Abstrakten Begriffen wie Ehre und Vergeltung zuliebe entsagen sie einem Königreich. Nun, darum brauchte Kiso sie: daß sie ihn erinnerte, wann Vorsicht und Besonnenheit geboten waren. Wenn Yoshi sterben mußte, ließ es sich nicht ändern, aber er würde zu einer Zeit und an einem Ort ihrer Wahl sterben.

Sie fühlte Yoshis fragenden Blick auf sich und erwiderte ihn. Als ihre dunklen Augen den seinen begegneten, fühlte sie eine emotionale Anziehung, die sie sonst selten erlebte, und unterbrach den Blickkontakt. »Ich bin Tomoe Gozen, Adjutantin meines Herrn Kiso«, sagte sie.

Yoshi nickte mit einer leichten Verbeugung. »Während meines Aufenthalts in Kamakura hörte ich viel über Eure Taten«, sagte er. »Euer Ruf als Kriegerin ist weithin bekannt.«

»Dann wißt Ihr, daß ich ernst zu nehmen bin«, sagte sie ruhig und fügte mit einem Anflug von Verständnislosigkeit hinzu: »Ihr kamt allein in unser Lager, General Yoshi. Sicherlich war Euch klar, daß wir uns an Euch von unserer letzten Begegnung her erinnern würden. Ihr seid entweder ein sehr tapferer Mann oder ein Narr.«

»Ich bin keines von beiden, Tomoe Gozen. Ich diene dem Kaiser und meinem Führer Yoritomo. Ich komme unbewaffnet und werde keine Bedrohung sein. Ich vertraue auf den Beistand der Götter, weil ich geschworen habe, nicht dem Bösen zu dienen. Ich achte Euer Urteil hinreichend, um Euch mein Leben anzuvertrauen.«

»Es mag sein, daß Ihr weder tapfer noch ein Narr seid«, sagte Tomoe. »Die einzige andere Möglichkeit ist, daß Euer Geist verwirrt ist.« Sie schüttelte den Kopf, als fühle sie sich unfähig, Yoshis Beweggründe zu verstehen. Vielleicht war er nicht so naiv, wie es schien; vielleicht hielt er eine Abteilung Soldaten bereit, die angewiesen war, ihm zu Hilfe zu kommen. Sie hoffte, daß es sich so verhielt; Tomoe fühlte sich von ihm angezogen und wollte nicht glauben, daß er der Verrückte war, der zu sein er schien. »Ihr kamt allein?« fragte sie.

»Ich habe nur eine andere Person bei mir.«

»Einen weiteren Spion?« fuhr Kiso dazwischen. »Wer ist er? Warum hat er sich nicht vorgestellt?«

»Meine Begleitperson wartet auf meinen Befehl zu erscheinen. Schicke einen Boten zu meinem Zelt, und du wirst die Gelegenheit haben, uns beide kennenzulernen.«

Kiso wandte sich zu Santaro, der schweigend abseits kniete. »Geh zu General Yoshis Zelt. Bring seinen Gefährten zu uns.«

Kiso verstummte und musterte Yoshi mit zusammengezogenen Brauen. Tomoe Gozen griff ein und versuchte, ihn in höfliche Konversation zu verstricken. »Ihr wart bis vor kurzem in der Hauptstadt. Wie war das politische Klima am Hof?«

»Wie gewöhnlich«, antwortete Yoshi.

»Nahmt Ihr an Taira Kiyomoris Begräbnis teil?«

Yoshi bejahte.

»Wie betrachtet Go-Shirakawa das neue Sippenoberhaupt der Taira, Munemori?«

»Munemori ist ein Schwächling.«

»Wie können die Taira ohne ein starkes Sippenoberhaupt hoffen, den Sieg davonzutragen? Sind sie nicht einfältig, daß sie sich der Gefahr aussetzen, das Reich zu verlieren?«

»Ja, Tomoe Gozen.«

»Munemori ist ein leeres Gefäß«, bemerkte Kiso ungeduldig. »Sein Bruder Shigehira ist jung, aber er ist ein Krieger. Shigehira wird die Sippe führen. Er ist die einzige Hoffnung der Taira.«

»Vielleicht hast du recht.«

»Natürlich habe ich recht. Das Gleichgewicht der Macht verlagert sich. Die Mönche sind nicht mehr von Bedeutung. Jetzt gibt es im Reich drei Machtblöcke: mich, Yoritomo und die Taira. Wenn wir die Taira wegen Munemoris Schwäche unberücksichtigt lassen, wird das Ringen um die Macht und die Position des Großkanzlers zwischen Yoritomo und mir stattfinden.«

»Eine ausgezeichnete Analyse«, sagte Yoshi und neigte den Kopf.

Santaro schlug die Zeltplane zurück. Sein bärtiges Gesicht hatte einen seltsamen, verwunderten Ausdruck, und er schien zu zögern, wie er den Neuankömmling ankündigen sollte. In beinahe entschuldigendem Ton sagte er: »General Yoshis Gefolgsmann bittet, eintreten zu dürfen.«

Kiso nickte.

Sogar Yoshi war verblüfft. Nami hatte die Gelegenheit genutzt, ihre derbe bäuerliche Kleidung abzulegen und sich in ihr feinstes Gewand zu kleiden. Ihr Gesicht war weiß gepudert und glatt wie der blasse Mond; die Brauen schwebten in weichen, gemalten Pinselstrichen über ihrer natürlichen Brauenlinie. Das lange Haar war gekämmt und glänzend und hing ihr auf den Rücken, wo es von einem malvenfarbenen Band zusammengehalten wurde. Sie trug ein lila Gewand mit einem Weidenmuster, das mit den in verschiedenen Türkistönen gehaltenen Untergewändern kontrastierte, die an den Ärmeln und am Saum hervorlugten. Um sie wehte ein Parfümduft, berauschend und doch rein. Der kleine Gefolgsmann, der kurz zuvor in ärmlicher Bauerntracht ins Lager gekommen war, existierte nicht mehr.

Kisos Augen weiteten sich. Noch nie hatte er eine so schöne Frau gesehen. Seit Jahren war er von Kriegern umgeben, denen Kampf und Beutemachen wichtiger waren als Reinlichkeit oder die äußere Erscheinung. Selbst Tomoe Gozen, in ihrer Art eine schöne Frau, hatte sich niemals für die äußerlichen Aspekte der Weiblichkeit interessiert. Er liebte Tomoe. Er war von ihr abhängig. Ein Gefühl von Schuldbewußtsein und Treulosigkeit regte sich in seiner Brust; ihm wurde klar, daß Tomoe wie die Samurai im Lager roch, und ihr ungeschminktes, willensstarkes Gesicht wirkte derb, verglichen mit der zarten Schönheit, die ihn ansah. Nami war wie die Vision einer anderen Welt, einer anderen, anmutigeren Zeit.

Stille folgte auf ihr Eintreten. Sie kam mit kleinen Schritten nach vorne und blieb an Yoshis Seite stehen, wo sie still wartete, daß Kiso spreche.

Tomoes Miene zeigte nichts von den Gefühlen, die sie bewegten. Sie fühlte sich ungehobelt und unfertig. Sie, die sich auf ihre Weiblichkeit einiges zugute gehalten hatte, kam sich nun schmutzig und häßlich vor. Ihre Verwirrung wurde verstärkt durch die Anziehung, die Yoshi auf sie ausübte. Diese künstliche Puppe war Yoshis Frau. Obwohl Tomoe nicht ernstlich an eine Beziehung mit Yoshi gedacht hatte, schmerzte sie der Gedanke, daß Yoshi sie mit dieser Frau vergleichen würde. Unwillkürlich fuhren ihre Finger über das derbe Baumwollhemd mit den Löchern, den steifgewordenen Flecken. Sie war den Tränen nahe. Wie schmutzig sie war!

Sie spürte das Blut, das ihr in die Wangen schoß, und biß die Zähne zusammen, um Haltung zu bewahren. Sie war ein Samurai! Sie würde ihnen nicht erlauben, sie in einem Augenblick der Schwäche zu sehen.

Es gelang ihr, einen gleichmütigen Ton zu wahren, als sie das Wort nahm: »Ist dies Euer Gefolgsmann, General Yoshi?«

Yoshi neigte zustimmend den Kopf. »Und bald meine Frau. Die Umstände haben es unmöglich gemacht, daß wir die förmliche Zeremonie vollzogen.«

Namis Gesicht glühte unter dem weißen Puder. Mit dünner, glockenheller Stimme sagte sie: »Ich werde Nami genannt. Es ist mir eine Ehre, Euch in meinem Namen und dem meines zukünftigen Mannes zu begrüßen. Ich muß hinzufügen, daß wir in unseren Augen verheiratet sind. Die formelle Zeremonie wird folgen, sobald wir uns niederlassen.«

»Dies war mein Gefolgsmann«, sagte Yoshi stolz. »Sie ritt mit mir und teilte mit mir die Härten der Reise wie ein Mann. Ohne sie würden meine Knochen im Wald von Hikuma bleichen. Nami, meine Liebe, du hast den Feldherrn Kiso Yoshinaka bereits kennengelernt. Nun darf ich dir seine Adjutantin vorstellen, die tapfere Samurai-Kriegerin Tomoe Gozen.«

Nami verneigte sich mit atemberaubender Delikatesse und beantwortete die Vorstellung mit einem Lächeln, das Kiso vollständig gefangennahm und sogar Tomoe bezauberte.

Also, dachte Tomoe, ritt dieses zerbrechliche Geschöpf tatsächlich mit Yoshi durch die Berge. Und sie war diejenige, die Kiso in Hikuma ein Schnippchen schlug. Vielleicht steckt mehr in ihr, als an der Oberfläche zu sehen ist. Auf einmal verspürte Tomoe den Wunsch, Nami beiseite zu nehmen und mit ihr zu sprechen. Seit ihrer Kindheit hatte sie sich nicht mehr mit einer Frau unterhalten. Sie wollte Nami nach ihrer Schminke fragen, nach ihren Kleidern, der Auswahl der Farben, ihrem Parfüm, ihrem Leben in der Hauptstadt. Das waren Themen, die sie noch nie interessiert hatten, aber wenn Kisos Feldzug erfolgreich verliefe, würde das nächste Jahr sie in Kyoto sehen. Dort würde sie von Frauen umgeben sein, die sich wie Nami kleideten und wie sie dufteten; sie würde dann die Außenseiterin sein, und die Hofdamen würden die Nasen rümpfen und sie verachten.

Bis ihr diese Erkenntnis kam, hatte Tomoe sich von Nami bedroht gefühlt und eifersüchtige Empfindungen gehegt.

Nun begriff sie, daß die Bedrohung nicht Nami war. Nami schien angenehm und freundlich, von einer zarten Schönheit, die sogar Tomoe anerkennen und bewundern mußte. Vor allem aber konnte sie Tomoe lehren, wie eine Frau sich kleidete, parfümierte und benahm.

Das Problem war Kiso; er war von Nami bezaubert. Tomoe entging nicht, daß ihn nach Nami verlangte, und dieses Verlangen würde für Kiso ein zusätzlicher Grund sein, Yoshi zu hassen und ihm nach dem Leben zu trachten. Ohne Yoshi, so würde Kiso denken, war Nami sein.

Tomoe preßte die Lippen zusammen. Sie würde verhindern müssen, daß Kiso seinen Willen bekam. Solange Nami und Yoshi im Lager waren, würde Tomoe ihre Beschützerin sein.

»Mir scheint keine andere Wahl zu bleiben«, sagte Kiso mit harter Stimme. »Mein Vetter Yoritomo erwartet von mir, daß ich dich als Berater akzeptiere. Meine bessere Einsicht rät mir, dich jetzt zu töten... es sind jedoch viele Aspekte in Betracht zu ziehen.« Er ließ seinen Blick auf Nami ruhen. »Ich werde versuchen, etwas mit dir anzufangen. Ich weiß nicht recht, welchen Wert ein Mann hat, der sich weigert, ein Schwert zu tragen. Hauptmann Santaro sagt, du seist tapfer. Tomoe meint, du seist verrückt. Nun... ich bin unvoreingenommen, und ich heiße dich in meinem Lager willkommen.« Er wandte sich zu Tomoe und Santaro, der stumm abseits gewartet hatte. »Hauptmann Santaro, schenke unserem neuen General eine Schale Sake ein.«

27

Am fünfzehnten Tag des achten Monats lag die Hauptstadt unter einer Decke schwülwarmer Luft. Die Silberweiden längs des Suzaki-Ōji ließen ihre Blätter hängen. Kein Lufthauch bewegte die Zweige der Kirschbäume im Viertel der Händler und Handwerker. In den älteren Teilen der Stadt, insbesondere entlang der westlichen Mauer, machte die Hitze den sonst wenig störenden Gestank faulender Abfälle und Abwässer nahezu unerträglich.

An drückenden Tagen wie diesem blieb jeder, der keine wichtigen Geschäfte zu erledigen hatte, im kühlen, schattigen Inneren seines Hauses, doch gab es viele, deren Pflichten es verlangten, daß sie tapfer die Hitze ertrugen. An diesem Tag zählten zu den Pflichtbewußten Taira Munemori, seine Mutter, die Nii-Dono, und ein großes Gefolge von Höflingen, Damen, Offizieren der Palastwache und kaiserlichen Räten. Noch vor Sonnenuntergang fanden sie sich vor dem Rokuhara-Palast zu einer langen Prozession ein. Tsukiyomis Gesicht schaute als ein vollkommener Kreis vom blaßblauen Morgenhimmel. Die Sonne war eben im Begriff, über den Osthorizont zu steigen, als die Ochsenkarren, Sänften und Reiter über die Brücke zogen.

Der Kamo war zu einem trägen grauen Rinnsal geschrumpft, das kaum noch eine Strömung erkennen ließ. Ein toter Fuchs trieb unter der Brücke, umgeben von einem öligen Flecken der Körperflüssigkeiten. Der Verwesungsgeruch war so stark, daß viele ihre Münder und Nasen mit parfümierten Taschentüchern bedeckten.

Dies war der Morgen der ›Großen Befreiung‹, einer Massenfreilassung von Säugetieren, Vögeln und Fischen, die im Laufe des Jahres gefangen und für diesen Anlaß in Käfigen und Wasserbecken gehalten worden waren. Die Ursprünge der Zeremonie waren selbst am Hof bei den meisten in Vergessenheit geraten. Nur Munemori und ein paar andere hochgebildete Angehörige des Hofadels wußten, daß die Freilassung der Tiere eine Art Wiedergutmachung für frühere Exzesse der kaiserlichen Armee darstellte. Vor vielen Jahren hatte der Gott des Hachiman-Schreines in Usa angeordnet, daß der kaiserliche Hof alljährlich eine Prozession zum Iwashimizu-Schrein veranstalten sollte. Dort hatten die Höflinge gefangene Tiere in ihre natürlichen Lebensräume zu entlassen, um dadurch symbolisch für die frühere Abschlachtung und Ausrottung der Urbevölkerung Buße zu tun.

Also trug jeder Teilnehmer an der Prozession, sei es zu Fuß, zu Pferde oder in Fahrzeugen, einen Korb, einen Käfig oder ein Wasserbecken mit sich. Zu den gefangenen Tieren zählten Marder, Luchse, Füchse, Affen, Nachtigallen,

Kuckucke, Amseln, Schildkröten, Frösche, Goldfische und Karpfen.

Flirrende Hitze lag über der Ebene, als die Sonne höher stieg und den blauen Himmel in ein blasses Gelblichweiß tauchte. Vom Rokuhara-Palast bis zum Schrein waren acht Meilen zurückzulegen.

Munemori saß mit seiner Mutter in einer großen Sänfte. Er starrte geistesabwesend durch das geschnitzte Holzgitter. Er war nicht glücklich. Warum, so fragte er sich, mußte er leiden? Es war nicht die Hitze noch die Unbequemlichkeit der Prozession – unebene Straßen durch das Marschland südlich der Hauptstadt, Stechmücken und Wolken von Fliegen, die einen stachen und bissen. Nein. Die Pilgerfahrt war eine Pflicht, und er akzeptierte Pflicht, ohne zu klagen; er hatte gelernt, jedes Zeremoniell zu ertragen. Munemoris unglückliche Empfindungen waren verursacht durch die Forderungen seiner Generäle... und die Drohungen seiner Familie. Auf die Probleme, vor die sie ihn stellten, war er schlecht vorbereitet.

Taira Munemori war zur Übernahme der Regierung erzogen worden. Zwar mangelte es ihm an der Fähigkeit, mit politischen Intrigen fertigzuwerden, und an Kenntnissen in der Kriegführung, doch verstand er sich auf die Kunst der Kalligraphie. Er verfaßte bezaubernde Gedichte, seine Wahl von Farbkombinationen verriet einen guten Geschmack, und er spielte *koto* und *samisen* besser als die meisten Hofmusiker.

Sein Vater, Kiyomori, hatte sich der Kriegskunst angenommen; seine Mutter kümmerte sich um die Politik am Hofe. Wäre der Frieden im Land erhalten geblieben, würde er diese barbarischen Künste nicht benötigen. Munemori empfand es als einen persönlichen Affront, daß die Götter es nicht für richtig gehalten hatten, den Frieden zu bewahren.

Warum muß dies mir widerfahren? fragte er sich, wenn er Berichte empfing, daß Tausende an Hungersnot, Seuche oder durch Kriegseinwirkung starben.

Und seine Mutter! Ständig hackte sie auf ihm herum. Ihre schrille Stimme widerhallte in seinem Kopf. Hatte es je einen gegeben, der so verflucht war wie er? Warum wußte die alte Frau nicht, welcher Platz ihr zukam? Oft hielt er sie für ganz und gar verrückt. Und nun bedrohte Kiso – Emma-Ō sollte ihn holen – die Hauptstadt vom Norden her. Täglich trafen Meldungen ein, daß Kiso plündernd durch die *hokurikudo*, die nördlichen Provinzen zog. Munemoris Frustration und Gereiztheit hatten einen Punkt erreicht, daß er sich weigerte, weitere Meldungen aus den *hokurikudo* entgegenzunehmen.

Der vergangene Abend hatte einen Höhepunkt seines Ungemachs gebracht. Ein Spion hatte der Nii-Dono gemeldet, daß der fluchwürdige Verräter Yoshi Kiso als Berater diente. Seit Kiyomoris Tod hatte die Nii-Dono ein seltsames Verhalten an den Tag gelegt. Als sie Yoshis Namen vernommen hatte, war sie außer sich geraten. Für Munemori war dies eine zusätzliche Last – und beschwerlicher, als man es einem Mann, gleich welchen Standes, zumuten sollte.

Munemori bemerkte, daß die durchdringende Stimme nicht nur in seiner Einbildung schrillte. Seine Mutter schmähte ihn wieder, daß er unfähig sei, Yoshi oder Yoritomo zu fangen und zu enthaupten. Die Nii-Dono saß ihm gegenüber in der Sänfte; ihr kleiner, magerer Körper beugte sich über einen Weidenkorb, der eine Wildkatze enthielt. Über ihrem Kopf hing ein Vogelkäfig, der für die darin gefangene Eule zu klein war; neben ihr auf dem Sitz stand eine Keramikschüssel mit zwei Goldfischen.

»Yoshi ist Yoritomos Arm«, sagte sie. »Yoritomo sitzt unbehelligt in Kamakura, weil Yoshi die schmutzige Arbeit für ihn verrichtet. Dein Vater kommt in der Nachwelt nicht zur Ruhe, weil wir es versäumt haben, seinen letzten Wunsch zu erfüllen. Töte Yoshi, und du wirst auch seinen Herrn aus seinem Schlupfwinkel locken. Wenn du mir den Kopf eines der beiden bringst, wirst du bald darauf auch den Kopf des anderen haben.«

Munemori hatte diese Reden schon so oft gehört, daß er nicht darauf antwortete. Er blickte zum Holzgitter hinaus.

»Hast du mir nichts zu sagen?« fauchte die Nii-Dono. Ihre tiefliegenden Augen waren seit Kiyomoris Tod noch weiter in ihre Höhlen gesunken. Dies und ihr gepudertes weißes Gesicht mit den geschwärzten Zähnen machte sie einem Totenkopf ähnlich. »Die Götter haben mir dich als mein Instrument der Rache in die Hand gegeben. So schwach du bist, ich brauche dich. Höre auf mich und handle!«

»Mutter, ich habe den Bericht des Spions. Er behauptet, Yoshi habe dem Schwert entsagt. Er werde nicht kämpfen. Laß uns Yoshi vergessen. Er hat seinen Mut verloren, ist keine Bedrohung mehr.«

»Du bist ein noch größerer Narr, als du zu sein scheinst. Wie ist es möglich, daß ich mit einem so nutzlosen Sohn geschlagen bin?« Die Stimme der Nii-Dono erhob sich zu wütendem Gekreisch. »Yoshi ist ohne ein Schwert gefährlicher als mit einem. Als er noch das Schwert führte, sorgten wir dafür, daß er genug zu tun hatte, sich selbst zu verteidigen. Nun gebraucht er sein Gehirn und ist zehnmal so gefährlich. Zehntausend Schwerter unterstehen seinem Befehl, und wir werden tot vor seinen Füßen liegen, wenn wir nicht prompt handeln.«

»Zehntausend? Du übertreibst.«

»Und wenn er zehn Schwerter hätte, wären es zehn zuviel. Kiso hat bereits Shinano, Mino und Wakasa durchzogen und ausgeplündert. Er zieht jetzt nordwärts durch Echizen, und wenn unsere Armeen ihm nicht Einhalt gebieten, wird er bald auch Kaga, Etchu und Echigo beherrschen.«

»Mutter, heute ist nicht der Tag, um über Kiso zu diskutieren«, sagte Munemori und drückte eine feiste Hand an seine Stirn, um den Schmerz zu lindern, der hinter seinen Augen pochte.

»Wann sonst, Kind? Wenn Kiso die *hokurikudo* beherrscht? Wenn seine Armeen sich verdoppelt haben? Verdreifacht?«

»Was soll ich tun?« ächzte Munemori.

»Während wir allein sind und bevor du von den heutigen Zeremonien in Anspruch genommen wirst, möchte ich, daß du eine wichtige Entscheidung triffst.«

»Ja, Mutter. Ja, ja.«

»In der Sänfte hinter uns sitzt Jo Sukenaga, der Herr von Echigo. Er kam, um an der Befreiung und der Zeremonie der Mondbeschau heute abend teilzunehmen. Kiso und Yoshi nähern sich seiner Heimatprovinz; es wird in seinem Interesse liegen, daß sie nicht weiterkommen.«

»Warum erzählst du mir das?«

»Dummkopf! Du wirst Jo Sukenaga zum Feldherrn einer Strafexpedition gegen Kiso ernennen. Sukenaga verfügt in Echigo über viertausend erfahrene Krieger. Wir werden ihm zur Verfügung stellen, was wir an anderen Truppen erübrigen können. Entsende ihn sofort nach Echizen und laß ihn Kiso vernichten, ehe dieser sein Feldlager am Fluß Hino verläßt, um in die anderen Provinzen einzufallen.«

»Ja, natürlich werde ich das tun«, winselte Munemori.

»Das ist genau, was ich vorhatte. Jo Sukenaga wird uns Yoshis Kopf bringen.«

»Richtig«, sagte die Nii-Dono und lehnte sich selbstgefällig zurück. Dabei erschreckte sie die Eule, die in dem engen Käfig zu flattern versuchte, die Flügel aber nicht ausbreiten konnte und sich mit einem kleinen, kläglichen Ruf begnügte.

Um die Mittagszeit war die Hitze unerträglich geworden. Auf den Feldern vor dem Schrein hatte man Sonnenschirme und tragbare Pavillons aufgestellt. Höflinge, Beamte und Damen wedelten kraftlos mit ihren Fächern. Mehrere Frauen, die gezwungen waren, hinter Wandschirmen zu sitzen, wurden aufgrund der Hitze ohnmächtig.

Munemori war stolz auf seine Fähigkeit, Amtsgeschäfte wie diese ohne äußere Anzeichen von körperlichen Beschwerden zu erledigen. Es war das Los eines Sippenoberhaupts, und er nahm es tapfer auf sich.

Er gesellte sich zu den Priestern und führte die Rezitation der obersten kanonischen Sutra an, worauf er die Zählung der zu befreienden Tiere beaufsichtigte. Bei der Freilassung jedes Tieres wurde der Name seines Befreiers verkündet. Von Panik ergriffene Vögel flatterten davon, und Vierfüßler flohen in alle Richtungen.

Munemori blieb während des gesamten Zeremoniells an seinem Platz. Vierhundertzwölf Vögel, Säugetiere und Fische wurden unter dem Schutz von dreihundertsiebenundzwanzig Spendern in Freiheit gesetzt. Wie konnte jemand an seiner Charakterstärke und körperlichen Tüchtigkeit als Führer zweifeln, überlegte Munemori. Seine Miene war ausdruckslos wie die einer Buddha-Statue, als er die letzte Ankündigung verlas: Auf dem Feld würde ein Programm von

Tanzdarbietungen vorgeführt und anschließend eine Anzahl Ringkämpfe.

Angestrengte Hochrufe antworteten aus der Menge der Pilger.

Munemori schritt zu seiner Sänfte. Kaum war er hinter dem Sichtschutz der Holzgitter, fiel er auf die Knie und schluchzte vor Erschöpfung. Er bezahlte den Preis für sein stoisches Ausharren in der Gluthitze der Felder.

Um die Stunde des Affen hatte die Sonne ihren Zenit um ein gutes Stück überschritten, die Schatten waren länger geworden, und eine leichte Brise strich über die staubigen Felder. Munemori rieb sich mit parfümierten Tüchern den Schweiß vom Körper und legte ein korallenrotes Gewand an. Dann schickte er einen Diener zu Jo Sukenaga und lud ihn zu einem Gespräch in den schattigen Pavillon ein, der für die Familie der Nii-Dono reserviert war.

Jo Sukenaga war ein großgewachsener, barscher Krieger. Nachdem er dem Kaiser im Feld um am Hof gedient hatte, war ihm sein Lehensbesitz in Echigo von Taira Kiyomori zu eigen gegeben worden. Während Sukenagas Dienstzeit in Kyoto hatten seine Leistungen auf den Gebieten der Poesie, des Parfümriechens und der Kalligraphie ihm die Gunst des Hofes eingetragen. Im ganzen Reich gab es niemanden, der schlecht von ihm sprach. Als Herr von Echigo hatte er den Ruf eines harten, aber gerechten Grundbesitzers. Als *Daimyo* behandelte er seine Untergebenen so gerecht wie seine eigene Familie. Er liebte seine Hauptfrau, seinen Sohn und seine drei Töchter, achtete aber auf die Wahrung einer gewissen Förmlichkeit im Umgang. Seine Kinder hielten ihn deshalb für streng und unnachgiebig. Er nahm das hin. Es war Teil seiner Positon als *Daimyo* ausgedehnter Besitzungen. Sukenagas Krieger waren gut ausgebildet und zählten zu den besten in den Provinzen. Die fruchtbaren, geschützten Täler der Provinz Echigo brachten mehr als genug Reis und Getreide für die Einwohner hervor, selbst wenn Hungersnot den Rest des Landes bedrohte.

Sukenaga war ein strenger Zuchtmeister. Er verlangte viel von sich selbst und nicht weniger von seinen Gefolgsleuten.

Beim Betreten des Taira-Pavillons sah er zu seiner Überraschung die Nii-Dono auf einer hölzernen Plattform an Munemoris Seite knien. Sein Gefühl für Schicklichkeit war beleidigt. Dies war kein Platz für eine Frau.

Er bedachte sie mit einem mißbilligenden Blick, dann wandte er sich, ohne sie zu beachten, an Munemori und sagte: »Ich bin Jo Sukenaga, Herr von Echigo, durch Anordnung des früheren *Daijo-Daijin* Taira Kiyomori Befehlshaber der Armeen der Nordprovinzen.« Damit verneigte er sich und kniete vor der hölzernen Plattform auf dem Erdboden nieder.

»Herr von Echigo, Ihr habt unserer Sache seit vielen Jahren treu gedient«, erklärte Munemori in einem weinerlichen Singsang. »Vor seinem Tode empfahl mein Vater Euch meiner Aufmerksamkeit. ›Übertrage Jo Sukenaga Verantwortung‹, sagte er. ›Er wird dich niemals enttäuschen.‹ Ich möchte Euch mehr als bloß Verantwortung geben; ich möchte Euch belohnen.«

Sukenaga hob kaum merklich die Brauen. Außerhalb des Pavillons feuerte die Zuschauermenge ihre Favoriten im Sumo-Ringkampf an. Das Zeltdach des Pavillons verstärkte die drückende Hitze, weil es keinen kühlenden Luftzug einließ. Der Blumenschmuck auf der Plattform verbreitete süßen Duft. Sukenaga fühlte sich allein, abgeschnitten von der Menschheit. Munemori und seine verrückte Mutter konnten für einen alten Krieger nur Schlechtes bedeuten. Er wünschte, er hätte die Einladung ablehnen und fortreiten können, wie sein Instinkt ihm geraten hatte.

»Belohnen?« fragte er. »Wofür?«

»Jawohl«, bekräftigte Munemori. »Weitere zehntausend *cho* kaiserlicher Ländereien.«

»Was soll ich für diese Belohnung tun?«

»Ich verlange nichts, was nicht in Eurem eigenen Interesse liegt. Kiso Yoshinaka zieht plündernd durch die nördlichen Provinzen. Seine Armee hat in einer Flußschleife des Hino in der Provinz Echizen ein Feldlager aufgeschlagen. Es ist zu befürchten, daß sie von dort in Eure Ländereien einfallen wird. Die Armee zerstört oder beschlagnahmt alles, was ihr in den Weg kommt. Ich beauftrage Euch, Kiso Yoshinaka Einhalt zu gebieten, bevor er Echigo erreicht.

Bringt uns seinen Kopf und den Kopf seines Beraters Yoshi.«

»Ich habe viertausend Mann in Echigo«, sagte Sukenaga. »Ein Bote muß ausgesandt werden, um sie zu warnen. Und wie schnell er auch reiten mag, die Reise wird Zeit kosten. Mein Sohn befehligt die Samurai und wird handeln, sobald er die Nachricht erhält, aber es wird weitere Tage in Anspruch nehmen, die Truppen zu mobilisieren und nach Süden in Marsch zu setzen.«

»Wir werden viertausend unserer kaiserlichen Wachen Eurem Befehl unterstellen. Sie sind voll bewaffnet und ausgebildet, innerhalb weniger Stunden marschbereit.«

»Meine Pflicht ist klar«, sagte Sukenaga. »Ich werde Kiso in Echizen zum Kampf stellen.«

»Jeder von uns hat seine Pflicht zu erfüllen. Die Eure ist nicht beschwerlicher als meine«, sagte Munemori. »Als Männer von Ehre nehmen wir unsere Pflicht auf uns und tun unser Bestes.«

Die Nii-Dono ergriff zum ersten Mal das Wort. »Gut gesprochen, mein Sohn«, sagte sie, richtete den Blick ihrer eingesunkenen Augen sodann auf Sukenaga und sagte mit einem abschreckenden Zischen: »Bringt uns Yoshis Kopf. Das ist der wichtigste Teil Eurer Mission!«

Jo Sukenaga erhob und verneigte sich. Seine Miene war ausdruckslos, als er den Pavillon verließ. Diese Taira hatten recht. Er mußte sich mit der Tatsache auseinandersetzen, daß Kiso im Begriff war, die nördlichen Provinzen zu erobern. Er hatte das Offensichtliche allzu lange ignoriert und mußte jetzt Stellung beziehen. Und er hatte bereits einen strategischen Plan. Er, Jo Sukenaga, würde viertausend kaiserliche Wachen gegen Kiso führen. Unterdessen würde ein in die Heimat entsandter Bote seinen Sohn im fernen Echigo alarmieren, daß er seine Truppen in Eilmärschen südwärts führen solle. So würden sie Kiso zwischen den beiden Streitkräften wie zwischen Hammer und Amboß zerschmettern. Wenn er den Vormarsch beider Armeen zeitlich koordinierte, konnte das Unternehmen nicht schiefgehen. Es würde eine einfache militärische Operation sein.

28

Bei der Nachricht vom Anmarsch einer Armee unter dem erfahrenen Feldherrn Sukenaga hatte Kiso auf Yoshis Anraten beschlossen, das Feldlager am Hino zur Verteidigung herzurichten und den Feind hier zu erwarten, statt eine Feldschlacht mit ungewissem Ausgang zu riskieren. Das Lager befand sich in einer Flußschleife, die es auf drei Seiten mit einem natürlichen Wassergraben umgab. Hinter dem Lager erhoben sich in einer Viertelmeile Entfernung steile und felsige Hügel, deren nahezu unpassierbarer Wall das Lager im Rücken deckte. Unter Yoshis Leitung wurden in aller Eile Vorkehrungen getroffen, die strategisch günstige Position des Lagers durch Anlage von Dornverhauen und anderen Verteidigungsanlagen noch zu verbessern.

Die geeignetste Stelle für eine Flußüberquerung war in der Mitte der Flußschleife, und hier wartete Yoshi mit einer besonderen Kriegslist auf. Der Angreifer sollte, wenn er den Fluß an dieser Stelle erreichte, am anderen Ufer ein etwa hundert Schritte breites und von beiden Seiten mit niedrigem Gesträuch begrenztes Feld erblicken, an dessen Ende eine Ansammlung leerer Zelte zu Füßen eines felsigen Hügels stand. Holzfeuer ließen ihren Rauch über die Wipfel der Bäume steigen, ein Signal, das meilenweit sichtbar war. Das tatsächliche Feldlager war zur Rechten der dornigen Hecken verborgen.

Santaro leitete die Anlage der Dornverhaue. Schweiß rann ihm übers Gesicht und benetzte seinen Bart. Er war bedeckt mit Kratzern und beschmiert mit Erde, aber er erwies sich als ein zuverlässiger und unermüdlicher Helfer bei der Verwirklichung von Yoshis Plänen.

Yoshi war immer für eine Überraschung gut, und Santaro hatte ihm Freundschaft gelobt. Doch nach zwei Monaten als Kisos Berater hatte Yoshi keine anderen Freunde gewonnen.

Mit seiner Verteidigungsstrategie hatte Yoshi sich gegen Imai durchgesetzt, der dem Feind hatte entgegenziehen und ihn in offener Feldschlacht besiegen wollen. Für Yoshi war es ein Erfolg gewesen, aber in Santaros Augen zugleich ein ernster Fehler, denn Imai war ein tödlicher Feind.

Während Santaro die Arbeiten beaufsichtigte, sah er Kiso seinen Rundgang machen. Imai war an seiner Seite, und hinter ihnen ging Yukiie, begleitet von einem jungen Krieger. Kiso schien unzufrieden. Santaro glaubte zu verstehen, in welche Richtung Kisos Gedanken gingen: Wenn die Kriegslist gelänge, würde das Verdienst am Erfolg Yoshi zufallen; scheiterte sie, würden Kisos Truppen vernichtet und seine ehrgeizigen Pläne zuschanden.

Santaro richtete sich auf und stieß prustend den Atem aus. Er wischte sich mit dem Handrücken über die Stirn und beobachtete den Inspektionstrupp, als er sich zu den Zelten und den Feuerstellen begab. Er würde Yoshi zur Vorsicht ermahnen müssen. Ganz gleich, wie die Schlacht ausging, Yoshi hatte in Kiso und Imai zwei Todfeinde. Nein, drei. Auch Yukiie haßte ihn; Yukiie nahm Mißachtung und Erniedrigung hin, wenn sie von seinem Neffen Kiso ausgingen, aber er würde Yoshi nie verzeihen, daß dieser ihm im Kriegsrat die schmähliche Niederlage am Fluß Sumomata vorgehalten hatte, um seine eigene Strategie durchzusetzen. Yukiie war erfinderischer als die anderen zwei und nicht weniger gefährlich.

Jo Sukenaga saß auf einem Apfelschimmel. Seine Rüstung war mit Grün und Gold verziert und mit Lederschnüren besetzt. Er trug einen vergoldeten Helm mit ausladendem Nakkenschutz und metallenen Hörnern, hatte zwei Schwerter in den *obi* gesteckt und einen Köcher weißgefiederter Pfeile auf dem Rücken. Sein Sattel war vergoldet und mit aufgemalten grünen Drachen verziert. Hinter ihm ritt ein Adjutant mit dem roten Banner der Taira und Sukenagas eigenem Feldzeichen, einem weißen Federbusch auf grünem Grund.

Sukenaga hatte seine Truppen in Eilmärschen herangeführt, da er überzeugt gewesen war, daß Kiso weiter nach Norden vorstoßen würde. Die Berichte seiner Kundschafter verwirrten ihn. Anscheinend hatte Kiso beschlossen, sich in seinem Feldlager am Hino zu verschanzen und einen Angriff abzuwarten.

Die von seinem Sohn aus Echigo herangeführten Verstärkungen waren drei Tagesmärsche entfernt. Mehr als viertausend gutausgebildete Krieger würden zu spät eintreffen, um am Kampf teilzunehmen. Sukenaga glaubte jedoch genug kaiserliche Truppen zu haben, um Kisos undisziplinierte Mordbrenner ohne die zusätzliche Hilfe zu überwältigen.

Jo Sukenaga war ein Berufssoldat. Obwohl er in den letzten Jahren nicht mehr im Feld gewesen war, brachte er für Kisos bewaffnetes Lumpengesindel nur Verachtung auf. Er respektierte Kisos taktisches Geschick bei der Eroberung der nördlichen Provinzen, und er hatte Gutes über seinen Berater Yoshi gehört. Aber sie konnten nicht genug Zeit gehabt haben, die Bauern und Fischer, die sich ihrer Armee angeschlossen hatten, zu vollwertigen Kriegern zu machen. Gleichwohl war er ein wenig beunruhigt, weil Kiso nicht berechenbar gehandelt hatte. Kiso war ein Hitzkopf. Wenn er nicht vor den kaiserlichen Truppen davonlief, sollte er sich gegen sie wenden und die Initiative ergreifen. Etwas war nicht so, wie es sein sollte.

Sukenaga straffte die Schultern und ließ sein Pferd weitergehen. Er würde diesen Gebirgsbanditen eine Lektion erteilen. Unglücklicherweise würden sie nicht überleben, um davon zu profitieren.

Sukenagas Zuversicht rührte zum Teil davon her, daß die Taira in den letzten fünfunddreißig Jahren beinahe jede Schlacht gewonnen hatten. Seit Kiyomoris Siegen im Hogēn-Konflikt und dem Heiji-Aufstand hatten die Taira ihre Minamoto-Gegner immer wieder ausmanövriert und besiegt. Daß General Koremori im vergangenen Jahr vor Yoritomos Truppen die Flucht ergriffen hatte, war freilich ein Rückschlag, doch selbst in diesem Fall war es nicht Yoritomo gewesen, der Koremori in die Flucht geschlagen hatte, sondern dessen eigene Unerfahrenheit.

Kundschafter meldeten, sie hätten Rauch von Kisos Lagerfeuern jenseits des Hino gesichtet. Die Nachricht gab Sukenaga zu denken. Wie sonderbar, daß ein Mann, der einen guten Ruf als militärischer Taktiker genoß, so unbekümmert die Position seines Lagers verriet. Oder rechnete er damit, daß sein Lager in der Flußschleife längst bekannt war, und verließ sich auf die günstige Lage und seine Befestigungen?

»Wie weit ist das Lager entfernt?« fragte er.

»Ungefähr eine Stunde, auf der anderen Seite des Flusses.«

Sukenaga blickte zu Amaterasu auf. In den nächsten Stunden war noch kein Nachlassen der Hitze zu erwarten. Die Sonne brannte vom wolkenlosen Himmel. Sukenaga schwitzte unter seiner Lederrüstung, es juckte ihn da und dort, und am liebsten hätte er sich von der Panzerung befreit und Kühlung gesucht, aber das wäre ein schlechtes Beispiel für seine Männer. Seine Miene verriet nichts von diesen Beschwerlichkeiten, als er sagte: »Wir werden uns nicht Hals über Kopf in den Kampf stürzen. Ich erwarte ausführliche Meldungen der Kundschafter. Einstweilen werden wir haltmachen, ausruhen, uns im Gebet auf den Kampf vorbereiten und mit dem Angriff bis zum Abend warten.«

Der Nachmittag war nervenaufreibend. Kiso war gereizt und hatte kein Vertrauen in Yoshis Plan. »Warum greift Sukenaga nicht an?« fragte er, als festgestellt worden war, daß der Feind in Reichweite war. »Er hat unsere Falle entdeckt und denkt nicht daran, hieneinzutappen.«

»Nein«, sagte Yoshi. »Sukenaga ist ein erfahrener Soldat. Er wird tun, was er gelernt hat. Wenn du seine Truppen befehligtest, würdest du in der heißesten Tageszeit nach einem anstrengenden Marsch blindlings über einen Fluß hinweg zum Angriff übergehen? Nein. Er glaubt, daß wir uns hier in der Flußschleife verschanzt haben. Er wird warten, bis die Sonne untergeht und seine Leute abgekühlt und ausgeruht sind. Dann wird er uns in der formalen Art und Weise herausfordern. Das ist seine Art.«

»Und wenn er es nicht tut?«

»Wir müssen unsere Positionen besetzt halten.«

Imai, stets an Kisos Seite, knurrte: »Ich denke, wir sollten den Fluß überschreiten und ihn überraschen, bevor seine Truppen ausgeruht und formiert sind. Warum ihn Zeit gewinnen lassen? Ich sage, wir sollten zuerst losschlagen. Yoshis Taktik ist die Taktik eines Feiglings.«

Yoshi konnte sich nicht leisten, zornig zu werden. Die bevorstehende Auseinandersetzung würde seine erste Gelegenheit sein, Kiso und seine Truppen einzuschätzen. Kiso hatte Yoshis Vorschläge angehört und sie befolgt. Yoshi hegte eine Abneigung gegen den Mann, räumte jedoch ein, daß Kiso ein guter Krieger war. Sofern seine Armee nicht im Kampf versagte, würde Yoshi melden, daß Kiso ein wertvoller Verbündeter sei. Unterdessen erinnerte Imais herausforderndes Benehmen Yoshi daran, daß der Weg, den er gewählt hatte, schwieriger war als jener des Schwertes. Das Schwert war einfach und direkt. Man brauchte nicht zu denken... nur zu handeln. Dieser Weg hingegen war hart, und oft glaubte er, ihm fehlte die innere Stärke, ihn zu gehen. Wie lange konnte er die ständigen Beleidigungen ertragen, bis sein Stolz über seine Prinzipien siegte? Mit einem Schwert in der Hand würde er Imai im Kampf bezwingen... und Kiso. Aber dann würde er sich mit Tezuka auseinandersetzen müssen, mit Jiro und Taro. Das Blutvergießen würde kein Ende nehmen, bis er und Nami mit ihrem Leben für seinen törichten Stolz bezahlt hätten, und die Mission, mit welcher der Kaiser ihn beauftragt hatte, bliebe unausgeführt.

Yoshi schluckte die Bitterkeit hinunter und sagte: »Imai, deine Ungeduld wird dich in die Höhlen Yomis führen. Der Gebrauch des Verstandes ist nicht Feigheit. Als ich mit dem Schwert kämpfte, lernte ich, daß ein direkter Angriff nicht immer der beste Angriff ist, daß Scharfsinn und Umsicht wichtiger sind als Stärke. Du stellst meine Geduld auf die Probe, aber ich werde es ignorieren.«

»Laß dieses gönnerhafte Getue, du Taira-Bastard!« fauchte Imai. »Such dir ein Schwert oder... bewaffnet oder nicht, ich schlag dich in Stücke, wo du stehst.«

Kiso hielt seinen Pflegebruder zurück. »Wenn die Zeit kommt, Yoshi mit dem Schwert in der Hand gegenüberzutreten, werde ich derjenige sein, der es tut«, sagte er. »Wir haben seinen Plan akzeptiert, also wollen wir unsere Kräfte darauf konzentrieren, Jo Sukenaga zu schlagen.«

Die Sonne sank rasch; bald würde die Stunde des Hundes anbrechen. Die heißeste Tageszeit war vorüber, und eine leichte Brise strich durch die Kiefern, unter denen Jo Sukenagas Armee lagerte. Vom Hino quakten Frösche herüber. In den Bäumen begannen die Zikaden zu schnarren.

Der Hino war ein glasklarer kleiner Fluß von etwa zwanzig Fuß Breite; das Wasser spiegelte die Bäume, die sein Ufer in Abständen begleiteten.

Jo Sukenaga ritt aus dem Kieferngehölz, gefolgt von seinem Standartenträger und drei Offizieren. Am Flußufer angelangt, stellte er sich in die Steigbügel und rief eine formale Herausforderung: »Ich, Echizen-no-Sammi-Jō Sukenaga, Herr von Echigo, *Hangwan* der kaiserlichen Armeen Taira Munemoris, treu ergeben der Sache der Taira und dem Kaiserhaus, fordere hiermit alle und jeden zum Zweikampf heraus, die meine Stimme hören. Gibt es einen Samurai unter euch, der mutig genug ist, meinem Besten im tödlichen Zweikampf zu begegnen?«

Sukenaga ließ sich in den Sattel zurücksinken und signalisierte einem seiner Offiziere, den zeremoniellen summenden Pfeil abzuschießen, der offiziell die Eröffnung der Feindseligkeiten markierte.

Eine Gruppe von fünf gepanzerten Samurai kam aus den Schatten, die sich zwischen der Ansammlung von Zelten am Fuß des Hügels ausbreiteten. Sukenaga merkte, daß er im Nachteil war, solange die Sonne über dem Höhenzug stand; sie schien ihm ins Gesicht, und es war schwierig, das feindliche Lager zu sehen. Die Situation gefiel ihm nicht. Angesichts des aufmarschierten Gegners hätten Hunderte von Kriegern aus dem Lager kommen müssen. Statt ihrer sah er nur Zelte, Banner, den Rauch von Lagerfeuern und fünf Mann.

Der Anführer der fünf rief mit weithin hallender Stimme: »Imai-no-shiro Kanehira bin ich, Pflegebruder des Dämonenkriegers Kiso Yoshinaka. Alle Provinzen des Reiches kennen und fürchten meinen Namen, also schicke deinen Besten, wenn du es wagst.« Mit diesen Worten schoß er einen Kriegspfeil über den Fluß auf Sukenagas Bannerträger und verfehlte ihn um einige Handbreit.

»Ein Freiwilliger«, rief Sukenaga, »dem Herausforderer zu begegnen.«

Drei Offiziere ritten wie ein Mann vorwärts.

Sukenaga wählte einen jungen Offizier von nicht mehr als neunzehn Jahren aus, und der junge Mann trieb sein Pferd ins Wasser des Hino. Pferd und Reiter tauchten momentan im kalten Wasser unter, kamen aber rasch wieder hinaus und erklommen die jenseitige Uferböschung. Der Offizier sprang geschmeidig aus dem Sattel und zog sein Schwert, als er auf Imai zuschritt.

Imai hatte seinen Bogen abgelegt und die eigene Klinge gezogen. Er wartete, während der junge Mann seine Herausforderung machte.

»Ich bin Ikawa-no-Tokohashi, Sohn des Herrn von Iga und Offizier der kaiserlichen Armee. Obwohl ich erst neunzehn Jahre alt bin, habe ich die Minamoto-Usurpatoren in drei Feldzügen bekämpft und besiegt. Halte mir stand, wenn du kannst.«

Imai leitete den Kampf mit einer schnellen Folge von Vorstößen und Finten ein, die orangefarbene Reflexe von der Klinge sprühen ließ. Imai war schnell und entschlossen, doch war der Kampf weit davon entfernt, einseitig zu sein. Tokohashi hatte den Vorteil der Jugend; seine Reflexe waren Imais Angriffen mehr als gewachsen, und ihm gelang es zuerst, den Gegner zu verletzen. Ungläubig sah Imai auf den roten Fleck, der sich ausbreitete, wo seine linke Schulterplatte endete. Sein Innehalten war nur kurz, ein Sekundenbruchteil, dann explodierte er in rasender Wut. Sein Angriff war zu gewaltsam, um ihn aufzuhalten. Tokohashi verrechnete sich bei einem Konterschlag gegen den Wasserradangriff, und der erste Zweikampf endete damit, daß Tokohashi sich am Boden wälzte und beide Hände gegen seinen Leib preßte.

Imai sprang ihm nach, packte ihn beim Haar und schnitt ihm die Kehle durch. Blut besprühte ihm Arme und Gesicht wie mit roter Farbe.

Weniger als zwei Minuten waren seit Tokohashis Herausforderung vergangen.

Tokohashis Tod schmerzte Jo Sukenaga; der junge Mann war einer seiner Favoriten gewesen. Dieser Verlust war ein Zeichen von übler Vorbedeutung. Aber jetzt war keine Zeit, sein Schicksal zu bedauern. Sukenaga hob das Schwert und senkte es in Richtung auf den Feind; es war das allgemeine Angriffssignal.

Die Armee setzte sich in Bewegung und wogte in breiter Front auf den Fluß zu. Die ersten Reiter galoppierten die Böschung hinab und stürzten sich je vierzig nebeneinander in den Fluß. Sie trieben ihre Pferde der tiefstehenden Sonne entgegen und mußten die Augen zusammenkneifen, um am feindlichen Ufer Einzelheiten auszumachen. Pferde glitten auf den rundgeschliffenen Felsen aus, die den Grund des Flusses bedeckten, und warfen ihre Reiter ab. Im Nu war das Wasser aufgewühlt und schlammig, doch der Fluß war nicht allzu tief, und so gelang es Pferden und Reitern, wieder Halt zu finden und jenen nachzueilen, die das andere Ufer schon erreicht hatten.

Durchnäßte Pferde drängten am Nordwestufer durcheinander, während ihre Reiter das Wasser aus ihren Rüstungen schüttelten. Die Krieger waren diszipliniert, und rasch formierten sie ihre Angriffsreihen neu und galoppierten auf die Zelte und Lagerfeuer zu. Nur wenige sahen in dem lärmenden Durcheinander die stummen Bogenschützen hinter den Wällen der Dornsträucher aufstehen.

Plötzlich war die Luft erfüllt vom Zischen der Kriegspfeile und dem Schwirren der Bogensaiten, und innerhalb von Sekunden war die Vorhut von Sukenagas Armee dezimiert, während weitere Wellen berittener Krieger durch den Fluß platschten, um ihr zu folgen. Der Hagel tödlicher Pfeile von den halb hinter den Dornverhauen verborgenen Schützen ließ nicht nach und durchschlug Lederpanzer und Fleisch.

Die Dämmerung war hereingebrochen. *Hangwan* Jo Sukenaga ritt über das Leichenfeld und erreichte die Zelte. Er war benommen angesichts der Ungeheuerlichkeit der Falle. Tränen standen in seinen Augen. Es gab keine Rückkehr. Jo Sukenaga war ein tapferer Mann. Er hatte viele Jahre im Schatten des Todes gelebt und fürchtete ihn nicht. Aber die Schande! Der Gesichtsverlust! Viertausend Samurai waren ihm anvertraut worden, und er hatte versagt. Er war überlistet worden, seine Sache war verloren.

Tränen rannen ihm über die Wangen, aber sie galten nicht dem eigenen Schicksal, sondern der Entehrung, die er über seine Familie gebracht hatte. Sein Apfelschimmel stampfte durch das Zeltlager und stieß Banner um, deren Stangen im Boden steckten. Die Viertelmeile hinter ihm war Schauplatz eines Gemetzels, wie es seit Jahren keine Armee hatte erleiden müssen. Pferde brachen wiehernd zusammen und schlugen um sich. Verwundete ächzten und riefen um Hilfe, versuchten in Deckung zu kriechen und den gnadenlosen Wolken von Pfeilen zu entgehen, die aus den Schatten kamen.

Ein paar hundert Krieger überwanden die Dornverhaue und warfen sich in wilder Erbitterung auf den Feind. Stahl klirrte auf Stahl, durchschlug lederne Panzer, schnitt in Fleisch, verbiß sich in Knochen. Im abnehmenden Licht war es schwierig, Freund und Feind zu unterscheiden, aber Kisos Truppen hatten Befehl, jeden anzugreifen, dessen Rüstung naß war.

Jo Sukenaga spornte den Apfelschimmel an und warf sich ins Kampfgetümmel. Wenigstens konnte er kämpfend an der Seite der Männer sterben, die er enttäuscht hatte. Er ritt einen Bogenschützen nieder und enthauptete einen zweiten. Dann trat sein Pferd in ein Loch und brach in die Knie, und Sukenaga flog über seinen Kopf vorwärts und rollte am Boden.

Er sprang auf, das Schwert in der Faust, und funkelte wild in alle Richtungen. »Zeigt euch, Strauchdiebe!« rief er. »Stellt euch zum Kampf, Affengesichter.«

Ein Pfeil durchschlug sein Panzerhemd und bohrte sich tief in seine Hüfte. Er fiel auf die Seite, zog mit einer Hand an dem vom Blut schlüpfrigen Schaft und schüttelte mit der anderen das Schwert. »Stellt euch, ihr Hundesöhne!«

Ein Pferd galoppierte vorüber, bäumte sich auf und machte kehrt. Jemand beugte sich aus dem Sattel; ein kräftiger Arm griff nach ihm und hob ihn über den Pferderumpf. Es war einer der jungen Offiziere, die sich erboten hatten, den Kampf zu eröffnen. Er trieb sein Pferd vorwärts, und sie galoppierten auf die Zelte und den dunkel aufragenden Hügel zu.

Es wurde rasch Nacht. Kleinere Trupps von Kriegern schlugen sich gegen einen Feind, den sie kaum sehen konnten. Einer nach dem anderen fielen sie unter Pfeilen,

195

Schwertern und *naginatas*. Der junge Offizier zügelte sein Pferd am Fuß des steilen Hügels und sprang ab. Behutsam hob er Sukenaga vom Pferd und streckte ihn am Boden aus.

»Alles ist verloren. Alles ist verloren«, murmelte der General.

»Sie haben Euren Kopf nicht genommen«, erwiderte der junge Mann. »Wir sollten ihnen diesen Triumph nicht gewähren.«

»Richtig! Ich danke dir«, sagte Sukenaga. »Bitte hilf mir. Sei mein Sekundant.«

Ungeachtet des Blutes, das aus seiner Hüfte floß, kniete er nieder und legte seine Rüstung ab, bis Brust und Bauch entblößt waren.

»Nimm meinen Kopf und verbirg ihn. Ich zähle auf dich«, sagte er in stoischer Ruhe.

Der Offizier breitete ein Stück Stoff vor Sukenagas Knien aus. Wenn es getan wäre, würde er das Tuch nur zusammenfalten und den Kopf forttragen müssen, wo der suchende Feind ihn nicht finden würde. Wenigstens sollte Kiso der Beweis seines Sieges verwehrt bleiben.

Sukenaga zog sein Kurzschwert und sprach leise murmelnd die vorgeschriebenen Gebete. Er würde seinen Sohn niemals wiedersehen... noch seine Frau oder seine drei Töchter. Aber es war sein Karma, hier, fern der Heimat, zu sterben, und er nahm es an.

Es gab kein Zögern mehr. Der Feind nahte, und er würde ins Westliche Paradies eingehen. Er stieß die Klinge in seine linke Seite, zog sie nach rechts und riß sie mit einer Drehung aufwärts.

Kaum war es getan, da sauste die Klinge des jungen Offiziers abwärts, und Jo Sukenagas Kopf rollte auf das vor ihm ausgebreitete Tuch.

29

Um Mitternacht war Sukenagas Armee auf ein paar Handvoll tapferer Krieger zusammengeschmolzen, die im vollen Bewußtsein der Niederlage einen ehrenhaften Tod auf dem Schlachtfeld schmählicher Flucht vorzogen. Weniger als fünfhundert kehrten dem Schlachtfeld den Rücken, um über den Hino zu entkommen und nach Südosten zu fliehen. Erst in den frühen Morgenstunden war die Schlacht zu Ende. Die letzten kaiserlichen Soldaten lagen in ihrem Blut.

Trotz einer gründlichen Suche konnten Kisos Männer den Kopf Jo Sukenagas nicht finden. Für Kiso war es eine geringe Enttäuschung, verglichen mit dem Triumph über die Kaiserliche Armee, und er ließ die Suche abbrechen.

Auf Yoshis Verlangen wurden Wachen postiert, während alle anderen den Sieg feierten, indem sie sich bis zur Bewußtlosigkeit betranken.

Zwei Mitglieder von Kisos Kriegsrat mieden die Festlichkeiten – Yoshi, der über das von ihm verursachte Chaos nachzudenken hatte, und Kiso, den andere Pläne beschäftigten. Er trank und lachte mit seinen Männern, und niemand bemerkte, daß er immer dieselbe Tafelflasche in der Hand hielt und sie nicht nachfüllte. Versteckt beobachtete er Yoshi, der an der Peripherie des Feuerscheins kniete und die Augen geschlossen hielt.

»Komm, Yoshi!« rief Kiso mit nachgeahmter Trunkenheit in der Stimme. »Komm zu uns. Dies ist dein Triumph ebenso wie der unsrige.«

Yoshis Lider blieben geschlossen. Seine hohen Backenknochen waren belebt vom flackernden Widerschein des Feuers und gaben ihm das Aussehen eines meditierenden Mönches. Fast ohne die Lippen zu bewegen, antwortete er: »Wir taten unsere Pflicht. Ich hege kein Bedauern, aber ich frohlocke auch nicht. Nahezu viertausend gute Krieger starben heute nacht. Ich empfehle ihre Seelen dem Westlichen Paradies.«

»Du verdirbst uns anderen die Siegesfeier. Komm!« Kiso schwenkte seine Flasche in einer Parodie geselliger Trunkenheit. »Du beharrtest darauf, daß wir entlang dem Hino Wachen aufstellen. Ich weise dir eine besondere Pflicht zu, bis der Tag anbricht. Du sollst Meister der Wachen sein.« Er zwinkerte ihm zu. »Vielleicht hast du recht. Ich erinnere mich einer Zeit, als meine Wachen ihre Pflicht vernachlässigten und du uns in Verlegenheit brachtest. Nicht wahr?« Kiso brach in rauhes Gelächter aus, während er Yoshis Reaktion beobachtete.

Yoshi blickte langsam auf. »*Hai*«, sagte er. »Ich finde kein Vergnügen an dieser Feier. Ich werde die Verantwortung für die Wachen übernehmen.« Er lächelte grimmig. »Seid beruhigt, General Yoshi wird um eure Sicherheit besorgt sein.«

Er stand auf und ging um das Feuer, um Santaro auf die Schulter zu klopfen und zu den tapferen Taten des Tages zu beglückwünschen und einen Schluck Wein mit ihm zu teilen. Dann verschwand er in der Dunkelheit.

Kiso stellte seine Tafelflasche Sake weg und schlüpfte unauffällig in die entgegengesetzte Richtung davon.

Aus der Dunkelheit heraus beobachtete Kiso aufmerksam die im tanzenden Feuerschein feiernden Krieger. Als er sich vergewissert hatte, daß niemand seine Abwesenheit bemerkte, wandte er sich um und eilte zum Lager. Ein junger Posten, nicht älter als fünfzehn, rief ihn an, entschuldigte sich aber, als er Kiso erkannte.

»Gut gemacht«, sagte Kiso. »Sei weiterhin wachsam. Rufe jeden, der vorbeigeht, laut an. Morgen werde ich dein Pflichtgefühl belohnen. Einstweilen bleib auf deinem Posten und vergiß, daß du mich gesehen hast.«

»*Hai*, General Kiso.« Der Junge zitterte fast in seinem Eifer, einen guten Eindruck zu machen.

Kiso ging weiter. Im Lager brannten nur wenige Laternen und Öllampen. Die meisten Frauen und Gefolgsleute hatten das Lager verlassen und sich zu den Feiernden gesellt. Trotz der späten Stunde war das Lärmen laut und ungestüm.

Kiso überprüfte mehrere leere Zelte, bevor er das gesuchte fand. Vor dem Eingang hielt er inne und lauschte. Aus der Entfernung drang betrunkenes Geschrei durch die Nacht, aber hier herrschten die leiseren Geräusche der Natur: das Schrillen der Zikaden, ein klagender Eulenruf, das plötzliche Schnattern eines erschrockenen Affen. Die auffrischende

198

Brise spielte in den Zweigen der Sicheltannen und raschelte leise im Laub der Ahornbäume. Sonst herrschte Stille. Trotzdem umfaßte er den Schwertgriff mit der Rechten, als er sich bückte, die Zeltklappe zurückschlug und eintrat.

Die Öllampe war ausgegangen; ihr fettiger Geruch hing noch in der Luft. Kiso wartete, bis seine Augen sich an die Dunkelheit gewöhnt hatten. Unweit vom Eingang machte er einen undeutlichen Umriß aus. Selbst wenn er sie nicht sehen konnte, der Duft hätte ihm verraten, daß er sein Ziel erreicht hatte. Ein leichtes, süßes Parfüm umgab die Schläferin wie eine zweite, durchsichtige Hülle.

Kiso fühlte, wie das Verlangen in ihm wuchs. Lange hatte er auf diesen Augenblick gewartet. Er legte seine Schwerter ab, band den *obi* los. Mit wenigen geübten Handgriffen legte er seine Rüstung ab und verstaute sie neben der Zeltklappe. Jetzt trug er nur noch ein leichtes Untergewand und eine schwarzseidene *hakama*.

Keine Bewegung vom *futon*. Kiso lauschte dem leisen Geräusch ihres Atems und paßte die eigenen, angestrengteren und rauheren Atemzüge ihrem Rhythmus an. Sein Herz klopfte. Nervöse Erregung ließ seine Hände zittern.

Ungeduldig band er die *hakama* los und warf sie zur Seite, trat zum *futon*. Seine männliche Härte pulsierte mit jedem Herzschlag. Er ließ sich auf die Knie nieder, dann kroch er zu ihr und schmiegte sich stumm an die weiche, nachgiebige Gestalt.

Nami hatte sich, ermattet von der Hitze und von Kopfschmerzen geplagt, frühzeitig in ihr Zelt zurückgezogen und Stunden in einem unruhigen, fiebrigen Halbschlaf dagelegen. Der Schlachtenlärm war nur unbestimmt und vage aus der Ferne in ihr Bewußtsein gedrungen. Bald war ihr das Geschehen wie ein Traum, bald fühlte sie, daß es Wirklichkeit war und Männer auf dem Schlachtfeld starben, aber nie durchstieß sie die Grenze zum Wachsein ganz.

Irgendwann nahm das ferne Lärmen einen anderen Charakter an und wurde zu den Rufen und dem Gelächter der Feiernden. Sie wälzte sich auf ihrem Lager, dachte an Yoshi. Er hatte versprochen, daß er nicht kämpfen würde. Er würde zu ihr kommen, sobald er konnte. Sie fühlte sich schläfrig und träge, und der schlaftrunkene Wunsch zu sehen, was geschehen war, verlor sich in erneuerten Traumphantasien. Kurz nach Mitternacht sank sie in einen tiefen Schlaf.

Nami erwachte, fiebernd von dem *kami*, der sie schon geplagt hatte, als sie schlafen gegangen war. Schlaftrunken murmelte sie: »Yoshi.« Wie im Traum fühlte sie den Druck seines muskulösen Körpers gegen ihren Rücken. Seine Hand ging um ihre Mitte, teilte ihre Seidengewänder. Sie fühlte, wie die schwielige Handfläche über ihren Leib strich und zwischen ihre Schenkel glitt. Sie keuchte vor Lust und griff hinter sich, um ihn zu führen.

Ihre Hand schloß sich um sein Glied und zog es sanft zu sich, während er ihr half, ihre Gewänder abzustreifen. Seine Hände strichen über ihre Flanken, umfingen ihre Brust und liebkosten sie. Erst als sie sein Eindringen fühlte, erwachte sie ganz aus der wohligen Schlaftrunkenheit und wurde sich eines fremdartigen Geruches von Schweiß und Blut bewußt, eines ungewohnten Gefühls der harten Hand, die sie streichelte, einer Andersartigkeit in der Art und Weise, wie Yoshi sie liebte.

Sie schrak zusammen.

Augenblicklich verschloß ihr die Hand, die ihr eben noch beim Auskleiden geholfen hatte, mit grausamem Druck den Mund.

Der Mann war nicht Yoshi!

Amida Buddha, steh einer Gläubigen bei! Nami versuchte zu schreien, aber nur ein dünnes Pfeifen kam aus ihrer Nase. Sie roch den von Sake geschwängerten Atem und einen unvertrauten männlichen Moschusgeruch, der gleichzeitig erregend und abstoßend war.

Sie zappelte, wand sich, versuchte in die Hand über ihrem Mund zu beißen, versuchte sich den Fingern zu entziehen, die sie rieben und streichelten. Gegen ihren Willen fühlte sie ein Anschwellen von Leidenschaft.

Der *kami*, der sie niederhielt, bewegte sich schneller. Der Geruch wurde stärker. Die Hand löste sich von ihrem Mund, und sie schrie und schrie, wissend, daß es zwecklos war, daß ihre Schreie im Lärm der Siegesfeier untergehen würden. Sie versuchte auf das Ungeheuer einzuschlagen, aber er faßte ihre beide Handgelenke mit seiner harten Hand und hielt sie fest.

Dann fühlte sie den heißen Erguß seiner Leidenschaft und versank in Entsetzen und Ekel. Sie fühlte sich beschmutzt, bis in den tiefsten Kern ihres Wesens verletzt und mißbraucht. Die fiebrige Erschöpfung, die sie eine Schlacht hatte verschlafen lassen, war gewichen, und aus ihrem Elend wuchs eine Flamme brennenden Hasses. Wer immer dieser Unhold war, er sollte für seine Tat büßen. Der Mann zog sich zurück; sie hörte, wie er hinter ihrem Rücken mit seiner Kleidung beschäftigt war. Die Dunkelheit war vollkommen. Mühsam stützte sie sich auf ihre Arme und versuchte den Eindringling zu erkennen. Wie sehr sie ihre Augen auch anstrengte, mehr als einen undeutlichen Umriß konnte sie nicht erkennen.

Dann wurde die Zeltklappe zurückgeschlagen, und einen kurzen Augenblick lang sah sie das schmale, scharfgeschnittene Gesicht mit der vorspringenden Nase im Profil vor dem Schein der entfernten Feuer.

»Kiso«, zischte sie schluchzend. »Du Vieh! Dafür wirst du bezahlen. Ich...«

Kiso war schon fort. Wieder umfing sie vollkommene Schwärze, und sie sank zurück auf ihr Lager und überließ sich schluchzend ihrem Leid. Was sollte sie tun? Was sollte sie nur tun?

30

Am Morgen nach der Siegesfeier hielten noch einige betrunkene Samurai am Ort des nächtlichen Gelages aus, noch nicht bereit, von ihrem Triumph zu lassen. Der Geruch nassen, schwelenden Holzes lag in der Luft. Ein Regenschauer hatte die meisten Feuer gelöscht. Er hatte nicht lange genug gedauert, den ausgedörrten Feldern zu helfen, aber das Versprechen weiterer Regenfälle hing schwer in den Wolken über dem Lager.

Das Schlachtfeld war übersät mit den Körpern toter Krieger und Pferde. Die meisten Gefallenen waren ihrer Wertsachen beraubt: Schwerter, Rüstungen, Bogen, Sättel und persönliche Gegenstände waren verschwunden. Die Frauen, Kinder und alten Männer aus dem Lager waren während der Siegesfeier nicht untätig gewesen und hatten die Leichen ausgeplündert.

Kurz nach Tagesanbruch beaufsichtigte Yoshi den Wachwechsel und zog sich zur wohlverdienten Ruhe in sein Zelt zurück.

Er glaubte hinter Namis Wandschirm unterdrücktes Schluchzen zu hören, doch als er nachsah, lag sie still, ganz zugedeckt unter ihrem *futon*. Er mußte sich das Geräusch eingebildet haben, oder es war das Resultat ihrer Träume. Allem Anschein nach schlief sie fest.

Müde knüpfte er die Riemen auf, die seine Rüstung zusammenhielten, und ließ die Teile auf die Bodenmatte fallen, wo sie einen unordentlichen Haufen bildeten. Er streckte sich auf seinem Lager aus und dachte, daß er seit ihrer Ankunft in Kisos Lager sehr wenig Zeit mit Nami verbracht hatte. Morgen würde er es gutmachen.

Morgen...

Mit einem Schreck fuhr Yoshi auf. Nach der feuchten Hitze zu urteilen, mußte Mittag bereits vorbei sein. Er hörte Arbeitslärm und folgerte, daß Kiso den Abbruch des Lagers angeordnet hatte. Nach dem gestrigen Sieg gab es nichts, was ihn am Marsch auf Kyoto hindern konnte. Die kaiserliche Garde war aufgerieben und zersprengt. Der Kaiser und seine Familie waren Kiso auf Gedeih und Verderb ausgeliefert.

Yoshi zog den Stöpsel aus einem Bambusrohr und goß eine Handvoll Wasser heraus, die er sich ins Gesicht spritzte. Er mußte den Abbau der Zelte überwachen und Vorkehrungen für die erbeuteten Pferde und Rüstungen treffen. Dazu brauchte er einen klaren Kopf.

Zuvor aber mußte er mit Nami sprechen und sie bitten, noch einen weiteren Tag Geduld mit ihm zu haben.

Das Zelt war leer. Der *futon* war zusammengerollt, und Nami war gegangen. Yoshi runzelte die Stirn. Wohin konnte sie gegangen sein? Er war besorgt, unterdrückte das Gefühl aber rasch. Nami war vermutlich mit Tomoe zusammen, und es gab keinen Grund zur Sorge. Die beiden hatten sich angefreundet, und das Leben in einem Feldlager war nicht mit dem Leben am Hof zu vergleichen. Überdies war Nami immer eine unabhängige und mutige Frau gewesen, anders als die Hofdamen, unter denen sie in Kyoto gelebt hatte. Trotzdem, als sie in der Hauptstadt gelebt hatten, wäre sie niemals allein aus dem Haus gegangen.

Yoshi hatte sich während der vergangenen Monate oft vor diesem Dilemma gesehen. Einerseits glaubte er an überlieferte, althergebrachte Tugenden: eine Frau sollte daheimbleiben und sich dem Haushalt widmen. Andererseits hatte er Nami ermutigt, als sein Gefolgsmann von Kyoto nach Kamakura und von dort in die Berge von Shinano zu reiten. Konnte er nun verlangen, daß sie sich hinter Wandschirmen verbarg und benahm, als sei nichts geschehen, nur weil sie wieder Frauenkleidung trug?

Die Welt veränderte sich. Yoshi seufzte. In der Tat, die Welt näherte sich den neuen Zeiten, der Umwertung aller Werte, wie der Seher prophezeit hatte.

Yoshi zuckte die Achseln. Er liebte Nami und ihren wilden Unabhängigkeitsdrang. Nie würde er von ihr verlangen, daß sie sich ändere. Bestimmt war sie zu Tomoe gegangen. So unterschiedlich die beiden Frauen waren, so gut verstanden sie sich. Es gab keinen Zweifel, daß Tomoe viel Gewinn aus der Freundschaft zog. Yoshi sorgte sich bisweilen, daß sie im Austausch eine gewisse Derbheit in Ausdruck und Anschauungsweise gab, die er für Nami nicht geeignet hielt.

Genug! Es gab viel zu tun. Er würde Nami sehen, bevor das Lager abgebrochen wäre. Die Hitze begann die Leichen auf dem Schlachtfeld bereits zu zersetzen. Schmeißfliegen machten den Aufenthalt im weiteren Umkreis fast unerträglich, und schon breitete sich Verwesungsgeruch aus. Yoshi kauerte neben den Teilen seiner Rüstung nieder und machte sich eilig an die mühsame Arbeit des Reinigens und Polierens, bevor er sich seinen anderen Pflichten zuwandte.

Das neue Lager wurde fünf Meilen weiter nördlich aufgeschlagen, in einem Wiesental. Kundschafter meldeten, daß

Jo Sukenagas Sohn seine Armee nach Echigo zurückführe. Kiso beschloß, seinen Zug durch die nördlichen Provinzen nicht fortzusetzen. Bei der abendlichen Sitzung seines Kriegsrates zeigte er sich in bester Stimmung.

Der Sieg war Grund genug für Kisos Frohlocken; er war so sehr mit sich zufrieden, daß er, als Santaro ein Sonderlob für Yoshis Planung vorschlug, ohne weiteres zustimmte. Bei anderen Gelegenheiten hatte Kiso sich sehr übelgelaunt gezeigt, wenn jemand ein Verdienst beanspruchte, das seiner Ansicht nach ihm gebührte. Diesmal aber blieb seine gute Laune ungetrübt, und er machte Yoshi Komplimente, wenn auch in einer etwas überlegenen und herablassenden Art.

Eben dies bereitete Yoshi Unbehagen. Er traute Kiso nicht, und wenn dieser freundlich war, traute er ihm am allerwenigsten.

»Yoshi ist kein großer Krieger«, sagte Kiso mit einem ironischen Lächeln, »aber seine Voraussicht erweist ihn als einen klugen Mann, der weiß, wann er gut daran tut, einer offenen Feldschlacht auszuweichen.«

»Yoshis Plan klappte, weil wir die besseren Krieger waren«, murrte Imai. »Mein Plan hätte uns denselben Sieg mit mehr Ehre geschenkt.«

»Ohne Zweifel«, sagte Kiso, »aber rechnen wir es ihm als Verdienst an, daß seine Taktik erlaubte, die Truppen vor größeren Verlusten zu bewahren. Das ist die kluge Art zu kämpfen. Habe ich nicht recht, Yoshi? Habe ich nicht recht, Onkel Yukiie?«

Yoshis Antlitz wirkte wie aus Marmor gemeißelt, seine Augen blickten Kiso in kaltem Gleichmut an. Kiso fuhr fort: »Wir haben genug Weideland, um Monate in dieser Gegend auszuhalten. Es gibt einen Teich, dessen Wasservorrat trotz der Sommerdürre ausreicht. Wir haben unseren Teil zu Yoritomos Krieg beigetragen. Wir haben eine Ruhepause verdient. Ich habe beschlossen, daß wir bis zum Ende des Winters hier bleiben werden. Wir werden die Zeit dazu nutzen, Krieger aus dem umliegenden Land zu rekrutieren und auszubilden. Im Frühjahr werden wir wieder marschieren.«

Yoshi sagte: »Wir müssen Yoritomo von unserer Entscheidung benachrichtigen.«

Kiso nickte schmunzelnd. »Ja, sehr gut. Sieh zu, daß eine Botschaft abgesandt wird.«

Am selben Abend faßte Yoshi zwei Botschaften ab. Eine war an Yoritomo gerichtet und beschrieb die Schlacht gegen Jo Sukenaga. Sie schloß mit einer Mahnung zur Vorsicht: Kisos Armee wuchs rasch, und der Sieg über Sukenaga würde ihm eine sehr starke Machtbasis verschaffen.

Eine zweite Botschaft war für den Kaiser bestimmt. Sie war verborgen in demselben Kasten, der Go-Shirakawas Botschaft an Yoritomo enthalten hatte. Der Bote wurde gewarnt, daß sein Leben in Gefahr sei, sollte das Geheimnis des Kastens entdeckt werden. Hingegen würde er reich belohnt, wenn er den Kasten wohlbehalten abliefere. Die Botschaft enthielt Yoshis Einschätzung der jeweiligen Verdienste Yoritomos und Kisos. Yoshi verriet dem Kaiser, daß Yoritomo auf Ersuchen Go-Shirakawas Bündnisse mit den großen Familien des Nordens schloß. Yoshi empfahl, daß der Kaiser sich mit Yoritomo verbünde und warnte ihn, daß Kiso zwar ein guter Feldherr sei, aber unberechenbar und nicht vertrauenswürdig.

31

Der zweite Tag des zehnten Monats war *Taian*, ein Glückstag nach dem *Rokuyo*-Kalender, dessen Woche aus sechs Tagen bestand. Yoshi hatte die Priester und die *Yin-Yang*-Seher befragt. Mit ihrer Hilfe war er zu dem Schluß gelangt, daß dies der am meisten glückverheißende Tag für die Hochzeit sein würde.

Nami war still und in sich gekehrt. Sie akzeptierte Yoshis Vorschläge für die Hochzeitszeremonie mit einem uncharakteristischen Mangel an Begeisterung. Es war, als interessierte sie das alles gar nicht.

Der Anblick, wie sie so still und allein im Zelt saß, zerriß Yoshi das Herz. Er erinnerte sich an eine Zeit vor Jahren, als er in den Klauen böser Geister gewesen war und Nami ihn gesundgepflegt hatte. Er beschloß, alles ihm mögliche zu tun, um ihr zu helfen.

Er ließ die Heiler kommen. Sie fanden nichts. Nach langwierigen Proben und Befragungen astrologischer, anatomischer, mathematischer Tabellen und der Anwendung verschiedener Kräuterkuren befanden sie, daß Nami von der Geisterwelt beeinflußt werde. Die Diagnose war Yoshi vertraut. Auch er hatte unter einem *mono-no-ke* gelitten, einem bösen Geist, und erinnerte sich seiner Hilflosigkeit bei seiner Bekämpfung.

Yoshi konnte die Priester rufen, daß sie einen Exorzismus durchführten, doch würde ein solcher wegen der Schmerzen und der Gefahr nur als letztes Mittel zu akzeptieren sein. Er wollte seine eigene Stärke und Liebe einsetzen, um Nami im Kampf gegen die bösen Geister zu helfen.

Um die unheilvolle Natur von Namis Krankheit zu bekämpfen, hatte Yoshi den glücklichsten Tag der Woche für die Zeremonie ausgewählt. Eine Hochzeit am *Taian* sollte den Erfolg der Ehe sichern.

Tomoe fungierte als Namis Begleiterin. Sie arrangierte den ersten Teil der Zeremonie, indem sie die Zubereitung der *mikay-omochi*, der Dritte-Nacht-Reiskuchen zu Ehren der wichtigsten Shinto-Gottheiten Izanagi und Izanami beaufsichtigte. Am Morgen des Hochzeitstages wurde eine kleine Gruppe in das Zelt geladen, um Yoshi und Nami beim gemeinsamen Verzehr der Reiskuchen zuzusehen. Die Eheschließung war nun offiziell, aber die Feier damit nicht zu Ende: am Abend wurde ein Bankett und die *san-san-kudo*, die Drei-drei-neun-Zeremonie abgehalten.

Für das Festmahl wurde ein besonderes Zelt errichtet. Zwei niedrige Holzplattformen standen einander entlang den zwei Seiten des Zeltes gegenüber. Jedem Gast wurde ein Platz an einer der Plattformen zugewiesen, mit Kniepolster, Armstütze, einem niedrigen Tablettaufsatz und einer lackierten hölzernen Sakeschale.

An diesem Abend knieten die Samurai-Offiziere von Kisos Armee einander in zwei Reihen gegenüber, alle in ihren feinsten Festtagskleidern. Kienspäne erhellten eine farbenfreudige Szene. Die Gewänder aus Seidenbrokat wetteiferten in

Rot, Blau, Gold und Grün. Viele waren mit aufgemalten Mustern und Bildern geschmückt: Drachen, Göttern und Kampfszenen. Es gab Gewänder mit eingewebten abstrakten und Blumenmustern von Chrysanthemen und Pfingstrosen. Jeder Samurai trug seinen schwarzen Hut, als sei er am Hofe. Jeder hatte das Haar in einem Knoten aufgebunden und mit einem bunten Band umwickelt. Jeder trug seine Schwerter bei sich. Niemals in der kurzen Geschichte von Kisos Armee waren sie in solch einer Schaustellung von Prunk zusammengekommen.

Nami trug eine traditionelle Kappe aus Rohseide. Diese *wataboshi* unterdrückte symbolisch die Hörner der Eifersucht, die angeblich alle Frauen besaßen. Das Tragen der Kappe bewies, daß Nami gewillt war, sich vom Übel der Eifersucht freizuhalten. Sie trug eine rote Jacke über mehreren äußeren Gewändern, deren Farbskala von violett bis blaßgrün reichte. Unter diesen Übergewändern waren weitere seidene Untergewänder, deren Farben von hellrot bis zu tiefem dunkelrot abgestuft waren. Das offene lange Haar umrahmte ihr weißgeschminktes Gesicht. Trotz dieser weißen Maske brannten ihre Wangen wie vom Fieber und verliehen ihr eine ungesunde Farbe. Sie war nervös und antwortete mit einem spröden Lachen, wann immer sie angesprochen wurde.

Yoshi und Tomoe hatten Tage mit den Vorbereitungen verbracht, während Nami ihre Bemühungen passiv hatte über sich ergehen lassen. Der Brauch verlangte, daß die Familie der Braut auf einer Plattform saß, der auf der anderen sitzenden Familie des Bräutigams gegenüber. Das Oberhaupt der Familie und seine Frau saßen normalerweise am Anfang jeder Reihe. Da weder Yoshi noch Nami Familie hatten, wurde entschieden, daß Kiso Yoshis Familie auf einer Seite und Tomoe Namis auf der anderen Seite repräsentieren würde.

Als Tomoe ihr von der Regelung berichtete, brach Nami in Tränen aus und wurde beinahe hysterisch. »Nein!« rief sie. »Nein! Kiso wird bei meiner Hochzeit nicht Yoshis Familie repräsentieren.«

»Ich weiß, sie sind keine Freunde«, versuchte Tomoe sie

zu beschwichtigen, »aber Kiso ist unser General. Das Protokoll muß beachtet werden. Er wird sich ordentlich benehmen. Du hast nichts zu fürchten.«

»Ich will nicht, daß er an meiner Hochzeitszeremonie teilnimmt«, schluchzte Nami.

Tomoes Augen verengten sich, und unter den Backenknochen spannten sich kleine Muskelknoten. Sie hatte Kiso und die Art und Weise, wie er Nami ansah, seit längerem beargwöhnt. Namis Überreaktion schien den Verdacht zu bestätigen, daß Kiso sie in irgendeiner Weise belästigt hatte. »Du mußt die Regelung annehmen«, sagte Tomoe.

»Ich kann nicht.«

»Sag mir, warum nicht.«

»Ich kann nicht.«

»Nami, ich bin deine Freundin. Hat Kiso dich verletzt?«

»Ich kann nicht darüber sprechen.«

Tomoe nickte. Namis Weigerung überzeugte sie, daß Kiso in irgendeiner Weise Nami ein Unrecht angetan hatte. Sie war auch überzeugt, daß Nami nicht die Schuld daran traf. Kiso durfte nicht an Yoshis Seite an der Zeremonie teilnehmen. Sollte er sich durch die Aufforderung, der Zeremonie fernzubleiben, beleidigt fühlen, wollte Tomoe dafür sorgen, daß er auf Racheaktionen verzichten würde.

Tomoe erinnerte sich der Nacht nach der Siegesfeier am Hino und Kisos Verschwinden während des Gelages. Rührte Namis Veränderung von jener Nacht her? Es gab keine Gewißheit, doch spürte Tomoe, daß sie auf die Wahrheit gestoßen war. O ja, zu gegebener Zeit würde Kiso sich für seine Tat verantworten müssen. Einstweilen mußte die Hochzeitszeremonie vorbereitet werden.

»Würdest du an Kisos Stelle Santaro akzeptieren?«

»Ohne Frage. Er ist unser Freund.«

»Gut. Ich werde dafür sorgen, daß Kiso keine Einwände erhebt.«

So wurde es verabredet. Santaro saß am Kopf der Reihe, die Yoshis Familie repräsentierte, Kiso an zweiter Stelle neben ihm. Gegenüber saß Tomoe mit ihrem Bruder Imai an der Seite. Braut und Bräutigam saßen einander zu Füßen der beiden Plattformen gegenüber.

208

Ein Priester schritt in den Gang zwischen den Plattformen, sang das Norito-Ritual und läuterte die Anwesenden mit einem Zweig vom heiligen *sakaki*-Baum. Als er das Ritual beendet hatte, verbeugte er sich und ging.

Das *san-san-kudo* begann.

Diener stellten ein Tablett mit drei Sakeschalen vor Nami. Die erste Schale wurde mit drei Gießbewegungen gefüllt. Nami trank sie in drei Schlucken leer. Ihre glanzlosen Augen blitzten einmal auf, als ihr Blick über Kisos ironisches Gesicht ging. Er lächelte flüchtig.

Tomoe versuchte zu sehen, was Kisos Lächeln ausgelöst hatte. Sie konnte Namis Gesichtsausdruck nicht erkennen, stellte sich aber vor, daß er zornig war. Tomoe zog ihr blaues Übergewand glatt und ließ sich auf die Fersen zurücksinken. Sie beschloß, Kiso scharf im Auge zu behalten. Er sollte keine Gelegenheit mehr erhalten, Namis Glück zu beeinträchtigen.

Die Schale wurde nachgefüllt und zu Yoshi gebracht. Auch er trank den Sake in drei kurzen Schlucken.

Die zweite Schale wurde gefüllt und zuerst zu Yoshi, dann zu Nami gebracht. Aus der dritten Schale trank wieder Nami zuerst. Dieses Zeremoniell der drei Schalen, die in jeweils drei Schlucken geleert werden mußten, hatte in der Shinto-Religion die Funktion der Läuterung.

Yoshi und Nami waren nun vollgültig verheiratet. Das Bankett begann. Bedienstete eilten herein, beladen mit großen Platten, auf denen Yamsbrei, Reiskuchen mit Seetang, gebackener, eingelegter und gedünsteter Fisch angerichtet waren. Wildgeflügel wurde mit Früchten und Nußkuchen gereicht, und zu allem gab es Sake und wieder Sake. Santaro brachte einen Toast auf den Bräutigam aus. Tomoe antwortete mit einem Toast auf die Braut. Selbst Kiso schien unter dem Eindruck des Zeremoniells und der Atmosphäre aufrichtig bewegt, als er einen Toast auf das Paar ausbrachte.

Speisen bekleckerten Seidengewänder. Sake ergoß sich in Schöße und auf den Boden. Jemand rief nach einem Dichterwettbewerb. Die ländlichen Samurai, ungeübt in den höfischen Künsten, buhten und zischten. Ein Samurai stimmte ein etwas anstößiges volkstümliches Lied an, ›Die Mädchen von Naniwa‹, was mit Hochrufen und Gelächter quittiert wurde.

Eine Stunde nach dem Beginn des Banketts waren die meisten Gäste völlig betrunken. Ein paar von ihnen fielen vornüber in ihre Speisentabletts und verstreuten die darauf noch vorhandenen Essensreste. Einer stand auf und stolperte über seinen Nachbarn. Er fiel schwerfällig in den Mittelgang, zog noch im Liegen das Schwert und bedrohte, wild mit der Klinge fuchtelnd, den Lumpenkerl, wer er auch sei, der ihn in diese peinliche Lage gebracht hatte.

Nur Kiso und Tomoe bemerkten, wie Yoshi seine angetraute Frau hinaus in die Nacht führte.

DRITTES BUCH

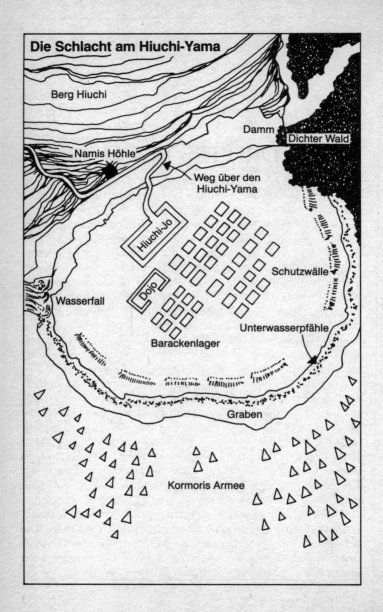

32

Kisos Lager befand sich in einem ebenen Tal, das im Norden vom Hiuchi-Yama begrenzt wurde, dem höchsten Berg in der nordöstlichen Kette. Uralter Wald bedeckte die Vorberge mit knorrigen Stämmen und verwachsenem Unterholz. Der Wald umschloß ein mehr als hundert Quadrat-*cho* großes besiedeltes Gebiet mit Gehöften und Ackerland. Nur eine Straße führte von Osten her in das Tal. Das halbe Dutzend Gehöfte mit massiv gebauten Wohnhäusern lag weit über den Talboden verstreut.

Als Kisos Armee in diesem Tal ihr Lager aufschlug, biwakierten die Krieger in Zelten, welche die meiste Zeit des Jahres zureichende Unterkunft boten, nicht aber im Winter.

Kiso befahl seinen Offizieren, die Errichtung dauerhafter Gebäude ähnlich den Bauernhäusern zu beaufsichtigen. Die Krieger wurden zum Baumfällen eingesetzt, und den ganzen Tag lang rumpelten Ochsenkarren mit eisenbereiften Rädern die Straße entlang und brachten Stämme zu den Bauplätzen. Frauen, Kinder und alte Männer schnitten Schilf zum Decken der Dächer und verstopften die Ritzen zwischen den Holzstämmen der Blockhäuser mit Lehm und Moos.

Am Fuß des Hiuchi-Yama wurde ein Platz für Kisos militärisches Hauptquartier gewählt. Es erhielt den Namen Hiuchi-jo, Hiuchi-Festung, war in Wirklichkeit aber nicht mehr als ein großes Blockhaus hinter einem hohen Palisadenwall.

Yoshi leitete die Anlage eines Exerzierplatzes und einer Kriegsschule. Während die Armee überwinterte, würde es neben Ausbildung und Drill nicht viel zur Beschäftigung der Krieger geben. Die Befehlshaber hatten erkannt, daß eine müßige Armee eine undisziplinierte Armee sein würde.

Die Kriegsschule war in einem Rechteck erbaut, wo lange, schmale Schuppen einen offenen Innenhof umgaben. Die Schuppen enthielten Unterkünfte, wo zweihundert Krieger unter spartanischen Bedingungen lebten. Die Fensterläden wurden zum Innenhof geöffnet, wenn das Wetter es erlaubte. Im südöstlichen Winkel des Hofes war der Sattelplatz. Eine hohe Wand trennte ihn vom Bogenschießplatz.

Die übrigen Schuppen um den rechteckigen Platz waren durch überdachte Wege miteinander verbunden und beherbergten eine Anlage zum Bogenschießen bei ungünstigem Wetter, eine Abteilung für den Kampf mit Schwert und Speer, einen Raum zum Studium militärischer Taktik und Geschichte, und ein kleines, aus zwei Räumen bestehendes Gebäude, das Yoshi und Nami bewohnten.

Kisos Offiziere scheuten keine Anstrengung, um eine sich selbst genügende Stadt zu errichten, die der Armee während des bevorstehenden Winters Obdach bieten sollte. Die Barackenstadt hatte einen schachbrettartigen Grundriß und lag Kisos Hiuchi-jo gegenüber. Die einfachen Blockhütten säumten schmale Straßen. Unweit vom Gebäude des Hauptquartiers waren Lagerschuppen, die nach und nach mit Vorräten von fünftausend *koku* Reis, Hirse und Gerste gefüllt wurden, außerdem mit Fässern voll Sake, getrocknetem Fisch, Pökelfleisch und Salz. Beim Exerzierplatz wurden fünftausend *koku* Bohnen und Heu zur Fütterung der Ochsen und Pferde eingelagert.

Die Frühjahrsdürre 1181 hatte in weiten Teilen Japans die Ernte vernichtet, aber die Tallandschaften von Echizen waren fruchtbar geblieben. Der zentrale See und der in vielen Windungen sich dahinschlängelnde Fluß lieferten genug Wasser zur Bewässerung der Felder, und die Bauern hatten ihre Viehherden durchgebracht.

Im zwölften Monat, als der erste Schnee fiel, kamen hungernde Bauern aus dem Bergland um das Tal zum Lager. Sie wurden willkommen geheißen, und die geeignetsten in der Kriegskunst unterwiesen. Gewöhnlich stand Yoshi vor Tagesanbruch auf und arbeitete bis zum Dunkelwerden, er lehrte den Umgang mit Waffen, Taktik und Reitkunst.

Während Yoshi an der Kriegsschule beschäftigt war, regte Nami an, daß sie Unterricht in Kalligraphie, Lesen und Dichtkunst erteilen könnte. Der Kriegsrat lehnte den Vorschlag ab, weil derlei Studien als ein überflüssiger Luxus angesehen wurden.

Seit ihrer offiziellen Eheschließung hatte Nami sich von ihrer tiefen Depression erholt. Tomoe war zumeist von den logistischen und geschäftlichen Angelegenheiten des Lagers in Anspruch genommen, so daß Nami viel allein war. Sie schien es so vorzuziehen und verbrachte ihre Zeit mit der Einrichtung ihres Heims und mit Eintragungen in ihr Tagebuch.

Um die Mitte des ersten Monats 1182 herrschte erbarmungslose Kälte. Die Temperaturen sanken tiefer als zu irgendeiner anderen Zeit in der Erinnerung der Menschen. Das von der Sommerhitze ausgetrocknete und verbrannte Land gefror zu eisenharter Erde, die der eisige Wind mit berghohen Schneeverwehungen bedeckte.

Überall in den Provinzen verbrannten die Familien ihre Habseligkeiten, um sich zu wärmen. Auf der Suche nach Nahrung und Feuerholz schwärmten Menschen in die tief verschneiten Wälder aus. Tausende überlebten die bittere Kälte nicht. Arme und Reiche, Priester, Kaufleute, Bauern und Bettler erfroren und wurden von den starken Schneefällen begraben. Die meisten von ihnen würden bis zum Einsetzen des Tauwetters im Frühjahr unentdeckt bleiben.

Kisos Lager war gegen die Nordostwinde geschützt, aber vor den Schneefällen gab es keinen Schutz. Zahlreich waren die Tage, da das Lager in wattiger Stille erwachte und sich unter Neuschneemassen begraben sah, die einem Menschen über den Kopf ragten. Auch die ältesten Bewohner des Lagers konnten sich nicht entsinnen, jemals einen Winter erlebt zu haben, der dem des Jahres 1181/82 gleichgekommen wäre.

Im Laufe des Spätherbstes hatte Kiso seine Armee nicht ungern mit Bauern der Umgebung aufgefüllt. Nun zeigte sich, daß die zeitig angelegten reichlichen Vorräte nicht genügten, um alle zu ernähren, die jetzt in der Notzeit des Winters ins Lager strömten.

Mit den schweren Schneefällen trafen weitere tausend Hilfesuchende ein. Sie verdienten sich ihren Unterhalt, indem sie Wege durch die schneeerfüllten Lagerstraßen freischaufelten. Sie waren das letzte Kontingent, das aufgenommen wurde. Von da an wurden Neuankömmlinge abgewiesen. Die Wachen erhielten Befehl, auf jeden, der sich dem Lager näherte, mit Pfeilen zu schießen.

Viele verhungernde Bauern versuchten es trotzdem. Beinahe fünfhundert arbeiteten sich durch die Schneewehen am Taleingang, bevor sie erfuhren, daß sie keine Aufnahme finden würden.

Während der langen Nächte konnte man im Lager die Klagen jener aus dem Wald hören, denen der Einlaß verwehrt worden war. Kleine Feuer leuchteten aus der Dunkelheit, wo Gruppen von Unglücklichen sich versammelten. Die Feuer boten ihnen Wärme, aber keine Nahrung, und als die Tage zu Wochen wurden, verschwanden die Feuer nach und nach. Wachen meldeten, daß die gefrorenen Leichen von den verzweifelten Überlebenden verstümmelt wurden. Bei Nacht hackten sie ihnen Gliedmaßen und Fleischstücke herunter, um sie über ihren Feuern zu kochen. So erhielten sie sich eine Weile am Leben, aber schließlich erfroren auch sie, die nur durch Kannibalismus überlebt hatten.

Das Lager hatte kaum genügend Nahrung für die eigenen Leute. Mildtätigkeit war nicht möglich. Niemand würde überleben, wenn die Lagerhäuser vorzeitig geleert wurden.

Yoshi hatte Mitgefühl mit dem Los der Obdachlosen. Er hatte seine zwei Jahre als Flüchtling nicht vergessen, als er sich in den Bergen versteckt und sich durch Methoden am Leben erhalten hatte, die so abstoßend waren, daß er sie aus seinem Gedächtnis verdrängt hatte. Mitgefühl war aber auch alles, was Yoshi erübrigen konnte. Kiso hatte recht mit seiner Unbarmherzigkeit. Er schuldete den Fremden nichts; er schuldete seinen Truppen das Überleben.

Yoshi verschloß die Augen und den Geist gegen die Gestalten, die durch den Wald streiften und manchmal in der Ferne zu sehen waren. Er war vollauf beschäftigt mit seiner Kriegsschule. Es war ein gutes Gefühl, wieder ein Schwert in der Hand zu halten. Er hatte Freude am Unterricht; er empfand sein Leben als ausgefüllt, weil er seine Kenntnisse und Fähigkeiten weitergeben konnte. Wieder wurde er *Sensei* genannt und mit Respekt behandelt. Seine Geschicklichkeit war wieder gefordert, und auch das war ein gutes Gefühl. Lange Stunden verbrachte er jeden Tag mit Schwert, Bogen, *naginata* und den *shuriken,* den Wurfsternen. Seine freien Stunden verbrachte er mit Nami in der Zurückgezogenheit ihres kleinen Hauses. Santaro besuchte die beiden als einziger regelmäßig, und er war immer willkommen. Tomoe kam einige Male und verbrachte des öfteren ihre Zeit gemeinsam mit Nami, wenn Yoshi an der Kriegsschule lehrte.

Weder Kiso noch Imai betraten jemals Yoshis Haus, aber um so häufiger besuchten sie den *dojo* und beobachteten die Übungsstunden. Dabei wahrte Imai eine Haltung scheinbarer Gleichgültigkeit, aber Kiso verfolgte Yoshis Bewegungen mit berechnendem Interesse.

Im zweiten Monat des Jahres 1182 brach im Lager eine Seuche aus. Die Erkrankten wurden lustlos, fieberten und verloren Gewicht. Dann wurden ihre Zungen schwarz und schwollen in den Kehlen an. Heiler und Priester brannten Räucherwerk ab und rezitierten Anrufungen, doch ohne Erfolg. Mehr als dreihundert Todesopfer wurden auf Karren aus dem Lager zu einer tiefen Schlucht geschafft.

Mit dem Beginn des dritten Monats taute in einer Wärmeperiode der Schnee und legte die Leichen vieler Opfer des harten Winters frei. Bald breitete sich Verwesungsgeruch aus und schien viele der Krieger schädlich zu beeinflussen. Auch vermehrte sich das Auftreten der Seuche. Kiso beschloß das Tal zu verlassen, bevor die Krankheit seine Armee vollends demoralisierte.

Am Abend vor dem geplanten Aufbruch wurde der Kriegsrat einberufen. Yoshi kniete neben Santaro in der Halle der Festung Hiuchi. Gelegentlich fuhr ein eisiger Windstoß durch schlecht schließende Fensterläden und Ritzen in den Wänden. Kohlenbecken glühten in den dunklen Winkeln, und brennende Kienspäne in den Wandhaltern verbreiteten flackernden Schein. Es war der siebte Tag des dritten Monats. Früh am Abend war die Temperatur wieder gefallen, und die halb geschmolzenen Schneewehen waren überfroren.

Wenn Kiso unter der Kälte litt, ließ er es sich nicht anmerken. Er trug ein dünnes blaues Gewand und eine Jacke, als er dem Halbkreis der Ratsmitglieder gegenübersaß.

»Wir marschieren am Morgen«, verkündete er. »Nach Norden. Unser Ziel ist die Unterwerfung der nördlichen Provinzen, bevor wir uns gegen Kyoto wenden. Wir werden nicht darauf warten, daß mein Vetter Yoritomo tätig wird. Sobald die nördlichen Provinzen gesichert sind, werden wir Kyoto in meinem Namen nehmen. Ich habe bereits die Einheiten ausgewählt, die bleiben und bis zu unserer Rückkehr das Lager halten werden.«

»Wie viele Krieger werden bleiben?« fragte Yoshi.

»Achthundert Samurai – hauptsächlich Fußsoldaten – unter vier Offizieren, darunter meinem Onkel Yukiie.« Kiso nickte Yukiie zu, der unglücklich schien, zurückbleiben zu müssen, sich aber resigniert mit der Entscheidung, die er als eine weitere Beleidigung seines Ranges betrachtete, abzufinden wußte. Kiso fuhr fort: »Dazu die Familien und Gefolgsleute. Das wird mehr als ausreichend sein, um mit Problemen örtlicher Natur fertig zu werden.«

»Aber kaum ausreichend, um das Lager gegen einen größeren Angriff zu halten«, erklärte Yoshi.

Kiso bedachte ihn mit einem unfreundlichen Blick. »Was schlägst du vor... Meistertaktiker?« sagte er.

»Verlassen wir das Lager. Es hat seinen Zweck als unser zeitweiliges Hauptquartier erfüllt. Nehmen wir die Männer mit uns, wo sie uns von Nutzen sein können.«

»Wir haben dies zu unserem Tal gemacht. Es ist reich an Reis und Getreide. Wir wären Dummköpfe, es unseren Feinden zu überlassen.«

»Der Winter ist vorüber. Bald schon können wir aus dem Land leben. Wir können nicht in jedem günstigen Ort, den wir finden, eine Garnison gründen. Wenn wir den gesamten Norden gewonnen haben, können wir zurückkehren und diese Beute beanspruchen. Lassen wir aber achthundert Mann zurück, werden wir sie in den bevorstehenden Kämpfen vermissen und laufen Gefahr, daß sie ihr Leben verlieren, sollten sie von einer überlegenen Streitmacht angegriffen werden.«

Kiso blickte zu Boden; seine Züge verhärteten sich. »Wir werden das Tal behalten«, erklärte er. »Wenn du glaubst, mein Onkel und seine Männer seien nicht ausreichend, können wir dich hier zurücklassen, damit du ihnen hilfst.« Er stieß ein kurzes, rauhes Lachen aus.

»Das war nicht meine Absicht«, sagte Yoshi.

»Doch, die Idee gefällt mir«, entschied Kiso. »Du wirst hierbleiben. Das ist ein Befehl. Du wirst mit Yukiie das Lager bewachen.«

»Ich würde es vorziehen...«

»Genug!« unterbrach ihn Kiso. »Ich habe den Befehl erteilt. Du wirst deinen Auftrag ausführen und meine Entscheidung nicht kritisieren.«

Yoshi neigte stumm den Kopf. Innerlich verwünschte er sich selbst, daß er sich in diese Lage gebracht hatte. Obwohl er den Rang eines Generals bekleidete und Yoritomos Vertreter war, mußte er Kisos Befehle ausführen. Sein Gesicht blieb ausdruckslos, aber er dachte, daß Kiso mit dieser Entscheidung den ersten schweren Fehler in diesem Krieg begangen hatte. Würde er, Yoshi, dafür bezahlen müssen?

Am Morgen des achten Tages wurden Vorräte an Getreide, Pökelfleisch, Trockenfisch, Bohnen und Futter auf Karren und Packpferde geladen, dazu die persönlichen Habseligkeiten der Krieger. Die Armee war marschbereit. Noch ehe der Abend sich auf das Lager herabsenkte, sandte Yoshi Botschaften ab und unterrichtete Yoritomo und Go-Shirakawa von Kisos Plänen. Er empfahl Yoritomo, Truppen gegen Kyoto marschieren und die Stadt einnehmen zu lassen, bevor Kiso stärker würde. Nach Yoshis Einschätzung war Kiso noch nicht stark genug, Yoritomo entgegenzutreten. Aber bald würde er es sein.

Yoshis Botschaft an Go-Shirakawa enthielt ähnliche Nachrichten, beurteilte Kisos Unbeständigkeit jedoch noch kritischer. Yoshis Meldung schloß mit den Worten: »Kiso wird seinem Vetter Yoritomo trotzen. Eure kaiserliche Hoheit könnte gezwungen werden, in dem Kampf zwischen ihnen Stellung zu beziehen. Unterstützt Yoritomo mit Eurem Namen und Euren Hilfsmitteln. Helft ihm, Kiso zu zerschmettern, ehe er zu mächtig wird.«

33

Auf den Tag ein Monat war vergangen, seit Kisos Armee das Tal zu Füßen des Hiuchi-Yama verlassen hatte. Im nordöstlichen Viertel von Kyoto beendete der jugendliche General Taira Koremori seine Morgentoilette. Er hing dem alten Brauch an: geschwärzte Zähne und weißer Gesichtspuder. Das Haar war zu einem engen Knoten zusammengebunden und mit einem *koburi* aus weicher schwarzer Seide bedeckt. Sein Übergewand aus Seidenbrokat zeigte scharlachrote Pferde auf malvenfarbenem Hintergrund. Die Farbtöne der Untergewänder reichten von einem warmen Gelb zu einem tiefen Orangerot. Seine weiten Hosen aus steifer Seide raschelten, wenn er ging.

Bevor er sich den Tagesgeschäften zuwandte, betrachtete Koremori sich in einem polierten Metallspiegel. Er rieb sich mit einer weichen Hand das kräftige Kinn und war zufrieden, daß er sich sauber rasiert hatte. Durch den weißen Puder schimmerte seine gesunde junge Haut – er war einundzwanzig Jahre alt. Sein klassisch schönes Gesicht saß auf einem dicken Hals und kräftigen Schultern. Er ähnelte sehr seinem toten Vater Taira Shigemori, dem Lieblingssohn des dahingeschiedenen *Daijo-Daijin*, Taira Kiyomori.

Koremori schlug den Gong, um einen Diener zu rufen und den Wagen zu bestellen. Während der Wartezeit dachte er nach. Vor einem Jahr war sein Großvater in das Westliche Paradies eingegangen. Seither hatte Koremori seine Karriere kaum vorantreiben können. Für dieses Versagen machte er Onkel Munemoris Schwäche und die niederträchtige Natur des Kaisers verantwortlich. Koremori hatte Go-Shirakawa nicht vergeben, daß er den Befehl über die kaiserlichen Truppen seinem jungen Onkel Shigehira anvertraut hatte. Damit nicht genug, hatte Go-Shirakawa ihn beleidigt und in peinliche Verlegenheit gebracht, indem er seine schmähliche Niederlage am Fujikawa-Fluß in Erinnerung gebracht hatte.

Koremori runzelte die Stirn. Shigehira hatte durch seinen Sieg über Yukiie am Sunomata-Fluß großen Ruhm gewonnen, während Koremori sein Leben in der Hauptstadt mit frivolen Hofintrigen vergeudete.

Der Diener meldete, daß der Karren bereitstehe. Koremori schritt auf dick gepolsterten Sohlen die breiten Stufen seines Hauses hinab und über den mit weißem Kies bestreuten Weg zum Karren.

Es war der achte Tag des vierten Monats, die Sonne schien strahlend, und die Luft war kühl und erfrischend, erfüllt vom Duft der Frühlingsblumen. Die Gärten begannen gerade zu blühen. Koremori sog genießerisch die Luft ein. Er rückte seine zwei Zeremonienschwerter zurecht, nahm den Amtsstab in die Linke und erstieg würdevoll die Stufen des Karrens für die Fahrt zum Rokuhara-Palast.

Auf der holpernden Fahrt über die von Wagenspuren zerfurchte Hauptstraße besah sich Koremori die Hauptstadt durch das hölzerne Gitterwerk. Der Winter war grausam gewesen. Viele Gebäude waren unter der Last des Schnees zusammengebrochen; andere waren zur Gewinnung von Brennholz ausgeplündert und abgerissen worden. Große Flächen waren niedergebrannt; nur noch die schwarzen Stümpfe der Säulen und ein scharfer Geruch von Holzasche war geblieben.

Als der Karren die Suzaki-Ōji entlangrumpelte, bemerkte Koremori zu seiner Bestürzung, daß sogar die berühmten Trauerweiden von verzweifelten Bürgern verstümmelt worden waren; sie hatten viele Äste abgesägt und gestohlen. Wäre es nach Koremori gegangen, so hätte derartiger Baumfrevel mit der Todesstrafe geahndet werden müssen.

Der Karren näherte sich der Sanjo-Brücke, als Koremori Priester sah, welche die Gesichter von Seuchenopfern markierten, die tot auf der Straße liegengeblieben waren. Er schauderte. Mit der Besserung des Wetters schien die Zahl der Opfer zuzunehmen; selbst die Höflinge und Adligen blieben von den Schrecken der Seuche nicht verschont. Wahrhaftig, in diesem Winter und Frühjahr 1182 zürnten die Götter den Menschen.

Noch schlimmer wurde es, als er die Brücke zum Rokuhara-Palast überquerte. Ein würgender Brechreiz überkam Koremori bei dem Anblick und Gestank eines Haufens verwesender und teilweise schon zersetzter Leichen, die man ihrer Kleider und Wertgegenstände entledigt und ohne eine Spur von Anstand kurzerhand unter die Brücke geworfen hatte. Er fragte sich, wer die Unglücklichen waren... wahrscheinlich Bauern, die während des schrecklichen Winters verhungert und erfroren waren. Aber woher nahm er die Gewißheit? Könnten nicht auch Adlige unter diesen gräßlichen Kadavern liegen, beraubt, entkleidet und weggeschafft? Abscheulicher Gedanke!

Koremoris Karren erreichte das Wachhaus am Eingang zum Palastgelände von Rokuhara, und augenblicklich vergaß Koremori in der freudigen Erwartung einer glücklichen Wendung die häßlichen Szenen der Stadt. Freunde hatten ihn unterrichtet, daß er im Anschluß an die Zeremonie des Buddha-Waschens mit einem wichtigen Auftrag rechnen könne. Koremori hatte ein ganzes Jahr auf diese Gelegenheit gewartet, während sein junger Onkel sich im Feld mit Ruhm bedeckt hatte.

Er preßte die Lippen zusammen und schob das breite Kinn vor, als er ausstieg und dem entgegenschritt, was das Schicksal für ihn bereithielt. Er vermutete, der Auftrag würde nicht von Munemori kommen, der unfähig war, wichtige Entscheidungen zu treffen. Politische Entscheidungen kamen von der Nii-Dono, die ihren schwachen Sohn aus dem Hintergrund steuerte.

Im allgemeinen wurde das Ritual des Buddha-Waschens im kaiserlichen Bezirk vollzogen, doch war der Einfluß der Nii-Dono so mächtig, daß Go-Shirakawa, als sie eine leichte Unpäßlichkeit vorgab, den Priestern und Adligen Anweisung gab, sich im Rohukara, statt dem kaiserlichen Palast einzufinden.

Die Haupthalle des Palastes war in eine Darstellung von Buddhas Geburt umgewandelt worden. In der Mitte blickte eine zweiundzwanzig Schuh hohe vergoldete Buddha-Statue heiter auf ein farbenprächtiges Panorama herab. Die Adligen trugen ihre prächtigen Staatsgewänder, deren Farben sich im Licht von hundert Laternen durcheinandermischten, als sie sich mit gemessenen Bewegungen, die mit der Sorgfalt einer Theateraufführung eingeübt waren, auf- und abbewegten.

Adlige des zweiten Ranges trugen Kombinationen, die *fuji*

genannt wurden, Glyzinie, eine Mischung von Violett oder Hellblau mit lindgrünen Säumen und Untergewändern. Der dritte Rang trug die *hagi*, eine Klee-Kombination: Dunkelrot über Seegrün. Jeder Rang war in seiner Weise prachtvoll gekleidet, und die Kombinationen von Pflaumenblüten mischten sich unbekümmert mit Azaleen, gelben Rosen und Weiden. Selbst die Höflinge sechsten Ranges – des niedrigsten Ranges, der zu der Zeremonie geladen wurde – waren in ihren grünen Jacken und weiten Hosen prächtig anzusehen.

Auf einer Seite der Halle hatte man eine Plattform mit einem niedrigen Geländer aus Teakholz errichtet. An den Ecken der Plattform standen hohe Vasen mit Arrangements blühender Kirschzweige. Sie breiteten sich eine Spanne weit aus und hingen über das Geländer herab, so daß ihre Blüten fast den Boden berührten.

Auf der Plattform lehnte die Nii-Dono mit einem Ellbogen auf einer Armstütze und beobachtete die Vorgänge durch einen *kicho*, ein sechs Fuß hohes tragbares Rahmenwerk, das durchscheinende Vorhänge hatte. Auf einem thronähnlichen chinesischen Sessel saß Go-Shirakawa, neben ihm, auf einem kleineren Sessel, sein Enkel, der vierjährige Kaiser Antoku. Munemori, gekleidet in ein Prachtgewand mit gestickten Blumen auf einem Hintergrund, der die Farbe zarter Rosenblüten hatte, saß mit untergeschlagenen Beinen auf einem violetten Kissen zur Linken des Wandschirms seiner Mutter. Hinter diesen königlichen Gästen war ein zweiteiliger koreanischer Schirm. Beide Teile waren mit dramatischen Darstellungen bemalt; der linke Wandschirm zeigte die Avichi-Hölle, der rechte das Westliche Paradies.

Koremori gesellte sich zu den auf und ab Schreitenden. Stolz auf seine Kenntnis der vorgeschriebenen traditionellen Schritte, führte er die anderen kühn in die Figuren des altertümlichen Schreittanzes ein.

Die Priester, in weiße Seide gehüllt und mit hohen Hüten in Gold und Weiß, die mit Bändern unter dem Kinn befestigt waren, bildeten einen starken Gegensatz zu den farbenprächtigen Adligen. In einer Mischung buddhistischer und shintoistischer Rituale sangen die Priester – mehr als zwanzig waren es, welche die bedeutendsten Tempel und Schreine vom Berg Hiei und Nara repräsentierten – die Sutras und Lobeshymnen auf den Buddha.

Hinter der Statue war ein hohes Gerüst, so daß die Priester und Adligen auf einer Seite Stufen ersteigen, ihre Opfergaben von gefärbtem Wasser über den vergoldeten Kopf gießen und auf der anderen Seite wieder hinabsteigen konnten. Jeder Priester sang sein eigenes Gebet, während er gefärbtes Wasser aus einem goldenen Becken schöpfte. Als der letzte Priester herabgestiegen war, führte Koremori die Adligen die Stufen hinauf. Das Ritual dauerte an, bis jeder sein Gebet gesprochen, sein gefärbtes Wasser über den Kopf des Buddha geschüttet hatte, wieder hinabgestiegen war und seine im voraus angewiesene Position gegenüber der kaiserlichen Plattform einnahm.

Als der letzte auf seinem Platz saß, stimmte Go-Shirakawa den Gesang der Lotus-Sutra an. Daraufhin zogen die Priester feierlich hinaus und überließen die Adligen ihrer Festlichkeit. Ein *samisen*-Spieler führte seine Kunst vor, zwei Tänzerinnen interpretierten mit anmutigen Bewegungen die Geburt Buddhas. Ihre roten Jacken und weiten weißen Hosen begleiteten ihre Bewegungen mit angenehm raschelnden Geräuschen.

Sakeschalen wurden herumgereicht. Jeder, der trank, rezitierte ein Gedicht. Selbstverständlich wurden in den meisten Gedichten der Hof, das Kaiserhaus und insbesondere die Taira-Sippe gepriesen. Die Adligen applaudierten, und Go-Shirakawa, der während der gesamten Zeremonie eine verdrießliche Miene zur Schau getragen hatte, nickte wiederholt anerkennend. Koremori richtete seinen Blick auf die Plattform. Er trank seinen Sake, rezitierte, sang und hielt Ausschau nach einem Zeichen. Und schließlich wurde er belohnt. Er sah, wie seine Großmutter einen knochigen Arm durch den Wandschirm streckte und Munemori am Ärmel zupfte. Dieser entzog ihr verdrießlich den Arm und schnupfte in sein parfümiertes Taschentuch. Mit einer Grimasse wandte er sich sodann dem schlauen alten Kaiser zu und flüsterte ihm etwas ins Ohr. Go-Shirakawa kaute süßes Gebäck und schien Munemori zu ignorieren. Koremori hielt den Atem an. Endlich, als Munemori bereits in zorniger Verlegenheit errötet war, erhob sich der Kaiser und streckte die Arme aus, um die Aufmerksamkeit der Gäste auf sich zu lenken.

Ein Diener schlug einen chinesischen Gong, bis es still wurde. Alle umstanden die Plattform des Kaisers in einem Halbkreis und erwarteten seine Erklärung.

Als ein Hinweis auf seinen Status als Laienpriester war Go-Shirakawas Kopf rasiert und poliert; er glänzte im Licht der hundert Laternen. Seine vorspringende Nase beherrschte das runde Gesicht und gab ihm einen befehlsgewohnten Ausdruck. Als er die Arme ausbreitete, öffnete sich sein scharlachroter Hofumhang und enthüllte dunkelrotes Damastfutter, ein weißseidenes Untergewand und weite Hosen aus tiefvioletter Seide. Je nachdem, aus welchem Blickwinkel die Betrachter ihn sahen, bewirkte der Hintergrund des koreanischen Wandschirmes, daß Go-Shirakawa entweder wie eine Inkarnation des Buddha oder wie ein Dämon vom Hof des gefürchteten Königs Emma-Ō aussah.

»Mit der heutigen Zeremonie sind wir vergangener Sünden ledig und in unserem Glauben an Buddha gefestigt«, intonierte der Kaiser in den vorgeschriebenen steigenden und fallenden Kadenzen.

Die Hofgesellschaft applaudierte mäßig. Go-Shirakawa wartete, bis wieder Ruhe eingekehrt war.

»Unser braves Volk hat einen schrecklichen Winter durchlitten«, fuhr er fort. »Ich brauche wohl niemanden daran zu erinnern; jeder kennt Menschen, die in dieser schwierigen Jahreszeit unter Kälte und Krankheit gelitten haben. Aber nun«, und seine Stimme hob sich dramatisch, »müssen wir den Winter vergessen. Amaterasu lächelt, und die Zeit ist günstig, gegen die Feinde des Reiches vorzugehen.«

Donnernder Applaus. Wer unter den Angehörigen des Hofadels fühlte sich nicht von den Minamoto und ihren Machenschaften bedroht? Wer hatte in den fernen Provinzen nicht wertvollen Grundbesitz verloren? Wer würde nicht bereit sein, seine Gefolgsleute gegen den Feind zu schicken, um verlorengegangene Ländereien und die daraus erwachsenden Einnahmen wiederzugewinnen?

Wieder breitete Go-Shirakawa die Arme aus. Seine roten

Ärmel waren wie ein Symbol von Blut und Kampf. »Wir werden eine Armee aufstellen, um Kiso Yoshinaka zu vernichten und die *hokurikudo* zurückzugewinnen. Den Befehl wird unser ehrenwerter General Taira Koremori erhalten!«

Obwohl Koremori die Ankündigung erwartet hatte, fühlte er, wie ihm das Blut in die Wangen schoß. Er zitterte vor Stolz und Erregung, atmete tief ein, hielt den Atem an und ließ ihn langsam ausströmen, während der Applaus seiner Hofgesellschaft aufbrandete. Er konnte die Erinnerung an das Fujikawa-Unheil auslöschen. Dreimal verbeugte er sich tief vor dem Kaiser.

»Ich nehme diese geheiligte Mission im Namen des Kaisers und meiner Sippe, der Taira, an«, antwortete er. »Seid versichert, die verräterischen Minamoto sollen vernichtet werden, noch ehe diese Zeremonie ihre nächste Wiederholung findet.«

Go-Shirakawa ließ sich auf seinen geschnitzten Sessel nieder und steckte sich süßes Gebäck in den Mund. Obwohl sein Gesichtsausdruck unverhüllte Ironie erkennen ließ, bemerkten die Adligen, die Koremori umdrängten und ihm gratulierten, nichts davon. Go-Shirakawas Augen waren halb geschlossen. Er dachte an die letzte Botschaft seines Agenten, Tadamori Yoshi. Yoshi berichtete, daß Kisos Machtbasis wachse; er empfahl Go-Shirakawa, in den bevorstehenden Auseinandersetzungen Yoritomo zu unterstützen. Ja, dachte Go-Shirakawa, soll Koremori in den Nordprovinzen gegen Kiso kämpfen. Wer von ihnen gewann oder verlor, war unwichtig... es kam allein darauf an, daß die Taira und Kiso geschwächt wurden.

Er sah Koremori unter seinen Freunden herumstolzieren, nickte mit seinem rasierten Schädel und lächelte zynisch in sich hinein. Er entsandte den richtigen Mann. Mindestens fünfzehn Generäle erboten sich, Koremori auf seiner ruhmreichen Mission zu begleiten. Jeder von ihnen wartete mit einer Variation desselben Themas auf: »Die Macht des Reiches wird die rohen Barbaren des Nordens überwältigen.«

Die Festlichkeit dauerte an. Die Feiernden lachten unmäßig und stolperten, berauscht vom Sake, zwischen dem goldenen Buddha und der koreanischen Vision von Himmel und Hölle umher. Sie brachten Trinksprüche auf den Sieg aus und sonnten sich in Ruhmesfantasien.

34

Koremori befahl seinen Generälen die Zwangsaushebung von hunderttausend Mann. Kaiserliche Garden durchkämmten das Land und zogen jeden gesunden Mann ein. Drohungen, Zwang und Bestrafungen waren an der Tagesordnung; ob Jung oder Alt, Kaufmann, Fischer oder Bauer, sie wurden alle in Koremoris Armee gepreßt.

Die Alten und Kranken, die zurückblieben, sandten Beschwerden an den Kaiser. »Ist es nicht unrecht, drei Männer von vieren, die das Land bearbeiten, das Meer befischen und das Holz aus den Wäldern holen, zum Kriegsdienst zu pressen?« schrieben sie. »Von welchem Nutzen sind unsere jungen Leute deiner gewaltigen Armee? Sie kennen nur die Art des Landes und der See, verstehen aber nichts von Schwert und Bogen.«

Der Kaiser ließ ihnen eine Antwort zuteil werden, die keinen erfreuen konnte. »Euer Leiden macht den kaiserlichen Ärmel feucht. Wenn der Kampf bestanden ist, werden eure Streiter ruhmvoll von ihrem Heeresdienst zurückkehren.«

An einem grauen Morgen in der zweiten Woche des vierten Monats marschierte eine gewaltige Menge unausgebildeter und schlecht ausgerüsteter Männer zum Nordosttor hinaus. Der junge General Koremori befehligte nun eine der größten Armeen in der Geschichte. Vielleicht nicht ganz die hunderttausend, die er verlangt hatte, aber die größte Armee, die seit Menschengedenken aufgestellt worden war.

Erfahrene Generäle der kaiserlichen Wachen dienten unter seinem Kommando. Es gab auch eine größere Gruppe von Generälen, die dies nur dem Namen nach waren, Männer, die ihren Rang Diensten am Herrscherhaus oder kulturellen Beiträgen verdankten, wie etwa der berühmte Dichter und Musiker General Tsunemasa.

Saito Sanemori, der alte General, der Koremori früher

schon als Ratgeber gedient hatte und dessen Rat er vor der verhängnisvollen Schlacht am Fujikawa ignoriert hatte, fügte den Bataillonen sein Banner hinzu. Derselbe Sanamori hatte vor beinahe dreißig Jahren das Leben des kleinen Kiso und seiner Mutter, der Hofdame Senjo, verschont. Koremori empfand Sanemoris Anwesenheit als einen Affront, aber Sanemori hatte die kaiserliche Erlaubnis erhalten, am Feldzug gegen Kiso teilzunehmen. Seine Gründe erläuterte er nicht; er wollte sein Geheimnis nicht preisgeben. Go-Shirakawa hatte keine Einwände und erfüllte Sanemoris Bitte.

Der Kaiser und die meisten Höflinge und Damen hatten in Wagen und Sänften entlang der Straße Aufstellung genommen. Sie brachen in Hochrufe aus und applaudierten, wann immer ein angesehener General erschien, farbenprächtig in seiner bemalten Rüstung. Selbst der graue Himmel vermochte die Wirkung des Gepränges nicht zu verringern: grün, golden, violett, scharlachrot, azurblau und gelb leuchteten die Umhänge, Satteldecken und Banner. Jeder General hatte seine eigene Farbkombination, und jeder trug stolz seinen gehörnten Helm. Manchen wurden Dutzende von Bannern nachgetragen, die mit den Insignien ihrer Familie geschmückt waren, Federbüsche trugen und auf frühere Siege hinwiesen.

Sehr im Gegensatz zu dieser Prachtenfaltung stand das Aussehen der Truppe und der Umstand, daß den Fußsoldaten sehr wenige Versorgungsfahrzeuge folgten. Die Stadt hatte kaum Zeit gehabt, sich von der Hungersnot des Winters zu erholen, und General Koremori hatte Befehl, sein Heer aus dem Land zu ernähren.

Als die Nacht kam, schlug die Armee acht Meilen nördlich der Stadt ihr Lager auf. Als die Abendmahlzeit verzehrt war, waren die Vorräte aufgebraucht. Am nächsten Morgen marschierte die Armee mit leeren Mägen weiter. Fouragetrupps ritten voraus und suchten in Gehöften und Dörfern nach Lebensmitteln. Sie nahmen, was vorhanden war, und ließen ganze Dörfer ausgeplündert zurück. Manche Bauern versuchten, Getreidevorräte vor diesen kaiserlichen Heuschrecken zu verstecken. Wer überführt wurde, konnte nicht mit Gnade rechnen; er wurde auf Koremoris Befehl hingerichtet.

Am dritten Tag passierte eine undisziplinierte und hungrige
Armee das Nordende des Biwa-Sees.

Viele der weniger kriegsbegeisterten Generäle verloren die
Lust am Feldzug. Eine von dem Dichter und Musiker Tsunemasa geführte Gruppe trennte sich von der Armee, um die
Insel Chikubishima zu besuchen, die wie ein Juwel in den
blauen Wassern des Sees schimmerte. Koremori war erbost.
Daß Tsunemasa sich vom Heer trennte, um auf der berühmten Insel seinen Musen zu frönen, war gewissenlos, aber daß
er ein halbes Dutzend anderer Generäle und ihre Gefolgsleute mitnahm und mehr als tausend Soldaten führerlos zurückließ, das war Verrat.

Saito Sanemori begleitete Tsunemasa im Boot. Er kehrte
mit den Ruderern zurück und erläuterte Koremori Tsunemasas Pflichtvergessenheit.

»General Tsunemasa ist kein Feigling. Tatsächlich hat er in
seinem Leben keine Erfahrung gemacht, die ihn Furcht hätte
lehren können. Er ist ein Dichter, der die Dringlichkeit unserer Mission nicht versteht. Er ist bezaubert von der Schönheit
Chikubishimas. Wir müssen diesen poetischen Impuls verstehen und würdigen, oder wir sind nicht besser als die rohen und viehischen Fußsoldaten, die wir führen.«

Koremori konnte das nicht besänftigen. Er schob die
schwere Kinnlade vor und funkelte Sanemori an. »General
Tsunemasa meldete sich freiwillig zum Dienst bei uns und ist
für sein Handeln verantwortlich. Ich akzeptiere sein Verlangen, die Insel zu besuchen, kann aber nicht verstehen,
warum er dort geblieben ist.«

Sanemoris Züge erweichten sich, und für ein paar Augenblicke sah er wieder jung aus. »Chikubushima ist wie die zau-
berische Insel des alten China, Horai. Dort kann er dem süßen Gesang der Gartengrasmücke und dem melodischen Ruf
des *hototogisu*, des Kuckucks, lauschen. Die mächtigen Sicheltannen sind behängt mit Glyzinienranken, unberührt
seit tausend Jahren, und müssen auf einen jungen und emp-
findsamen Menschen wie Tsunemasa unwiderstehlichen
Zauber ausüben.«

Sanemori lächelte beglückt bei der Erinnerung, als er hin-
zufügte: »Tsunemasa hielt vor einem Schrein, und der Prie-

ster, der seinen Ruf kannte, brachte ihm eine *biwa* zum Spielen. Tsunemasa spielte diese Laute wie ein Engel, und Melodien wie ›Jogen‹ und ›Sekijo‹ schwebten wie flüssiges Silber zum Himmel empor. Alle waren dem Zauber der Musik und der Insel verfallen.«

»Dennoch kehrtet Ihr zurück.«

»Ich bin älter und vielleicht ein weniger guter Dichter als Tsunemasa.«

Koremori, der sich für einen großen Dichter hielt, konnte dies verstehen, aber nicht verzeihen. Tsunemasas Desertion hatte zur Folge, daß er die Truppe schärfer antrieb. Wenn sie langsamer wurde, war Koremori auf seinem großen grauen Hengst zur Stelle, um die Offiziere zu tadeln und die Männer anzufeuern. Dies sollte seine Zeit des Ruhmes sein, und er wollte sich von kleineren Rückschlägen nicht aufhalten lassen.

Am sechzehnten Tag des vierten Monats, eine Woche nach dem Verlassen der Hauptstadt, berichteten Kundschafter, daß dreißig Meilen vor ihnen, in einem Tal des Hiuchi-Yamas, eine Abteilung von Kisos Armee in einem befestigten Stützpunkt liege. Sie wußten auch zu melden, daß das Tal reich an Korn und Vieh sei.

Die Schwierigkeiten der Armee konnten mit einem kühnen Streich gelöst werden – reichlich Nahrung und ein Gefecht mit dem Feind. Koremori war sich sicher, daß seine Armee über eine große zahlenmäßige Überlegenheit verfügte. Er rief seine Generäle zum Kriegsrat zusammen und befahl den Angriff auf das Feindlager am Hiuchi-Yama.

»Unsere Anstrengungen werden reich belohnt werden«, verkündete er. »Und unseren Kriegern wird es nicht an Nahrung mangeln.«

Die Generäle applaudierten.

In dieser Nacht gab es keine Ruhepause. Die Armee marschierte bis zum Morgen. Als Amaterasu über den Horizont lugte, überschritten die Kolonnen den Gebirgspaß zwischen Omi und Echizen. Von der Höhe zurückblickend, konnten sie den Biwa-See mit der zauberischen Insel Chikubushima im Morgenlicht funkeln sehen.

Die Armee war fünfzig Meilen von Kyoto entfernt und

drang in das von Kiso Yoshinaka beherrschte Gebiet ein. Viele Männer wünschten insgeheim, sie könnten in die Sicherheit der Heimatprovinzen zurückkehren, vor allem, wenn sie nordwärts über die von Kiso beherrschten *hokurikudo* blickten, die sich von den fernen Ufern der Westlichen See bis zu den drohenden Bergen des Nordens erstreckten.

Koremori, umgeben von seinem Gefolge und den in der Morgenbrise flatternden Bannern, hob sein Schwert und wies damit nach Nordwesten. Er stellte sich in die Steigbügel des grauen Hengstes, reckte sich so hoch wie möglich und rief: »Dort wartet unser Ruhm!« Dann gab er seinem Tier die Sporen und ritt an der Spitze seiner zerlumpten Armee hinab in die Täler von Echizen.

35

Während des ganzen Monats, der seit Kisos Abmarsch vergangen war, hatte Yukiie mit herablassendem Lächeln zugesehen, wie Yoshi seine Verteidigungspläne einübte und in die Tat umsetzte. Yukiie hatte den Befehl über die Verteidigungsvorbereitungen der Garnison abgegeben; er weigerte sich, an die Möglichkeit eines Angriffs der Taira zu glauben. Yoshis erster Schritt war das Ausheben eines tiefen Grabens um das Lager. Bevor das Wasser durch einen Damm reguliert wurde, hatte er zugespitzte Pfähle so in die Böschung schlagen lassen, daß sie vom ansteigenden Wasser bedeckt sein würden. Dann wurden nach dem Vorbild der in der ersten Schlacht von Echizen so wirkungsvollen Technik Dornverhaue angelegt. Ohne den Wassergraben hätten sie die Angreifer nicht aufhalten können, und Graben und Barrikaden zusammen waren imstande, einer monatelangen Belagerung standzuhalten. Die Vorratshäuser des Lagers waren gefüllt und enthielten genug Lebensmittel, damit die Armee bei sorgfältiger Rationierung den Sommer überdauern konnte.

Yoshis und Namis Erkundungen an den Hängen des Hiuchi-Yama hatten sie mit einem schmalen Pfad vertraut gemacht, der hinter der Festung Hiuchi-jo über den Berg in Sicherheit führte. Yoshi übte den geheimen Abzug von Frauen, Kindern, Alten und Kampfunfähigen auf diesem rückwärtigen Fluchtweg.

Yukiie sagte zu seinem jungen Liebhaber und ständigem Begleiter: »Yoshi bildet sich ein, er sei ein Stratege. Er ist ein Dummkopf, der eines Tages für die mir zugefügten Beleidigungen büßen wird. Es wird keinen Angriff geben. Seine Vorbereitungen sind überflüssig.«

»Aber General, der Wassergraben gibt uns doch eine gewisse Sicherheit.«

Wütend wandte Yukiie sich gegen den Jungen. Die Augen quollen ihm aus den Höhlen, so daß er einem fetten Riesenfrosch glich. »Du wagst es, dich auf seine Seite zu stellen, gegen mich! Der Graben. Der Graben!« schrie er. »Das ist alles, was ich höre. Sicherheit wegen eines Grabens! Lächerlich! Entfernte man nur einen Grundstein aus dem Damm, würde der Graben im Handumdrehen leerlaufen.«

»Ja, Herr«, sagte der Junge errötend. Dann aber fügte er im Flüsterton hinzu: »Die Mauer des Dammes ist am Fuß des Berges tief im Wald versteckt. Wer würde sie dort suchen?«

»Genug! In der Tat, wer würde sie dort suchen! Schweig jetzt. Du mißfällst mir, und ich überlege ernstlich, ob ich dich den Samurai zu ihrem Vergnügen geben soll.«

Der Junge wurde plötzlich aschfahl. Er hatte zuviel gesagt. Um die Situation zu retten, versuchte er Yukiie zu besänftigen. »Ich bin ein Dummkopf«, sagte er mit niedergeschlagenem Blick. »Ich bin jung und dumm. Freilich habt Ihr recht, mein lieber General. Laßt uns in unsere Räume gehen, und ich werde es wiedergutmachen.«

Yukiie räusperte sich ärgerlich.

»Es gibt eine geheime Technik, die wir noch nicht probiert haben«, fuhr der Junge verzweifelt fort. »Vielleicht hätten wir sie heute ausprobieren können, wenn ich Euch nicht gekränkt hätte. Ich hörte, sie sei an den Höfen Chinas sehr beliebt.«

»Mich gekränkt? Liebes Kind, nichts was aus China kommt, würde mich kränken.« Yukiies Zorn war wie weggeblasen, und das Stirnrunzeln, das seinem runden Gesicht ein entschieden unangenehmes Aussehen verlieh, verwan-

delte sich in ein noch unangenehmeres lüsternes Lächeln.
»Laß uns eilen.«

Er watschelte eilig davon. Hand in Hand verschwanden sie
im Hiuchi-jo, und Yoshi, sein Graben und seine Pläne waren
vergessen.

Der neunzehnte Tag des vierten Monats begann glückverhei-
ßend. Die Sonne ging zur Stunde des Hasen auf, der Himmel
war von einem tiefen Azurblau, Tsukiyomi, der Mondgott,
war als eine runde weiße Scheibe hoch am Himmel sichtbar,
als Amaterasus orangenfarbenes Gesicht über den Horizont
stieg. Das Tal zu Füßen des Hiuchi-Yama lag still in verzau-
bertem Frieden. Dünne Rauchfäden stiegen aus den verstreuten Gehöften auf. Ein kleiner Krähenschwarm kreiste
krächzend nahe dem Taleingang.

Yoshi war früh aufgestanden und bereits an der Arbeit in
der Kriegsschule. Er erläuterte einer Gruppe von zwanzig
ehemaligen Bauern, die mit untergeschlagenen Beinen im
Kreis saßen und aufmerksam zuhörten, die Feinheiten des
Nahkampfes. Es waren harte Männer, erdverbunden und
Entbehrungen gewohnt. Einige waren zum Dienst ausgehoben worden, andere hatten sich freiwillig gemeldet. Alle aber
wußten, daß sie durch das Erlernen der Kriegskunst von der
niederen, verachteten Klasse der *heimin* in die der Krieger
aufrücken konnten, was ihnen die Möglichkeit eröffnete, Samurai zu werden. In diesen unruhigen Zeiten konnte das
Schwert eines jeden Mannes Zukunft sichern.

Zu seiner Demonstration wählte Yoshi den größten und
stärksten Mann aus und gab ihm eine Stahlklinge. Yoshi
selbst begnügte sich mit einem hölzernen *bokken*. Beide trugen einen gepolsterten Kopfschutz mit einem Eisengitter vor
dem Gesicht, einen Körperschutz aus gespaltenem Bambus,
Röcke aus dicken Lederlappen und schwere Handschuhe mit
Handgelenkschutz.

»Stark zu sein ist nicht genug«, erklärte Yoshi. »Muskeln
allein werden gegen das Gehirn verlieren. Halt das Schwert
fest. Beide Hände in Hüfthöhe am Heft, die Klinge in einem
Winkel von fünfundvierzig Grad aufwärts gerichtet. Nun ist
es wichtig, die Schultern zu entspannen und einen klaren

Kopf zu bewahren.« Yoshi machte alles vor. Sein wie aus Basalt gemeißeltes Gesicht war klar wie ruhiges Wasser, seine Hände hielten das hölzerne Schwert ohne Anspannung, wie eine Verlängerung der Arme.

»Es gibt nur dich und die stählerne Verlängerung deines Geistes«, fuhr Yoshi fort. »Konzentriere dich auf dein Ziel, und wenn du bereit bist, anzugreifen, zögere nicht. So...«

Yoshi sprang auf den Gegner zu. Sein Schwerpunkt blieb so tief, daß die Bewegung nichts Ruckartiges hatte. Sein Kopf blieb auf gleicher Höhe, der Blick auf den anderen gerichtet.

Der Bauer reagierte schnell, aber nervös. Er schwang die Klinge in einem Versuch, den Angriff zu parieren, kam aber zu spät, um die hölzerne Waffe aufzuhalten. Mit zwei klatschenden Geräuschen landete das Holzschwert auf seiner Übungsrüstung, einmal an der rechten Seite, das zweite Mal am gepolsterten Helm.

Der Bauer wich ungeschickt zurück, als Yoshi seinem Angriff eine Finte und einen weiteren Angriff folgen ließ, der damit endete, daß Yoshi dem großen Mann die hölzerne Klinge an die Kehle hielt. Yoshi trat zurück und steckte sein *bokken* mit einem scharfen Klack in die Scheide.

»Du warst zu angespannt«, erklärte er dem unzufriedenen Riesen. »Spannung verlangsamte deine Reaktion. Wärst du entspannt gewesen, hättest du meinen Angriff parieren können. Man muß immer, zu allen Zeiten, einen klaren, geistesgegenwärtigen Verstand haben, dann wird man niemals überrascht.«

Der Bauer wartete auf eine Gelegenheit. Als er dachte, er könnte seinen Lehrer überrumpeln und sein angeschlagenes Selbstbewußtsein wiedergewinnen, sprang er vor und zielte einen Schlag auf Yoshis Rippen, während dieser noch sprach.

Leicht wie Rauch wich Yoshi seitwärts aus, zog blitzschnell den *bokken*, und als die Klinge des anderen vorbeizischte, folgte er ihr und schlug hart hinter die Schutzhandschuhe des Bauern.

Ein Schmerzgeheul folgte, und das Schwert fiel zu Boden. Yoshi schenkte dem Schmerz seines Schülers keine Beachtung. »Also«, fuhr er fort, »bewahre stets einen klaren Kopf, und du wirst niemals überrascht werden.«

Yoshi bedeutete zwei anderen, vor und hinter ihm Aufstellung zu nehmen. »Besprechen wir nun eine nützliche Taktik für den Fall, daß ihr von zwei Seiten zugleich angegriffen werdet«, sagte er. »Am besten ist es natürlich, sich aus der Mitte zu entfernen und die Gegner zu zwingen, einem einzeln gegenüberzutreten, so daß einer hinter dem anderen steht. Das ist manchmal unmöglich, darum müßt ihr in der Lage sein, ein anderes Prinzip anzuwenden.«

Er nickte dem Mann vor ihm zu, und dieser trat vor und zog sein Schwert. Yoshi zögerte nicht. Bevor er sein *bokken* aus der Scheide gezogen hatte, war er schon mit geducktem Kopf und gebeugtem linken Knie auf seinen Gegner zugesprungen. Seine hölzerne Klinge flog heraus und beschrieb den berühmten Radschlag. Trotz seiner Bambuspanzerung krümmte sich der Bauer und hielt seine Mitte. Yoshi setzte die Drehbewegung fort, ging mit dem rechten Knie zu Boden und drehte darauf weiter, um gegen den Mann hinter ihm den Rumpfspalterschlag einzusetzen. Der helle Klang von Holz, das auf Bambus schlägt, widerhallte von den Wänden. Yoshis Klinge schwang in einem kontinuierlichen Bogen weiter, bis er sie wieder in die Scheide steckte. Seine zwei Gegner wankten außer Reichweite. Die ganze Übung hatte weniger als drei Sekunden gedauert.

Yoshis Miene war entspannt, keine Haarsträhne hatte sich gelöst. »Morgen«, sagte er, »werde ich euch Techniken gegen mehr als zwei Feinde vorführen, wobei ich mich des Spitzenschlags und des Durchziehers bedienen werde. Heute aber wollen wir uns auf die Erlernung der beiden Techniken konzentrieren, die ich eben vorführte: das Rad und den Rumpfspalter.«

Als Yoshi seine zwei Übungspartner entließ und zwei anderen das Zeichen zum Aufstehen gab, schlug der Gong vom Hiuchi-jo Feindalarm. Rasch befahl Yoshi die Männer zu den ihnen angewiesenen Positionen. Samurai und bewaffnete Bauern stürzten in scheinbarer Unordnung hin und her. Das ganze Lager glich einem Tollhaus. Aber der Drill und die Übungen hatten ihren Zweck erfüllt. Minuten später hatte jeder den ihm zugewiesenen Platz eingenommen und war verteidigungsbereit.

Jenseits des Grabens ritten Samurai durch die Felder. Banner flatterten in der Morgenbrise, Lederzeug knarrte. Hinter ihnen zog eine unübersehbare Armee heran und trat das junge Gras und die frische Saat nieder.

Den Reiterabteilungen folgten Bataillone von Fußsoldaten, bewaffnet mit *naginata*, Bogen und Schwertern. Tausende von Pferdeknechten und Adjutanten eilten mit Meldungen und Befehlen an die verschiedenen Truppenteile hierhin und dorthin.

Yoshi, der den Aufmarsch aus der Deckung einer Barrikade beobachtete, nahm kaum individuelle Gestalten wahr; sie verschmolzen in einer Masse, die ohne bestimmte Züge war, wie ein Heuschreckenschwarm. Er war sich disziplinierter, aber willkürlich aussehender Truppenverschiebungen innerhalb der von Pferden aufgewirbelten Staubwolken bewußt, vermochte aber kein klares Bild zu gewinnen. Er blinzelte in die Morgensonne und revidierte seinen ersten Eindruck. Dies waren keine Heuschrecken, die hirnlos über die Talebene hinströmten; es war ein Heer, wie er in dieser Größe noch keins zu Gesicht bekommen hatte, und es bewegte sich unerbittlich seinem Ziel zu: seiner Vernichtung. Tausende von gehörnten Kriegshelmen schimmerten im Sonnenschein, ein Wald von Lanzen ragte aus den Staubwolken.

Die Armee zog heran, begleitet von einem dumpfen, unheilvollen Lärm: dem Trommelwirbel ungezählter Füße und Pferdehufe auf dem Erdboden. Die Vorhut machte fünfzig Schritte vor dem Wassergraben halt. Yoshi sah den Feldherrn vorwärts reiten und erkannte sogleich Koremori. Das war schlimm. Koremori, ein hartnäckiger und ehrgeiziger junger Mann, würde nichts unversucht lassen, um sich in den Augen des Hofes hervorzutun. Von ihm konnten sie keine Gnade erwarten.

Koremori saß auf einem großen grauen Hengst, der ein durchschnittliches Kriegspferd um wenigstens zwei Handbreit überragte. Der Hengst war mit Leder und Stahl gepanzert, der Sattel mit Perlmuttfiligran bedeckt. Den Kopf des

236

Pferdes schützte eine rotbemalte stählerne Maske in der Form eines Drachenhauptes. Flanken und Kruppe waren mit einem rotledernen Schuppenpanzer bedeckt, der zu dem Drachenkopf paßte. Der Hengst ging furchtlos bis an den Rand des Wassergrabens.

Koremori erhob sich in den Steigbügeln und rief seine Herausforderung. »Ich bin Komatsu-no-Sammi-Chujō Koremori«, rief er, »Sohn des berühmten Kriegers Taira Shigemori, Enkel des großen *Daijo-Daijin* Taira Kiyomori. Ich bin einundzwanzig Jahre alt und stolz, im Namen des Kaisers zu dienen. Komme hervor, wer es wagt, meine Macht herauszufordern.«

Yoshi hob und senkte den Arm als Signal für die erste Reihe der Bogenschützen zu schießen.

Ein Schwarm von Pfeilen flog um den jungen General, und mehrere prallten von der Panzerung des Pferdes ab.

Koremoris Gesicht lief zornrot an. Das war kein ehrenhaftes Verhalten von den Herausgeforderten. Aber er, Koremori, würde das Protokoll nicht ignorieren. Er drehte um und ritt vom Graben zurück, befahl dann einem seiner Hauptleute, den summenden Pfeil hinüberzuschießen, der die Eröffnung der Feindseligkeiten signalisierte.

Das Zeichen blieb ohne Antwort.

Koremoris Kundschafter hatten gemeldet, daß Kisos Winterlager am Hiuchi-Yama mit einer kleinen Garnison belegt sei. Vom Wassergraben hatten sie nichts gesagt. Es war unmöglich zu beurteilen, wie viele Krieger hinter den Wällen verborgen waren. Die Kundschafter konnten sich getäuscht haben. Koremori hatte nicht die Absicht, in eine Falle zu tappen. Er rief General Michimori und den alten Saito Sanemori zu einer Beratung zusammen.

Die kaiserliche Armee wartete. Offiziere hielten ihre Einheiten an Ort und Stelle. Der Staub sank zu Boden, und die Pferde beruhigten sich und warteten auf die Kommandos ihrer Reiter. Das Tal füllte sich mit den Gerüchen der Menschen und Pferde: Dung, Schweiß und weniger leicht bestimmbare Gerüche, die den süßen Duft des frischen Grüns überdeckten.

»Niemand hat die Herausforderung beantwortet«, sagte Koremori. »Das ist ein unwürdiges Verhalten.«

Sanemori bemühte sich, keine Gemütsbewegung erkennen zu lassen. Er zuckte mit der Schulter und fragte: »Was befehlt Ihr uns?«

Koremori forschte im Gesicht des alten Mannes nach Anzeichen von Ironie. Das runzlige Antlitz war sanft wie das einer Buddha-Statue. Nichtsdestoweniger wurmte Koremori die Frage. Er wußte nicht so recht, wie er auf unorthodoxes Verhalten antworten sollte. Er fühlte sich genötigt, Entschlossenheit zu zeigen. »Ich werde sofort einen Generalangriff befehlen«, erklärte er.

»Nein«, sagte General Michimori. Er war ein erfahrener Krieger und Veteran vieler Feldzüge, zehn Jahre älter als Koremori. Obwohl er Würde und Tatkraft ausstrahlte, hatte der Kaiser ihn Koremori unterstellt. »Ein Spähtrupp sollte vorgeschickt werden, um die Tiefe des Grabens und den Umfang der Befestigungsanlagen zu erkunden.«

Koremori schaute zu Sanemori. Seine Niederlage am Fujikawa hatte ihn gelehrt, auf ältere zu hören. Er würde die Ratschläge erfahrener Generäle nicht wieder leichtfertig in den Wind schlagen.

Sanemori nickte zustimmend. »Dem stimme ich zu. Wer immer die Verteidigung leitet, ist auf uns vorbereitet, während wir nichts von ihm wissen. Ein Voraustrupp von zehn Mann kann den Graben erkunden. Sie mögen umkommen, aber wir werden etwas über den Feind erfahren.«

»Einverstanden«, sagte Koremori. »Wir werden zwanzig Mann über den Graben schicken.« Indem er die Zahl verdoppelte, wahrte Koremori sein Gesicht und bewies, daß er Herr der Lage war.

»So soll es geschehen«, sagte General Michimori mit einem herabgezogenen Mundwinkel, der Mißbilligung erkennen ließ. Er wendete sein Pferd und ritt zu seinen Truppen. Drei Minuten später lenkten zwanzig Freiwillige, die eine Spezialausbildung im Schwimmen und Tauchen hatten, ihre Pferde in den Graben.

Sofort waren die Tiere bis zu den Köpfen im Wasser. Die Reiter blieben in den Sätteln, um Köcher und Pfeile trocken zu halten. Gleich darauf bekamen die Pferde auf der anderen Seite Grund unter die Hufe und kämpften sich die steile Böschung hinauf, wo sie der ersten von Yoshis Überraschungen begegneten – einer Serie von zugespitzten Pfosten, die unter Wasser in der Uferböschung staken und in einem Winkel von fünfundvierzig Grad nach außen zeigten. Die ersten Pferde spießten sich daran auf, und ihre qualvollen Schreie erfüllten die Luft. Das Wasser bedeckte sich mit blutigem Schaum, als die armen Tiere kämpften, sich von den hölzernen Spießen zu befreien. Die Reiter sprangen ins Wasser oder kletterten über ihre sterbenden Pferde, nur um von tödlichen Pfeilen begrüßt zu werden, die von hundert hinter den Wällen versteckten Bogenschützen losgelassen wurden. Nicht einer der zwanzig betrat das jenseitige Ufer. In weniger als einer Minute war keiner mehr am Leben; einige gingen unter, andere wurden von der Strömung fortgetrieben.

36

Koremoris Armee überzog das Tal mit einer vielfarbigen, ständig bewegten Decke von Männern und Pferden. Während Yoshi und seine Leute besorgt hinter den Wällen den Angriff erwarteten, überschritt die Sonne den Zenit. Sie blieben auf ihren Posten, sprachen mit leisen, nervösen Stimmen, schwitzten, ermutigten einander, überprüften immer wieder ihre Waffen. Yoshi war unablässig in Bewegung, vergewisserte sich, daß sie gut vorbereitet waren. Nachdem er festgestellt hatte, daß die Moral unter den achthundert Soldaten so hoch war, wie man angesichts der Umstände erwarten konnte – es bestand kaum ein Zweifel daran, daß sie schließlich überrannt würden –, ging Yoshi in die Festung, um den Abmarsch der Frauen, Kinder und alten Männer zu überwachen.

Mehr als einhundert Menschen hatten sich versammelt, um das Lager auf dem geheimen Fluchtweg zu verlassen. Unter ihnen waren Yukiie und sein junger Liebhaber, die sich vorsorglich Plätze unmittelbar an der rückwärtigen Pforte gesichert hatten. Sie trugen an persönlichen Habseligkeiten bei sich, was sie schleppen konnten, und hatten den

Rest auf einige Frauen und alte Männer verteilt, die sich hinter ihnen drängten.

Nami, die mit den Offiziersfrauen am Ende der Schlange wartete, eilte auf Yoshi zu. »Yukiie hat den Befehl übernommen«, sagte sie. »Er will uns persönlich hinausführen.«

Yoshis Züge verhärteten sich. Solch feiges Verhalten hatte er nicht erwartet. Er selbst hatte die Führer ausgewählt, die den Abzug leiten sollten. Sie hatten die Flucht seit Wochen geplant und eingeübt – ohne Yukiie.

»General Yukiie«, rief Yoshi, »wie großzügig von Euch, diesen armen Unglücklichen zu helfen, die zu schwach oder zu alt sind, um an unserer Seite Ehre zu gewinnen. Wir danken Euch.« Yoshi verneigte sich. »Aber nun warten Eure Truppen in der Verteidigungsstellung auf Euch. Koremori kann jederzeit angreifen.«

Yukiies fleischige Wangen erbebten in einer Mischung von Angst und Wut. »Ich habe beschlossen, diese Leute in Sicherheit zu bringen«, sagte er mit undeutlicher Stimme. »Sobald sie aus dem Tal sind, werde ich zurückkehren, um meine Truppen zu führen.«

»Aber General, der Angriff könnte erfolgen, bevor Ihr zurückkehren könnt. Welch ein Unglück für Euch, diese Gelegenheit zum Ruhm zu versäumen.« Yoshis Stimme erhob sich in schneidender Schärfe. »Und welch ein Unglück für Eure achthundert Mann, wenn Ihr sie nicht in den gerechten Kampf für Eure Sache führt.«

»Das mag sein, aber diese unglücklichen Seelen brauchen auch meine Anleitung, und ich habe beschlossen, zuerst sie aus dem Tal zu führen.«

»Ich danke Euch, General. Ich bin sicher, daß Eure Entscheidung verdienstvoll ist, aber unsere Vorbereitungen für die Flucht sind gut geplant. Eure Anwesenheit ist nicht erforderlich. Ich schlage vor, Ihr bleibt bei Euren Truppen.«

Yukiies Blick huschte hilfesuchend hin und her. Der Junge blickte angestrengt auf seine Füße. Die Männer und alten Frauen wandten sich ab.

»Diese Leute brauchen mich«, sagte Yukiie verzweifelt.

»Sie werden ohne Euch auskommen müssen. Die Soldaten brauchen Euch dringender.«

240

»Nein, ich werde gehen.«

»Wenn Ihr es tut, seid Ihr ein Feigling.«

»Wie könnt Ihr es wagen! Ihr seid unbotmäßig. Ich werde Euch bestrafen lassen.«

»Wollt Ihr Kiso melden, daß ich bei der Verteidigung seiner Festung fiel, während Ihr das Weite suchtet?«

»Ihr seid unerträglich.«

»Das mag sein. Wir werden jedoch gemeinsam zu den Verteidigungswällen zurückkehren, während die Frauen und Kinder fliehen.«

Nami trat vor und sagte: »Yoshi, ich möchte bleiben. Vielleicht kann ich helfen.«

Die Frauen der Offiziere stimmten ein. Sie alle wollten bleiben.

»Danke, Nami. Danke, meine Damen. Ich weiß diese Tapferkeit zu würdigen.« Yoshi blickte zu Yukiie, der unschlüssig mit den Füßen scharrte. »Euer Wunsch sollte einen unserer Generäle beschämen. General Yukiie, Nami und die anderen Samurai-Frauen wollen um die Festung kämpfen. Sie sind vollkommene Beispiele von Tapferkeit und Ehre.«

»Sie sind verrückt!«

Yoshi wandte sich zu den Frauen und sagte: »Ihr müßt mit den Kindern abziehen, aber Eure Tapferkeit wird nicht in Vergessenheit geraten.« Darauf legte er Nami die Hände auf die Schultern und blickte ihr tief in die traurigen Augen. »Du mußt mit ihnen gehen«, sagte er leise. »Du nimmst mein Herz mit dir.«

»Ich möchte bleiben...«

»Liebling, du kannst nicht helfen. Wenn du bleibst, werden die Frauen alle bleiben. Die Männer werden sich um sie sorgen und unfähig sein, sich auf ihre Pflicht zu konzentrieren. Bitte...«

»Yoshi, verlaß mich nicht. Ohne Schwert bist du wehrlos. Wie kannst du den Kriegern helfen? Laß Yukiie fliehen, und komm auch du mit. Kiso kann dir nichts vorwerfen, wenn du Yukiies Beispiel folgst. Du bist nur ein Berater.«

»Nami, du weißt, das ist unmöglich. Yukiie und ich werden bleiben. Das ist die einzige ehrenhafte Handlungsweise, die uns möglich ist.« Er wandte sich wieder zu Yukiie.

»Kommt! Andernfalls werden wir die Peinlichkeit auf uns nehmen müssen, Euch unter Arrest zu stellen.«

»Mögen die Götter Euch zur Yomi verdammen! Ihr werdet für die Beleidigung bezahlen«, fauchte Yukiie. Sein feistes Gesicht zog sich zu einem Ausdruck zusammen, der an eine in die Enge getriebene Ratte erinnerte. Er rief seinen jungen Gefährten und den Leuten, die er mit seinen Besitztümern beladen hatte, Anweisungen zu.

Yoshi sah gleichmütig zu, wie die Ballen und Bündel abgeladen wurden. Er wartete, bis Nami und die anderen durch die Pforte gingen. Als er mit Yukiie und dem Jungen allein war, sagte er beinahe mitfühlend: »Laßt das Gepäck liegen. Ihr werdet es kaum noch benötigen. Wir haben eine Verabredung mit unserem Karma.«

Ein schweigender Yukiie folgte schwerfällig, als Yoshi ihn zurück ins Lager führte.

Es war Spätnachmittag, und noch immer ließ der Angriff auf sich warten. Die Schatten wurden lang, Fackeln wurden angezündet, und beide Seiten machten sich auf eine schlaflose Nacht gefaßt.

Proviant wurde verteilt. Yoshi war ständig unterwegs und munterte die Krieger mit Ratschlägen und Scherzen auf.

»Der Feind hat hundert Mann für jeden der unsrigen, aber wir sind gut geschützt«, sagte er zu einer Gruppe. »Die Eroberung unseres Lagers wird ihn so teuer zu stehen kommen, daß er schließlich eine Niederlage erleiden wird. Unser ist die Hoffnung auf Leben und die Gewißheit des Ruhmes.«

Zu einer anderen Gruppe sagte er: »Unsere Namen werden in die Geschichte eingehen. Ob wir leben oder sterben, der Preis, den wir dem Feind für diese Eroberung abverlangen, wird uns ewigen Ruhm sichern.«

Yukiie verbarg sich hinter den Palisaden des Hiuchi-jo. Vorsichtshalber ließ Yoshi eine Abteilung Krieger bei ihm. Von Zeit zu Zeit führte diese Abteilung den General durch die Verteidigungsstellungen. Selbst als die Soldaten seine Anwesenheit bejubelten, behielt Yukiies Gesicht seinen unglücklichen Ausdruck.

Am Morgen des zwanzigsten Tages ließ Koremori angreifen. Welle auf Welle galoppierten berittene Samurai durch den Graben und schossen Pfeilsalven auf die Verteidiger. Viele Pferde starben, unter Wasser von den Pfählen aufgespießt. Aus der Deckung ihrer Wälle töteten die Verteidiger Hunderte von angreifenden Kriegern, bevor diese die Verteidigungslinie erreichten. Bald füllten die Pferdekadaver den Graben, so daß nachfolgende Angriffswellen über die toten Tiere reiten konnten. Am anderen Ufer aber galoppierten sie vor den mit Dornverhauen bekrönten Wällen hin und her und versuchten, einen unsichtbaren Feind zu bekämpfen. Sie waren leichte Ziele für die verborgenen Bogenschützen.

Koremori beobachtete zornbebend die Vernichtung seiner Samurai. »Halt!« rief er, mit dem Schwert fuchtelnd. »Umgruppieren!«

Bevor der Befehl ausgeführt wurde, fanden noch viele Angreifer den Tod im Graben oder vor den Wällen. Die meisten wurden Opfer der tödlichen Pfeile, einige wurden von reiterlosen Pferden niedergetrampelt oder von den zugespitzten Pfählen im Wasser aufgespießt.

Der erste Frontalangriff kostete Koremori Hunderte von berittenen Kriegern. Die Verteidiger verloren zwölf Mann, Opfer von Pfeilschüssen, die sie hinter ihrer Deckung getroffen hatten.

Yoshis Truppen frohlockten. In ihrer Freude über den Erfolg vergaßen sie ihre prekäre Lage. Viele der einstigen Bauern hatten noch nie den Siegesrausch erlebt. Sie waren Helden! Sie hatten die Berufskrieger der Taira zurückgeschlagen.

Vorläufig!

Nami beobachtete den Gefechtsverlauf von der Öffnung einer kleinen Höhle im Berghang aus. Sie hatte die Höhle schon vor Wochen entdeckt, als sie mit Yoshi einen Rückzugsweg durch den Bergwald gesucht hatte. Sie war hinter der Kolonne der Flüchtlinge zurückgeblieben und hatte sich durch wegloses Gelände zu der verkrüppelten Kiefer vorgearbeitet, die den Höhleneingang kennzeichnete.

Als die letzten Frauen außer Sicht waren, hatten sich die erwarteten Befürchtungen und Selbstvorwürfe eingestellt. Ich bin verrückt, dachte sie bei sich. Ich kann Yoshi nicht helfen. Ich quäle mich nur, wenn ich die Männer sterben sehe. Schließlich wird auch Yoshi fallen. Was kann ich dann tun? Werde ich die Kraft haben, ihm den Kopf abzuschneiden, um ihm die Unwürde der Schaustellung zu ersparen? Ich weiß es nicht.

Bei dem Gedanken, was sie vielleicht tun mußte, krampfte sich ihr Magen zusammen. Selbst wenn es mich das Leben kostet, dachte sie, ich muß tun, was notwendig ist. Aber es gibt eine Möglichkeit, daß Yoshi überleben wird. Und wenn er mich dann braucht? Ich könnte nicht mit dem Gedanken leben, daß ich die Flucht ergriff, ohne den Ausgang der Schlacht abgewartet zu haben.

Sie schluckte krampfhaft mit zusammengeschnürter Kehle und zwang sich, über das Tal hinauszublicken. Der unglaubliche Anblick machte die Hoffnungslosigkeit von Yoshis Lage erst recht offenkundig. Die paar hundert getöteten Samurai bedeuteten für das riesige Heer der Taira kaum einen Aderlaß; ihre Zelte und Wagen, Pferde und Krieger bedeckten das weite Tal von einem Ende bis zum anderen. Verglichen damit war die Zahl der Verteidiger jämmerlich unzulänglich. Achthundert Mann kauerten hinter Schutzwällen, die einen Halbkreis entlang der Innenseite des Grabens deckten. Nami überblickte das gesamte Panorama von der Stelle aus, wo der Graben bei einem Wasserfall im Südwesten begann, bis zur anderen Seite des Lagers, wo er im dichten Wald am Fuß des Hiuchi-Yama verschwand.

Immer wieder hielt sie nach Yoshi Ausschau. Mehrmals glaubte sie ihn zu erkennen, doch waren die Gestalten zu weit entfernt, um ihr Gewißheit zu geben.

Nach dem gescheiterten Frontalangriff sah Nami Reiterabteilungen ausfächern und gemeinsam mit Fußtruppen Aufstellung entlang den Flanken des Lagers nehmen.

Verteidiger eilten dorthin, um die Flanken zu stärken. Sie waren jetzt dünn über den ganzen Verteidigunsbereich verteilt.

Auf ein Signal von Koremori hin rückten die Abteilungen von allen Seiten gegen die Befestigungen vor. Während Bogenschützen die Verteidiger niederhielten, warfen Fußsoldaten Berge von mit Steinen beschwerten Reisigbündeln in den Graben, um den Angreifern den Übergang zu erleichtern. Viele der Bündel wurden aber von der Strömung fortgetragen, und wieder brüllten die Pferde auf, als die spitzen Pfähle sich in ihre Leiber bohrten. Sie versuchten sich aufzubäumen, herumzuwerfen, wurden aber von den nachfolgenden Pferden niedergetrampelt. Wieder färbte sich das Wasser des Grabens rot. Es war ein Bild aus der Hölle, zu sehen, wie Pferde und Reiter im blutig aufgewühlten Wasser um ihr Leben kämpften, während die nachfolgenden Angriffswellen teils auf sie stürzten, teils über sie hinwegtrampelten. Ungefähr zweihundert Mann und halb so viele Pferde überwanden den Graben. Viele wurden von Pfeilen getroffen, bevor sie die Verteidigungswälle erklimmen konnten, aber Nami sah Trupps von Samurai in die Stellungen der Verteidiger einbrechen und zum Nahkampf übergehen.

Die Samurai waren bessere Fechter als die Bauern. Ihre zumeist jahrelange Erfahrung wirkte sich aus, und sie töteten ein Mehrfaches ihrer eigenen Zahl, bevor sie selbst fielen. Koremori ließ auch diesen Angriff abbrechen, um nicht noch mehr von seinen besten Kriegern zu verlieren. Der Graben war so verstopft von Pferdekadavern, getöteten Kriegern und Reisigbündeln, daß die Strömung ihn nicht freimachen konnte. Mehr als hundert Pferde und Männer waren aufgespießt von den Pfählen oder ertrunken.

Das Gefecht war ein weiterer Abwehrerfolg für Yoshi, aber die Verteidiger hatten mehr Kämpfer verloren, als sie sich leisten konnten, und die Verteidigungslinie war noch dünner besetzt als zuvor. Koremori hingegen konnte sich den Verlust von einigen hundert Kriegern ohne weiteres leisten. Das befestigte Lager war verloren. Daran gab es keinen Zweifel.

Yukiie beobachtete den letzten Angriff durch die Schießscharten der Hiuchi-jo-Festung. Obwohl kalte Angst nach
seinem Herzen griff und obwohl seine Hände zitterten, gelang es ihm, einen vollständigen Zusammenbruch zu vermeiden, weil er durch den Palisadenzaun und die aus dicken
Stämmen gefügten Wände des Festungsbaues vor dem Feind
geschützt war. Durch die nach allen Seiten gerichteten
Schießscharten konnte er genug vom Verlauf der Kämpfe sehen, um in seiner Gewißheit, daß das Lager fallen würde, be-
stärkt zu werden.

Nachdem Koremoris Truppen den Angriff abgebrochen
hatten und die Schreie der Verwundeten verstummt waren,
verließ Yukiie den oberen Wehrgang und setzte sich in einen
Winkel zu seinem jungen Gefährten. Seine Augen blickten
wild umher, seine bebenden Lippen murmelten unverständliche Worte. Der Junge rückte voll Unbehagen von ihm ab; er
hatte gern die ihm erwiesenen Gunstbezeigungen angenommen, aber jetzt fürchtete er sich vor dem fetten Mann.

Yukiie war zutiefst verstört, gequält von seiner Furcht vor
dem Feind, verzehrt von seinem Haß auf Yoshi. Er saß in
dumpfem Schweigen da, dann begann er wieder vor sich hin
zu murmeln: unartikulierte Geräusche, Flüche, wütendes
Geknurre, Ächzen und Jammern.

Der Junge zog sich weiter von ihm zurück. Die am Eingang
stationierten Posten betrachteten Yukiie mit kaum verhohle-
ner Geringschätzung.

Kurz vor dem erwarteten Angriff erschien Yoshi und verlangte, daß Yukiie den Schutz der Festung verlasse und zu
seinen Truppen gehe. Yukiie weinte schamlos, schützte
Krankheit vor, brach schließlich zusammen und benäßte sich
am Boden. Yoshis mitfühlendes Schulterklopfen erboste
Yukiie mehr als die Blicke offener Verachtung, die die Posten
ihm zuwarfen. Und der Junge wich seiner Berührung aus, als
schäme er sich seiner. Sie würden dafür bezahlen. Sie würden in der heißesten der Unterwelt-Höllen brennen.

Yukiie wurde sich seines Zustandes bewußt. Sein violettes
Gewand war befleckt und verrutscht, sein schwarzer Seiden-

hut formlos und staubig, die weite seegrüne Hose naß und verknittert. Yukiie betrachtete sich als einen anspruchsvollen Mann, der auf Farbzusammenstellungen achtete und eine feine Nase für das jeweils passende Parfüm hatte. Das schreckliche Bild, das er bieten mußte, trieb ihm die Röte in die Wangen. Seine Eitelkeit überwand die Furcht. Schlacht oder nicht, er konnte nicht in diesem beklagenswerten Zustand bleiben. »Du... Soldat!« rief er dem Wachhabenden zu. »Ich muß meine Kleider wechseln.«

Der Posten lächelte böse. »Wir haben Anweisung, Euch hier festzuhalten, es sei denn, Ihr wollt Euren Pflichten bei der Truppe nachkommen.«

Yukiie sank zurück in seinen Winkel. Diese Barbaren hatten ihren Spaß an seiner mißlichen Lage. Er mußte sich retten; er mußte sich etwas ausdenken, sein Glück zu wenden. Wenn seine gegenwärtige Lage andauerte, würde er in Entehrung enden, wenn nicht gar den Tod finden. Er mußte seine Furcht überwinden, oder er würde daran zugrunde gehen.

Auf einmal kam ihm ein Gedanke. Ein Plan, der das Unrecht vergelten würde, das er von Yoshi hatte erleiden müssen, und der überdies sein unehrenhaftes Verhalten für immer verbergen würde. Wieder richtete er das Wort an den Wachhabenden. »Ruf General Yoshi zu mir! Ich habe entschieden, ihm meine volle Unterstützung zuzusichern. Ich muß jedoch meine Kleider wechseln. In diesem Zustand kann ich nicht vor meinen Truppen erscheinen.«

Der Posten tauschte einen Blick mit seinem Gefährten. »Ruf General Yoshi«, sagte er zu einem von ihnen, nahm ihn dann zur Seite und flüsterte: »Genug von diesem erniedrigenden Dienst. Wenn Yukiie sein Kommando übernimmt, werden wir von ihm befreit. Ich jedenfalls möchte zu meinen Gefährten an die Front.«

Die anderen teilten seine Meinung. Keiner von ihnen wollte Yukiie bewachen. Sie wußten ihren Platz auf den Wällen, wo sie sich im Kampf gegen Koremoris Armee Ruhm erwerben konnten. Einer machte sich auf die Suche nach Yoshi. Er fand ihn hinter den Wällen, wo er bei der Versorgung Verwundeter half.

Yoshi trug die *rokugu* genannte Kampfrüstung, die aus Eisen und Lederstreifen bestand. Zu ihren Teilen gehörten der *yoroi* oder Brustschutz, *kabuto* und *hoate,* Helm und Gesichtsschutz, sodann *kote, sune-ate* und *koshiate,* Armschienen, Beinschienen und Lendenschutz. Anstelle der üblichen zwei Schwerter trug er einen Kriegsfächer, den er benutzte, um Anweisungen zu geben.

Sobald Yoshi den Verwundeten, so gut es ging, versorgt hatte, wandte er sich dem Posten zu und nickte auffordernd.

Der andere verbeugte sich respektvoll. »Herr«, sagte er, »General Yukiie wünscht Eure Anwesenheit in der Festung.«

»Ich habe keine Zeit für seine Albernheiten«, erwiderte Yoshi ungeduldig, bedauerte aber gleich darauf seinen scharfen Ton. Er war müde von den Anstrengungen des Tages. Den Wächter traf keine Schuld. »Nun gut«, sagte er in ruhigerem Ton und fragte sich, was Yukiie wohl von ihm wollte.

»Er möchte zu seinen Truppen«, sagte der Posten.

Yoshi hatte sich stellvertretend für Yukiies Benehmen geschämt. Der Mann war ein Samurai, der Onkel von Kiso und Yoritomo. Yoshi war verpflichtet, ihm den Respekt zu erweisen, auf den seine Familie Anspruch hatte. Unter dem Druck des Kampfgeschehens fand Yoshi es schwierig, sich jederzeit seiner Verpflichtung dem Kaiser gegenüber bewußt zu bleiben. Die Aussicht, Yukiie würde jetzt seinen Pflichten nachkommen, erleichterte ihn sehr. Yukiies Einsatz würde ihm die Möglichkeit geben, sich aufs Überleben zu konzentrieren. Yoritomo und Go-Shirakawa mußten über die Schlacht am Hiuchi-Yama unterrichtet werden. Yoshis Stirn glättete sich, und er spürte, wie etwas von der Spannung in ihm wich.

»Sag General Yukiie, daß ich die Truppe nicht verlassen kann. Wir erwarten einen weiteren Angriff. Richte dem General meine Grüße aus und sieh zu, daß er zu seinen Leuten an den Wällen geht.«

»Herr, er erbittet die Erlaubnis, zuvor seine Kleider zu wechseln.«

Yoshi erinnerte sich des erbarmungswürdigen Anblicks, den der fette Mann geboten hatte, zitternd vor Angst am Boden kauernd, die Kleidung mit Urin beschmutzt, und sagte:

»Selbstverständlich. Ich bin erfreut, seinem Ersuchen nach-
zukommen. Wenn du zur Festung kommst, laß zwei Posten
zum Felddienst an den Wällen gehen. Du und ein anderer
werden Yukiie begleiten. Nun, da er sich bereit erklärt hat,
seine Truppe zu führen, sollte das genügen.«

»Jawohl, Herr.« Der Posten eilte zurück zum Hiuchi-jo.

Yukiie war hochbefriedigt über Yoshis Anweisungen, ließ
sich aber nichts anmerken. Im Nu verwandelte er sich von einem zitternden menschlichen Wrack in einen gravitätischen
Tyrannen. »Folge mir dichtauf!« herrschte er den Jungen an,
der angesichts der plötzlichen Veränderung seines Herrn
gründlich verwirrt war. »Du, Soldat, machst den Schluß.
Und du«, sagte er zu dem letzten Posten, »bringst mir den
rotlackierten Kasten und den Bambuskoffer mit meinen Sa-
chen zum rückwärtigen Ausgang.«

Der Mann zögerte, und Yukiie fauchte: »Augenblicklich!
Ich bin hier der Befehlshaber. Du hast zu tun, was ich sage.«

Der Soldat zuckte verwirrt die Achseln und ging.

Als er mit Kasten und Koffer zurückgekehrt war, nahm er
wieder Aufstellung am Eingang, während Yukiie hinter einen Wandschirm trat und seine beschmutzten Kleider ab-
legte. »Komm her, Junge«, sagte er mit lauter Stimme. »Hilf
mir beim Ankleiden.« Die Posten machten obszöne Gesten
und grinsten, und der Junge wurde rot, gehorchte aber und
ging hinter den Wandschirm. Yukiie rieb sich den bleichen
Körper mit einem duftenden Tuch ab. Ohne Kleider gemahnte er an einen fetten weißen Engerling, formlos von Gestalt, mit teigigen Fettrollen, die seinen Knochenbau verbargen. Sein Bauch machte drei Falten, und die unterste hing
wie ein weicher, dicker Lappen über seine Genitalien. Dicke
Schenkel von schwammiger Beschaffenheit, X-Beine und
auswärtsgestellte Spreizfüße trugen mühevoll den schweren
Leib.

»Kleide mich an, dummer Kerl!« befahl Yukiie.

Über den gefütterten weißseidenen *fundoshi* wurde ein
weißer Kimono drapiert, den der Junge befestigte, indem er
ihn zweimal um Yukiies Bauch wand und am Rücken eine
Schleife knüpfte.

Yukiie bedeutete ihm, welche Kleidungsstücke er

wünschte. Der Junge hüllte ihn in mehrere *hitatares* von verschiedenen Abtönungen eines blassen Grüns, dazu himmelblaue Hosen anstelle der traditionellen *hakama* des Kriegers. Dann ließ Yukiie sich die mit Seidenbrokat gefütterten Bärenfellstiefel anziehen – sein einziges Zugeständnis an seinen militärischen Rang. Yukiie überprüfte den Sitz der Stiefel. Er würde sie später brauchen.

»In dem Kasten ist ein Tintenstein, ein Pinsel und ein Blatt feinen Maulbeerpapiers. Bring sie her«, befahl er mit lauter Stimme. »Ich möchte zu Ehren meiner Truppen und ihrer Standhaftigkeit in der Schlacht ein Gedicht schreiben.«

Die Posten sahen einander an. Zwar betrachteten diese früheren Bauern die Fähigkeit, Gedichte zu schreiben, mit Respekt, doch fanden sie diese Beschäftigung unter den derzeitigen Umständen seltsam.

»Ich kann nicht dichten, wenn ihr Barbaren euch in meiner Nähe herumtreibt«, sagte Yukiie verdrießlich. Dann beruhigte er sich und fügte beinahe freundlich hinzu: »Je früher mein Gedicht geschrieben ist, desto eher kann ich nach vorn zur Truppe gehen. Seid unbesorgt. Ich kann nicht fortlaufen.« Er deutete in Selbstmißbilligung auf seine Leibesfülle, und sein Gesicht verzog sich zu einem gutmütigen Lächeln. Den Wachen entging, daß seine Augen nicht lächelten; sie spähten hart und wachsam zwischen den fettgepolsterten Lidern hervor.

Die Posten nickten zustimmend. Es stimmte, der General konnte nicht weit laufen. Ihn allein zu lassen, schien ein geringer Preis für seine Zusammenarbeit.

»Jawohl, General. Wir werden in Hörweite bleiben. Wenn Euer Gedicht fertig ist, ruft uns, und wir werden Euch zu General Yoshi begleiten.«

Die Wachen gingen. Yukiie bereitete seine Tinte und pinselte eine Botschaft auf das Papier. Er faltete es sorgfältig und hielt es dem Jungen hin. »Gib gut acht«, sagte er, »und befolge meine Anweisungen genau.«

Der Junge nahm die Botschaft und nickte unfroh. Was er in Yukiies Gesicht sah, machte ihm Angst – eine unverhüllte, flammende Bösartigkeit, die in keinem Zusammenhang mit dem Gedicht stehen konnte, das er angeblich verfaßt hatte.

»Die Wachen werden zurückkommen, wenn ich rufe. Unterdessen wirst du meine Botschaft in deinem *obi* verbergen. Die Wachen haben mit dir nichts zu schaffen. Sobald ich mit ihnen gehe, wirst du folgendes tun.« Ehe er fortfuhr, fixierte er den Jungen mit einem unheilvollen Blick. »Du wirst zur rückwärtigen Pforte hinausschlüpfen, wo unsere Habseligkeiten liegen. Folge der Palisade nach Nordosten... das ist rechterhand«, sagte er ungeduldig, als der Junge verwirrt dreinschaute. »Sobald du tief im Wald bist, suchst du den Pfad über den Damm. Ich habe gehört, er sei schmal und könne nur von jeweils einer Person überquert werden. Hast du ihn gefunden, wartest du, bis es dunkel ist, dann gehst du zur anderen Seite.«

»Aber wenn mich der Feind fängt...?«

»Unsinn, Junge. Vertraue mir. Übergib die Botschaft demjenigen, der dich auf der anderen Seite anhält. Sag ihm, sie sei wichtig und müsse sogleich dem General Koremori übergeben werden. Die Botschaft wird dir den Weg in die Sicherheit öffnen. Du wirst leben, und ich werde später zu dir kommen. Hast du verstanden?«

»Ja, Herr. Was ist das für eine Botschaft?«

»Das geht dich nichts an, Junge. Denk daran, sie ist dein Passierschein und unsere Vergeltung für die Beleidigungen, die wir erleiden mußten.«

»Ich fürchte mich...«

»Genug. Du wirst meine Anweisungen genau befolgen, oder du wirst eines schrecklichen Todes sterben, bevor der Feind unsere Verteidigungslinien durchbricht. Ich habe die Macht! Vergiß das nicht.«

»Jawohl, Herr. Ich werde gehen... sofort.«

»Recht so. Warte im Wald und überquere den Damm nach Einbruch der Dunkelheit.«

Yukiie hob die Stimme und rief die Wachen. So würdevoll, wie er es vermochte, erklärte er ihnen, daß er bereit sei. Seine Knie zitterten bei dem Gedanken an die bevorstehende schwere Prüfung.

»Was soll mit ihm geschehen?« sagte ein Wächter und wies auf den in einem Winkel kauernden Jungen.

»Was mit ihm geschehen soll?« echote Yukiie. »Ich kann

ihn nicht mehr gebrauchen. Laßt ihn, wo er ist. Seine Anwesenheit beleidigt mich.«

Die Wachen berieten. Es gab keine Anweisungen den Jungen betreffend. Sie hatten nur Yukiie zu bewachen. Als sie gingen, versetzte einer von ihnen dem Jungen einen verächtlichen Fußtritt.

Yukiie bewahrte mit Mühe die Fassung. Er fand kein Gefallen an der rauhen Kameraderie der Krieger. Wenn er die Gruppen entlang den Wällen kontrollierte, verstummten sie respektvoll und schienen sogar erfreut über seine Anwesenheit. Für die ehemaligen Bauern wie für die Samurai aus den Bergen des Nordens verkörperte Yukiie eine andere Welt. Sie sahen nichts weiter als seine Kleidung und seinen Rang.

Gegen Abend unternahmen Yoshi und Yukiie eine gemeinsame Inspektion. Bis auf einen gelegentlichen Pfeilschuß gab es wenig Aktivität. Im Lager des Feindes wurden Fackeln angezündet, zuerst wenige Dutzend, dann Hunderte und schließlich Tausende, die wie Glühwürmchen leuchteten, als Dunkelheit das Tal einhüllte.

Mit einbrechender Nacht kamen alle kriegerischen Handlungen zum Stillstand. Die Wachen blieben auf ihren Posten, aber ein Großangriff war nicht mehr zu befürchten. Die Krieger saßen um kleine Feuer und erzählten Geschichten, um ihre Gedanken von dem Angriff abzulenken, der mit dem neuen Tag kommen mußte.

Nach dem Rundgang lud Yoshi den General ein, mit ihm zur Kriegsschule zu gehen. Yukiie lehnte ab, aber er tat es ungewöhnlich freundlich und in einer Weise, die Yoshi Unbehagen verursachte.

»Ihr müßt mir vergeben«, sagte Yukiie. »Ich fühlte mich nicht gut und benahm mich schlecht. Die Anspannung ist groß gewesen, und ich bin sehr müde. Ich denke, ich werde mich zurückziehen. Ich möchte aufstehen, sobald es Tag wird.«

Er wirkte reuig, aber Yoshi mißtraute diesem plötzlichen Umschwung. »Ich werde Euch einen Mann mitgeben, der Wache hält, während Ihr schlaft, und Euch zeitig weckt.«

»Ich weiß das zu würdigen, General Yoshi, doch würde ich

mich schuldig fühlen, wenn der Mann auf seinen notwendigen Nachtschlaf verzichten müßte. Auch er wird seine Ruhe brauchen. Aber da mein junger Gefolgsmann verschwunden zu sein scheint, werde ich jemanden brauchen, der mich weckt. Schickt zur Stunde des Tigers einen Posten zu meinem Quartier. Das wird mir genügend Zeit geben, mich vorzubereiten und noch vor Tagesanbruch bei der Truppe zu sein.«

Yoshi machte sich seine Gedanken. Selbst wenn er sich freundlich gab, war Yukiie ein unangenehmer Bursche. War Yoshi zu hart mit ihm? Der Mann hatte die Stellungen besucht, nervös, aber bereitwillig. Nun gab er zu erkennen, daß er seine frühere Feigheit wiedergutmachen wollte. Und wohin sollte Yukiie in der Dunkelheit gehen?

»General Yukiie, es soll geschehen, wie Ihr verlangt. Der morgige Tag wird für die stärksten Männer ein Tag der Prüfung sein. Eure Bereitwilligkeit wird anerkannt. Ich werde Euch am Morgen sehen.«

Als Yukiie sich verneigte und umwandte, glaubte Yoshi ein Aufblitzen von Bosheit in den kleinen schwarzen Augen zu sehen. Oder war es nur die Spiegelung eines Feuerscheins?

Yoshi schrieb sein Mißtrauen der Übermüdung zu. Er war erschöpft, und der bevorstehende Tag konnte leicht ihr letzter Tag auf Erden sein. Mochte Yukiie in diesen letzten Stunden allein sein, um mit sich selbst Frieden zu schließen.

Yoshi verneigte sich. »Gute Nacht, General Yukiie«, sagte er. »Bis morgen.«

38

Der Fluß war an einer Engstelle am Fuß des Hiuchi-Yama in den Graben umgeleitet worden, wo dichter Wald den Damm aus Felsbrocken und Erde tarnte. Der Junge fand den Übergang ohne Schwierigkeiten. Es war ein schmaler und unebener Pfad, der über Felsbrocken und rauschendes Wasser führte. Die Erbauer hatten den lagerseitigen Zugang nicht versteckt; sie hatten nie an die Möglichkeit gedacht, daß jemand von ihrer Seite das Lager verlassen würde.

In einer kleinen Bretterhütte am Ende des Dammes tat ein Wachtposten Dienst. Die Hütte war sorgfältig getarnt, so daß die Gefahr einer Entdeckung durch Koremoris Krieger gering war. Der Posten durfte kein Feuer machen. Seine Entdeckung durch den Feind konnte unheilvolle Folgen haben.

In der Finsternis prallte der Junge beinahe auf den Posten. Das Rauschen des Wassers an den Felsen hinter ihm übertönte die leisen Geräusche seiner Bewegungen und hinderte den Posten daran, ihn zu hören. Erschrocken drückte sich der Junge an einen Baum. Wenn er versuchte, an der Hütte vorbeizuschlüpfen, mußte der Mann ihn im schwachen Mondlicht sehen. Wie sollte er seine Anwesenheit erklären? Er zitterte. Wenn er unverrichteter Dinge zu Yukiie zurückkehrte, würde er bestraft. Ging er weiter und wurde erwischt, so würde es ihm nicht besser ergehen.

Der Posten rumorte in seiner Hütte. Sie waren weniger als vier Schritte voneinander entfernt, und der Junge glaubte, sein Herzschlag müsse über diese Entfernung zu hören sein. Mit Mühe beherrschte er sein aufgeregtes Schnaufen. Er war nahe daran, vor Angst in die Hosen zu machen oder laut zu schreien. Er biß die Zähne zusammen und preßte die Stirn gegen die rauhe Borke, bis er sich gefaßt hatte. Wieder ein Geräusch vom Wachposten, ein vernehmliches Windlassen, gefolgt von einem Grunzen. Der Mann trat aus der Hütte, schaute umher und stapfte tiefer in den Wald.

Der Junge versuchte sich zu bewegen, war aber wie erstarrt. Jetzt! sagte er sich. Seine Beine wollten nicht gehorchen. Er klebte an dem Baum. Dann drang ein Gestank an seine Nase; der Posten erleichterte sich im Wald auf der anderen Seite des Schuppens.

Jetzt!

Der Junge huschte über die kleine Lichtung und verschwand im dichten Unterholz. Zweige knackten unter seinen Füßen, das Laub der Büsche raschelte, wo er sich den Weg bahnte. Er machte so viel Lärm, daß es unmöglich schien, unbemerkt zu bleiben. Aber das Tosen des Wassers

254

und die Beschäftigung des Postens mit sich selbst retteten ihn. Er kam unbemerkt davon.

Als er den Waldrand erreichte, sah er vor sich Tausende von Feuern. Koremoris Armee füllte das Talbecken, so weit das Auge reichte. Er war in Sicherheit. Er hatte es getan. Er hatte den Damm überschritten und sein Ziel erreicht.

Er lief auf die Feuer zu.

Yukiie schlüpfte aus seinem Quartier. Er war beladen mit einem Bündel, das Ersatzstiefel, ein Gewand, Silbermünzen, ein Bambusrohr mit Wasser und ein Paket Reiskuchen enthielt. Er hatte erwogen, praktischere Kleidung zu tragen, sich aber dagegen entschieden; ganz gleich, was er trug, für die Prüfung, die ihm bevorstand, würde es unzulänglich sein. Er mußte sich behelfen. Ein Pferd wäre von Nutzen gewesen, aber der Weg vor ihm konnte unglücklicherweise nur zu Fuß begangen werden.

Verstohlen verließ Yukiie die Festung Hiuchi-jo durch die Hintertür. An der Lagerpforte warf er einen letzten wehmütigen Blick auf seine kostbaren Besitztümer, die dort aufgestapelt waren. Ganz gleich: sein Leben war wichtiger als diese bedeutungslosen Dinge.

Ein Viertelmond schwamm zwischen aufgerissenen Wolken und verbreitete genug Licht, daß er den Fluchtweg sehen konnte. Einmal aus dem Lager, fand Yukiie Zeit zu überlegen, ob der Junge mit seiner Botschaft zu Koremori gelangt sei. Nun, er mußte dem Jungen vertrauen. Ein süßes Kind. Nicht allzu helle, aber willig und nicht ohne eine gewisse Schlauheit, wenn es ums Überleben ging.

Die ungewohnte Anstrengung brachte Yukiie zum Schnaufen. Seine fetten Beine zitterten, und obwohl seine Stiefel die besten waren, die man bekommen konnte, schmerzten seine Füße von den scharfkantigen Steinen. Schweiß durchnäßte seine Gewänder und ließ sie unangenehm am Rücken kleben. Er mußte ausruhen. Er war weit gegangen. Er sank zu Boden und blickte zurück zum Lager, das er, wie ihm schien, vor Stunden verlassen hatte. Zu seinem Entsetzen sah er, daß er kaum eine nennenswerte Entfernung zurückgelegt hatte. Das Lager hinter ihm, und die Lagerfeuer von Koremoris Armee jenseits des Grabens schienen zum Greifen nahe.

Yukiie ächzte. Er mußte weiter, aber sein Körper versagte ihm den Dienst.

Dann hörte er Stimmen vom Hang des Hiuchi-Yama. Jemand oder etwas war nicht weit hinter ihm. Das Herz schlug ihm bis zum Halse, und gleichzeitig stieg Übelkeit in ihm auf, so daß er bittere Galle schmeckte. Er mußte weiter... mußte! Die Panik gab ihm Kraft, auf die Beine zu kommen und weiterzustampfen. Er vergaß sein Bündel mit Vorräten und Kleidung und mühte sich auf dem schmalen, ansteigenden Pfad höher und höher den Berg hinauf.

Nami erstarrte.

Der Hunger hatte sie aus ihrer Höhle getrieben. Sie sammelte Beeren, als sie auf dem Pfad über ihr undeutliche Geräusche vernahm. Sie spähte hinauf, aber Tsukiyomi hatte sein Antlitz mit einem Wolkenfetzen bedeckt, und sie konnte nur einen großen, schwerfällig sich bewegenden Umriß erkennen.

Entsetzt eilte sie zurück und schlüpfte hinter ihrer Krüppelkiefer in die Höhle. Es mußte ein Bär gewesen sein. Sie kamen selten in die Nähe menschlicher Siedlungen, aber Namie hatte Geschichten von ihrer Wildheit und ihren gelegentlichen Raubzügen zu abgelegenen Bauerngehöften gehört.

Die Handvoll Beeren würde für diesmal ausreichen müssen. Sie konnte nicht riskieren, noch einmal hinauszugehen. Als sie nichts mehr hörte, spähte sie aus der Höhle. Alles war still. Im Tal breitete sich das Panorama der Lagerfeuer aus und lenkte ihre Gedanken zu Yoshi, wo er sein mochte und ob er an sie dachte.

Tsukiyomis Gesicht kam wieder zum Vorschein. Zweifel überkamen sie. Warum sollte Yoshi an sie denken? Er glaubte, daß sie mit den anderen das Tal verlassen hatte. Vielleicht war es falsch gewesen, in der Höhle zu bleiben. War es zu spät, um weiterzugehen? Sie dachte an den Bären auf dem Pfad über ihr. Nein, sie würde bleiben müssen, wenigstens bis Tagesanbruch. Sie legte sich auf ihr Lager aus

Zweigen und Laub und aß die wenigen gesammelten Beeren eine nach der anderen.

Als sie die letzte Beere in den Mund gesteckt hatte, hörte sie in der Ferne einen langgezogenen, schrillen Schrei. Es hörte sich an wie der Schrei eines wilden Tieres, aber irgendwie mußte sie an einen Menschen in Todesqual denken und erschauerte.

Der Junge war auf halbem Weg zu den nächsten Lagerfeuern, als ein bewaffneter Krieger aus der Dunkelheit auftauchte.

»Halt! Wer bist du? Was willst du?«

»Ich bin General Yukiies Gefolgsmann. Ich habe eine wichtige Botschaft für General Koremori. Du mußt mich sofort zu ihm führen.«

»Muß ich, wie?« Der Krieger kam näher. Er war breit und kräftig gebaut, bärtig und trug die auf das Nötigste beschränkte Rüstung eines *ashigaru*, eines Kriegers der niedrigsten Rangstufe. Die *ashigaru* waren oftmals nicht viel mehr als Bauern. Ihr Name bedeutete soviel wie ›flinke Beine‹, weil sie Fußsoldaten waren und in der Schlacht zwischen den höherrangigen Reitern liefen. Aber der Rang bot Gelegenheit zur Beförderung; viele *ashigaru* waren äußerst empfindlich, was ihren Rang betraf, und benahmen sich mehr wie Samurai als die echten Samurai.

»Bist ein hübscher Junge!« schmunzelte der *ashigaru*. »Vielleicht sollten wir die Botschaft vergessen und...«

»Diese Botschaft muß sofort zu Koremori gebracht werden«, sagte der Junge mit bebender Stimme, »oder es wird für dich schlecht ausgehen.«

»So? Schlecht für mich? Du hast nicht das Zeug dazu! Zieh dich aus, kleiner Schmetterling. Ich möchte sehen, ob du ein Junge oder ein Mädchen bist... nicht daß es einen großen Unterschied machen würde.«

Der Junge war den Tränen nahe. »Bitte, Herr. Ich habe Befehl von meinem General. Die Botschaft muß vor Tagesanbruch in Koremoris Händen sein. Wenn das nicht geschieht, muß ich mit dem Leben bezahlen.«

Der *ashigaru* runzelte die Stirn. Er bekleidete den Rang

noch nicht lange und nahm seinen Status ernst. Sein Selbstbewußtsein war nicht sehr gefestigt, und jede Drohung verursachte eine Überreaktion. Wie konnte dieser Knirps es wagen, auf seinen ›Befehlen‹ zu bestehen? Es war die Pflicht des *ashigaru* als eines Samurai, diesen hübschen Jungen auf der Stelle niederzumachen, da er es am nötigen Respekt fehlen ließ. Er zog hoch und spuckte dem Jungen vor die Füße. Sein Schwert hatte seit dem Beginn des Feldzuges noch kein Blut geschmeckt, und er hatte die Ehre seines Standes zu verteidigen. Wer würde ihn respektieren, wenn seine Klinge angesichts einer Beleidigung in der Scheide bliebe?

Er steigerte sich bis zu einem Punkt, wo gesunder Menschenverstand keine Rolle mehr spielte. Ohne Warnung riß er sein Schwert aus der Scheide und zog es dem Jungen mit voller Kraft über den Leib. Dem Jungen traten die Augen aus den Höhlen. Sein Mund klappte auf und entließ einen gellenden Schrei, er brach in die Knie und hielt seine Mitte mit einer Hand. Die andere streckte dem Krieger noch immer die Botschaft hin. Der *ashigaru* schüttelte die Blutstropfen von der Klinge und steckte das Schwert ein. Er spuckte wieder aus und hätte um ein Haar die leblose Hand mit der Botschaft getroffen.

»Zur *yomi* mit dir und deiner wichtigen Botschaft«, sagte er verächtlich. »Ich bin ein Samurai. Niemand widerspricht mir ungestraft.« Da er weder lesen noch schreiben konnte, vermochte er sich nicht vorzustellen, daß eine geschriebene Botschaft wichtig sein sollte. Die Wichtigkeit lag darin, daß er jeden, der seinen Status beleidigte, angemessen bestrafte. Er mochte ein *ashigaru* sein, aber er fühlte sich als ein Samurai. Stolz schritt er davon und ließ den Leichnam des Jungen und die Botschaft auf dem Feld liegen. Nach seiner Rückkehr zur Feldwache erzählte er seinen zwei Gefährten von dem Zwischenfall mit dem Jungen. »Geschieht dem Lümmel recht«, schloß er nicht ohne Stolz. »Jetzt liegt er da draußen.«

»Hast du seinen Kopf genommen?« fragte einer seiner Zuhörer.

»Ich brauche den verdammten Kopf nicht«, versetzte er aufbrausend. »Morgen wird es genug Köpfe geben. Das war nur eine Übung, um meine Klinge zu wärmen. Der Junge war ohne Wert. Sein Kopf würde meinem Namen nichts hinzufügen.«

»Was ist mit der Botschaft, die er bei sich hatte?« fragte der andere.

»Zu Emma-Ō mit der Botschaft! Vielleicht war es nur ein Kniff, um den Jungen in unser Lager zu schleusen. Außerdem kann ich nicht lesen. Kannst du?«

»Ein wenig.«

»Wo soll unsereiner lesen gelernt haben? Willst du mich beleidigen?«

»Nicht beleidigen. Ich war Gefolgsmann eines Krieger-Gelehrten, der mich ein wenig lesen und schreiben lehrte. Ich setze dich damit nicht herab. Wir sind hier alle nur *ashigaru*. Laß uns nicht untereinander streiten.«

Der Bärtige gab sich widerwillig zufrieden.

»Wenn die Botschaft wichtig ist, könnte sie sofortige Belohnung und Beförderung bedeuten.«

»Vielleicht hast du recht. Komm, ich zeige euch, wo er liegt. Beweise mir, daß du lesen kannst.«

Die drei gingen auf den Wald zu. Der Junge lag, wo er gefallen war. Der Boden unter ihm war dunkel von Blut.

Der Bärtige bückte sich und zog dem toten Jungen die Botschaft aus den Fingern.«

»Das ist feines Papier«, sagte der Leser und entfaltete es. Er hielt das Blatt hoch, las die Zeichen mit zusammengekniffenen Augen im schwachen Mondlicht. »Die Botschaft ist an Koremori adressiert und enthält Instruktionen... das Geheimnis des Dammes und seiner Konstruktion.«

»Ja? Und?«

»Die Botschaft erläutert, wie der Wassergraben gebaut wurde, so daß Koremori das Wasser ablaufen lassen kann. Ohne Wasser aber ist der Graben leicht zu überwinden.«

Der Bärtige schien die Tatsache, daß der andere lesen konnte, als persönliche Kränkung zu nehmen, besann sich aber eines anderen und nahm ihm das Papier aus der Hand. »Ich werde es abliefern.«

»Ich dachte, wir...«

»Mir ist gleich, was du dachtest. Sie gehört mir.« Er legte die Hand an den Schwertgriff.

Sein Gefährte trat zurück. »Freilich ist sie dein«, sagte er beschwichtigend.

Koremori verabscheute es, vorzeitig geweckt zu werden. General Michimori nahm es selbst auf sich, ihn zu wecken, damit Koremori die Bedeutung der Botschaft verstünde.

»Ich will den Mann, der darauf bestand, daß Ihr mich wecktet«, knurrte der schlaftrunkene Koremori und reckte Michimori das vorgeschobene Kinn entgegen. »Wie soll ich eine Armee befehligen, wenn man mich nicht schlafen läßt?«

»Bestraft ihn, wenn Ihr wollt«, sagte Michimori ruhig, »aber lest die Botschaft. Es scheint, daß General Yukiie seine Armee verraten hat.«

»Wa ... was?«

»Die Botschaft von Yukiie erklärt uns, wie wir den Damm zerstören und den Wassergraben leerlaufen lassen können.«

»Können wir Yukiie trauen?«

»Wir müssen der Sache auf den Grund gehen. Wenn das wahr ist, kann eine Abteilung den Wald am Fuß des Hiuchi-Yama durchdringen und den Damm niederreißen, ehe es Tag wird.«

»Und wenn die Botschaft falsch ist?«

»Dann werden wir höchstens ein paar Dutzend Männer verlieren.« Michimori betrachtete gedankenvoll das vom Schlaf geschwollene Gesicht seines Armeeführers, dann fügte er trocken hinzu: »Nach der Zahl, die wir bei dem Versuch, den Graben im Sturm zu überwinden, geopfert haben, können wir uns leicht den Verlust einer kleinen Abteilung leisten.«

Koremori warf seinem Stellvertreter einen finsteren Blick zu, dann wandte er sich um und rief seinen Burschen, daß sie ihm in seine Rüstung helfen sollten. Auf einmal war ihm klar geworden, daß der Sieg in Reichweite war. Es war durchaus möglich, daß Yukiie ihm seine Armee in die Hände gespielt hatte.

»Wir brechen sofort auf«, sagte er zu Michimori. »Stellt eine Abteilung unserer besten Krieger zusammen, daß sie den Damm einreißt, bevor die Sonne aufgeht.« Nach kurzem Überlegen setzte er hinzu: »Aber es ist wichtig, die Disziplin

der Truppe zu erhalten. Die Leute müssen lernen, an dem
Platz zu bleiben, der ihnen zukommt. Laßt den Mann töten,
der die Dreistigkeit hatte, mich wecken zu lassen.«

39

Hörner schmetterten; Gongs dröhnten in der Dunkelheit. Es
war die Stunde des Tigers, zwei Stunden vor Tagesanbruch.
Der Wachtposten am Damm hatte Koremoris Truppe entdeckt und Alarm geschlagen. Krieger stürzten aus der Festung, der Kriegsschule und den Baracken. Fußsoldaten und
Offiziere, viele ohne Rüstung, liefen zu ihren Stellungen.

Innerhalb von fünf Minuten waren mehrere Dutzend Bogenschützen zur Stelle, um den Damm gegen Angriffe von
der anderen Seite zu verteidigen.

Koremoris Überraschung war an einem wachsamen Posten gescheitert. Nur wenige Samurai erreichten den Damm,
bevor die Bogenschützen sie vertrieben. Der Damm erlitt keinen nennenswerten Schaden.

Während der nächsten Stunden blieb der Damm hart um-
kämpft. Koremori war verbittert. Er rief Michimori und Sanemori zu einer Beratung zu sich. »Wir müssen den Damm zerstören«, sagte er. »Ein Verräter gab uns das Geheimnis, und
wir haben versagt. General Michimori, ich mache Euch für
das Mißlingen dieses Unternehmens verantwortlich.«

Michimoris hartes Soldatengesicht erstarrte zur Maske. Er
wußte, daß er sein möglichstes getan hatte. Nun wurde ihm
die Schuld an Ereignissen gegeben, die jenseits seiner Macht
lagen. Hätte Go-Shirakawa nur ihn anstelle von Koremori
zum Oberbefehlshaber ernannt! Der junge Koremori war
ehrgeizig und tapfer, aber es fehlten ihm die Erfahrung und
das Wissen eines wahren Soldaten. Michimori unterdrückte
seinen Zorn und verneigte sich fatalistisch. Er fragte sich,
warum der Kaiser dem am wenigsten befähigten General den
Oberbefehl gegeben hatte. Es war fast, als wünsche er eine
Niederlage der Taira.

Koremori wandte sich zu dem alten Mann. »General Sanemori«, sagte er grimmig, »einst gabt Ihr mir einen guten Rat, und ich hörte nicht auf Euch. Diesmal will ich besser auf Eure Worte achten. Ich bin es müde, vor diesen lächerlichen Befestigungen zu liegen. Aber was können wir tun, ohne unverhältnismäßig hohe Verluste auf uns zu nehmen?«

»Wir müssen einen Ablenkungsangriff unternehmen«, erklärte Sanemori mit nachdenklich gerunzelter Stirn.

»Was für einen Ablenkungsangriff?« fragte Koremori. »Vielleicht wieder durch den Graben?«

Michimori, der seine Verärgerung gut zu verbergen wußte, sagte: »Brandpfeile! Wir setzen die Dornverhaue auf ihren Wällen in Brand, die Hütten und Unterkünfte des Lagers.«

Koremori nickte. »Das könnte die Ablenkung sein, die wir brauchen.«

Sanemori verneigte sich vor Michimori, weil er den Vorschlag gemacht hatte, und wieder vor Koremori. Was auch immer gegen Koremoris Jugend und Unerfahrenheit einzuwenden war, wenigstens war er imstande, rasche Entscheidungen zu treffen. »Sehr gut«, sagte Sanemori. »Zwar ist die Distanz weit, doch ist Zielgenauigkeit nicht vonnöten. Setzen wir die Gebäude und Dornverhaue in Brand. Ihre Pferde werden in Panik geraten. Sie werden gezwungen sein, viele Krieger zur Brandbekämpfung einzusetzen. Wir werden sie überall gleichzeitig beschäftigen: am Damm, an den Brandstellen und am Graben.«

»Einverstanden«, sagte Koremori. Mit der Anpassungsfähigkeit seiner einundzwanzig Jahre wechselte er mühelos von zorniger Ungeduld zu überschwenglichem Optimismus. »General Sanemori wird den Feind vom Damm zurückwerfen und ihn zerstören. General Michimori wird die Bogenschützen befehligen, die mit Brandpfeilen das feindliche Lager einäschern sollen. Ich werde am Graben Einzelangriffe durchführen lassen.«

Am Nachmittag war der Damm genommen. Sanemori hatte eigene Bogenschützen gegen jene des Gegners eingesetzt und die fünfzig Verteidiger des Dammes nacheinander ausgeschaltet, bevor er den Befehl zum Sturm gegeben hatte. Michimoris Brandpfeile richteten im Lager ausgedehnte Zerstörungen an. Die Dornverhaue verbrannten an Dutzenden von Stellen zu schwarzen, skeletthaften Ruinen. Koremori, der den Feind mit wiederholten Einzelangriffen über den Graben hinweg in den Stellungen festgehalten hatte, berief einen weiteren Kriegsrat ein.

»Wir haben den Damm«, sagte er. »Unsere nächsten Angriffe müssen wir sorgfältig planen. Obwohl ich bereit bin, unsere Krieger auch gegen einen verschanzten Feind stürmen zu lassen, möchte ich sie nicht unnötig opfern. Die letzten Angriffe haben wieder gezeigt, daß der Graben durch die zugespitzten Pfähle unpassierbar gemacht ist. Es muß eine Möglichkeit geben...«

»Ich habe eine Idee«, fiel ihm der alte General Sanemori ins Wort, »die zum Erfolg führen könnte.« Und er beschrieb einen Plan, der den beiden anderen ein Lächeln entlockte.

Yoshi war rußgeschwärzt vom stundenlangen Kampf gegen die sich ausbreitenden Feuer. Ein Bote meldete, daß der Damm bereits teilweise eingerissen sei und der Fluß wieder in sein natürliches Bett ströme.

Tatsächlich fiel der Wasserspiegel im Graben, und die Strömung hatte stark nachgelassen. Schon ragten hölzerne Spitzen aus der Wasseroberfläche, deren Spiegel stetig zurückging.

Koremoris Armee wartete außer Bogenschußweite. Zahlreiche Fußsoldaten ohne Rüstungen hatten sich vor die Front der Reiter geschoben. Ohne ihre Rüstungen waren sie verwundbar, aber Yoshi begriff, daß sie so besser würden schwimmen können, und da die Pfähle nun aus dem Wasser ragten, konnten sie mühelos zwischen ihnen durchschlüpfen.

Yoshi eilte von Einheit zu Einheit und befahl den Bogenschützen, sich auf die Fußsoldaten zu konzentrieren, sobald sie in Schußweite kämen. Immer wieder beobachtete er den Feind und versuchte sein Vorhaben zu erraten. Diese ungepanzerten Krieger wirkten auf Yoshi wie Opferlämmer, doch mußte hinter Koremoris Taktik mehr stecken als auf den ersten Blick ersichtlich war. Yoshi sah die Banner um das Hauptquartier in der Nachmittagsbrise flattern. Signale er-

263

tönten, und Tausende von Kriegern gingen gegen den Graben vor, bis sie seinen eine Viertelmeile langen Bogen in tiefgestaffelten Reihen umgaben.

Der Wasserspiegel sank weiter. Die Pfähle ragten jetzt mehr als eine Armeslänge in die Luft.

Ein weiteres Hornsignal, und die Männer der vorderen Reihen – es mußten ungefähr fünfhundert sein – kleideten sich bis auf ihre Lendenschurze aus. Erst als sie ins Wasser sprangen, erkannte Yoshi ihre Absicht.

Jeder trug eine Seilschlinge, deren anderes Ende am Sattel eines Reiters befestigt war. Die Fußsoldaten hatten ihre Seilschlingen um die Pfosten zu legen, worauf ihre berittenen Partner vom anderen Ufer die Pferde antreiben und die Pfosten aus der lehmigen Böschung ziehen würden.

Ohne Wasser und ohne die spitzen Holzzähne würden die noch kampffähigen sechshundert Soldaten des Lagers keine fünfzehn Minuten gegen die anstürmende Armee bestehen können.

»Schießt sie ab, bevor sie die Pfähle erreichen!« rief Yoshi.

Die vordersten Reihen erreichten den Graben und sprangen die Böschung hinunter, um das Wasser zu durchschwimmen oder zu durchwaten. Yoshis Bogenschützen erhoben sich hinter ihren schwelenden Brustwehren und ließen Salven von Pfeilen fliegen. Wieder färbte sich das Wasser im Graben rot vom Blut der Gefallenen. Viele starben, ehe sie ihr Ziel erreichten, aber Hunderte konnten ihre Seilschlingen um die nun fast ganz trockengelegten Pfähle legen, unterstützt von Bogenschützen der eigenen Seite, die bestrebt waren, die Verteidiger hinter ihren Wällen niederzuhalten.

Yoshi sah hilflos zu, wie die Reiter ihre Pferde antrieben und die Pfähle aus der schlammigen Böschung zogen. Wo es nicht gelang, einen Pfahl zu ziehen, wurden zusätzliche Pferde vor die Seile gespannt, und die hartnäckigen Pfähle flogen mit laut schmatzenden Geräuschen heraus. Bald war die Verteidigungslinie lückenhaft wie das Gebiß eines alten Bettlers.

Der Wasserspiegel sank rasch weiter ab.

Wieder ertönten die Hornsignale, und ein vieltausendstimmiges Gebrüll stieg zum Himmel, als die Schlachtreihen der Armee zum Angriff antraten.

Yoshis Bogenschützen hielten standhaft aus und sandten dem Feind Pfeile entgegen, so schnell sie auflegen und spannen konnten. Gegen die vorausstürmenden Panzerreiter waren die Pfeile so wirksam wie Mückenstiche in die Haut eines Ochsen.

Das Gebrüll der stürmenden Armee, das dumpfe Trommeln der Hufe, Pferdegewieher und Waffengeklirr, das Platschen von Schlamm und Wasser und die schrillen Schreie der Sterbenden gingen in eine Kakophonie von Geräuschen ein. Yoshi rief Befehle, die niemand hörte. Er sprang auf einen Wall und dirigierte die Bogenschützen zu den breitesten Breschen in der Verteidigungslinie. In seiner rußgeschwärzten Rüstung, dem gehörnten Helm, dessen Vergoldung in der Abendsonne glänzte, machte er eine heroische Figur. Er glich einem zur Erde herabgestiegenen göttlichen Geist.

Nicht lange, und die Angreifer erkannten Yoshi als den Führer der Verteidigung und deckten ihn mit Pfeilschüssen ein. Wie durch ein Wunder blieb er unversehrt.

Auf sein Signal hin galoppierte seine jämmerlich zusammengeschmolzene Reiterei hinter den niedergebrannten Blockhütten und Baracken hervor, um den Feind aufzuhalten, bevor er ins Lager eindringen konnte.

Eine Handvoll gegen fünftausend. Die Reiter waren tapfer bis zur Selbstaufgabe, aber das Ergebnis war vorbestimmt. Sie erwarteten keine Gnade vom Feind und erhielten keine. Innerhalb von Minuten waren sie gefallen, und das Lager lag wehrlos vor der mächtigsten Armee aller Zeiten.

Das Lärmen der zum Generalangriff angetretenen Armee riß Nami aus traumerfülltem Schlaf. Sie hatte den Tag über in der zeitlosen Dunkelheit der Höhle geschlafen und fühlte sich nun beim Erwachen hungrig und verwirrt. Der harte Boden und die Dunkelheit und das entfernte dumpfe Lärmen desorientierten sie.

Dann kehrte die Erinnerung zurück, und angstvoll eilte sie zu ihrem Aussichtsplatz unweit der Höhlenöffnung.

Das Abendlicht zeigte ihr ein Meer von Reitern und Fußsoldaten, überragt von leuchtenden Bannern und blitzenden Lanzen, das von allen Seiten auf die Verteidigungslinie zuströmte. Sie sah, daß der Graben bis auf einen Bodensatz schlammigen Wassers trockengelegt worden war, und wußte, daß es für das Lager keine Rettung gab.

Und Yoshi? War das er? Ja. Sie sah seinen vergoldeten Helm mit den Hörnern. Er eilte hinter den Wällen von Gruppe zu Gruppe und dirigierte die Bogenschützen zu den am meisten gefährdeten Stellen.

Entsetzt hielt sie den Atem an. Yoshi war ein weithin sichtbares Ziel. Die Geister der Unterwelt schienen sein Leben durch einen Zauber zu schützen, wie sonst konnte er den Schwärmen von Pfeilen entgangen sein?

»Yoshi, Yoshi«, jammerte sie laut, »warum bist du nicht geflohen, solange noch Zeit war?« Doch in ihrem Herzen wußte sie die Antwort. Ehre. Pflichterfüllung. Verantwortungsbewußtsein. Welche Bedeutung hatte das vergängliche Leben, verglichen mit diesen ewigen Werten? Yoshis Werte waren sein Leben. Aber Entscheidungen waren nicht leicht zu treffen. Yoshis Ehrgefühl und die Verantwortung für seine Männer lagen im Kampf mit seiner Pflicht, dem Kaiser zu dienen. Was sollte im Falle von Yoshis Tod aus seiner Verpflichtung gegenüber Yoritomo und Go-Shirakawa werden? Sie war nur eine Frau. Wie konnte sie seine Gedankengänge verstehen?

Eine Welle von Widerwillen überspülte Namis Bewußtsein. Zu Emma-Ō mit ihnen allen, diesen Männern, die sich einbildeten, sie könnten das Wichtige vom Unwichtigen trennen. Sie befanden sich im Irrtum, hatten sich immer im Irrtum befunden. Und sie, eine bloße Frau, kannte die wahren Werte. Liebe. Heim. Familie. Sie fühlte zornige Röte in ihre Wangen steigen und sagte laut: »Du wirfst dein Leben weg... für nichts.«

Die zornige Aufwallung verging rasch, und ihre Schultern zuckten vor Schluchzen. Niemand hörte sie, niemand sah ihre Tränen fließen.

Sie wischte sich die Augen mit dem Ärmel und versuchte, Einzelheiten des Kampfes zu unterscheiden. Dies wurde erschwert durch den Rauch der schwelenden Gebäude, die

Entfernung und den dunkelnden Abendhimmel. Überall drangen die Angreifer ins Lager ein und spalteten die Verteidiger in kleinere Gruppen auf, die tapfer Widerstand leisteten, aber der Übermacht nicht lange standhalten konnten. Von Yoshi war in dem allgemeinen Durcheinander und Getümmel nichts mehr zu sehen.

Der Himmel dunkelte rasch. Nami hoffte, daß es Yoshi gelingen möge, im Zwielicht zu entkommen. Ihr Herz krampfte sich zusammen, als sie ihn wieder auszumachen glaubte. Er war umringt von Feinden, duckte einen Schlag ab und sprang seinen Gegner an, der zurücktaumelte, doch schon im nächsten Augenblick sah Nami die Klinge eines Samurai gegen Yoshis Helm fahren.

Der Helm wurde ihm vom Kopf gerissen und rollte davon. In namenlosem Schrecken, der die Sekunden unerträglich in die Länge zog, sah sie Yoshi vom Wall rollen, das Gesicht eine rote Maske von Blut.

Sie schlug die Hände vors Gesicht und schrie.

40

Mit dem Schwinden des letzten Lichtes erlosch auch der Widerstand der letzten Verteidiger, die sich gegen eine erdrükkende Übermacht heldenhaft geschlagen hatten. Das Lager gehörte Koremori.

Die Offiziere schlugen eine Ruhepause und eine Siegesfeier vor. Die seit drei Tagen unter scharfer Disziplin gehaltene Armee hatte einige tausend Tote und Verletzte zu beklagen. Die Eroberer des Lagers hatten einen anstrengenden Tag hinter sich, waren jedoch voller Siegesfreude und zu erregt, um zu schlafen. Die Generäle rieten Koremori, die Männer feiern zu lassen, damit sie die nächste Etappe des Feldzuges um so freudiger und bereitwilliger angingen.

Koremori stimmte zu. Einzelne Truppenteile wurden beauftragt, am Morgen die Köpfe der gefallenen Feinde einzusammeln. Sie sollten nach den Anführern suchen; vielleicht waren Kiso oder Yoshi bei der Verteidigung des Lagers gefallen. Die gefallenen Feinde mußten gezählt und von den eigenen Toten getrennt werden, Trophäen mußten gesammelt und Belohnungen vergeben werden. Die Fußsoldaten, die ungeschützt in den Graben gesprungen waren und die Zugleinen um die Pfähle gelegt hatten, sollten zu vollwertigen Samurai ernannt werden. Und ein Kriegsrat würde über das weitere Vorgehen der Armee entscheiden.

Michimori befürwortete den Abmarsch der Armee schon am folgenden Nachmittag; bis dahin wären die Vorräte des Lagers und die Kriegsbeute verladen.

»Feldoffiziere werden in der Festung Hiuchi-jo zusammenkommen«, verkündete Koremori. »Samurai werden die Gebäude der Kriegsschule benutzen. Die *ashigaru* werden im Armeelager bleiben. Heute abend feiern wir unseren ersten Sieg mit Sake und Sonderrationen für alle!«

Alles jubelte ihm zu. Nur Michimori und Sanemori enthielten sich jeder Zurschaustellung von Begeisterung. Sie tauschten bedeutungsvolle Blicke aus. Siegesfeier? Einhunderttausend, die drei Tage benötigt hatten, ein von achthundert verteidigtes befestigtes Lager zu nehmen. Sonderrationen? Die erbeuteten Mengen waren für eine so zahlreiche Armee keineswegs groß, und die mitgeführten Vorräte reichten kaum aus, um bei normalen Rationen den Unterhalt der Armee zu gewährleisten.

Ihre Skepsis blieb Koremori nicht verborgen. Er runzelte die Brauen und bedeutete ihnen, am Applaus teilzunehmen. Sie gehorchten.

Wie ein Lauffeuer ging es durch das Lager: Sake! Karren, die vom Proviantlager der Armee heranrollten, brachten Fässer zu den Feiernden. Bald wurde gesungen, getanzt und gelacht. Die Mühseligkeiten und Härten des Tages waren vergessen, aber nicht für lange: noch vor Mitternacht waren die meisten der Feiernden der Müdigkeit und dem Alkohol erlegen.

Namis Pflicht war klar. Allzu klar. Yoshi war tapfer im Kampf gefallen, und sie mußte verhindern, daß sein Kopf Koremori und der Nii-Dono, die ihn manipulierte, in die Hände fiel. Sie mußte hinunter ins Lager, um Yoshis Kopf zu holen und zu verstecken.

Der bloße Gedanke verursachte ihr Übelkeit. Krieger enthaupteten ihre gefallenen Gegner mit der größten Selbstverständlichkeit. Sie, die kein Schwert besaß und ohne Erfahrung war, würde den Kopf ihres geliebten Mannes mit dem kleinen Dolch, den sie in ihrem Gewand verbarg, abtrennen müssen.

Unmöglich!

Aber es gab keine andere Möglichkeit. Niemand konnte, würde ihr helfen. Die Bürde der Verantwortung lag auf ihr, auf ihr allein.

Ihre Reisekleidung war aus widerstandsfähigem Stoff, aber zu farbenfroh; im Lager mußte sie auffallen. Sie wünschte, sie hätte die einfache Bauernkleidung mitgenommen, die sie einst als Yoshis Gefolgsmann getragen hatte. Nach einigem Überlegen wendete sie den hellorangefarbenen Umhang, so daß sein dunkleres orangebraunes Futter nach außen gekehrt war. In der Dunkelheit mochte es hingehen.

Darauf faßte sie ihre Untergewänder zusammen und zog sie durch den *obi*. So gaben sie eine Art *hakama* ab. Obwohl ihre Füße empfindlich waren, mußte sie ihre Frauenschuhe zurücklassen und barfuß gehen. Es war eine geringe Buße, die sie fürs Überleben zahlte, wenn ihr Mann tot war.

Sie beschloß, Yoshis Kopf in der Höhle zu verstecken, die während der letzten Tage und Nächte ihr Heim gewesen war. Die Höhle war ihr Geheimnis und sollte als eine Gedenkstätte ihrer Liebe dienen. Sobald sie ihre schreckliche Verpflichtung erfüllt hätte, würde sie dem Pfad über den Hiuchi-Yama folgen und versuchen, Yoritomos Hauptquartier zu erreichen. Sie mußte ihm von Yoshis heroischem Ende berichten und ihre Dienste zum Sturz der Taira anbieten. Es mußte eine Möglichkeit für sie geben, der Sache der Minamoto zu dienen. Yoshis Tod machte ihr endgültig klar, daß sie nicht mehr eine Hofdame war. Jenes Leben lag unwiederbringlich hinter ihr. Eines Tages würde sie vielleicht nach Kyoto zurückkehren und Yoshis Mutter vom heldenhaften Tod ihres Sohnes berichten. Bis dahin aber galt es, auf den Sturz der Taira hinzuarbeiten.

Die Geräusche der Siegesfeier wurden schwächer. Gelegentliche Ausbrüche von prahlerischem Geschrei und betrunkenem Gesang wurden mit der Zeit seltener. Der im letzten Viertel stehende Mond verbreitete matten, trügerischen Schein, der das Vorankommen schwierig machte. Nami konnte die Umrisse der Wälle im schwachen Glutschein der niedergebrannten Gebäude und dem Licht verstreuter Lagerfeuer mit Mühe und Not ausmachen. Sie hatte sich die Stelle, wo Yoshi gefallen war, sorgsam eingeprägt. Dennoch würde es in der Dunkelheit schwierig sein, ihn zwischen den zuhauf liegenden Toten zu finden. Aber dieser Umstand würde es Koremoris Wachen auch erschweren, sie zu sehen.

Yin und *Yang*. Für jeden Vorteil ein Nachteil. Für jeden Nachteil ein Vorteil.

Als sie nach dem Stand des Mondes urteilte, daß Mitternacht vorbei sein mußte, verließ Nami die Höhle. Der Weg hinunter bereitete ihr keine Schwierigkeiten. Koremoris Leute hatten die Pfade, die den Berghang durchzogen, noch nicht entdeckt. Leise umging sie den Palisadenzaun, indem sie von Schatten zu Schatten huschte. Im Inneren des Gebäudes feierten Offiziere. Von ihnen war nichts zu befürchten. Die ungezählten Samurai und Soldaten im Lager waren es, die sie zu fürchten hatte; zwar hatten sich viele bereits zurückgezogen oder waren im Kreis der Feiernden berauscht eingeschlafen, aber es herrschte noch genug geräuschvolles Leben.

Einmal wurde sie angerufen. Sie ging weiter, als hätte sie nichts gehört. Der Mann folgte, aber ein Gefährte rief ihn zurück. Nami war starr vor Angst. Sie verkroch sich unter einem Karren, bis sie sich überzeugt hatte, daß der Mann keine Anstalten machte, sie zu suchen. Dann schlüpfte sie fort.

Als sie die Wälle der Verteidigungslinie erreichte, wo die Leichen der Gefallenen beider Seiten übereinander lagen, wurde es einfacher und schwieriger zugleich. Einfacher, weil die Stätte von den meisten Lebenden gemieden wurde; schwieriger, weil es beinahe unmöglich war, die Toten voneinander zu unterscheiden. Der über dem ganzen Lager schwebende Brandgeruch ging hier über in einen Todesgestank von Schweiß, Blut, Urin und Kot. Sie mußte zwischen den Leichen herumkriechen, um die Gesichtszüge zu erkennen oder zu ertasten, und immer wieder fühlten ihre Hände bald einen abgeschnittenen Arm, bald einen kopflosen Rumpf oder die aus einem aufgeschlitzten Leib herausgetretenen Gedärme.

Der Schrecken ihrer Aufgabe war so beispiellos, daß ihr inneres Empfinden in einen Zustand der Lähmung überging, der dem wachen Bewußtsein bei aller Aufmerksamkeit und Vorsicht eine mechanische Abgestumpftheit verlieh. Einmal glaubte sie Yoshi gefunden zu haben, und als ihre Hand nach seinem Gesicht fühlte, sank sie bis zum Gelenk in eine klaffende Wunde. Ihre Finger berührten eine kalte, klebrige Masse. Herz? Lunge? Sie konnte vor Entsetzen nicht an sich halten und erbrach Galle. Gleich darauf aber suchte sie weiter. Sie war ganz sicher, daß sie die Stelle erreicht hatte, wo Yoshi gefallen war. Aber es lagen zu viele Tote übereinander!

Plötzlich drang eine laute Stimme aus der Dunkelheit. »Wer ist da? Melde dich!«

Nami streckte sich neben einem Körper aus und lag still wie die Toten.

»Verdammter Leichenfledderer!« rief die Stimme. »Dich werde ich schon erwischen!«

»Komm mit«, sagte eine andere Stimme. »Du hast dich getäuscht. Wer wird im Finsteren zwischen den Leichen herumkriechen?«

»Die Saukerle können es nicht erwarten«, stieß der erste hervor. »Morgen wird die Beute ehrlich geteilt, aber immer gibt es welche, die nicht genug kriegen können.« Er rief mit erhobener Stimme: »Du da draußen! Wenn ich dich erwische, gibt es eine Leiche mehr!«

Nami wagte nicht zu atmen. Ihre Knie zitterten, und sie war nahe daran, sich wieder zu übergeben. Zu allem Überfluß gab eine Wolke in diesem Augenblick den Mond frei, dessen Schein sie übergoß. Sie schloß die Augen, stellte sich tot und wartete. Schließlich entfernten sich die beiden, und als Nami die Augen öffnete und um sich blickte, sah sie sich Kopf an Kopf mit einem Toten liegen. Das Gesicht war blutüberströmt. Sie schrak zurück, versuchte, sich aufzusetzen.

Bei Buddha! Es war ... es war Yoshi! Sie hatte ihn gefunden und lag, ohne es zu merken, in einer obszönen Umarmung mit seinem Leichnam.

Nami begann heftig zu zittern. Es war Zeit, ihre grausige Pflicht zu erfüllen. Sie zog den Dolch hervor. Ihre Hand zitterte so sehr, daß sie ihn kaum halten konnte. »Großer Gott Fudo, gib mir die Kraft, großer Gott Hachiman, gib mir den Mut zu tun, was ich tun muß!« schluchzte sie.

Allmählich legte sich das Zittern, und als sie ihre Hand ruhig halten konnte, stählte sie sich für ihr Werk.

»Ach, Yoshi«, murmelte sie unter Tränen, bevor sie ihm die Klinge an die Kehle setzte. »Du dachtest, du würdest ein Leben in Frieden gewinnen, wenn du dem Schwert entsagst. Lieber, es gibt keinen Frieden in dieser Welt. Keinen Frieden und keine Gerechtigkeit. Vielleicht wirst du im nächsten Lebenszyklus finden, was du suchtest. Wo du auch bist, wisse, daß ich dich liebe.«

Damit beugte sie sich über ihn, um die kalten Lippen ein letztes Mal zu küssen.

Sie waren warm!

Yoshi war seit mehr als sechs Stunden tot, doch seine Lippen waren warm. War es möglich?

Nami riß ein Stück Stoff von ihrem Gewand und wischte das blutige Gesicht ab. Sie drückte das Ohr an seine Brust. Durch die Lederschuppen der Rüstung vernahm sie keinen Herzschlag. Sie fühlte seinen Hals, suchte mit sanftem Druck unter seiner Kinnlade.

War es Einbildung? Ihre Fingerspitzen schienen ein leises Pulsieren zu fühlen.

Ihr Herzschlag raste. Wie lange hatte sie gesucht? Wie viele Stunden blieben noch bis Tagesanbruch?

»Buddha, hilf mir«, winselte sie und zog an Yoshis Körper, bewegte ihn ein paar Zoll weit.

Die letzten Lagerfeuer waren erloschen. Die letzten Stimmen verstummten. Die Nacht war erfüllt vom schnarrenden Singsang der Zikaden. Das heimliche Leben der Natur nahm seinen Gang, als hätte keine mörderische Schlacht stattgefunden, als wären nicht Tausende von Männern gefallen. Der Mond schwamm zwischen Wolkenfetzen, verbarg sich und kam wieder hervor. Friede war in das Tal zurückgekehrt.

Nami machte sich an die mühevolle und kaum zu bewälti-
gende Arbeit, Yoshi an einem schlafenden Armeelager vorbei und den Pfad hinauf zu ihrer Höhle zu ziehen.

41

Wieder und wieder verzweifelte Nami an ihrer Fähigkeit,
Yoshi den steilen Pfad hinaufzuziehen. Schleifte sie einen
Toten? War ihre übermenschliche Anstrengung vergeblich?
Die unsagbare Beschwerlichkeit der Aufgabe wurde noch ge-
steigert durch die Notwendigkeit, unbemerkt zu bleiben und
Yoshi zu schleifen, ohne ihn zu verletzen. Eine unachtsame
Bewegung, und sie würde den dünnen Faden durchtrennen,
der ihn noch mit dem Leben verband. Der steile, steinige
Pfad brachte sie zur Verzweiflung. Immer öfter blieb sie aus-
gepumpt neben Yoshi liegen, aber jedes Mal überwand ihre
Willenskraft die Schwäche des Körpers.

Als das erste Licht des neuen Tages am Osthimmel empor-
kroch, war sie endlich imstande, Yoshi und sich selbst in die
Höhle zu schleppen. Drinnen brach sie an seiner Seite zusammen und fiel in Bewußtlosigkeit.

Sie erwachte schmerzgepeinigt. Ihre Füße waren aufgerissen und blutig, der Körper an unzähligen Stellen zerkratzt
und aufgeschürft, die Muskeln steif von der ungewohnten
Anstrengung. Sie lag still, schob alles Entscheiden und Handeln hinaus und lauschte ihrem Herzen, das wie ein gefangener Vogel flatterte. Nach der Hoffnung, die in der letzten
Nacht all ihre Kräfte geweckt hatte, fürchtete sie nun die Entdeckung, daß ihre Anstrengungen fruchtlos geblieben waren.

Die Höhle lag in verschwommenem Halbdunkel, das sich
zur Öffnung hin allmählich aufhellte. Nami blickte besorgt in
Yoshis bleiches Gesicht und überlegte, wie lange er bewußtlos dagelegen hatte. War er lebendig oder tot? Sie konnte es
nicht sagen. In jäher Panik rappelte sie sich auf, kroch an
seine Seite. Sie mußte es wissen.

Zögernd fühlte sie nach einem Puls, voll Angst, sie werde

ihn nicht finden. Aber... sie glaubte ihn zu fühlen. Schwach, unregelmäßig... so leicht, daß sie keine Gewißheit haben konnte.

Nami hatte eine bessere Ausbildung genossen als die meisten Frauen. Sie hatte die Anfangsgründe der chinesischen Klassiker gelernt, darunter das Buch der Dokumente und das Buch der Veränderungen. Sie war ausgebildet in Kalligraphie, Komposition, Rhetorik, Dichtkunst, Musik und Astrologie. Überdies hatte sie auf einem Landsitz gelebt, wo das Dasein naturverbundener war als in der Hauptstadt. Trotz all dieser Vorteile wußte sie nicht, wie sie Yoshi helfen sollte.

Sie hatte Heiler mit Kräutern und Anrufungen am Werk gesehen, hatte sogar einen Exorzismus miterlebt. Keine dieser Erfahrungen konnte ihr in der augenblicklichen Lage helfen. Alles, was sie unternahm, könnte die kleine Lebensflamme zum Erlöschen bringen. Angesichts dieser Verantwortung begann sie wieder zu zittern. Aber Panik konnte nur schädlich sein. Sie zwang sich, ruhig zu atmen, bis ihr Pulsschlag sich verlangsamte. Denk nach! sagte sie sich.

Sobald sie ihre Selbstbeherrschung zurückgewonnen hatte, wurde ihr klar, was zu tun war. Zuerst mußte sie Yoshis Rüstung entfernen und seine Wunden untersuchen. Die Teile der Rüstung waren kompliziert in ihrem Ineinandergreifen und mußten in der umgekehrten Reihenfolge des Anlegens entfernt werden.

Nami zog Yoshi in den helleren Teil der Höhle und machte sich an die Arbeit. Was verstand eine Frau von Rüstungen? Sie wünschte, sie wäre Tomoe, eine Frau, die sich in den Dingen des Krieges auskannte wie ein Mann. Aber es nützte nicht, etwas zu wünschen; sie mußte tun, was zu tun war. Sie löste die Verschnürungen seines *yoroi*, des Brustschutzes, und fand, daß er unter den Schultern mit dem Rückenschutz verbunden war. Sie entfernte die Armschienen und den *heidate*, den lamellenartigen Unterleibsschutz. Es gab unglaublich viele Verschnürungen.

Endlich hatte sie ihn bis auf sein langes *fundoshi* entkleidet, das Unterhemd, das ihn vom Hals bis zu den Oberschenkeln bedeckte. Sie untersuchte seinen Körper und fand keine ernsteren Verletzungen als Kratzer und Prellungen. Auf dem

Weg zur Höhle, dachte sie kläglich, hatte sie sich schlimmere zugezogen.

Bevor sie ihn vom Schlachtfeld geschleift hatte, hatte Nami ihm das meiste Blut aus dem Gesicht gewischt. Nun untersuchte sie seinen Kopf und entdeckte sofort die Ursache seiner Bewußtlosigkeit: ein dicker Lappen Haut und Fleisch war über und hinter seinem linken Ohr losgelöst. Blut hatte eine dicke Kruste gebildet. Der Schwertstreich war von seinem Stahlhelm abgelenkt worden, hatte aber allem Anschein nach den Schädelknochen bloßgelegt und neben dem Blutverlust eine Gehirnerschütterung bewirkt.

Nami riß ein weiteres Stück aus ihrem Untergewand und wischte behutsam die Wunde. Sie drückte den Hautlappen wieder an Ort und Stelle und versuchte sich zu besinnen, welche Breiumschläge die Heiler in solchen Fällen verwendeten.

Yoshi stöhnte!

Nami stockte der Atem. Wärme schoß ihr in die Wangen. Yoshi lebte. Sie zog ihr Übergewand aus und faltete es zu einem Kissen, das sie ihm unter den Kopf schob.

Was konnte sie noch tun? Wasser! Sie brauchte Wasser, um die Wunde zu waschen. Bis sie es hatte, konnte sie nichts anderes tun. Unweit vom Pfad floß ein kleiner Bach den Berghang hinab, nicht viel mehr als ein plätscherndes Rinnsal. Sie raffte ihre Gewänder und eilte hinaus.

Die Sonne hatte den Zenit überschritten. Im Tal war die Armee wieder auf dem Marsch. Nami sah Pferde, Ochsenkarren und Truppenabteilungen abmarschieren, sah Staubwolken bis zum Talausgang. Aus der Deckung eines Busches beobachtete sie den Abzug der Armee. Wo sie gelagert hatte, war der Boden zertrampelt; Gras, Sträucher, Blumen und Getreide, alles war eingeebnet und von einförmigem Braun. Der Graben war trocken und verschlammt, unterschied sich kaum von den umliegenden Feldern. Sie hielt Ausschau nach der Kriegsschule, wo sie und Yoshi einen glücklichen Monat verbracht hatten; sie war verschwunden, wie die übrigen Gebäude der Barackenstadt, die vom Feuer verschont geblieben waren, dem Erdboden gleichgemacht.

Lange Hügel frisch aufgeworfener Erde bedeckten die Gefallenen der Armee, die in Massengräbern beerdigt lagen. Dagegen lagen die Leichen der Verteidiger achtlos durcheinandergeworfen um die eingeebneten Wälle. Nami erschrak, als sie Dutzende von geköpften Offizieren sah, die man aus den Leichenhaufen der Fußsoldaten gezogen hatte. Sie konnte sich Koremoris Verblüffung vorstellen, als der Kopf des Anführers unauffindbar blieb. Kein Kiso. Kein Yoshi. Nun, vielleicht würde Koremori sich mit Yukiies Kopf zufriedengeben. Sie hoffte, daß es nur ein schwacher Trost sein würde.

Bei jedem Schritt schmerzten ihre Beine, als sie dem Pfad zum Wasserlauf folgte, aber dann sah sie ein Bündel auf dem Weg liegen, und ihre Muskelschmerzen waren vergessen. Hastig öffnete sie es und hätte beinahe vor Freude gejauchzt. Da war ein verstöpseltes Bambusrohr mit Wasser, und Nahrung, richtige Nahrung. Auch enthielt das Bündel Männerkleidung. Feminine Farben, nichts was Yoshi gewählt hätte, aber wenn er sich erholte, würde er bequemere Kleidung brauchen als seine Rüstung.

Sie nahm das Bündel und eilte zur Höhle. Sie goß ein wenig Wasser auf einen Lappen und tupfte Yoshis Wunde ab. Er ächzte vor Schmerz, ein Geräusch, das ihr Herz erfreute. Er würde sich erholen.

Sie versuchte, ihm Wasser in den Mund zu träufeln, aber das meiste rann ihm von den Lippen. Sie mußte warten; es war niemandem gedient, wenn sie das kostbare Naß vergeudete. Sie nahm selbst einen kleinen Schluck, dann aß sie ein Stück von den in Blätter gewickelten Reiskuchen.

»*Amida Butsu*, Licht des Westlichen Paradieses, komm zu einer, die deine Hilfe braucht.« Nami kniete neben Yoshis Gestalt und betete. In der Vergangenheit hatte sie mehrmals an Yoshis Lager gewacht, wenn er der Willkür der Geister preisgegeben war. Nun lag er ausgestreckt neben ihr, eine jämmerlich kleine Gestalt in der tiefen dunklen Höhle, und sie spürte unsichtbare Kräfte um sich her. Jahrhunderte der Stille, zu Staub gewordene Gebeine längst verstorbener Vorfahren, und die spürbare Dunkelheit der Höhle wirkten zusammen, um in ihr ein Gespür für Kräfte zu wecken, die in der Unterwelt miteinander rangen.

Stunden vergingen mit Gebet und Meditation. Buddha, Hachiman, Fudo, die Götter des Shintoismus und Buddhismus, belohnten Namis fromme Anrufungen. Yoshi schlug die Augen auf. Sein Mund zuckte in einem kleinen Lächeln des Erkennens.

Von dem Augenblick an, da er das Bewußtsein wiedererlangte, war Yoshi von dem Gedanken erfüllt, zu seinen Pflichten im Dienst Yoritomos und des Kaisers zurückzukehren. Seine Mission war noch nicht erfüllt, er konnte nicht zufrieden sein, bis er die Gewißheit hätte, daß Go-Shirakawa seine Botschaft erhalten und seine Empfehlungen angenommen hatte. Nami versuchte ihn zu überreden, daß er hier am Hiuchi-Yama ausruhen solle. Nach dem Abzug der feindlichen Armee konnten sie unbesorgt ins Tal zurückkehren. Yoshi ließ sich nicht überzeugen. »Pflicht«, antwortete er, als Nami fragte, warum er auf baldigem Aufbruch bestehe. Sie konnte es ihm nicht verargen. Hatte sie nicht selbst gelobt, keine Anstrengung zu scheuen, den Sturz der Taira zu bewirken?

Wie auch immer, Yoshis erste Bemühungen endeten kläglich; er war zu schwach. Wie stark und tatendurstig sein Geist auch sein mochte, sein Körper gehorchte ihm nicht. Nami fand, daß die nächsten Tage zu den glücklichsten ihres Lebens gehörten. Sie waren am Leben, zusammen, und Yoshi war vollkommen von ihr abhängig.

Als er jedoch wieder zu Kräften kam, überschatteten neue Ängste Namis Gemüt. Sein Eifer, Yoritomo Meldung zu machen und sich Kiso wieder anzuschließen, erfüllte sie mit Furcht und unguten Vorahnungen.

Am Morgen des fünfundzwanzigsten Tages des fünften Monats errang Koremori einige dreißig Meilen nördlich des Hiuchi-Yama einen weiteren Sieg gegen eine von Kisos Garnisonen in Ataka in der Provinz Kaga. Es war kein entscheidender Sieg, und er gab Kiso Kunde von Koremoris Bewegungen.

Am selben Tag brachen Yoshi und Nami, gekleidet in eine sonderbare Zusammenstellung von Lumpen und luxuriösen Hofgewändern, vom Hiuchi-Yama auf, um Kisos Hauptquartier zu suchen. Drei Tage später fanden sie es unter einer brennenden Sonne im Grenzgebiet zwischen Echizen und Kaga.

Yoshi hatte sich von seiner Kopfwunde erholt. Der einzige Hinweis auf seine Begegnung mit dem Tode war eine rote Narbe über dem linken Ohr.

Ein Posten eskortierte Yoshi zu Kisos Zelt. Kisos Begrüßung war alles andere als freundschaftlich. »Kundschafter meldeten den Verlust der Garnison«, sagte er kalt, nachdem sie die Formalitäten der Begrüßung hinter sich gebracht hatten. »Wie kommt es, daß du überlebtest?«

Als Yoshi es erklärte, las er Unglauben und Verachtung in den Mienen der anderen. Kiso und Imai tauschten bedeutungsvolle Blicke aus; es lag auf der Hand, daß sie über die Art und Weise, wie Yoshi den Großangriff der überlegenen Feindarmee überlebt hatte, ihre eigenen Schlüsse zogen.

»Yukiie starb tapfer und kämpfte bis zum Tode, während der große General Yoshi sich verbarg«, erklärte Kiso, als Yoshi seinen Bericht beendet hatte. »Du bist nach wie vor der Vertreter meines Vetters Yoritomo, und als solchen muß ich dich aufnehmen.« Kisos Augen glitzerten böse.

»Ich bin ein Krieger«, ergriff Imai das Wort. »Die Flucht dieses Mannes vom Schlachtfeld, wo er seine Männer dem Tode überließ, ist unmöglich hinzunehmen. Er sollte als ein Beispiel unserer Behandlung von Feiglingen auf der Stelle hingerichtet werden.«

Kiso nickte gedankenvoll. »Ich bin noch nicht stark genug, mich meinem Vetter zu widersetzen. Aber eines baldigen Tages...« Er wechselte das Thema und fragte in beiläufigem Ton: »Ist deine Frau am Hiuchi-Yama umgekommen? Sie war nicht unter den Frauen, die entkamen.«

Yoshi erklärte, daß Nami ihm das Leben gerettet habe.

»Eine bemerkenswerte Frau«, meinte Kiso. »Wo ist sie?«

»Sie ist zu Tomoe ins Zelt gegangen.«

»Ich verstehe«, sagte Kiso. In dem schmalen, harten Gesicht war eine Andeutung von etwas, was Yoshi nicht zu deuten wußte. Bosheit? Befriedigung? »Du kommst gerade rechtzeitig zum nächsten Abschnitt unseres Feldzuges«, fuhr Kiso fort. »Unsere Späher halten uns über Koremoris Bewegungen auf dem laufenden. Seine Armee schwindet dahin. Zwangsausgehobene desertieren in Mengen. Er hat nicht genug Vorräte, die verbleibenden zu ernähren. Immerhin gewann er ein kleineres Gefecht gegen eine Handvoll meiner Leute in Ataka, und in den nächsten zwei Wochen wird er unzweifelhaft durch Shinohara marschieren. Bist du zu ängstlich, ihm wieder entgegenzutreten?«

Yoshi hatte die Beleidigungen der beiden mit eiserner Ruhe ertragen. Sein Gesicht blieb auch jetzt undurchdringlich, als er hervorstieß: »Ich werde nahe an deiner Seite sein, und du wirst meine Tapferkeit oder Feigheit sehen.«

Santaro hieß Yoshi trotz des Stirnrunzelns anderer Offiziere offen willkommen. Yoshi überlegte, daß es unmöglich sei zu erraten, wer in schwierigen Zeiten ein treuer Freund bleiben und wer desertieren würde. Santaro bewies seine Treue viele Male, und obwohl der Druck auf ihn, sich von Yoshi loszusagen, groß war, schwankte er niemals. Die Götter belohnten gute Taten auf ihre Weise. Als Yoshi Santaro das Leben gerettet hatte, war ihm nicht in den Sinn gekommen, einen Vorteil dabei herauszuschlagen, und doch war er für sein Eintreten viele Male entschädigt worden.

Tomoe war überglücklich, Nami wiederzusehen. Sie nahm sie ohne weiteres bei sich auf, um sie vor Kiso zu schützen. Bei all ihrer Prahlerei und ihren rauhen Umgangsformen war ihr Wesen nicht frei von Empfindsamkeit. Sie war imstande, einem gefährlichen Gegner die Stirn zu bieten, ohne mit der Wimper zu zucken, und ihm notfalls mit der blanken Waffe Paroli zu bieten, doch konnte sie genauso Zärtlichkeit und Liebe zeigen, ohne sich dessen zu schämen.

Drei Wochen später, am zwanzigsten Tag des sechsten Monats, stießen die beiden Armeen aufeinander. Amaterasus Strahlen brannten erbarmungslos auf die Ebene von Shinohara in der Provinz Kaga. Das junge Gras welkte in der Hitze. Krieger und Samurai schwitzten unter ihren Rüstungen, fluchten und kratzten sich.

Kisos Armee hatte von allen Seiten Freiwillige gewonnen; Koremoris Armee war sichtbar geschrumpft. Dennoch standen weniger als zwanzigtausend Mann auf Kisos Seite gegen fünfzigtausend unter Koremori, als sie auf der Ebene zusammenprallten.

Yoshi ritt in der Vorhut an Kisos Seite. Die *shi-tenno*, die vier Könige, wie Imai, Tezuko, Jiro und Taro genannt wurden, flankierten sie gemeinsam mit Tomoe. Sie ritten in einer Sechserreihe, umringt von weißen Bannern und Wimpeln, die vergangene Triumphe beschworen.

Dies war eine traditionelle Schlacht, und der summende Pfeil wurde gegen die roten Banner der Taira entsandt, um die Herausforderung zu überbringen.

Sie wurde von dem alten General Sanemori angenommen. »Ich kann meinen Namen nicht preisgeben«, erklärte er, »aber ich habe dem Kaiser länger als jeder andere Krieger gedient. Ich bin nach Echizen und Kaga, den Provinzen meiner Jugend, zurückgekehrt, um die Sache des Kaisers mit meinem Leben zu verteidigen.«

Dies war ein Augenblick, den Sanemori seit vielen Jahren vorausgesehen und gefürchtet hatte. In Kyoto war er zu Munemori gegangen, dem amtierenden *Daijo-daijin*, und hatte gebeten, an Koremoris Feldzug im Norden teilnehmen zu dürfen. Als Grund gab er Buße für das Geheimnis an, das er dreißig Jahre lang gewahrt hatte, nämlich die Verschonung der Hofdame Senjo und ihres kleinen Sohnes Kiso. Er hatte ihnen das Leben geschenkt, weil die Schönheit der Frau und ihre Dichtkunst ihn gerührt hatten. So hatte er ihr und ihrem Sohn geholfen, in den unwirtlichen Bergen zu überleben. Während der ganzen Jugendzeit des Jungen hatte er die beiden regelmäßig besucht. Damals hatte er sich gefragt, wie eine Dichterin und ihr neugeborener Sohn dem Reich schaden könnten, und er hatte seine Befehle nicht befolgt. Das Ergebnis war, daß Kiso Yoshinaka plündernd und sengend durch die nördlichen Provinzen zog und den Zusammenhalt des Reiches bedrohte.

Sanemori hatte beschlossen, als Buße für seine Sünde zu sterben, in den nördlichen Provinzen, wo er einst das Licht der Welt erblickt hatte. Munemori war von Sanemoris Mut gerührt gewesen und hatte unter Tränen die Erlaubnis gegeben, da er gewußt hatte, daß der alte Mann niemals zurückkehren würde.

Nun verkündete Sanemori die Herausforderung, ohne seinen Namen zu nennen. Er glaubte, daß Kiso ihn verschonen werde, wenn er ihn erkennen würde, und diese Entehrung konnte Sanemori nicht hinnehmen. Er war entschlossen, im Dienst des Kaisers zu sterben.

Imai nahm die Herausforderung an und erwiderte sie, woraufhin Sanemori seinen Gefolgsleuten und mehreren hundert Ausgewählten das Zeichen gab, auf breiter Front vorwärtszureiten.

Imai neigte seinen weißen Wimpel, und eine gleiche Zahl von Berittenen verließ die Reihen von Kisos Armee.

»Laß mich mit ihnen reiten«, rief Yoshi seinem Feldherrn zu.

»Nein, du bist ohne Schwert nutzlos«, versetzte Kiso. »Bleib an meiner Seite und sieh zu, wie tapfere Männer kämpfen. Es gibt keinen besseren Samurai als meinen Pflegebruder Imai.«

Santaro, der als Imais Stellvertreter mit nach vorn ritt, winkte Yoshi zu. Sein Gesicht war von Erregung gerötet, sein Bart knisterte förmlich von Energie und Kampfeslust. Yoshi beneidete ihn um seine aufrichtige Hingabe an die Kriegskunst. Santaro akzeptierte seine Rolle als Samurai-Offizier und war es zufrieden, den Kampf um seiner selbst willen zu suchen.

Die Pferde stampften und scharrten, tänzelten nervös auf der Stelle, während Sanemori und Imai jeweils fünf bewährte Kämpfer vorschickten, um die Feindseligkeiten zu eröffnen.

Metall schlug auf Metall, ein verwundetes Pferd wieherte, und Rufe und Flüche ertönten, als die beiden Trupps aufeinanderprallten. Ein Mann stürzte vom Pferd, von einem Schwertstreich beinahe entzweigeschlagen. Ein anderer sackte vornüber, einen Blutstrahl aus dem Stumpf eines abgetrennten Armes verspritzend. Nach zwei Minuten war nur noch ein Mann übrig. Es war Kisos Unterführer. Er hatte sein Pferd verloren und stand breitbeinig in der Mitte des Feldes, hielt den Kopf eines Gegners in die Höhe und ließ die Zähne in einem triumphierenden Lächeln blitzen.

Der Eröffnungszug war an Kiso gegangen, aber die eigentliche Schlacht hatte noch nicht begonnen. Sanemori schickte seine ganze Truppe vor. Sie galoppierte mit Kriegsgeschrei auf Kisos Reiter zu.

Im Heranjagen beugte sich einer von Sanemoris Offizieren aus dem Sattel und enthauptete den einzigen Überlebenden des Eröffnungskampfes mit einem Schwertstreich. Der kopflose Rumpf taumelte zwei Schritte, fiel dann über sein letztes Opfer und regte sich nicht mehr.

Die zwei Reitertrupps prallten aufeinander, und alles wurde zu einem einzigen Durcheinander, als jeder nach einem Gegner suchte, der seines Schwertes würdig wäre. Verwundete schrien, reiterlose Pferde rannten umher; und inmitten dieses Pandämoniums rezitierten Samurai ihre Stammbäume auf der Suche nach Ruhm.

Nachdem sie anfangs Vorteile erstritten hatten, verloren Sanemoris Krieger schließlich gegen die zäheren Gebirgsbewohner an Boden.

Sanemori selbst war in der Mitte des Getümmels und führte seine Männer an. Auf seinem schwarzgefleckten grauen Pferd war er eine ehrfurchtgebietende Gestalt, aufrecht in seinem goldverzierten Sattel, das runzlige Gesicht verborgen unter Helm und Gesichtsmaske aus Stahl mit goldener Einlegearbeit. Über der Rüstung trug er scharlachrote *hitatare* aus Brokat und schwang ein in Gold gefaßtes Schwert. Auf dem Rücken hatte er einen Köcher mit vierundzwanzig Pfeilen und einen schwarz lackierten Bogen mit roter Rattaneinfassung.

Als weitere Einheiten von beiden Seiten in den Kampf eingriffen, neigte das Kriegsglück sich mehr und mehr Imais Truppe zu.

Kisos Krieger waren harte Veteranen, deren Zukunft vom Sieg abhing. Sanemoris Männer waren kaiserliche Offiziere und Garden, die ein angenehmes Leben gewohnt waren. Und die Masse der Fußsoldaten bestand aus Bauern und Fischern, die zum Kriegsdienst ausgehoben worden waren und keinerlei Bereitschaft zeigten, für die abstrakte Idee der Pflichterfüllung zu sterben. Die Zwangsausgehobenen wichen zuerst. Als die kaiserlichen Garden ihr Fußvolk fliehen sahen, gaben auch sie den Kampf verloren, warfen ihre Pferde herum und ergriffen die Flucht. Ihre Feigheit übertrug sich auf das Gros von Koremoris Armee. Tausende von Berittenen und Fußsoldaten, die zum Teil noch gar nicht in den Kampf eingegriffen hatten, traten den Rückzug an.

Sanemori hielt stand, so gut er konnte, galoppierte von einem Angreifer zum anderen und gab seinen Leuten Gelegenheit, sich abzusetzen. Bald war von Koremoris riesiger Armee nur noch Sanemori am Feind.

Taro, einer von Kisos *shi-tenno*, erkannte den Krieger, der seinen Namen nicht hatte nennen wollen. Er bedeutete seinen Samurai, sich zurückzuhalten, während er auf Sanemori zuritt. »Du schlägst dich gut, Samurai im roten Brokat«, rief er, »doch wissen wir nicht, wer du bist. Bevor ich dich töte, erkläre dich, denn du bist offensichtlich ein tapferer und würdiger Gegner.«

»Und wer bist du, daß du fragst?«

»Ich bin Taro Kanesashi-no-Mitsumori aus den Bergen von Shinano, einer der vier *shi-tenno* des Dämonenkriegers Kiso Yoshinaka.«

»Dann wirst du mir recht sein, und obwohl ich meinen Namen nicht nennen kann, wollen wir Mann gegen Mann kämpfen. Sieh zu, daß du angesichts meiner Stärke standhalten kannst.« Und Sanemori trieb sein schwarzgeflecktes graues Schlachtroß vorwärts und beschrieb eine blitzende Achterfigur mit seinem goldverzierten Schwert.

Einer von Taros Männern, der Taro vor dem Ansturm schützen wollte, rannte zwischen die beiden. Ohne merklich zu verlangsamen, beugte Sanemori sich aus dem Sattel, zog den Mann näher und schnitt ihm mit einem Ruck seiner Klinge die Kehle durch.

In diesem Sekundenbruchteil warf Taro sein Pferd herum und kam von links an Sanemori heran. Ehe dieser reagieren konnte, hatte er ihm die Klinge unter den Hüftschutz aufwärts in den Leib gestoßen. Sanemori steckte die Hand unter seine Rüstung und befühlte seinen Leib. Er ließ die Klinge sinken und starrte auf die wieder hervorgezogene blutbedeckte Hand.

Als er langsam aus dem Sattel rutschte, sprang Taro herbei und fing ihn auf. Er stieß die Gesichtsmaske zurück und blickte überrascht in die brechenden Augen eines runzligen alten Mannes, dessen Haar wie das eines jungen schwarzgefärbt war. So alt er war, er hatte tapfer gekämpft. Taro zog sein Kurzschwert und schnitt dem alten Mann mit zwei kräftigen Durchziehern den Kopf ab.

Auf dem Schlachtfeld wurde es still. Schmeißfliegen umsummten die Toten. Taro saß wieder auf und lenkte sein Pferd zu Kiso. Der dunkelhaarige Kopf hing von seinem Sattel, Blut vertropfend.

»Ho, Kiso«, rief Taro, als er vor seinem Führer anlangte. Sein Gesicht war gerötet und verschwitzt von der Erregung des Kampfes. »Ich habe hier ein Geheimnis.«

»Und von welcher Art ist dein Geheimnis?« fragte Kiso.

»Der Krieger, der uns herausforderte, der seinen Namen nicht nennen wollte. Ich habe seinen Kopf.« Taro hob den Kopf am Haar in die Höhe. »Trotz seines rabenschwarzen Haars ist er ein alter Mann. Heute focht er mit der Stärke der Jugend. Vielleicht hätte ich nicht gegen ihn bestanden, wenn mein Gefolgsmann sich nicht geopfert hätte.«

Kiso betrachtete den Kopf mit gerunzelter Stirn. »Das Gesicht kommt mir bekannt vor«, murmelte er.

Yoshi wandte sich traurig zu Kiso und sagte: »Ich kenne diesen Mann. Ich sah ihn häufig am Hof in Kyoto.«

»Du kennst ihn, wie?« sagte Kiso. Es verdroß ihn, daß Yoshi den Mann erkannte, während er nicht draufkommen konnte. »Wer ist er?«

»Ein tapferer Soldat. Ein Dichter. Saito Sanemori von Musashi.«

»Ausgeschlossen! Ich kenne Sanemori gut. Sein Haar ist weiß wie der Schnee. Er ist beinahe siebzig. Dieser Mann ist viel jünger. Du brauchst nur sein Haar anzusehen.«

»Und doch ist dies derselbe Sanemori.«

»Es gibt da eine gewisse Ähnlichkeit. Ich habe Sanemori im Laufe der Jahre oft gesehen. Er besuchte meine Mutter regelmäßig bis zu ihrem Tode, aber sein Haar war weiß.«

Yoshi schüttelte traurig den Kopf. »Nimm den Kopf und wasche das Haar«, sagte er. »Und du wirst wissen, daß heute ein großer Dichter auf dem Schlachtfeld gefallen ist.«

Kiso bedeutete Taro mit einer brüsken Handbewegung, Yoshis Anweisung zu befolgen.

Taro wendete sein Pferd und ritt zu einem Bach.

Während seiner Abwesenheit saßen Kiso und Yoshi in stoischer Ruhe auf ihren Pferden und ignorierten einander.

Tomoe lenkte ihr Pferd an Yoshis Seite. »Du hast ihn erzürnt«, flüsterte sie. »Kiso mag es nicht, daß man ihm widerspricht.«

»Meine Absicht war nicht, ihm zu widersprechen. Ich sprach die Wahrheit.«

»Vielleicht war dir nicht bekannt, daß Kiso starke Empfindungen für Sanemori hegt. Er sprach oft von ihm. Als Kiso noch jung war, trat der alte Mann für ihn an die Stelle des Vaters. Ich fürchte, er leugnete, daß der Kopf Sanemori gehört, weil er den Tod des Dichters nicht ertragen könnte. Solltest du recht haben, wird er es dir nicht danken.«

Yoshi schaute zu Kiso, dessen Augen wild aus dem harten Gesicht blickten. Er bezweifelte Kisos tiefe Empfindungen, insbesondere, wenn sie einem alten Mann gelten sollten, der seinen Feinden diente.

Taro kam angaloppiert und zügelte sein Pferd, daß es vorn hochging. In seinen Augen lag Staunen, als er Sanemoris Kopf an seinem langen weißen Haar in die Höhe hielt.

»Es war gefärbt«, sagte er.

Zu seiner Überraschung sah Yoshi, daß Kiso den Kopf neigte. Dann wandte er das Gesicht ab, aber nicht, bevor Yoshi sehen konnte, wie Tränen über die hageren Wangen rannen.

Nie zuvor hatte Yoshi gesehen, daß Kiso andere Gefühle als Zorn und Verachtung zeigte. Eine Überraschung und eine Lektion. Alle Menschen hatten einen Quell tiefer Empfindung, den sie von Zeit zu Zeit offenbarten, und selbst die schlimmsten von ihnen waren Söhne, Freunde oder jemandes Liebhaber.

Während er überlegte, daß er Kiso vielleicht falsch beurteilt hatte, hob jener den Kopf, und seine wilden dunklen Augen starrten Yoshi mit einem Ausdruck bedingungslosen Hasses an.

42

Als es dunkel war, näherte sich Santaro verstohlen Yoshis Zelt. Mehrere Minuten verharrte er im Schatten und vergewisserte sich, daß niemand ihn sah. Sobald er sich unbeobachtet wußte, klopfte er an den Zeltpfosten.

Yoshi und Nami hatten eben eine späte Mahlzeit beendet und erwarteten, einen ruhigen Abend zusammen zu verbringen. Die Störung war Yoshi unwillkommen, und zuerst wollte er das Klopfen unbeachtet lassen. Nami machte ein mißbilligendes Gesicht und öffnete die Zeltklappe.

»Santaro! Was bringt dich zu so später Stunde hierher?«

Santaro warf einen schnellen Blick über die Schulter. »Laß mich ein, schnell.« Er war äußerst erregt.

»Komm«, sagte Nami und machte ihm Platz.

»Ich kann nicht länger als ein paar Minuten bleiben. Sie werden meine Abwesenheit bemerken.« Santaros gewohnte Zuversicht war verflogen. Er wirkte unruhig und besorgt.

Yoshi lud ihn ein, sich an den niedrigen Tisch zu setzen, wo etwas Trockenfisch und eine Flasche Sake vom Abendessen übrig geblieben waren. Santaro verweigerte diese mit einer knappen Handbewegung. Er kniete neben Yoshi nieder und sprach atemlos, mit gedämpfter Stimme. »Du mußt heute nacht aufbrechen. Sofort, wenn möglich.«

»Ich verstehe nicht...«

»Es bleibt keine Zeit für lange Erklärungen. Du weißt, daß Kiso und Imai dich hassen.«

»*Hai.* Sie hassen mich, seit ich im Lager bin.«

»Sie wollen dich heute nacht töten.«

»Lächerlich. Weshalb? Hassen sie mich heute nacht mehr als letzte Woche oder die Woche davor? Kiso respektiert und fürchtet seinen Vetter Yoritomo zu sehr, um mir offen Schaden zuzufügen. Warum sagst du mir das?«

»Yoshi, du rettetest mir das Leben, als wir in Kamakura waren. Ich habe es nicht vergessen. Ich gelobte dir meine Hilfe, und ich möchte dir helfen. Du mußt dich in Sicherheit bringen.«

»Warum heute nacht? Es gab andere Gelegenheiten, mich zu töten. Warum jetzt, im Augenblick ihres Triumphes?«

»Yoshi, heute war Kiso so zornig, daß er die Rücksicht auf die Folgen verlor. Auch ich dachte, er würde nach unserem Sieg frohlocken, aber er kehrte in einer so düsteren Stimmung vom Feld zurück, daß er völlig unansprechbar war. Ich habe ihn niemals so zornig und erregt gesehen. Die Truppen feiern unseren Sieg. Der Sake fließt reichlich. Aber Kiso stürmt wie ein Besessener in seinem Zelt hin und her. Keiner von uns kennt den Grund, aber wir wissen, daß es dich betrifft. Er schwört, dich zu töten.«

Yoshi schwieg und dachte zurück an den vergangenen Tag. Er hatte Kiso über Sanemoris Tod Tränen vergießen sehen. War das der Grund, daß Kiso ihm nicht vergeben konnte? Aber Menschen weinen, wenn sie tief berührt sind. Am Hof war es nicht ungewöhnlich, daß Männer über die Schönheit einer Blume weinten oder über eine gelungene Kalligraphie. Wie traurig war es, wenn ein Mann keine ehrliche Empfindung zeigen konnte, ohne sich erniedrigt zu fühlen!

Oder war es Sanemoris Tod? Nein. Sanemoris Tod war ein Schlag, aber einer, den Kiso akzeptieren konnte. Es war das Los eines Samurai, für die Sache, an die er glaubte, zu kämpfen und zu sterben.

Der kurze Augenblick, da Kiso wehrlos seinen Gefühlen hingegeben gewesen war und Yoshi es gesehen hatte, mußte der Anlaß sein. Für einen Mann von Kisos Härte mußte dies eine unverzeihliche Sünde sein. Wie seltsam waren die Wege des menschlichen Herzens. In jenem selben Augenblick, der Kisos Haß über alle Beherrschung hinaus befeuerte, hatte Yoshi ihn beinahe gemocht.

Schließlich sagte Yoshi: »Kiso muß sich an Yoritomos Befehle halten. Er kann sich nicht über sie hinwegsetzen.«

»Dem ist nicht mehr so. Nach dem heutigen Sieg glaubt Kiso, daß das Gleichgewicht der Macht sich verändert habe. Er glaubt, er sei jetzt stärker als Yoritomo und benötige die Unterstützung seines Vetters nicht mehr.«

»Er irrt sich. Die Minamoto können die Herrschaft über das Reich gewinnen, indem sie sich dem Kaiser als eine vereinigte Macht darstellen. Ohne miteinander zusammenzuarbeiten, werden sie Go-Shirakawas Unterstützung verlieren, und weder Kiso noch Yoritomo wird genug Macht haben, um zu siegen.«

»Darin stimme ich dir zu. Ich habe mit den anderen darüber gesprochen. Tomoe, Tezuka, Jiro und Taro sind unserer Meinung. Nur Imai glaubt, daß Kiso recht hat. Imai ist bei all seiner Tapferkeit ein hitzköpfiger Narr. Ihm liegt nur an einem ehrenhaften Tod im Kampfgetümmel.«

Yoshi seufzte resigniert. »Es ist unmöglich, einem vom Wahn Befangenen Vernunft einreden zu wollen«, sagte er. »Wir müssen abwarten. Kiso wird sich bis morgen beruhigen und erkennen, daß die Bewahrung des Bündnisses mit seinem Vetter in seinem eigenen Interesse liegt...«

Santaro fuhr sich mit der Hand durch den Bart und schnaubte. »Es wird für dich kein Morgen geben. Heute nacht, wenn die Krieger schlafen, wird er mit Imai kommen und dich töten.«

Nami hatte dem Wortwechsel schweigend gelauscht. Nun konnte sie nicht länger an sich halten und sagte: »Wir müssen sofort abreisen, Yoshi. Kiso ist ein Wahnsinniger.«

Santaro schaute sie besorgt an. »Das wäre unklug. Du würdest Yoshi aufhalten.«

»Ich bin immer mit Yoshi geritten. Ich werde mich als sein Gefolgsmann kleiden, und wir werden noch in dieser Stunde fliehen. Ich werde nicht zurückbleiben. Ich traue Kiso nicht.«

»Du wirst bei Tomoe bleiben. Du hast nichts zu fürchten. Aber Yoshi muß sofort weg. Er wird die Wachen umgehen und zu Fuß über die Berge wandern müssen. Kisos Berge! Das wird eine schwere Aufgabe für einen Mann allein – und unmöglich, wenn du ihn begleitest.«

»Ich werde nicht bleiben. Lieber würde ich mit Yoshi sterben.«

»Santaro hat recht«, sagte Yoshi. »Ich muß allein gehen. Du wirst bei Tomoe in Sicherheit sein. Ich glaube, Kiso wird sich eines Besseren besinnen, bevor er übereilt handelt, aber wenn er mich im Schlaf töten will, bin ich ihm ausgeliefert. Und es ist meine Pflicht, Yoritomo über die neuen Ereignisse hier zu unterrichten. Sie werden Yoritomos Strategie verändern.«

Nami ließ traurig den Kopf hängen. Yoshi mußte die

Pflicht an die erste Stelle setzen und konnte seine Mission nicht aus selbstsüchtigen Gründen gefährden. Aber... wenn er von ihren Ängsten wüßte? Sie preßte die Lippen zusammen und schwieg. Dann, als sie sich gefaßt hatte, hob sie den Kopf und blickte Santaro ins Auge. »Weil Tomoe verspricht, mich zu beschützen, und mich bei sich aufnehmen wird, werde ich bleiben.«

»Gut. Es ist keine Zeit mehr für Diskussionen. Mein Leben wäre verwirkt, wenn Kiso dächte, ich hätte dich gewarnt. Ich muß zurück, ehe sie meine Abwesenheit bemerken. Nami, ich werde so rasch wie möglich Tomoe schicken. Halte dich bereit. Selbst Tomoe steht nicht jenseits von Kisos Rache, sollte er glauben, sie habe sich gegen ihn verschworen. Geh mit ihr, als sei es ein Besuch unter Freundinnen, ein bloßer Zufall, daß er jetzt stattfindet.«

Yoshi sprang auf. »Genug. Du mußt jetzt gehen.« Er umfaßte Santaros Schultern und drückte sie freundschaftlich, dann trat er zurück und verbeugte sich. »Amida sei mit dir. Danke für die Warnung.«

Santaro spähte hinaus. Niemand war in Sicht. Er flüsterte ein Abschiedswort und verschwand in die Nacht.

Nami packte hastig. Wie Santaro versprochen hatte, kam kurz darauf Tomoe, aufgeregt und in Sorge. »Warum bist du noch hier?« fragte sie Yoshi. »Sagte Santaro dir nicht, daß dein Leben in Gefahr ist?«

»Ich wartete, bis du kämst, um Nami mit zu dir zu nehmen«, antwortete Yoshi. »Du bist eine wahre Freundin.«

Tomoe errötete und schien verlegen. »Ich wäre kein Mensch, wenn ich Nami nicht schützte.« Sie legte die Hand auf Namis Arm und sagte: »Du bist gut zu mir gewesen und großzügig. Ich bin ein einfaches Mädchen vom Land. Ohne dich hätte ich nichts von dem Leben gewußt, das mich in der Hauptstadt erwartet. Du halfst mir uneigennützig, und das werde ich nie vergessen.«

»Und ohne dich«, erwiderte Nami, »hätte ich mich niemals dem Lagerleben anpassen können. Du wurdest mir zur Helferin und verläßlichen Freundin.«

Die beiden Frauen umarmten einander, dann wandte Tomoe sich zu Yoshi und sagte einfach: »Möge Hachiman dich beschützen, wie ich deine Nami beschützen werde. Ich muß sicher sein, daß wir mein Quartier unentdeckt erreichen. Nehmt jetzt Abschied voneinander, dann geht – schnell.« Sie verbeugte sich wie ein Samurai vor einem anderen und schlüpfte hinaus.

»Ach, Yoshi«, weinte Nami. »Warum trennt uns das Schicksal immer dann, wenn wir Frieden finden?«

»Es gibt keine Antwort, Liebste. Solche Dinge liegen in den Händen der Götter. Wir müssen mutig sein, unsere Pflicht vor uns selbst und denen tun, welchen wir dienen, und wir dürfen niemals unsere Liebe vergessen.« Er umarmte sie traurig. »Ich werde nicht allzulang ausbleiben«, log er. »Versprich mir, daß du bei Tomoe bleiben wirst, bis ich wiederkomme. Sie ist deine wahre Freundin. Ich vertraue ihr. Sie ist stark und wird dich beschützen.«

»Ich verspreche es«, sagte Nami. Ihre Augen standen voll Tränen. »Ich werde für immer warten, wenn ich muß.«

»Laß uns beten, daß wir bald wieder zusammensein werden. Nun ... du mußt dich fertig machen, damit du sofort gehen kannst, wenn Tomoe Bescheid gibt.«

Minuten später schaute Tomoe zum Zelt herein. »Schnell«, sagte sie. »Kiso und Imai werden bald hier sein.« Wieder verbeugte sie sich zu Yoshi und fügte hinzu: »Geh jetzt, oder unsere Bemühungen sind vergebens.«

Yoshi schloß die Augen, als Nami Tomoe in die Nacht hinaus folgte.

Dann traf er seine eigenen Vorbereitungen.

Die Siegesfeier endete gegen Mitternacht. Die Geräusche einer warmen Sommernacht erfüllten die Ebene. Frösche quakten in den schilfbestandenen Sümpfen, aus den Wäldern drang der Ruf der Eule und dann und wann das Geschrei aufgeschreckter Affen, und in allen Sträuchern und Bäumen lärmten die Zikaden. Der süße Duft von Gras, blühenden Kräutern und Feldblumen durchzog die Luft. Da die Mitte des Monats nahe war, zeigte Tsukiyomi sein volles Gesicht und strahlte friedvoll auf die Landschaft herab.

Zwei in dunkle Baumwolle gehüllte Gestalten bewegten sich leise zwischen den Zelten. Kiso und Imai.

Kiso hob die Hand. »Halt«, raunte er. »Dies ist das Zelt. Ich gehe zuerst, du bleibst dicht hinter mir. Denk daran, verschone die Frau.« Er hob die Zeltklappe und verschwand im Inneren. Mit angehaltenem Atem stand er bewegungslos im Inneren. Das Zelt schien seltsam still, leblos, als sei es eine Station auf dem Weg zum Westlichen Paradies.

Imai kam ihm nach, und sie warteten, bis ihre Augen sich an die Dunkelheit gewöhnt hatten.

Dann hob Kiso die Hand und wies zu einer liegenden Gestalt nahe der Rückwand, die in einen *futon* gehüllt war. Sie schlichen näher, alle Sinne gespannt, um die geringste Störung, das leiseste Geräusch wahrzunehmen.

Nichts!

Sie nahmen zu beiden Seiten des *futon* Aufstellung. Gleichzeitig zogen sie die Schwerter und holten aus. Kiso zischte: »Stirb!« und schlug mit aller Kraft zu. Der *futon* wurde zerfetzt.

»Warte.«

»Was ist?«

»Entzünde die Öllampe.«

Im flackernden Schein starrten Kiso und Imai auf einen Haufen zerfetzten Bettzeugs. Baumwollfasern schwebten in der Luft. Einige landeten auf ihren Köpfen und Schultern.

Kisos Gesicht wurde dunkel, die harten Züge dehnten sich in einem unnatürlichen Ausdruck, sein Mund öffnete sich und er stieß einen tierischen Laut aus, der kaum als ein menschlicher Fluch kenntlich war.

Gegen Ende des achten Monats herrschte eine schwüle Hitze, die das alltägliche Leben fast unerträglich machte. Die Bewohner Kamakuras waren besser dran als die meisten anderen; der östliche Ozean, der am Rand ihrer primitiven Stadt gegen die Küste schlug, kühlte die Luft und erlaubte ihnen, bei Tag zu atmen und bei Nacht zu schlafen.

Die Fensterläden von Yoritomos Wohnräumen standen offen, um die Meeresbrise einzulassen. Bemalte Wandschirme und hohe Vasen mit sorgfältig ausgewählten Blumen zierten die Ecken des großen Raumes. Auf dem glänzend polierten Boden war eine helle neue Strohmatte vor einer Plattform ausgebreitet. Auf dieser Matte knieten Besucher, wenn ihnen eine Audienz bei Yoritomo und Hojo Masa gewährt wurde.

Yoshi hatte schon längere Zeit draußen gewartet, frustriert von den Förmlichkeiten des Protokolls. Seine Meldung war wichtig, und er war ungeduldig. Nun kniete er endlich vor der Plattform und berichtete Yoritomo die Einzelheiten seines Aufenthalts bei Kiso. Er schloß mit der Erzählung von Kisos verräterischen Absichten.

Yoritomo nahm seine Neuigkeiten ruhig auf. »Ich war seit vielen Monaten gewarnt und erwartete, daß dies geschehen würde. Darum schickte ich Euch zu ihm. Ich bin überrascht, daß Ihr mit dem Leben davongekommen seid.« Nach kurzem Zögern fügte er hinzu: »Ich bin erfreut. Ihr floht unmittelbar nach der Schlacht von Shinohara aus dem Lager?«

»In derselben Nacht.«

»Was hörtet Ihr unterwegs?«

»Herr, ich mied die Menschen. Ich dachte, Kiso werde mir Meuchelmörder nachschicken, und meine erste Pflicht war, Euch wohlbehalten mit meinem Bericht zu erreichen.«

»Gut gemacht.« Yoritomo spitzte nachdenklich die Lippen, beugte sich zu Yoshi vor und zeigte mit dem Finger auf ihn. »Seit Ihr Shinohara verlassen habt, wird Kiso von einer Welle des Erfolges getragen. Er hat bei Tonai-yama eine entscheidende Schlacht gewonnen. Koremoris Armee ist zersprengt und praktisch vernichtet. Ob wir ihn schätzen oder nicht, ob wir ihm trauen oder nicht, Kiso hat sich als ein brillanter Stratege erwiesen.«

»Ich zweifelte nie an seiner Tüchtigkeit oder an seinem Mut.«

»Anscheinend achtet er auch Eure Tüchtigkeit... beinahe so sehr, wie er Euch haßt. Kiso hat in jeder Stadt Bekanntmachungen anschlagen und verlesen lassen, die eine Belohnung für Euren Kopf versprechen.«

»Ich weiß von seinem Haß. Was die auf meinen Kopf ausgesetzte Belohnung betrifft, so bot die Nii-Dono schon vor ihm eine aus, und niemand hat sie kassiert.«

»Euer Kopf scheint noch gefragter zu sein als der meinige«, sagte Yoritomo mit einem humorlosen Lächeln, das rasch wieder verschwand. »Ihr sagt, Okabe-no-Santaro warnte Euch vor Kisos Mordversuch?«

»So ist es, Herr.«

»Ich erinnere mich an ihn als einen lümmelhaften Hinterwäldler, der in Gewahrsam gehalten wurde. Ihr aber saht Qualitäten in ihm, die Ihr schätztet, und Ihr fandet ihn sehr hilfsbereit bei der Aufstellung der Verstärkungen, die ich Kisos Armee gewährte.«

»Er ist ein guter Krieger, und wir sind gute Freunde.«

»Dann muß ich Euch traurige Nachricht mitteilen.«

Yoshi fühlte einen Druck im Magen, ein plötzliches Ansteigen innerer Spannung. Sein Mund wurde trocken.

»Ich bedaure, Euch dies sagen zu müssen«, sagte Yoritomo. »Spione unterrichteten mich, daß Santaro kurz nach Eurer Flucht hingerichtet wurde.«

Dann bin ich schuld an seinem Tod, war der Gedanke, der Yoshi durch den Kopf ging. Ein Fluch folgt mir. Santaro war mein Freund und mußte dieser Freundschaft wegen sterben. Seine Augen wurden naß, und er wischte sie mit dem Ärmel, ohne sich der Gefühlsregung zu schämen. »Sagt mir, wie es geschah.«

»Kiso behauptete, Santaro sei ein Verräter, und ließ ihn öffentlich enthaupten.«

Armer Santaro. Treuer Krieger. Treuer Freund. Diese letzte Entehrung erleiden zu müssen!

Trotz der vorausgegangenen Ereignisse, der Beleidigungen und Provokationen, hatte Yoshi bis zu diesem Augenblick keinen wirklichen Haß auf Kiso empfunden. Aber stünde Kiso jetzt mit einem Schwert in der Hand vor ihm, würde sein Gelöbnis vergessen. Die innere Ruhe, um die er sich so sehr bemüht hatte, fiel von ihm ab; Schweißperlen traten ihm auf die Stirn, ein Backenmuskel zuckte. Nur mit größter Anstrengung konnte er seine Fassung wiedergewinnen.

Endlich konnte er wieder sprechen. Seine Stimme war kalt und tonlos, als er wiederholte: »Er war mein Freund.«

Yoritomo räusperte sich. »Santaros Tod war unglückselig, doch ist er nur eines von einer Serie von Ereignissen, die weitreichende Wirkungen haben könnten. Wäret Ihr im-

gewesen, uns eher zu erreichen, hätten diese Ereig-
 e vielleicht eine andere Wendung genommen. Doch wir
 önnen das Rad des Lebens nicht zurückdrehen.«

Yoshi verneigte sich und wartete. Er war zornig und aufgewühlt, aber äußerlich war ihm nichts anzumerken.

»Während wir unterwegs waren, erhielt ich eine Botschaft
von Go-Shirakawa. Er hat sich entschieden, sich auf unsere
Seite zu stellen. Wäret Ihr hier gewesen, so hätte ich Euch als
meinen Abgesandten zu ihm geschickt. Ihr wäret in der Lage
gewesen, ihn sicher zu uns zu bringen. Der Mann, den ich an
Eurer Statt schickte, scheiterte mit dieser Mission. Go-Shirakawa floh zum Berg Hiei, um sich bei den Mönchen von Enryaku-ji zu verstecken.«

Die Nachricht erschreckte Yoshi. Yoritomo wußte nicht,
daß Go-Shirakawas Entscheidung auf Yoshis Bericht hin er-
folgt war. Yoshis Botschaft war dem Kaiser überbracht worden. Vielleicht war noch Zeit, Go-Shirakawa aufzusuchen
und zu Yoritomo zu geleiten. »Kann ich zum Berg Hiei gehen
und Vorbereitungen für seine sichere Reise hierher treffen?«
fragte er.

»Es ist zu spät! Zu spät. Heute früh erfuhr ich, daß Kiso vor
mehr als einer Woche in Enryaku-ji eingetroffen ist und den
Kaiser gefangengenommen hat. Inzwischen sind Kiso und
Yukiie wahrscheinlich mit dem Kaiser an ihrer Seite in Kyoto
eingezogen.«

Yoshis Enttäuschung über diesen politischen Rückschlag
wurde aufgewogen von seiner Überraschung, Yukiies Namen zu hören. Yukiie lebendig und bei Kiso?

»Yukiie ist tot«, sagte Yoshi. »Er fiel am Hiuchi-Yama.«

»Nicht doch. Meine Gewährsleute unterrichteten mich,
daß Yukiie nach Eurem Weggang wieder erschien und behauptete, Ihr hättet die Truppe am Hiuchi-Yama im Stich gelassen; er sei im Kampf verwundet worden und habe sich in
die Berge geschleppt, bevor Koremoris Krieger ihn finden
konnten.«

»Lügen!« sagte Yoshi, wie vor den Kopf geschlagen. Wie
ungerecht ging es zu, daß ein aufrechter Mann wie Santaro
sterben mußte, während ein falscher, verkommener Mensch
wie Yukiie lebte!

»Natürlich Lügen. Ich bezweifle, daß Kiso ihm glaubt. Er akzeptiert die Geschichte, weil sie ihm gelegen kommt. Es gibt Truppen, die einfältig genug sind, Yukiie zu folgen, und Kiso möchte sie unter seinem Banner vereinen.«

»Dann haben wir verloren. Wenn Kiso und Yukiie die Hauptstadt beherrschen und die Mönche und der Kaiser ihre Verbündeten sind, werden sie unbesiegbar sein.«

»Kisos Macht wird begrenzt bleiben, weil Go-Shirakawa nicht über die kaiserlichen Krönungsinsignien verfügt. Ohne diese, den Spiegel, das Schwert und die Juwelen, kann er den Thron nicht beanspruchen. Der junge Kaiser, Antoku, hat die Krönungsinsignien und bleibt Herrscher des Reiches.«

»Wo ist der Junge?«

»In der allgemeinen Verwirrung bei Kisos Einzug in Kyoto entkam er mit Munemori und seiner Großmutter, der Nii-Dono. Die Angehörigen der Taira-Sippe flohen mit dem Kind-Kaiser und den ihnen ergebenen Angehörigen des Hofes im achten Monat. Munemoris Schwäche und die Niedertracht der Nii-Dono werden ihnen durch den Schmerz und die Unbequemlichkeiten des Exils reichlich zurückgezahlt. Sie führen ein elendes Leben, sie sind wie *eta*, Nichtpersonen, ohne ein Dach über dem Kopf.

Sie haben ihre mißliche Lage verdient, doch wie könnten wir nicht mit ihnen fühlen, den Mächtigen, die in die Welt geworfen sind, umhergeweht wie Staub im Wind.«

Nach einer Pause schloß Yoritomo: »Die Taira sind im Reich kein Machtfaktor mehr. Obwohl sie die Krönungsinsignien für sich gerettet haben, fliehen sie in Furcht um ihr Leben von Dorf zu Dorf. Die Entscheidungsschlacht wird zwischen meiner Armee und der Kisos stattfinden.«

»Auch ohne die Insignien wird Kiso genug Unterstützung haben, um seine Armee zu der stärkeren zu machen.«

»In Kisos Stärke liegt seine Schwäche. Er wird die restlichen Taira für mich vernichten und wird seinerseits von Kyoto zerstört werden. Er hat keine inneren Reserven, keine moralischen Wertvorstellungen, um die zersetzende Wirkung der Hauptstadt abzuwehren. Er ist ungebildet und hat nicht die Disziplin, sich selbst oder seine Männer zu beherrschen. Ich wage die Prophezeiung, daß Kisos Anhänger sich bald nach der Eroberung der Stadt selbst zugrunderichten werden.«

Yoshi nickte. Er kannte Kisos Schwäche. Nicht die Schwäche, die ihm erlaubte, über Sanemoris Tod zu weinen, sondern die Schwäche, unfähig zu sein, sich zur eigenen Menschlichkeit zu bekennen.

»Ich stimme dem zu«, meinte Yoshi. »Kiso ist naiv und unerfahren in Hofintrigen. Kyoto wird ihn korrumpieren. Die Bürger der Hauptstadt werden sich Go-Shirakawa anschließen und unsere Hilfe erbitten.«

»Gut. Und nun habe ich eine Mission für Euch.«

»Ich stehe Euch zu Diensten.«

»Ich möchte, daß Ihr nach Kyoto geht.«

»O nein!« sagte Hojo Masa, entschuldigend wegen der Unterbrechung, aber offensichtlich alarmiert. »An allen Zugangswegen zur Stadt sind Anschläge mit seiner Beschreibung und der für seine Ergreifung gebotenen Belohnung, und alle Polizeidiener und Amtspersonen sind verpflichtet, nach ihm Ausschau zu halten. Yoshi wird niemals lebendig nach Kyoto kommen.«

Yoritomo schüttelte irritiert den Kopf. »Glaubst du, ich sei mir der Gefahr nicht bewußt?« sagte er zu Hojo Masa, dann, zu Yoshi gewandt: »Man wird Euch nicht erkennen. Ihr werdet als Bauer verkleidet sein, als Händler, als wandernder Mönch. Benutzt jede Verkleidung, die Euch geeignet scheint. Laßt Euch einen Bart wachsen, verändert das Haar. Nehmt Euch die Zeit, eine neue Persönlichkeit anzunehmen, die Kiso nicht wiedererkennen wird. Ich vertraue auf Euren Einfallsreichtum.«

»Und wieviel Zeit habe ich?«

»Kisos Herrschaft über Kyoto hat meine Stellung untergraben. Ich werde ungefähr achtzehn Monate benötigen, um die bedeutendsten Familien des Nordens wieder unter meinem Banner zu einen. Ihr müßt zur zweiten Neujahrsfeier in Kyoto sein.«

»Und welches ist mein Ziel, wenn es mir gelingt, unerkannt nach Kyoto zu kommen?«

»Macht Kiso ausfindig. Gelangt in seine Nähe. Ich erwarte, daß seine Macht durch die Gier des Hofes und seine Korruption geschwächt sein wird, bis wir bereit sind. Benachrichtigt mich, wenn Ihr in seine Nähe vorgedrungen seid. Meine Leute werden unter Eurem Befehl stehen. Ihr werdet Kiso gefangennehmen, während ich auf Kyoto marschiere. Es darf nicht mißlingen. Unser Erfolg hängt von Euch ab.«

VIERTES BUCH

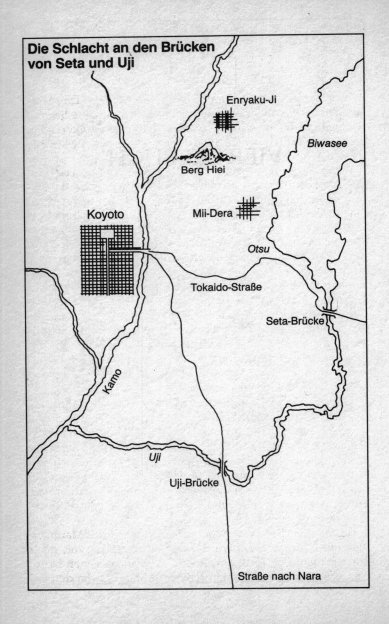

43

Es war der zwanzigste Tag des neunten Monats. Das Morgenlicht verwandelte den Himmel in eine azurblaue See mit winzigen Wellenkämmen weißer Schäfchenwolken. Ein Schwarm Krähen, der die Stille mit rauhem Gekrächze störte, weckte Yoshi aus tiefem Schlaf.

Er lag auf einem Strohhaufen hinter einem Lagerschuppen. Das Stroh war moderig und von Zeit und Witterung verrottet. Der Schuppen hatte ein Strohdach und eine mit Lehm beworfene Flechtwand; er war offenbar früher einmal als Stall benutzt worden, jetzt aber leer und vernachlässigt. Ein leichter Geruch von Pferde- und Kuhdung haftete noch an den Wänden. Yoshi hatte in seinem Leben bequemere Nächte verbracht. Seit er vor drei Wochen Kamakura verlassen hatte, war er auf Nebenwegen gewandert, als Vagabund gekleidet, und hatte die Menschen gemieden. Während er so dalag, die Hände unter dem Kopf verschränkt, und in den Morgen blinzelte, setzten auf der anderen Seite des Schuppens Geräusche ein, ein Klirren von Metall, vermischt mit tierähnlichen Grunzlauten. Er sprang auf, streifte Strohhalme und tote Insekten von seiner rauhen Kleidung und spähte um die Ecke des Schuppens.

Auf dem Hofplatz duellierten sich zwei Männer. Aber was für Schwerter! In Yoshis Ohren, die den Klang feinen Stahls gewohnt waren, nahm sich der Klang ihres Aufeinanderschlagens wie der Lärm verbeulter Topfdeckel aus. Trotz der armseligen Waffen meinten die Männer es offensichtlich ernst. Schweiß rann ihnen über den nackten Rücken, und sie grunzten vor Anstrengung, machten zornige Gesichter und schwankten in einer unbeholfenen Parodie von Angriff und Verteidigung vor und zurück.

Einer der Fechter war ein gutaussehender junger Mann, einige Jahre jünger als Yoshi. Er kam ihm vertraut vor, doch konnte Yoshi sich nicht entsinnen, wo er ihn gesehen hatte. Der junge Mann hatte einen schweren Stand gegen den anderen Fechter, einen finster blickenden älteren Mann, der bei jedem seiner plumpen Schwertstreiche bösartig die Oberlippe hochzog.

Yoshi verspürte einen instinktiven Drang, dem jüngeren Mann zu helfen, aber ohne Waffe wäre es leichtsinnig, selbst gegen eine schlechte Klinge einzuschreiten.

Da ergab es sich, daß der ältere Mann Yoshi den Rücken zukehrte. Yoshi ergriff die Gelegenheit, hob einen Stein auf und warf ihn nach dem Rücken des Fechters. Das Ergebnis war völlig zufriedenstellend. Der Mann schrie in schmerzhafter Überraschung auf und ließ das Schwert fallen. Eine jähe Stille trat ein, unterbrochen nur von ein paar Spatzen, die erschrocken unter den Dachsparren des Schuppens herausflatterten.

Statt seinen Gegner zu erledigen, ließ der junge Mann seinerseits das Schwert fallen und lief mit den Worten: »Was ist passiert, Tsure? Habe ich dich getroffen? Es tut mir leid, was kann ich tun?« auf den anderen zu.

»Du warst es nicht, du Esel. Etwas traf mich von hinten. Au!« Der Ausruf rührte daher, daß der jüngere Mann dem anderen die Schulter befühlte. »Beim Buddha, Shite«, rief er unwillig, »laß die Finger davon.«

»Ich werde Ohana rufen. Er wird dich massieren.«

»Sei mal einen Augenblick still.« Der düstere Mann wandte sich argwöhnisch um und blickte über das Feld.

Yoshi hatte sich hinter die Lehmwand zurückgezogen. Er war verwirrt über die Reaktion der Fechter, bis ihm die Wahrheit aufging. Nun erinnerte er sich des jungen Mannes. Sie hatten einander vor ungefähr einem Jahr getroffen, als er mit Nami in Okitsu genächtigt hatte. Diese Männer waren Wanderschauspieler, die für ihre abendliche Vorstellung ein Scheingefecht einübten.

Yoshi hatte in der Vergangenheit viele Gruppen von Akrobaten, Tänzern, Musikanten und Schauspielern gesehen. In den meisten Fällen zerlumpt, undiszipliniert und schlecht vorbereitet, fristeten diese Schaustellergruppen ihr Leben, indem sie der Landbevölkerung ihre armseligen kleinen Programme vorführten. Die meisten Angehörigen dieser Gruppen waren *hinen*, Mitglieder niederer Kasten. Ihre Auffüh-

rungen wurden Dengaku genannt, Reisfeldmusik, weil sie
zu bäuerlichen Festen im Frühling, wenn der Reis ausgesät,
und im Herbst, wenn er geerntet wurde, aufspielten. Bessere
Schauspielertruppen wurden von den buddhistischen Tempeln und den Shinto-Schreinen unterstützt; Auftritte dieser
professionellen Schaustellertrupps hatte Yoshi während seines Aufenthalts am Hofe gesehen.

Er war erleichtert. Von dieser Truppe mißachteter Schausteller drohte ihm keine Gefahr. Er schmunzelte, brach dann
in Gelächter aus. Wie lächerlich die Situation war. Spielzeugschwerter! Der Fechtmeister, der sich von Spielzeugschwer-
tern täuschen ließ!

Als er lachend an der rauhen Lehmwand lehnte, kamen
die beiden Duellanten um die Ecke und starrten ihn an, der
eine verblüfft, der andere zornig.

»He, Bauer, wirfst du immer mit Steinen nach ehrlich ar-
beitenden Leuten?« verlangte der finster Blickende zu wissen.

Sein Gesichtsausdruck steigerte Yoshis Heiterkeit.

»Mit dem stimmt was nicht«, sagte der Jüngere nervös.

»Nichts, was ein kräftiger Tritt in den Hintern nicht heilen
würde.«

»Wartet, wartet«, sagte Yoshi. »Ich habe nichts gegen
euch. Ich lache vor Erleichterung. Ich dachte, ihr kämpftet
auf Leben und Tod, und wollte euch vor euch selbst retten.«
Wieder brach Yoshi in Gelächter aus, als er ihre verdutzten
Mienen sah.

Die Schausteller schauten einander an. Einer lächelte, der
andere kicherte, und gleich darauf schlugen sie einander auf
den Rücken und lachten mit Yoshi um die Wette.

»Was in Amidas Namen geht hier vor?« dröhnte eine tiefe
Stimme hinter ihnen.

Das verstärkte die Heiterkeit der drei, die sich vor Lachen
krümmten.

»Ich schicke euch zwei los, um für den Schwertertanz zu
üben, und finde euch entweder betrunken von Sake oder
verrückt. Wer ist dieser Landstreicher? Was tut er hier? Und
warum heulen erwachsene Männer wie tolle Hunde?«

Shite, der gutaussehende junge Mann, kam als erster zu

Atem. »Er dachte, wir duellieren uns«, sagte er. »Kannst du dir das vorstellen? Wir haben ihn tatsächlich getäuscht. Ohanasan, er warf einen Stein auf Tsure, um mich zu retten.«

»Dann ist er ein noch größerer Dummkopf als du einer bist. Deine Proben sind schlimmer als deine Vorstellungen. Mit deinem Schwertertanz kannst du keinen taubblinden Krüppel täuschen. Zurück an die Arbeit! Morgen treten wir vor dem Daimyo auf.« Er wandte sich zu Yoshi und sah einen muskulösen Mann mit wirrem Haar, das mit einem schmutzigen *hachimaki* zusammengebunden war, gekleidet in derbe, geflickte Baumwolle, einen Strohumhang und abgetretene Strohsandalen. Vielleicht ein armer Wandersmann. Wahrscheinlicher ein Beutelschneider und Dieb.

Seine Stimme nahm den herablassenden Ton eines großen Mannes an, der einen Untergebenen anredet. »Wenn du überhaupt sprechen kannst, möchte ich eine Erklärung. Wer bist du und was tust du hier?«

Yoshi seinerseits schätzte Ohana als einen aufgeblasenen Schwadroneur ein, der dieses verlassene Gehöft unzweifelhaft ebenso unberechtigt in Besitz genommen hatte wie seinerzeit Fumios Land in Okitsu. Ohanas tiefe, befehlsgewohnte Stimme gehörte zu einem kleinen Mann, der den Kopf im Nacken und sein Gewicht auf die Fersen verlagert hatte. Dünne Säbelbeine unter einem großen Bauch verliehen ihm das Aussehen eines krummbeinigen Gockels. Hängebacken, die beim Sprechen erbebten, verstärkten diese Ähnlichkeit. Ohana war einmal ein gutaussehender Mann gewesen, aber seine einst klassischen Züge waren von jahrelangem übermäßigem Sakegenuß schwammig geworden. Yoshi erinnerte sich der geröteten Nase, die dem Mann zu seinem Namen verholfen hatte. Ohana erkannte Yoshi offensichtlich nicht wieder. So unbehaglich Yoshi die derbe, schmutzige Kleidung fand, er war froh, daß er sie gewählt hatte.

Yoshi kannte diesen Typ des Provinzlers; er glaubte zu wissen, wie er mit ihm umgehen mußte. Er gebrauchte seinen kultiviertesten Akzent und sagte in dem Tonfall, der am Hof von Kyoto üblich war: »Guter Mann, du magst mich Suruga nennen, obwohl ich wirklich nicht glaube, daß dir eine Antwort gebührt.«

Die meisten Männer von edler Geburt benutzten Namen, die von körperlichen Besonderheiten oder ihrem Geburtsort abgeleitet waren. Yoshi hatte beschlossen, sich Suruga zu nennen, nach seiner Heimatprovinz. Er maß Ohana mit einem kalten Blick und sagte: »Deine Leute haben nicht mehr Recht, sich an diesem Ort aufzuhalten, als ich es habe, ein harmloser Wanderer, der von der Straße abgekommen ist. Weißt du, auf wessen Land du dich befindest?«

Ohana war beeindruckt von der leisen, gebildeten Stimme dieses muskulösen Vagabunden. »Gewiß«, plusterte er sich auf. »Es ist das Land des Herrn Hachibumi, Daimyo von Okabe, der ein Verbündeter des Herrn Kiso Yoshinaka ist und meine Schauspielertruppe beschäftigt.«

Yoshi verwünschte sein Pech. Hachibumi war ein zuverlässiger Anhänger Kisos und Yukiies. Obwohl mehrere Monate vergangen waren, seit Yoshi aus Shinohara entkommen war, zweifelte er nicht daran, daß Kiso und seine Freunde weiterhin nach ihm suchten.

Yoshis Beschreibung war überall bekannt gemacht worden. Okabe würde keine Ausnahme sein. Aber wenn der kleine Schausteller ihn nicht wiedererkannt hatte, dann könnten Hachibumis Männer, die ihm nie begegnet waren, ihn erst recht nicht identifizieren. Yoshi beschloß offensiv zu werden und diesen großnasigen Burschen einzuschüchtern. »In diesem Fall«, sagte er, »werde ich keine Beschwerde bei Hachibumis Samurai einreichen. Sie sind berühmt für ihren Mangel an Geduld mit Rechtsverletzern.«

»Wir sind keine Rechtsverletzer. Wir sollen morgen abend anläßlich einer besonderen Siegesfeier auftreten, die vom Herrn Hachibumi zu Ehren Kiso Yoshinakas veranstaltet wird.«

»Es könnte schwierig werden, das den Samurai zu erklären. Sie sind bekannt dafür, erst zuzuschlagen und dann Fragen zu stellen.« Yoshi glaubte, eine gewisse Nervosität in Ohanas Verhalten zu bemerken, und beeilte sich hinzuzufügen: »Aber genug davon! Ich sehe, daß ihr ein legitimes Recht habt, hier zu sein.«

»Selbstverständlich«, sagte Ohana allzu prompt.

»Ich habe einen Vorschlag, der zu unserem beiderseitigen Nutzen sein könnte.«

Ohana musterte geringschätzig die bäuerische Kleidung und den Strohumhang. »Ich bezweifle, daß du etwas hast, das wir brauchen könnten«, sagte er.

Yoshi fuhr fort, als hätte der andere nichts gesagt. »Wenn ich mich eurer Gruppe anschlösse, könnte ich zur Geschicklichkeit deiner zwei Fechter beitragen. Ich bin ein ausgebildeter Fechter, und es würde mir gut passen, mit deiner Truppe herumzuziehen.«

Mittlerweile war Ohana hoffnungslos verwirrt. Er wußte nicht, was er glauben sollte. Zwischen der armseligen Kleidung und dem Hinweis auf seine Fechtkunst – die ein Attribut der Samurai-Klasse war – wußte er Yoshi nicht einzuordnen. War er bloß ein Lügner und Aufschneider, oder war er ein *ronin*, den eine Pechsträhne ins Unglück gebracht hatte? Sprach man zu ihm als zu einem Geringeren, einem Ebenbürtigen oder einem Höhergestellten?

»Ich finde das interessant«, sagte Ohana in neutralem Ton. »Meine Fechter brauchen Hilfe. Wenn du unseren Morgentee und etwas Fisch mit uns teilen willst, können wir weiter darüber reden. Mag sein, daß ich in meiner Gesellschaft für jemand Verwendung habe, der gut spricht und das Schwert zu gebrauchen weiß.« Indem er Yoshis Reaktion aus den Augenwinkeln beobachtete, fügte er kühn hinzu: »Wenn du wirklich damit umzugehen weißt, wie du behauptest.«

»Es würde mir ein Vergnügen sein«, sagte Yoshi, ohne auf das Vorfühlen einzugehen.

Shite und Tsure hatten das Gespräch stumm verfolgt. Nun warf Tsure sich in die Brust und sagte: »Ich will zur Yomi verdammt sein, wenn ich einen zerlumpten Fremden brauche, der mir zeigt, wie ich mit einem Schwert umzugehen habe. Ich führe diesen Schwertertanz seit bald zwanzig Jahren auf, und niemand hat sich je beklagt.«

»Dann hast du ihn nur vor Dummköpfen und Bauern aufgeführt«, sagte Yoshi kühl. »Wenn du vor Leuten wie Hachibumi auftreten willst, wird deine Darbietung besser sein müssen.«

»Ich würde gern dazulernen«, sagte Shite. »Wenn wir besser werden, können wir mehr Arbeit bekommen und mehr Geld einnehmen. Warum nicht Unterricht bei dem Fremden nehmen?«

»Nun, ich bin dagegen. Alles ist bis jetzt glattgegangen. Wozu brauchen wir eine Veränderung?« murrte Tsure.

»Ich werde das entscheiden«, erklärte Ohana. Er hob den Saum seines Gewandes und ging voraus zum Lager der Schaustellertruppe. Neben einem Berg von Taschen, Säcken und Kästen waren zwei Ochsen und ein traurig aussehendes Pferd angepflockt. Das Lager war an einem Brunnen hinter dem verlassenen Gehöft. Später erfuhr Yoshi, daß der Bauer, ein kleiner Landpächter, wegen Abgabenhinterziehung hingerichtet worden war. Das Land lag brach, während Hachibumi überlegte, wie er es zu seinem größtmöglichen Vorteil nutzen konnte.

Außer den drei Tieren gab es noch vier muskulöse Akrobaten, einen verdrießlich blickenden kleinen Mann, der der Musikant der Gesellschaft war, zwei anziehende junge Frauen, die Reis und Fisch aßen, und eine ältere Frau, die den Reis aus einem großen Eisentopf löffelte. Drei Männer unterschiedlichen Alters machten den Rest der Schaustellertruppe aus.

Kein Wunder, daß die Ochsen und das Pferd traurig die Köpfe hängen lassen, dachte Yoshi, mußten sie doch die Habseligkeiten von vierzehn Menschen schleppen und dazu das Arbeitsgerät für die Akrobaten und Schauspieler. Später sollte er herausfinden, daß die beiden jungen Mädchen Aki, die Tochter Ohanas, und Ume, die Schwester eines der Akrobaten, waren. Die ältere Frau mit der Reisschüssel war Ohanas Mutter, Obaasen, und der Musikant, der eine viersaitige, lautenähnliche *biwa* spielte, war sein Vetter Ito. Ein Familienunternehmen!

Das Feuer sandte Funkenschauer und aromatische Wolken von Holzrauch empor, die Yoshis Appetit weckten.

»Ich habe diesen Fremden eingeladen, uns zum Morgentee Gesellschaft zu leisten«, sagte Ohana.

Die beiden Mädchen schienen interessiert. Ume schlug den Blick nieder, Aki starrte Yoshi abschätzend an.

»Wenn ich mich zuerst waschen darf?«

»Freilich, geh an den Trog bei der Tür.«

Yoshi borgte sich Waschzeug und ein sauberes Gewand von einem der Akrobaten, ging hinter das Gehöft, entledigte sich seiner schmutzigen Kleider und wusch sich gründlich. Er kämmte sich das Haar und stutzte den Bart.

Wenig später saß ein ansehnlicher Wanderer am Feuer. Sein geborgtes Gewand war theatralisch: hellrot und mit Drachen bestickt. Yoshi fand, daß es sein Aussehen noch mehr veränderte als seine Reisekleider. Es hatte einen weiteren großen Vorteil: es war sauber.

Yoshi aß vom Reis und Fisch mit aller Zurückhaltung, die er aufbringen konnte. Die Verkleidung als Vagabund brachte gewisse Nachteile mit sich. Obwohl er für Notfälle zwei Münzen in seinem *obi* versteckt hatte, konnte er Nahrung nicht nach Belieben verlangen oder erwerben; dies war seine erste Mahlzeit seit vierundzwanzig Stunden.

Gab es Möglichkeiten in der Theatergruppe? Yoritomo wünschte, daß Yoshi sich bis zum Ende des nächsten Jahres in Kyoto etabliere. Könnte er sich dieser Truppe bedienen, um in die Hauptstadt zu gelangen? Nach allem, was er bisher gesehen hatte, war das fraglich; die Truppe war zu bäuerisch, zu unkünstlerisch, um in Kyoto aufzutreten. Andererseits würde sie eine hervorragende Tarnung abgeben. Wer würde in einem niedrigen Mitglied einer wandernden Schausteller-truppe einen berühmten *Sensei* vermuten?

Im großen und ganzen, entschied Yoshi, würde die Schaustellertruppe ein gutes Vehikel abgeben. Er würde sich um die Aufnahme bemühen und dafür sorgen, daß Kiso sie zu sehen bekam... und Nami.

44

Am Nachmittag übten die Akrobaten auf dem offenen Feld. Mit Ausnahmen von kurzen Signalen, Grunztönen und Anfeuerungsrufen sprachen sie nicht. Yoshi schaute ihnen fasziniert zu. Zuerst vollführten sie eine Serie von Übungen

zum Aufwärmen und Auflockern. Darauf folgten Dehnungs-
übungen, und Yoshi hatte Gelegenheit, ihre Geschmeidigkeit zu bestaunen. Selbst der größte der Akrobaten, der gewöhnlich als Untermann arbeitete und einen oder mehrere
der anderen trug, war imstande, sich aus dem Stand rückwärts zu beugen und die Hände flach auf den Boden zu legen. Alle vier streckten die Beine gleichzeitig seitwärts und
beugten sich in dieser unnatürlichen Haltung mit den Ober-
körpern vor, bis sie flach am Boden waren. Sie machten Liege-
stützen, Seitbeugen und die merkwürdigsten Variationen.
Obwohl sie barfuß waren und nur Lendenschurze trugen,
glänzten ihre muskulösen Oberkörper bald vom Schweiß.

Nach der Gymnastik übten sie das Programm. Yoshi fiel
auf, daß sie von dem Augenblick an, da sie merkten, daß er
ihnen zusah, angestrengter arbeiteten; als sei es eine Aufführung und nicht eine Probe, versuchte jeder die anderen zu
übertrumpfen. Ein Ruf, und alle schlugen gleichzeitig das
Rad, machten aus dem Stand mehrere Saltos vorwärts und
rückwärts. Der größte, ein muskelbepackter Riese, war der
Untermann. Er trug zwei andere auf den Schultern und einen
dritten, der auf dem Kopf stand, auf seinem Kopf. Sie zeigten
schwierige Balanceübungen und verzwickte Kombinationen, bei denen sie sich zu unglaublichen Verrenkungen stei-
gerten, und beendeten das Programm mit einer letzten Serie
von Hechtrollen und Flicflacs.

Yoshi bemerkte, daß der leichteste und wagemutigste der
vier der Organisator und Leiter der Gruppe war. Während
die Akrobaten eine ihrer wenigen Ruhepausen machten,
sprach Yoshi ihn an. »Ich habe noch nie Akrobaten bei ihren
Übungen zugesehen. Macht ihr das die ganze Zeit?«

»Jeden Tag«, antwortete der Akrobat höflich, aber mit wenig Interesse.

»Mein Name ist Suruga«, sagte Yoshi. »Ich nehme an, ihr
wißt, daß ich mich der Truppe anschließen werde.«

»Ja. Ich bin Koetsu, der Bruder Umes.«

»Ist sie das Mädchen, das neben Ohanas Mutter saß?«

»Ja. Ume war eine von uns, verletzte sich aber am Knie.
Jetzt näht sie die Kostüme.« Koetsu wollte das Gespräch beenden, aber Yoshi ließ nicht locker; er entdeckte in sich selbst

309

eine chamäleonhafte Anpassungsfähigkeit. Er lernte hier eine ganz andere, bis dahin unbekannte Lebensweise kennen, die von der Strenge seiner frühen Erziehung am Hof weit entfernt war.

»Vielleicht würdet ihr mir eines Tages erlauben, mit euch zu üben«, sagte Yoshi. »Ich würde gern einige eurer Kunststücke lernen.«

»Zu schwierig! Das erfordert viel Zeit!« Koetsu überlegte und sagte dann: »Vielleicht können wir einen Handel machen.«

»Was kann ich bieten? Ich habe nichts von Wert.«

»Du bist gebildet. Kannst du lesen und schreiben?«

Yoshi bejahte.

»Du wirst mich lehren, und ich werde dich lehren.« Koetsu nickte, zufrieden mit seinem Vorschlag.

»Einverstanden«, sagte Yoshi und verbeugte sich.

Koetsu kehrte zu den Übungen mit seiner Gruppe zurück, während Yoshi sich zu dem *biwa*-Spieler setzte. Geradeso wie sich die Akrobaten angestrengt hatten, als Yoshi gekommen war, ihnen zuzusehen, wurde nun der sauertöpfische kleine *biwa*-Spieler lebendig, gab seine Tonleiterübungen auf und fing an zu spielen.

Es war Yoshis erster Tag bei den Schaustellern und er hatte bereits zwei wichtige Dinge bemerkt. Erstens verbrachten sie alle, ganz gleich, was ihre Spezialität war, endlose Stunden mit Üben. Er hatte Akrobaten, Musiker und Schauspieler am Hof gesehen und ihre Fähigkeiten für selbstverständlich genommen, ohne an die Arbeit zu denken, die hinter einer perfekten Aufführung steckte. Das zweite war, daß sie für einen Fremdling auf einem leeren Feld mit derselben Intensität arbeiteten wie für eine Bühnenvorstellung.

Nun, da niemand zuschaute, arbeiteten die Akrobaten mechanisch an ihren Nummern weiter, aber der Musiker spielte, als hätte er statt eines aufmerksamen Fremdlings ein großes Publikum vor sich.

»Ich bin Ito, Ohanas Vetter«, sagte der kleine Mann, als er sein Instrument weglegte.

Yoshi verneigte sich. »Ich bin Suruga, ein neues Mitglied der Truppe.«

310

»Was machst du, junger Freund?« Zwei Rosinenaugen spähten Yoshi forschend an.

»Ach, ich weiß nicht recht«, antwortete Yoshi. Er fuhr mit einem Finger über die Saiten der *biwa* und lächelte über das mißtönende Ergebnis.

»Kannst du lesen und schreiben?« Ito nahm das Instrument und legte es behutsam außer Reichweite.

Yoshi bejahte.

»Malen, zeichnen?«

»Ja.«

»Verstehst du etwas von Musik und Tanz?«

»Ein wenig.«

»Dann wird mein Vetter viel Arbeit für dich haben.« Ito lächelte ironisch, fuhr dann in belustigtem Ton fort: »Weißt du, Ohana kann kaum lesen und schreiben. Er versteht wenig von Zeichnen und Malerei und noch weniger von Musik und Tanz.«

»Was tut er dann?«

»Ach, das habe ich mich oft gefragt.«

»Ich verstehe nicht.«

»Du bist neu in unserem Geschäft. Du wirst merken, daß Schausteller wie Kinder sind. Sie brauchen einen Vater, der sich um sie kümmert, der ihnen sagt, was zu tun ist. Dieser Vater führt die Truppe und ist ihr Leiter. Er verwaltet das Geld, das wir einnehmen, und verteilt es.«

»Warum kann das nicht einer von euch tun?«

»Du verstehst noch immer nicht. Jeder von uns hat ein Talent, darum sind wir die Sklaven, die Diener dieses Talents. Wir wenden unsere Zeit und Energie auf die Pflege dessen, was wir haben. Da brauchen wir jemanden ohne diese Belastung, der mit den Herren, Priestern und Stadtleuten verhandelt. Ohana macht seine Sache gut.« Ito griff wieder zu seinem Instrument und begann zu spielen.

Die Musik war weich, mit dunklen Obertönen, die an den Schmelz der *uguisa* erinnerte, einer Nachtigall, die in den tiefsten Dickichten des Bambuswaldes singt. Allmählich veränderte sich der Charakter der Musik. Ito zupfte helle kurze Noten einer anderen Melodie als Oberstimme zur Baßbegleitung. Yoshi saß auf der trockenen braunen Erde in der

Sonne, schloß die Augen und stellte sich Pflaumenblüten vor, die über ein Feld pulvrigen Schnees verstreut waren, Funken von Farbe an einem frischen weißen Berghang.

Er mußte daran denken, was ein talentierter Musiker bewirken konnte, und ganz im Bann der magischen Melodie, wünschte er, daß Ito ihn das Spiel auf der *biwa* lehre.

Seine Tagträumerei wurde von Ohana unterbrochen, der unbemerkt herangekommen war. »Zeit, daß du dein Brot verdienst. Die Duellanten stehen bereit zur Übung. Laß sehen, ob du ihnen wirklich helfen kannst.«

Yoshi sprang auf, verneigte sich vor Ito und folgte Ohana dahin, wo Shite und Tsure sich auf ihren Schwertertanz vorbereiteten. Die anderen Spieler saßen im Schatten und scherzten, als die Fechter ihre Plempen aufnahmen und, begleitet von Knurren und Grunzen, ihr Scheingefecht begannen.

Jetzt, da er wußte, daß es eine theatralische Schau war, empfand Yoshi es als peinlich, daß er den Kampf für ernst gehalten hatte. Wenn sie wüßten, daß er ein *Sensei* war, ein Lehrer der Fechtkunst, wie würden sie lachen!

Shite war ein Musterbeispiel an Ungeschicklichkeit. Yoshi schauderte bei dem Gedanken, daß er mit einer solch amateurhaften Darbietung vor kenntnisreichen Schwertfechtern auftreten sollte.

»Ist das in Ordnung?« fragte Shite, nachdem er ein Manöver von erschreckender Plumpheit ausgeführt hatte.

»Vielleicht können wir es ein wenig verbessern«, meinte Yoshi taktvoll. Er nahm das Schwert und zeigte Shite, wie man es richtig hielt. »Wenn du den Körper gerade hältst, statt dich vorzubeugen, bist du besser ausbalanciert und kannst dich rascher bewegen.«

Shite erprobte den Vorschlag, und zu seiner Überraschung half es. Ein erfreutes Lächeln erhellte seine Züge.

»Tsure, du gehst recht gut mit dem Schwert um«, sagte Yoshi laut. Dann fügte er so leise, daß die Zuschauer es nicht hören konnten, hinzu: »Wenn du ein wenig in die Knie gehst und deinen Schwerpunkt tiefer legst, wirst du stärker aussehen.«

Tsure knurrte, befolgte aber die Anregung, als hätte er es die ganze Zeit so gemacht.

»Ich werde euch den Proben überlassen«, sagte Ohana mit einer minimalen Verbeugung; es war schwierig zu sagen, ob er über Yoshis Anweisungen erfreut war oder nicht. Ohana war verantwortlicher Leiter der Truppe. Zwar wünschte er Yoshis Hilfe, würde aber einen Gesichtsverlust erleiden, wenn der Fremde zu viele Verbesserungen einführte.

Yoshi arbeitete den ganzen Nachmittag mit den Fechtern. Die drei anderen gingen weg, um die Posse zu üben, die sie morgen aufführen wollten.

Shite schlug eine Ruhepause vor. Tsure stieß sein Schwert in die Scheide und ging ohne ein Wort davon.

»Habe ich ihn gekränkt?« fragte Yoshi.

»Nein. Er ist immer zornig, weil er den Verlierer spielen muß. Tsure möchte der Held sein, aber Ohana sagt, er sehe für die Heldenrollen falsch aus, also ist er unglücklich.« Shite zuckte mit der Schulter und lächelte ohne Bosheit.

Yoshi stimmte Ohanas Einschätzung zu. Tsure sah böse aus, während Shite geradezu der Inbegriff des Helden war. In Wirklichkeit war Shite furchtsam, ungeschickt und ein wenig einfältig. Insgesamt fand Yoshi, daß er einen liebenswerten und gutmütigen ›Helden‹ abgab.

»Wird mein Schwertertanz besser werden?« fragte Shite eifrig. »Du mußt wissen, als ich ihn letzten Monat beim Reisfest aufführte, lachten sie und bewarfen mich mit allem möglichen.«

»Es ist schon ein gutes Stück besser geworden«, sagte Yoshi.

»Meinst du wirklich?«

»Ganz bestimmt. Bald wird das Publikum deiner Fechtkunst applaudieren.«

Shite war wie eine junge Katze, die gestreichelt wird. Yoshi sollte die Erfahrung machen, daß alle Schausteller in gleicher Weise auf Lob reagierten. Sie existierten in einer Scheinwelt, aus der sie während der Vorstellungen oder wenn man ihren Fähigkeiten schmeichelte, zum Leben erwachten.

»Was hältst du von Aki?« fragte Shite, der nun, da er sich bestätigt fühlte, getrost das Thema wechselte.

»Ich weiß nicht. Wir haben noch nicht miteinander gesprochen. Was macht sie denn?«

»Sie ist schön. Sie kann alles. Sie spielt männliche und weibliche Rollen, malt Landschaften und ... sie tut mehr als ihr Vater, um uns zur Arbeit zu bringen.«

»Du bewunderst sie«, sagte Yoshi.

Shite schlug den Blick nieder und sagte leise, aber mit Inbrunst: »Ich liebe sie.«

Beim Abendessen sprachen alle über die Proben und Übungen des Tages, nur die Akrobaten nicht, die abseits saßen und sich mit Reis vollstopften. Aki beobachtete Yoshi aufmerksam und ein wenig argwöhnisch, als Shite ihr erzählte, wie sein Schwertertanz sich verbessert habe. Shite redete weitschweifig und ließ seine Gutmütigkeit, seine Großzügigkeit mit Lob und seine Einfalt erkennen. Während er so daherredete, blickte Ume scheu hinter dem Reistopf hervor zu ihm hin.

Ito, der kleine *biwa*-Spieler, sah, daß Yoshi Umes Interesse bemerkt hatte. Er beugte sich zu ihm und flüsterte: »Ja, sie liebt den Dummkopf. Wird man jemals aus den Frauen schlau werden?« Als Shite verstummte, füllte Ume sofort seine Schale nach.

Der Abend wurde still; die Gesellschaft löste sich in kleine Gruppen auf. Rauch stieg in geisterhaft wallenden Spiralen vom Lagerfeuer auf und trug den Duft verbrannten Zedernholzes mit sich. Die fernen Hügel nahmen eine tiefbraune Färbung an, und die sinkende Sonne verwandelte Flecken purpurner Glockenblumen in geheimnisvolle Oasen im Meer von Gras.

Ohana gab Yoshi eine grobe Decke, und bald machten ihn die murmelnden Stimmen der Schausteller schläfrig. Er breitete die Decke hinter dem Gehöft aus, zog sich das rote Gewand bis zum Kinn hoch und überdachte, was er an diesem ereignisreichen Tag gesehen und gelernt hatte.

Wie verschieden waren die Schausteller von dem flüchtigen Erscheinungsbild, das er in Okitsu von ihnen gewonnen hatte! Er hatte zu Nami gesagt, er könne es besser als sie. Mit dem Schwert, ja. Aber die Akrobaten! Der Musikant! Diese Leute hatten Fertigkeiten entwickelt, die er nicht annähernd beherrschte. Er wünschte, Nami wäre bei ihm, um diese Erfahrung mit ihm zu teilen. Endlich hatte er einen Weg gefunden, das Schwert zu gebrauchen, ohne Schmerzen zu verursachen.

Er lächelte bei dem Gedanken an Namis sarkastische Antwort: »Eine passende Karriere für einen großen Fechtmeister.«

Buddha! Hachiman! Laßt es ihr wohlergehen und macht, daß sie an mich denkt wie ich an sie. Seine Gedanken schweiften schlaftrunken ab; die leisen Stimmen lullten ihn ein. Akis Blick aus den Augenwinkeln war seine letzte Wahrnehmung, bevor er in einen traumlosen Schlaf sank.

45

Am nächsten Morgen ging im Lager der Schausteller alles drunter und drüber; zur Vorbereitung für den abendlichen Auftritt wurden Kleider und Requisiten zusammengestellt, es wurde gepackt und aufgeladen, und bei alledem mußte Essen zubereitet, mußten die Tiere versorgt werden.

Die Burg Hachibumis lag zwei Meilen nördlich der Stadt Okabe, weniger als fünfundzwanzig Meilen von der Ruinenstätte bei Okitsu entfernt, wo Fumio sein *shoen* gehabt und wo Yoshi das erste Mal Ohana gesehen hatte.

Hachibumis Herrschaft war weit von Kyoto und seinem neuen Herrn, doch beteiligten sich Hachibumis Krieger aktiv an der Suche nach Yoshi. Kiso schien, seit er die Macht hinter dem Thron geworden war, über unbegrenzte Hilfsquellen zu verfügen. Yoshi begann sich zu fragen, ob Yoritomo gegen einen so starken und unerbittlichen Feind erfolgreich würde antreten können. *Shigata-ga-nei*, da war nichts zu machen. Yoshi war entschlossen, sein Äußerstes zu versuchen, um am Tag der Abrechnung zur Stelle zu sein.

Ohana war schon vor Sonnenaufgang auf den Beinen und organisierte den Aufbruch und den bevorstehenden Marsch durch die Stadt. Ein rosavioletter Himmel hing wolkenlos über der Ebene. Kleine Vögel zwitscherten und tirilierten in den Bambusgehölzen, die zwischen den unbestellten Reisfeldern lagen. Yoshi half beim Beladen der Pferde mit Töpfen,

Pfannen, Kleidern und Wandschirmen, die für Theaterauf-
führungen gebraucht wurden. Ohana hatte Masken ausge-
packt und gab jedem der Schauspieler eine. Die Akrobaten
sollten an der Spitze der Truppe gehen und die Aufmerksamkeit der Bevölkerung durch Saltos und Radschlagen auf
sich lenken. Ihnen folgten die maskierten Schauspieler und
schließlich Ito, der zu diesem Anlaß eine Trommel schlagen
mußte.

Yoshi wurde beauftragt, zusammen mit Aki, Ume und
Obaasen das Gepäck zu bewachen und die Tiere zu führen.

»Ohana, wäre es nicht vorteilhaft, wenn auch ich eine
Maske trüge?« fragte er.

»Wozu? Du sollst dich um das Gepäck kümmern.«
Ohana war zu beschäftigt, um sich auf ein Gespräch mit
dem Neuankömmling einzulassen.

»Wenn ich eine Maske trüge, würden die Stadtbewohner
mich für einen Schauspieler halten. Sie würden glauben,
deine Truppe sei größer, als sie in Wirklichkeit ist.«

»Gewiß, aber es ist heiß und unangenehm, eine Maske
zu tragen.« Ohana beäugte ihn mißtrauisch. Warum sollte
jemand eine Maske tragen wollen?

»Ich werde gern die Unbequemlichkeit auf mich nehmen, wenn es deiner Truppe nützen kann«, sagte Yoshi di-
plomatisch.

»Nun gut. Trag diese Dämonenmaske.«

»Mit Vergnügen«, sagte Yoshi. Damit war jede Gefahr,
erkannt zu werden, ausgeschaltet. Kein Mensch würde
den Schauspieler einer armen Wandertruppe mit Tadamori-no-Yoshi in Verbindung bringen.

Zum Frühstück gab es bitteren grünen Tee und Reiskuchen. Als die Sonne schon warm herabschien, brachen sie
von dem verlassenen Gehöft auf und zogen über die Ebene
auf den Berg zu, der Okabe überblickte. Staub erhob sich
von den vertrockneten Reisfeldern, als die Karawane langsam ihres Weges zog.

Zur Mittagszeit erreichten sie einen schmalen Pfad am
Fuß des Berges und rasteten unter einem wilden Granatap-
felbaum. Birken standen wie bleiche Wächter zu beiden

Seiten des steinigen Weges und warfen willkommene blaue Schatten.

»Wer bist du?« fragte eine Stimme. Yoshi schrak zusammen. Er wandte den Kopf und sah Aki, die ihn mit berechnendem Ausdruck ansah.

»Meintest du mich?« fragte Yoshi, um Zeit zu gewinnen.

»Ja. Ich glaube, du verbirgst etwas. Sei gewarnt. Vor uns kannst du kein Geheimnis bewahren. Unsere Truppe lebt und arbeitet eng beisammen. Früher oder später werden wir alles über dich wissen.«

»Mein Name ist Suruga«, log Yoshi. »Ich habe kein Geheimnis, das die Truppe betrifft, nur den Wunsch, zu helfen und mir die Wegzehrung zu verdienen.« Aki war eine schöne Frau, aber ihr Gesicht war durch dick aufgetragene Schminke künstlich verändert. Ihr herzförmiges Gesicht hatte etwas, das Yoshi an einen schlauen Bergfuchs gemahnte, ein Ausdruck, der durch ihre Gewohnheit, sich seitwärts zu wenden und beim Sprechen aus den Augenwinkeln zu schauen, verstärkt wurde.

Welcher Art ihre Unvollkommenheiten auch sein mochten, in diesem Augenblick war sie wunderschön.

Sie beugte sich verschwörerisch zu ihm. »Das ist gut, wenn es wahr ist. Je offener wir miteinander sind, desto besser für uns alle. Manche von uns verbringen ihre Zeit mit Klatschgeschichten.« Sie holte Atem, dann fragte sie mit gedämpfter Stimme: »Was hat man dir über mich oder meinen Vater gesagt?«

»Überhaupt nichts«, antwortete Yoshi, überrascht, daß hinter ihrer berechnenden Maske eine Frau steckte, die offenbar unsicher war. »Diejenigen, die ich sprach, lobten dein Talent und deine Schönheit.«

»Findest du mich schön?« fragte sie.

»Ja. Sehr.« Der berauschende Duft des Granatapfelbaumes, das gefleckt durch die Blätter scheinende Licht und Akis Nähe machten es leicht, dies zu sagen. Aber gleich darauf verspürte Yoshi Schuldgefühle. Was würde Nami denken, wenn sie hören könnte, wie er einer Schaustellerin von niederer Geburt Komplimente machte? Aber seine Mission bestand jetzt darin, sich in diese Gruppe *hinen* einzufügen und einer von ihnen zu werden. Die Pflicht erschien ihm nicht einmal unerfreulich; das Mädchen war unleugbar attraktiv.

Einer momentanen Eingebung folgend, sagte er: »Ich würde gern ein Gedicht für dich verfassen.«

»Du schreibst Gedichte? Ich kann das kaum glauben... du bist ein Mann mit vielen Talenten.« Ihre kühle Selbstbeherrschung war wieder da und verlieh ihrer Stimme einen ironischen, ja sogar unangenehmen Unterton.

»Wieso, wirke ich ungebildet?«

»Im Gegenteil, du sprichst gut, zu gut. Ich frage mich, woher du kommst. Wer bist du?«

Als er nicht gleich antwortete, ging sie zurück zu Obaasen und Ume und ließ ihn allein mit seinen Gedanken. Yoshi fühlte, daß er geprüft und unbefriedigend befunden worden war. Aki schien es gewohnt zu sein, ihren Willen durchzusetzen. Nach außen hin eigensinnig, unabhängig und eingenommen von ihrer eigenen Schönheit, darunter eine Verletzlichkeit, die sie seltsam hilflos machte. Es war leicht zu verstehen, daß Shite sie so anziehend fand. Yoshi würde sich in acht nehmen müssen; seine Bildung ärgerte sie, und das könnte ihm Schwierigkeiten bereiten. Wollte er seine Mission für Yoritomo erfolgreich abschließen, so konnte er sich Feinde in der Schaustellertruppe nicht leisten.

Ohana stand auf. Die Ruhepause war beendet.

Der Bergpfad war lang und schmal. Steilhänge auf einer Seite machten ihn überdies gefährlich. Langsam kroch die Karawane aufwärts, eingezwängt zwischen Kiefernwald über ihr und dem Felshang darunter.

Yoshi half den drei Frauen, führte Obaasen über die engsten und gefährlichsten Stellen. Ume ließ demütig den Kopf hängen und folgte seinen Instruktionen, aber Aki verschmähte seine helfende Hand und erklärte in gereiztem Ton, sie sei durchaus imstande, ohne fremde Hilfe zu gehen. Sie schien zu bereuen, daß sie einem Fremdling soviel von sich selbst enthüllt hatte.

Jenseits des Berghanges führte der Pfad abwärts und mündete in die Hauptstraße von Okabe, das sie ohne Zwischenfall erreichten. Ehe sie die Stadt betraten, legten die Schauspieler ihre Masken an, die Akrobaten lockerten sich am

Wegrand mit Freiübungen auf, und Ito spannte das Fell seiner Trommel. Als sie bereit waren, führte Ohana seine Truppe in die Stadt. Dabei hielt er mit beiden Händen ein Banner in die Höhe, das die abendliche Vorstellung ankündigte. Ihm folgten die Akrobaten, die zum Trommelschlag Kostproben ihres Könnens gaben. Die maskierten Schauspieler zogen im Gänsemarsch einher, Shite und Tsure fuchtelten mit ihren Bühnenschwertern, während die anderen ein kriegerisches Lied über die Taten des Herrn Hachibumi sangen.

Am Ende des Zuges, bei den Frauen und Tragtieren, beobachtete Yoshi die staunenden, von Ehrfurcht ergriffenen Stadtbewohner, die in dichten Reihen die Straße säumten. Woher kamen sie? In solch einer kleinen Stadt? Er lernte seine nächste Lektion in der Kunst der Unterhaltung. Viele Leute wanderten meilenweit, um eine kostenlose Vorstellung zu sehen. Die Menschen schienen geradezu aus dem Boden zu wachsen. Eine Theatertruppe bekam man bestenfalls zweimal im Jahr zu sehen, zu den Neujahrsfeierlichkeiten und zur Reisernte. Die heutige Unterhaltung würde sie für Monate mit Gesprächsstoff versorgen.

In der Mitte der Ortschaft machte Ohana halt und verlas mühsam die Bekanntmachung der abendlichen Vorstellung, zusammen mit anderen Nachrichten: Gegenstände, die zum Verkauf standen, zu kaufen oder zu tauschen gesucht wurden, Belohnungen für Benachrichtigungen. Eine Nachricht ließ ihn aufmerken: Ein Deserteur, der von dem neuen Herrn Kiso gesucht wurde.

Die Beschreibung ließ keinen Zweifel zu. Also war der Fremdling mitten in einer Schlacht desertiert. Kein Wunder, daß er bereit war, sich der Truppe anzuschließen, ohne nach Bezahlung zu fragen.

Ohana fühlte, daß er aus dieser Lage einen Vorteil ziehen konnte. Wenn er den Mann an die Samurai auslieferte, um die Belohnung zu erhalten, würde er eine Zahlung einstreichen – wenn er Glück hatte. Ohana wußte, daß die Samurai imstande waren, einen Informanten genausogut zu töten, wie ihn zu belohnen. Viele Samurai machten sich nichts daraus, einen Mann mit dem Schwert entzweizuhauen, bloß um die Schärfe der Klinge zu erproben. Sie hatten die Freiheit und die Pflicht, jeden niederzumachen, von dem sie wähnten, daß er es am nötigen Respekt fehlen ließ. *Kirisute-gomen* nannte man das. Als umherziehender Schausteller konnte man sich nicht leisten zu vergessen, daß man für die Samurai kaum mehr war als die *eta*, die Sklaven, die niedrige, unehrenhafte Arbeiten verrichteten. Jeder Fehler konnte den Tod bedeuten, und sein Tod würde für die Samurai nicht mehr bedeuten als eine zerquetschte Fliege. Behielt er das Wissen jedoch für sich, so könnte eine Zeit kommen, wo es mehr einbringen würde als die zweifelhafte Belohnung. Außerdem konnte Ohana den Mann jederzeit melden; er brauchte bloß zu sagen, er habe ihn nicht gleich erkannt.

Sollte er seine Erkenntnis mit Aki besprechen? Nein. Er würde sie bis zu einem günstigeren Zeitpunkt für sich behalten. Sie war schlau, aber sie war nur eine Frau. Er war besser beraten, wenn er es für sich behielt. Es gab viele Möglichkeiten in Betracht zu ziehen. Ohana war sehr nachdenklich, als er der Truppe das Zeichen gab und sie weiter durch die Stadt und zur Burg des Herrn Hachibumi führte.

Die Festlichkeiten waren in vollem Gange. Der Burghof widerhallte von den Tönen der Glocken, Lauten, Zithern und Flöten. Damen und Herren aus der näheren und weiteren Umgebung ergingen sich in den Gärten. Einige der Herren spielten auf Instrumenten, die sie von den Musikanten geliehen hatten, andere sangen oder tanzten.

Ein künstlicher See mit Inseln von Seerosen trug kleine Boote, in denen die Gäste zur Unterhaltung das blaugrüne Wasser befuhren. Die adligen Herren hatten ihre Gefolge von Knappen und Dienern mitgebracht. Sie trugen chinesische Jacken mit kostbaren Brokatstickereien, elegante Reitkleider und Kimonos in allen erdenklichen Farbtönen, die sorgsam auf jene der begleitenden Damen abgestimmt waren. Diese bevorzugten zartere Farben wie blattgrün, pfirsichfarben, rosa und lila.

Ohanas Gesellschaft wurde vom Zeremonienmeister zu einem Pavillon geführt, wo sie sich inmitten eines bunt zusammengewürfelten Haufens von Pferdeknechten, Mägden und

Trägern, die darauf warteten, daß ihre Herrschaften die Festlichkeiten wieder verlassen würden, auf ihre Vorstellung vorbereiten sollte.

Yoshi hatte in Kyoto Dutzende dieser Feste miterlebt und wußte, wie anspruchsvoll und verfeinert das Publikum sein konnte. Er fürchtete, daß Ohanas Truppe mit Mißfallenskundgebungen überschüttet und von der Bühne gejagt, wenn nicht auf der Stelle hingerichtet würde. Ihre drittklassige Travestie von Unterhaltung konnte weder den tänzerischen Fähigkeiten der Gäste Genüge tun, noch kamen die Kostüme der Schauspieler den Gewändern der Gäste gleich. Yoshi verglich die schäbige Aufmachung der Schauspieler mit den Kleidern selbst der am wenigsten bedeutenden Gäste, die durch die Gärten schlenderten, und war bestürzt.

Die Schauspieler legten ihre Masken ab und kostümierten sich für die Aufführung. Ito stimmte seine *biwa*. Die Akrobaten übten, und Shite und Tsure probten ein letztes Mal vor ihrem Auftritt. Yoshi, der seine Maske anbehielt, half Ume und Obaasen die Wandschirme auspacken, die als Kulisse für die Farce dienen sollten. Yoshi war erschrocken über die Primitivität der Hintergründe. Die Bühne war eine erhöhte Plattform, die von vorn durch eine ansteigende Rampe erreicht wurde und im Hintergrund durch die bemalten Wandschirme begrenzt war. Sie zeigten einen Wald voller grellfarbener Blumen.

Es wurde dunkel. Diener entzündeten Fackeln und Papierlaternen um den See, die Gäste sammelten sich nach und nach vor dem provisorischen Theater, wo die Darsteller gespannt auf das Zeichen zum Beginn der Vorstellung warteten.

46

Sein vorteilhafter Platz im Pavillon erlaubte Yoshi, das Programm wie auch die Reaktion des Publikums zu beobachten. Aki und die Akrobaten retteten die Vorstellung vor der Katastrophe.

Die Akrobaten begeisterten die Herren und Damen mit ihren gewagten Kunststücken. Ganz gleich, wie gebildet ein Publikum ist, der Anblick eines Mannes, der den Naturgesetzen Trotz bietet, indem er einen Kopfstand auf dem Kopf eines anderen macht, ist unterhaltend. Die Damen wedelten lobend mit den Fächern, und die Herren ermutigten die Akrobaten mit Zurufen. Es sah aus, als sollte Ohanas armselige Truppe mit ihrem Auftritt Ehre einlegen. Als nächstes kam Ohana mit einer langen Abhandlung über den hundert Jahre alten Feldzug gegen die Streitkräfte von Sadato und der Abe-Familie. Im Flackerschein der Fackeln und Laternen machte er eine ziemlich heroische Figur, doch ging die Wirkung durch seine ungehobelte Art und das schlecht gewählte Thema verloren. Die Höflinge hatten wenig Interesse an vergangenen militärischen Abenteuern. Die Damen bewegten sich unruhig, und viele vertrieben sich die Zeit mit Gesprächen. Die Herren hörten eine Weile zu, dann ignorierten sie den Sprecher auf der Bühne, gingen herum, scherzten über die sportlichen Darbietungen des Nachmittags und unterhielten sich mit derben Späßen.

Ohana überließ die Bühne Aki, die zu Yoshis Überraschung mit großer Anmut und Ausstrahlungskraft auftrat. Die aus der Nähe so übertrieben wirkende Schminke war für die Bühne ideal. Aki hatte Haltung und Stil, eine Qualität, die manche selbst dann auffallen läßt, wenn sie sehr wenig tun. Mit klarer und wohlklingender Stimme, flüssig und rein wie der Klang ferner Tempelglocken, rezitierte sie ein kurzes Gedicht. Langsam hob sie einen Arm, und ihr Kimonoärmel beschrieb einen anmutigen Bogen. Sie tanzte mit subtilen und geschmeidigen Bewegungen, veränderte ihre Stellung von einer atemberaubenden Positur zur nächsten.

Das Publikum war von ihr entzückt, und Yoshi war fast stolz, daß er jetzt Teil ihrer Welt war. Welch ein zauberhaftes Talent, in der Lage zu sein, ein Publikum zu solch emotionalen Höhen zu führen. Nach Akis Abgang applaudierte das Publikum noch minutenlang. In einer so guten Stimmung mußte ihnen beinahe alles gefallen.

Beinahe alles.

Drei Schauspieler sprangen auf die Bühne und führten

eine Posse auf. Sie hätte das Landvolk bei einem Reisernte-
fest erfreuen können, war für dieses gebildete Publikum aber
bei weitem zu plump und grobschlächtig. Als sie merkten,
daß das Publikum ihnen entglitt, wurden die Schauspieler
noch derber und machten es dadurch nur noch schlimmer.
Das Publikum zischte und pfiff. Der unruhige Hintergrund,
der die Darstellung der Schauspieler verwirrte, verschärfte
das Problem. Was für einen einzelnen Schauspieler vorteilhaft sein mochte, wurde jetzt zu einem Nachteil. Manches
Mal waren die in heftiger Bewegung agierenden Schauspieler in ihren bunten Kostümen kaum zu erkennen.

Die Posse ging zu Ende, und es blieben Shite und Tsure mit
ihrem ›Schwertertanz‹, dem Scheingefecht. Die Herren lachten und spotteten. Selbst die Pferdeknechte, Kutscher und
Zofen, die mit Yoshi im Pavillon warteten, fanden die Fechter
lächerlich.

Die Akrobaten konnten den Tag nicht retten. Noch ehe das
Programm zu Ende ging, verlief sich das Publikum und ignorierte das großartige Finale auf der Bühne.

Ohana wurde vom Zeremonienmeister des Grundherrn aus-
bezahlt und erhielt den Rat, das Gelände so bald wie möglich
zu verlassen. Es gab nichts extra, was auf Hachibumis Enttäuschung über das Programm schließen ließ.

Die Schausteller waren nach ihren Anstrengungen hungrig und wollten zusammensitzen und über die Vorstellung
diskutieren. Widerwillig wies der Zeremonienmeister ihnen
einen Tisch hinter dem Pavillon zu.

»Was meinst du, Suruga? Hat dir meine Arbeit mit dem
Schwert gefallen?« fragte Shite.

»Wir müssen noch mehr daran arbeiten. Ich meine, wir
könnten die Sache verbessern, wenn du eine bessere Klinge
benutzt. Ich fürchte, die Herren Zuschauer erkannten sie als
ein Spielzeug.«

»Wenn wir uns nur richtige Schwerter leisten könnten«,
murmelte Shite und blickte zu Ohana, um zu sehen, ob dieser Yoshis Bemerkung gehört hatte.

»Das Publikum war unerträglich«, erklärte Ohana, ohne
auf Shite zu achten. »Unleidlich. Ich finde keine Entschuldi-

gung für ihr schlechtes Benehmen. Wir haben Hunderte von Aufführungen gehabt, aber niemals vor solch einem flegelhaften Publikum.«

»Habt ihr jemals vor einem Publikum dieser Art gespielt?«

»Was soll das heißen?« Ohana richtete sich auf und funkelte Yoshi an.

»Ohana, diese Leute sind Aristokraten. Man fragt sich, welchen Anreiz Hachibumi bot, daß sie von nah und fern gekommen sind. Die meisten dieser Leute sind Standespersonen des fünften Ranges. Heute abend spieltet ihr vor einem so verwöhnten und gebildeten Publikum, wie ihr es selbst am kaiserlichen Palast nicht anspruchsvoller finden würdet.«

»Willst du damit sagen, wir hätten nach Ansicht der Zuschauer zu wünschen übrig gelassen?« Ohana wischte sich erzürnt Reis von den Lippen.

»Offen gesagt, ja. Ich mag das niedrigste Mitglied dieser Truppe sein, aber ich habe Erfahrung mit diesen Leuten gesammelt«, sagte Yoshi. Wenn er Ohana überzeugen konnte, daß es dem künftigen Erfolg der Truppe nützen würde, seine Erfahrungen auf diesem Gebiet auszuwerten, würde es ihm gelingen, sie schließlich nach Kyoto zu führen.

Ohana und Aki tauschten Blicke aus. Es war offensichtlich, daß Gespräche zwischen den beiden stattgefunden hatten. Ohanas hochgezogene Brauen sagten: ›Siehst du? Ich sagte dir, daß mehr dahinter steckt, als er uns erzählt hat.‹ Und Akis Blick sagte: ›Vielleicht kann er etwas für mich tun.‹

Shite verzog den Mund, und Tsure murrte: »Bevor du kamst, fand man uns gut genug. Jetzt sagst du, wir ließen zu wünschen übrig. Was sollten wir deiner Ansicht nach tun?«

»Nichts, wenn ihr vor Bauern spielen wollt. Wenn ihr für Gold spielen wollt, müßten Veränderungen eingeführt werden«, sagte Yoshi.

»Dies ist meine Truppe«, versetzte Ohana. »Ich werde entscheiden, ob Veränderungen eingeführt werden.«

»Natürlich wirst du entscheiden, lieber Vater«, sagte Aki mit einer beschwichtigenden Handbewegung, die ihren Kimonoärmel rascheln ließ. »Wir lieben und achten dich, und wir wissen, daß du ein offenes Ohr für Vorschläge aus der Truppe hast. Wenn wir mehr verdienen können, indem wir in unserem Programm kleine Änderungen einführen, werden wir das tun.«

»Ich bin nicht engstirnig, das wird dir jeder bestätigen. Aber was sind das für ›kleine Änderungen‹, die uns bis zum nächsten Jahr unzweifelhaft bis in den kaiserlichen Palast führen werden?«

Yoshi überhörte Ohanas Ironie. »Das neue Jahr ist zu bald«, sagte er. »Aber wenn wir hart arbeiten und jeden Teil des Programms aufpolieren, werden wir eines Tages im kaiserlichen Palast auftreten.«

»Womit würdest du anfangen?« fragte Shite.

»Mit Ohanas Erlaubnis würde ich den Hintergrund verändern.«

»Den Hintergrund! Der ist in meiner Familie, seit ich das Gewerbe von meinem Vater lernte!« Ohana war gekränkt.

»Dann ist es Zeit, ihn zu ändern. Wegen der grellen Farben kann das Publikum die Schauspieler nicht sehen.«

»Was würdest du tun?« fragte Aki.

»Ein Gemälde mit einer Bergkiefer, um die unveränderlichen Qualitäten von Einfachheit und Stärke zu symbolisieren. Ich würde keine Farben außer denen des Baumes verwenden. Nichts würde dann von den Bewegungen der Darsteller ablenken.«

»Wer würde diesen neuen Hintergrund malen?«

»Ich könnte eure Freundlichkeit zurückzahlen, indem ich ihn selbst male. Ich habe einige Erfahrung im Umgang mit dem Pinsel.«

Ito, der bis dahin schweigend zugehört hatte, ergriff das Wort und sagte: »Er hat recht, Ohana. Ich habe des öfteren gespürt, daß unser Hintergrund mich verwirrt. Wenn Standespersonen nach Einfachheit streben, sollten wir das gleiche tun.«

»Ja, unser neuer Mann hat viele Talente«, sagte Aki mit einem Ausdruck zwischen Spott und Bewunderung. »Laß ihn den Kiefernbaum malen, Vater, und dann wirst du entscheiden, ob wir ihn verwenden.«

Monate vergingen. Yoshi war jeden Tag von den Tempelglocken bei Sonnenaufgang bis zu den hölzernen Klappern, die lange nach Sonnenuntergang die Nachtruhe signalisierten, geschäftig auf den Beinen.

Die Schaustellertruppe lagerte außerhalb der Stadt Shimada, zehn Meilen von der Burg des Herrn Hachibumi entfernt. Wegen ihrer Lage am Fluß Oi war es eine wichtige Stadt. Prozessionen aller Art kamen durch oder machten dort Station. Es fehlte weder an Unterkunft noch an Nahrung, und außerhalb der Stadt gab es Wiesen und Felder, wo die Truppe für wenig Geld ungestört ihr Lager aufschlagen konnte.

Als Yoshi sich erbötig gemacht hatte, einen neuen Hintergrund zu malen, hatte er damit eine Reihe von Ereignissen eingeleitet, die zu einer ständigen Ausweitung seiner Verantwortung weit über seine ursprünglichen Erwartungen hinaus geführt hatten. Er übernahm die Aufgabe, die Truppe für Auftritte in Kyoto vorzubereiten, vor allem im Hinblick auf Yoritomos Mahnung, im folgenden Jahr dort zu sein. Wenn er an Nami dachte, die praktisch Kisos Gefangene war, schien es eine Ewigkeit bis zum kommenden Jahr zu sein.

Die Hintergrundmalerei war der erste seiner Vorschläge. Als die Tage zu Wochen und dann zu Monaten wurden, übernahm er mehr und mehr die Führung der Truppe. Ohana war unwillig, seine Autorität aufzugeben, aber Trägheit und Druck seitens seiner ehrgeizigen Tochter bewirkten, daß er sich immer mehr von den Entscheidungsprozessen zurückzog.

Ohana trank, während Yoshi den Hintergrund zu begeisterten Kommentaren von Ito und Aki, die Yoshis Pläne von ganzem Herzen unterstützten, beendete. Sie begriffen rasch, daß Yoshi die Fähigkeit und die Ideen hatte, ihre Lage zu bessern.

Yoshi füllte das durch Ohanas mehr oder weniger unfreiwilligen Rückzug entstandene Vakuum unauffällig aus und machte den Schauspielern Verbesserungsvorschläge; zuerst arbeitete er mit Shite, der formbar wie weicher Ton war. Bald folgte Shite ihm wie ein Schoßhund.

Eines Tages, nach langen und ermüdenden Proben, vertraute Shite sich ihm an. »Du weißt, ich liebe Aki«, sagte er. »Ich möchte sie heiraten, aber sie sagt, ich sei dumm und ungebildet. Wenn du mir hilfst, kann ich vielleicht die Art und das Auftreten eines feinen Herrn lernen, und sie wird mich lieben wie ich sie.«

Shites Ersuchen verursachte Yoshi Unbehagen. Er fühlte sich selbst von Aki angezogen. Es gab keine moralischen oder religiösen Hemmnisse, die ihn hätten hindern können, Aki als Geliebte zu nehmen. Das war gang und gäbe. Viele Männer am Hof hatten vier oder fünf Geliebte; nicht selten erhielten sie einen offiziellen Status als Nebenfrauen. Chikara zum Beispiel hatte eine andere Frau genommen, während er mit Nami verheiratet gewesen war.

Würde Nami es verstehen? Yoshi überlegte, daß eine derartige Regelung ihren Rang als Hauptfrau nicht beeinträchtigen würde. Und ein Bündnis mit Aki würde die Sicherheit seiner Tarnung erhöhen, ihm innerhalb der Schaustellertruppe mehr Macht geben und seinen Plänen, möglichst bald Kyoto zu erreichen, förderlich sein.

Geduld, sagte er sich. Geduld.

Aki ließ sich nicht so leicht manipulieren. Sie war schlau und zielstrebig, wenn es um ihre Karriere ging. Sie würde selbst entscheiden, was sie wollte. Armer Shite, so gutaussehend und wohlmeinend, aber – darin hatte Aki recht – so einfältig.

Yoshi mochte den Helden und wollte ihn nicht verletzen. Er schlug sich Aki aus dem Sinn und arbeitete noch angestrengter daran, Shite bei der Vervollkommnung seiner Darbietungen zu helfen. Seinen Bemühungen war nur mäßiger Erfolg beschieden. Shites schauspielerische Auftritte blieben hölzern, und der ›Schwertertanz‹ krankte an seiner mangelnden Koordination.

»Werde ich es je lernen?« fragte Shite während einer besonders anstrengenden Unterrichtsstunde.

»Gut genug für das Theater«, antwortete Yoshi ein wenig ungeduldig.

»Eines Tages werde ich ein richtiges Schwert schwingen und ein echter Held sein, nicht bloß ein Schauspieler. Dann werde ich Aki mit meiner Tapferkeit beeindrucken.«

»Das ist möglich, Shite, aber vor dir liegt noch ein weiter Weg, bis du soweit bist.«

»Können wir es noch einmal versuchen?«

»Morgen, Shite. Die Arbeit mit diesen Spielzeugklingen ist frustrierend. Du wirst niemals ein richtiger Held sein, solange du ein Spielzeug benutzt.«

»Suruga, glaubst du nicht, daß jemand ein richtiger Held im Herzen sein kann? Daß er wegen seiner inneren Haltung und seines Mutes über Spielzeugschwerter hinauswachsen kann?«

»Ein großer Held, ja. Aber du bist kein großer Held, Shite. Du bist ein Schausteller in einer Dengaku-Gruppe.«

»Wäre ich ein richtiger Held, würde Aki mich lieben.«

»Vielleicht wird das geschehen«, sagte Yoshi und schenkte dem naiven Helden einen aufmunternden Blick, obwohl er wußte, daß Shites Hoffnungen sich schwerlich erfüllen würden.

»Du bist ein wunderbarer Freund, Suruga. Wie konnte ich nur zurechtkommen, bevor du bei uns warst? Nach Aki liebe ich dich mehr als sonst jemanden auf der Welt.«

Shite war in einem Dorf aufgewachsen. Seine Eltern waren Bauern, die drei *cho* zweitklassigen Bodens als Pächter eines örtlichen Grundbesitzers bestellten. Von frühester Kindheit an war Shite anders als die übrigen Kinder des Dorfes gewesen. Wenn sie in großen, lärmenden Gruppen gespielt hatten, hatte er von der Zeit geträumt, da er ein Krieger sein würde.

Als Ohana einmal durch das Dorf gezogen war, hatte er ihn gesehen und sein Potential erkannt; seine stattliche Erscheinung und seine unathletischen Bewegungen machten ihn zur Idealbesetzung für den Helden einer Theaterposse.

Es hatte nicht viel Überredung gekostet, den Bauernjungen zu überzeugen, daß seine Zukunft beim Theater liege. Shites einzige andere Wahl war, ein armer Bauer und Landpächter zu sein, wie die Eltern und Großeltern es vor ihm gewesen waren. Er nahm den Namen Shite, Held, an und begann ein neues Leben, dem zuliebe er seine Angehörigen verließ. Es war eine Entscheidung, die er nie bedauerte. Die Truppe entsprach genau seinen Bedürfnissen. Er konnte sich selbst als einen Helden sehen und seine Träume vor der Welt auf die Bühne bringen.

Und die Leute der Dengaku-Truppe waren sehr viel klüger und gebildeter als die Landleute, die er als Kind gekannt hatte. Es gab kein glücklicheres Leben als mit einer schönen Schauspielerin wie Aki zusammenzusein, oder einem offensichtlich hochgeborenen Mann wie Yoshi.

Nicht lange, und Yoshi schrieb die Stücke für die Schauspieler. Derbe Schwänke, erklärte er ihnen, waren zufriedenstellend, wenn sie vor den Bauern auf den Reisfeldern spielten. Für ein gebildetes Publikum oder gar Auftritte in der Hauptstadt war Verfeinerung erforderlich.

Eines Tages verkündete Ohana, sie hätten ein Engagement für die folgende Woche. Sie sollten bei dem örtlichen Iris-Fest auftreten. Yoshi erinnerte sich des Iris-Festes in Kyoto, wenn Häuser, Paläste und Menschen mit Irisblättern und Beifußzweigen geschmückt waren, einer Zeit, wo aus Blättern Kissen gemacht wurden, wo Schwerter mit Laub bekränzt und aus Blättern Girlanden geflochten wurden, wenn die Hofgesellschaft sich an Pferderennen, Fechtwettbewerben, Tänzen und Bogenschießen erfreute.

»Wir brechen morgen beim Klang der Tempelglocken auf«, verkündete Ohana.

Die Truppe geriet in freudige Erregung. Herren und Damen aus der Burg des heimischen Daimyo würden der Vorstellung beiwohnen. Manche von ihnen kamen aus Familien mit Verbindungen in der Hauptstadt. Das Engagement sollte drei Tage dauern. Am wichtigsten aber war, daß Yoshis Neuerungen vor diesem Publikum erprobt würden.

47

Der erste Abend war ein Triumph, verglichen mit dem in Okabe. Die Akrobaten erhielten den üblichen verdienten Applaus. Der neue Hintergrund wurde mit Begeisterung aufgenommen: eine einzige Kiefer vor einem himmelblauen Hintergrund verlieh den Darstellern ein Flair von Eleganz. Sogar Ohanas Auftritt war eindrucksvoll, und die Ungeschliffenheit seiner Sprache und seiner Bewegungen gewannen vor der nüchternen Strenge des Hintergrunds eine neuartige Vitalität.

Aki sang mit einer Stimme, welche die Luftgeister bezauberte.

Die Schauspieler sprachen ihre Rollen fehlerlos und erhielten herzlichen Applaus. Nur Shite versagte. Sein Schwertertanz brachte die Damen zum Kichern und die im Publikum vertretenen Krieger zu rohem Gelächter.

Nach der Vorstellung erwartete Yoshi Euphorie von Ohana; statt dessen wurde er mit Schweigen und einem düsteren Blick empfangen.

»Kümmere dich nicht um ihn«, sagte Aki, die in einer lichten Welt von Selbstzufriedenheit schwebte. »Er ist eifersüchtig, weil unser Erfolg auf deine Arbeit zurückzuführen ist.«

»Ich möchte nicht, daß er unzufrieden ist.«

»Sag nichts. Ich kenne meinen Vater. Wenn er Gesicht verliert, ist er ärgerlich, und was du auch sagst, es wird ihn nur noch mehr ärgern.«

»Trotzdem...«

Aki legte ihm die weiche Hand auf den Arm. »Suruga, ich rate dir gut. Bleib ihm eine Weile fern. Wir zwei müssen über die heutige Aufführung diskutieren.« Sie warf ihm wieder ihren Seitenblick zu, und diesmal war etwas Rätselhaftes darin. »Würdest du später zu mir kommen? Wir könnten unter vier Augen miteinander sprechen.«

»Es würde mir eine Ehre sein«, sagte Yoshi, plötzlich atemlos. Sie war schön!

Yoshi hatte wenig an Frauen gedacht, seit er Nami verlassen hatte; er beherrschte seinen Trieb, indem er sich durch Arbeit ermüdete. Allein mit Aki, fühlte er die Regung der Leidenschaft.

Aki schloß die Zeltklappe und band sie fest, sobald er eingetreten war. Sie war in der Liebeskunst offensichtlich erfahren. Jede Bewegung ihres Körpers war suggestiv. Als sie eine Schale Tee einschenkte, raschelte ihr hellvioletter, mit bunten Vögeln bestickter Kimono. Berechnend stellte sie ein Stück Bein zur Schau, ein Stück vom Arm, den Brustansatz. Ihr geschmeidiger Körper führte einen sinnlichen Tanz vor, der Yoshis Blut in Wallung bringen sollte. Das gelang ihr. Er versuchte seine Teeschale wegzustellen und verschüttete etwas auf den Boden, so stark zitterte seine Hand vor unterdrückter Erregung.

Aki lächelte und streckte sich auf der Bodenmatte aus.

»Bist du nervös?« fragte sie ihn.

»Nein... ja... Ich meine...«

»Ich glaube, ich kenne deine Gefühle. Ich mag dich, Suruga. Du hast viel erreicht, für mich und für die Truppe. Ich möchte dir meine Anerkennung zeigen. Komm näher, wo du es bequemer hast.« Von der Unsicherheit, die Yoshi in der Vergangenheit gespürt hatte, war nichts zu erkennen. Aki beherrschte diese Situation vollkommen.

Yoshi drängte sich an sie, fühlte ihren Körper nachgeben, genoß ihre Wärme und den Duft ihres sinnlichen Parfüms. Bei Aki war Zartheit nicht nötig. Er griff unter den Kimono und strich ihr über den Schenkel. Wie lang war es her... zu lang! Er atmete kurz und schnaufend, als er seine Zunge über ihre Kehle gleiten ließ. Aki drückte den Rücken durch und drängte sich an ihn. Ein leises Stöhnen entwich ihren Lippen. Sein Mund fand ihren; er küßte sie, kostete ihren süßen Atem.

Rasch, ohne den Kimono zu entfernen, öffnete sie sich ihm.

Der Vollmond hing tief am Himmel. Es war nach Mitternacht, als Yoshi die Zeltklappe zurückschlug, um zu gehen. Als er sich zu Aki umwandte – ihr Haar hing offen, und ihr Kimono war in Unordnung –, starrte sie mit weit geöffneten Augen an ihm vorbei und sog scharf die Luft durch die Zähne ein.

»Was ist?« fragte Yoshi erschrocken.

»Shite! Er stand im Schatten.« Aki war sehr beunruhigt, starrte wild umher.

»Unsinn. Es ist niemand da.« Yoshi strengte die Augen an und spähte in alle Richtungen. Er sah niemand.

»Ich sage dir, er war da. Er spionierte mir nach«, zischte Aki. Im Lager war es ruhig. Nichts regte sich außer den Tieren. Das Pferd stampfte und schnob, als sei jemand oder etwas vorbeigegangen.

»Du mußt dich getäuscht haben. Alles schläft«, sagte Yoshi, dessen Herz gleichwohl schneller schlug. War es Shite gewesen, der das Pferd gestört hatte?

»Ich sah ihn. Er war es.«

»Wenn er hier war, werde ich am Morgen mit ihm sprechen.«

»Was willst du ihm sagen?« Akis Stimme hatte schrille Obertöne.

Yoshi konnte den armen romantischen Dummkopf gut leiden, aber Shite und seine Probleme waren weit entfernt. Er konnte sich heute nacht nicht mit ihnen beschäftigen. Seine neue Beziehung zu Aki war genug.

Nach Augenblicken der Leidenschaft und des Hochgefühls war er müde und deprimiert. Aki mußte endlich Ruhe geben, bevor sie das ganze Lager weckte. Mit unüberhörbarer Schärfe sagte er: »Das werde ich morgen entscheiden. Gute Nacht!«

»Gute Nacht.« Aki ließ die Zeltklappe fallen, von Yoshis brüskem Ton kaum weniger beunruhigt als von Shites bleichem Gesicht, das sie beobachtet hatte...

Während Yoshis und Ohanas Truppe Vorbereitungen für das Iris-Fest trafen, feierte Kyoto. Der kaiserliche Palast war Schauplatz eifriger Aktivität. Überall hängten die Bediensteten *Kusudama*, geschmückte Beutel mit Kräutern, an Dachbalken und Fensterläden. Die Hofgesellschaft trug die Blätter der Schwertlilie im Haar.

Auch das einfache Volk schmückte die Dächer der Hütten mit Iris und Beifuß. *Kusudama* wurden mit langen Seidenfäden von fünf Farben umwunden und an den Eingängen aufgehängt; sie dienten zur Abwehr der *kami*, die Krankheit und Unglück brachten und an diesem Tag wüteten.

Im weiteren Tagesverlauf würde Go-Shirakawa seinen hohen Würdenträgern *Kusudama* anbieten. Sie würden mit Weinschalen anstoßen, die eingeweichte Irisblätter enthielten und ihnen zusätzlichen Schutz vor den *kami* gaben.

Dieses Jahr hatte für die Bewohner der Hauptstadt nicht unter günstigen Vorzeichen begonnen. Viele Hofbeamte und Adlige hatten die Stadt vor dem Einmarsch Kisos und seiner rauhen Gebirgsbewohner verlassen. Im achten Monat des vergangenen Jahres hatte Antoku, der Kind-Kaiser, die Einäscherung Rokuharas angeordnet und war mit seinem Onkel Munemori, seiner Mutter und der Nii-Dono, seiner Großmutter, aus Kyoto geflohen. Antoku hatte die kaiserlichen Insignien mitgenommen, eine schwarze und goldene Truhe, die einen Bronzespiegel, ein Schwert und die kaiserlichen Juwelen enthielt. Die Insignien waren eine Gabe von Amaterasu, der Sonnengöttin, an den ersten Kaiser Japans. Durch den Besitz der Insignien war Antoku zum wahren Kaiser bestimmt, und Go-Shirakawa hatte keine Möglichkeit, einen anderen als Thronfolger zu benennen.

Go-Shirakawa beherrschte den kaiserlichen Palast, während Kiso Yoshinaka glaubte, ihn von seinem Hauptquartier im wiederaufgebauten Rokuhara-Palast zu beherrschen.

In diesem Unglücksjahr hatten Kisos Gebirgskrieger den Hof und die Einwohner mit Verheerungen und Brandschatzungen überzogen. Sie standen außerhalb des Gesetzes, nahmen sich, was sie wollten, terrorisierten die Bevölkerung, die zu verängstigt war, um zu protestieren. Die Samurai-Eroberer betrachteten die verfeinerte Lebensart und Bildung der hauptstädtischen Bürger als persönlichen Affront; sie reagierten darauf mit Zerstörungswut. Plünderung, Vergewaltigung und Mord wurden alltägliche Vorkommnisse.

Um die Stunde der Schlage, um zehn Uhr vormittags, hing Nami Irisblätter an die Dachbalken von Yoshis Haus.

Yoshis kleiner Besitz war charakteristisch für die im nordwestlichen Viertel gelegenen Häuser. Das Haupthaus hatte ein von rotlackierten Säulen getragenes und mit Borkenschindeln gedecktes Dach. Eine breite Holztreppe führte zur Wohnebene, die einen Fuß über der Erde lag, um vor der Feuchtigkeit geschützt zu sein, die ein Nachteil der westlichen Stadt war. Das Haupthaus, in dem Nami wohnte, war durch überdachte Wege mit zwei Nebenhäusern verbunden, von denen eins leer stand und das andere von Goro bewohnt wurde, Yoshis betagtem Diener.

Heute waren die südseitigen Rollos und Fensterläden offen und ließen das Innen und das Außen in Harmonie zusammenfließen. Ein großer, karg möblierter Raum; ein nackter, glänzend polierter Boden, eine Lacktruhe, eine Vase mit Kamelien, eine erhöhte Schlafplattform und ein rundes Kohlenbecken.

Der alte Goro trug einen Weidenkorb mit Beifußzweigen und Irisblättern, die er ihr zureichte. Nami hätte mit ihrer Arbeit glücklich und zufrieden sein sollen, aber sie war gedankenvoll und in sich gekehrt. Seit neun Monaten lebte sie in Yoshis Haus und hatte niemanden als den alten Goro zur Gesellschaft. Mit der Zeit hatte sie die Gewohnheit angenommen, laute Selbstgespräche zu führen. Als sie ein Bündel Blätter an einer Säule aufhängte, murmelte sie: »Ach, Yoshi, wo bist du?«

»Sagtet Ihr etwas?« fragte Goro, der etwas schwerhörig war und sich doppelt anstrengte, diesen Defekt durch besondere Aufmerksamkeit auszugleichen.

»Nein, Goro. Ich seufze aus Einsamkeit. Ich vermisse deinen Herrn.«

»Ja, ich vermisse ihn auch. Viele Jahre war ich der Diener Eures Onkels Fumio und dann Yoshis Gefolgsmann. Ich bin erfreut, Euch zu dienen, aber ich vermisse den Herrn.«

»Ich verstehe.«

Nami war als eine Gefangene nach Kyoto gekommen, als Kiso und Go-Shirakawa die Stadt im achten Monat des Jahres 1183 eingenommen hatten. Tomoe hatte durchgesetzt, daß sie in Yoshis Haus entlassen worden war, aber sie durfte das Grundstück nur verlassen, wenn sie von Kiso oder Tomoe eingeladen wurde.

Da Goro ihr nicht viel Gesellschaft bieten konnte, beschäftigte Nami sich im Haus und Garten. Als Chikaras Hauptfrau hatte sie eine Menge Dienstpersonal gehabt; dieses einsame Dasein war eine vollkommene Veränderung. Um ihre Einsamkeit zu vergessen, widmete sie sich den häuslichen Pflichten. Goro nahm sich der schweren Arbeit an, während Nami das Haus in Ordnung hielt und den Garten pflegte.

Der Garten war eine Pracht harmonischer Farben und Düfte. Er hätte Namis Stimmung heben sollen, vermochte es jedoch nicht. Sie dachte an Yoshi und sein mögliches Schicksal. Tomoe hatte ihr gesagt, daß Yoshi am Leben und Gegenstand unermüdlicher Nachforschungen Kisos sei.

Nami dankte Hachiman und Buddha, daß sie ihr eine Freundin wie Tomoe gesandt hatten. Wäre sie nicht gewesen... Tomoe war Kiso entgegengetreten und hatte ihm erklärt, daß er die Wahl habe, sie bis zum Tode zu bekämpfen oder Nami in Ruhe zu lassen. Kiso hatte die letztere Möglichkeit gewählt, doch war Nami nicht entgangen, was sein Lächeln ihr zu verstehen gab: daß er noch nicht aufgegeben hatte.

Kiso lebte im Rokuhara-Palast, wo er sich allabendlich mit weißem Reis und Sake füllte. Nami hörte, daß die Höflinge und Damen Kiso für einen tyrannischen Renommisten hielten und sich, während sie ihm ihre Ehrerbietung bezeigten, insgeheim über ihn lustig machten.

Tomoe andererseits war von den Hofdamen akzeptiert worden. Ohne Namis Hilfe und Unterweisung in Fragen der Kleidung und des Umgangs hätte Tomoe in den Augen der Hofgesellschaft allerdings noch ungehobelter und unwissender als Kiso dagestanden.

Nachdem sie die Iris und den Beifuß aufgehängt hatte, kehrte Nami in den offenen vorderen Raum zurück. Sie war darauf gefaßt, den Tag allein zu verbringen, an Yoshi zu denken und um seine Sicherheit zu beten.

Sie dachte an die Vergänglichkeit allen Lebens. Onkel Fumio tot. Chikara, ihr früherer Mann, tot. Yoshis Mutter mit dem Kind-Kaiser im Exil. Nichts blieb unverändert. Vergangenes Jahr war sie mit ihrem Geliebten zusammen gewesen, und heute war sie allein, eine Gefangene in der Stadt. Wo mochte Yoshi in diesem Augenblick sein? Und warum spürte sie, daß alles nicht zum besten stand? Es war ihr schwer ums Herz, eine Traurigkeit hatte sich auf sie gesenkt, die Sonnenschein und Blumen nicht zerstreuen konnten. Sie schaute in den Garten hinaus, der in voller Blüte stand... und doch bald dahinwelken mußte. Sie war älter geworden und hatte keinen Erben hervorgebracht. Sie hatte Chikara enttäuscht, und es schien, als würde sie auch Yoshi enttäuschen. Es blieben ihr nicht mehr viele Jahre, in denen sie Kinder haben konnte.

»Ach, Yoshi«, sagte sie zu dem leeren Raum, »wo bist du?« Sie brauchte Nachrichten von der Außenwelt, aber wenn Yoshis Aufenthalt bekannt wäre, würde Tomoe die erste sein, die es ihr sagte.

Am Spätnachmittag meldete Goro Tomoes Ankunft. Nami empfing sie in dem offenen südlichen Raum. Es war eine andere Tomoe als die Kriegerin des vergangenen Jahres. Statt auf einem struppigen Pferd zu galoppieren, kam Tomoe in einer von acht Trägern getragenen Sänfte. Statt einer Lederrüstung und derber Kleidung trug sie ein Übergewand von kirschroter Seide und eine Anzahl Untergewänder, deren Farbtöne von korallenrot bis zartrosa reichten. Ihr Haar war länger und zurückgekämmt, im Rücken zusammengehalten von einer steif gestärkten weißen Schleife.

Nur ihr Gesicht und die Bewegungen waren die gleichen. Noch immer hatte sie die scharfgeschnittenen Züge, die dunkle, glatte Haut, den wachen, scharfen Blick und den ein wenig stolzierenden Gang eines Samurai, der ihr natürlich zugewachsen war, aber nicht so recht zu ihrer weiblichen Kleidung passen wollte.

»Wie froh bin ich, dich zu sehen, Tomoe!«

»Liebe Nami, ich freue mich, hier zu sein. Ich habe dich vermißt.«

»Und ich dich. Die Tage lasten schwer auf meinem Herzen. In meiner Abgeschlossenheit stelle ich mir schreckliche Geschehnisse außerhalb meiner Wände vor.«

»Du bist nicht weit von der Wahrheit entfernt. Wir irrten uns, Kiso, Imai und ich. Wir hätten im Feld bleiben und Kyoto seinem Vetter Yoritomo überlassen sollen. Wir sind Krieger und wissen wenig vom Hofleben.«

»Kiso wollte herrschen.«

»Er wollte Macht und glaubte, daß dies der rechte Weg sei. Er irrte sich. Er tappt umher. Eine Atmosphäre des Unheils lastet auf dem Hof. Ein unglücklicher Kiso ist ein unvernünftiger. Die Höflinge leben in Furcht vor seinen gewalttätigen Ausbrüchen. Er war auf das üppige Leben am Hof nicht vorbereitet.«

»Niemand, der außerhalb des Hofes gelebt hat, ist darauf vorbereitet.«

»Richtig. Aber du hast mir geholfen. Ohne deine Freundschaft und deinen Rat wäre mein Leben unerträglich. Kiso, so wenig es ihn kümmert, weiß recht gut, daß die Adligen und Beamten am Hofe hinter seinem Rücken über ihn lachen. Es bringt ihn um den Verstand, daß er unfähig ist, in angemessener Weise zu antworten, ohne sich noch mehr lächerlich zu machen. Manchmal verstehe ich, wie er empfindet, wenn ich denke, daß der Hof mich nicht wirklich akzeptiert.«

»Die Leute akzeptieren dich. Du bist eine Dame.«

»Danke, daß du es sagst, aber ich glaube, daß ich in meiner Rolle als Samurai am nützlichsten sein kann und daß mein Platz an Kisos und meines Bruders Seite ist... im Feld.«

Die Frauen verbrachten eine Stunde zusammen. Nami genoß Tomoes Gesellschaft. Sie hatte den während des langen Alleinseins in ihr verschlossenen Sorgen und Hoffnungen Luft machen müssen. Als die letzte Schale Tee getrunken und das letzte Stück Gebäck gegessen war, nahm Tomoes Gesicht einen ernsten Ausdruck an. »Ich würde gern über die Ereignisse am Hof sprechen«, sagte sie. »Zwar will ich dich nicht mit meinen Problemen belasten, aber ich brauche deinen Rat.«

»Wenn ich helfen kann, brauchst du nur zu fragen«, erwiderte Nami.

»Kiso und seine Hauptleute sind den feingesponnenen Intrigen des höfischen Lebens nicht gewachsen«, fuhr Tomoe fort. »Go-Shirakawa ist ein schlauer alter Fuchs. Er schiebt Kiso hin und her wie einen Stein auf einem Go-Brett. Kiso glaubt, er übe die Herrschaft aus, aber er wird von dem alten Kaiser manipuliert.«

»Was stört dich an Go-Shirakawa?«

»Er hat Kiso überzeugt, es gelte, die Taira zu finden und die kaiserlichen Insignien zurückzugewinnen. Dann wäre Go-Shirakawa berechtigt, einen neuen Kind-Kaiser zu bestimmen, und er könnte weiterhin den Thron beherrschen.«

Eingedenk ihrer Entschlossenheit, die Taira bei jeder sich bietenden Gelegenheit zu bekämpfen, sagte Nami: »Was kann es schaden? Go-Shirakawa ist Macht gewohnt und kennt sich im Hofleben aus. Gelingt es Kiso, die Überreste der Taira zu vernichten, wird das Land unter dem Banner der Minamoto geeint sein.«

»Nami, du bist zu lange isoliert gewesen. Du hast die Machtverschiebungen nicht verfolgen können, die in den vergangenen Monaten eingetreten sind. Als Kiso uns nach Kyoto führte, trotzte er Yoritomo. Jetzt sammelt Yoritomo eine Armee, um auf Kyoto zu marschieren. Die Taira zählen nicht mehr. Heute stehen Minamoto gegen Minamoto.«

»Dann wird Kiso gegen seinen Vetter kämpfen?«

»Er würde es tun, wäre er nicht von Go-Shirakawa getäuscht worden. Go-Shirakawa will die kaiserlichen Insignien. Er bot Kiso den Titel eines Shogun an, falls er sie wiedergewinnt.«

»Shogun? Seit hundert Jahren hat es keinen Shogun mehr gegeben.«

»Kiso ist ehrgeizig und trachtet nach dem Titel«, sagte Tomoe. Seufzend fuhr sie fort: »Ich bin überzeugt, daß Go-Shirakawa uns verraten wird. Sobald Kiso die Insignien wiederhat, wird Go-Shirakawa sich von ihm lossagen, weil Kisos Truppen in der Stadt soviel Unheil angerichtet haben. Der Hofadel und die Bürger verlangen, daß Go-Shirakawa ihnen Einhalt gebietet. Doch ohne Yoritomo hat Go-Shirakawa nicht die Macht. Er wird Kiso bei erster Gelegenheit an Yoritomo verraten.«

»Und du, Tomoe? Sollte es so kommen, wirst du Kisos Exzessen wegen zu leiden haben«, sagte Nami.

»Jeder muß sein Schicksal tragen.«

»Und Yoshi?« fragte Nami. »Ist er bei Yoritomos Streitkräften?«

»Es gibt Gerüchte. Ein Spion meldet, Yoritomo habe ihm befohlen, Kiso zu töten.«

»Ausgeschlossen! Yoshi hat ein Gelübde abgelegt, nicht zu töten. Glaubst du, er würde es auf einen Befehl von Yoritomo brechen?«

»Ich weiß es nicht... Kiso glaubt es. Seit Santaros Tod ist Kiso wie besessen von dem Gedanken. Ein weiterer Grund meines Kommens ist, dich zu warnen, daß Kiso dieses Haus ständig überwachen läßt. Er ist überzeugt, daß Yoshi, sollte er nach Kyoto kommen, dich hier aufsuchen wird.«

»Wenn das nur wahr wäre!«

»Die Furcht vor meinem Zorn und Yoshis Rache schützt dich vor Kisos Lust. Er wartet, bis er Yoshis Kopf hat.« Tomoe zog die Stirn in Falten. »Inzwischen ist er überzeugt, daß sein Leben von Yoshis Tod abhängt. Seit wir Shinohara verließen, hat er die Suche nach Yoshi nicht aufgegeben; eine fruchtlose Suche, da Yoshi verschwunden zu sein scheint.«

»Er wird sich versteckt halten. Ich fürchte, Kiso hat recht, und Yoshi wird hierher kommen, sobald er kann.«

»Kannst du ihn warnen?«

»Ich weiß nicht, wo er ist, und wenn ich mich auch nach seiner Gegenwart sehne, würde ich doch alles tun, um zu verhindern, daß er in eine Falle tappt.«

»Wenn es Neuigkeiten gibt, werde ich dich sofort unterrichten.«

»Ich danke dir, liebe Tomoe.«

»Ich muß gehen.« Tomoe erhob sich und strich ihre Gewänder glatt. Sie nahm Nami bei den Händen und sagte: »Sei vorsichtig. Denk daran, wenn Yoshi hierher kommt, werden Kisos Leute auf ihn warten.«

48

Das Lager der Schaustellertruppe war knapp außerhalb der Stadtgrenzen, auf einem ebenen, mit Gänsekraut bewachsenen Feld. Auf drei Seiten war es von Hecken und Beerensträuchern umgeben, auf der vierten Seite lag ein Kirschgarten. Die Morgensonne schien auf die rosaroten Pfaffenkäppchen, die, glänzend im Tau, vor dem dunkelgrünen Hintergrund des Laubes leuchteten.

Die neun Zelte der Truppe waren über die Wiese verstreut. Shites Zelt stand neben dem, das Yoshi mit Ito teilte. Ohana, Aki und Shite hatten jeweils kleine Einzelzelte; die anderen Zelte waren größer und beherbergten den Rest der Gesellschaft.

Am Morgen nach Namis Gespräch mit Tomoe stand Yoshi mit dem Läuten der Tempelglocken auf. Er hatte eine unruhige Nacht hinter sich, erfüllt von Alpträumen, in denen Fumio, die Nii-Dono, Santaro, Kiso und Tomoe undurchschaubare Rollen gespielt hatten. Das schlimmste war, daß Nami in geisterhafter Gestalt erschienen war, als wollte sie ihn unaussprechlicher Taten beschuldigen.

Yoshi war froh, diesen Wust verwirrender Traumgeschichte hinter sich zu lassen und einen neuen Tag zu beginnen. Seine Stimmung erlitt einen Rückschlag, als sein Blick auf Shites Zelt fiel. Hatte Shite ihn letzte Nacht beobachtet? Das wäre nicht überraschend, da er die Gewohnheit angenommen hatte, Yoshi auf Schritt und Tritt zu folgen.

Wie ein junger Hund, dachte Yoshi. Shite war ein von törichten Emotionen gelenktes Geschöpf; er spielte die Rolle eines Helden, obwohl er wissen mußte, daß er weit davon entfernt war, sein Ideal zu erreichen.

Dieses Problem war nicht einfach zu lösen. Obwohl Shite niedergeschmettert sein würde, mußte er ihm gegenübertreten und alles erklären. Yoshi ging barfuß durch das taunasse Gras und kratzte an der hölzernen Zeltstange.

Keine Antwort.

»Shite!« Er kratzte am Stoff der Zeltklappe.

Keine Antwort.

»Shite, wach auf! Ich bin's, Suruga.«

Keine Antwort.

»Komm, Shite. Ich muß mit dir reden.«

Keine Antwort.

Yoshi steckte die Hand in die Zeltklappe und versuchte, die Schnüre zu erreichen. Das Gewebe gab soweit nach, daß er den Knoten erreichen und aufknüpfen konnte. Er fand, daß Shite sich kindisch benahm. So einfach konnte man unangenehmen Dingen nicht ausweichen!

Nach der strahlenden Morgensonne verhinderte das Halbdunkel im Zelt für einige Augenblicke, daß Yoshi Einzelheiten erkennen konnte. Dann sah er...

Shite, den Oberkörper entblößt, halb bedeckt von seinem Heldenkostüm, lag hingestreckt vor einem kleinen Altar. Ein leichter Geruch nach abgebranntem Räucherwerk lag noch in der Luft. Shite war vornüber gesunken und lag halb auf der Seite. Seine Eingeweide hingen aus einer aufgerissenen

Wunde, die quer über den Bauch und aufwärts bis zum Brustkorb führte. Ströme von Blut hatten die Decke, auf der er lag, fast vollständig durchtränkt; die gestickten roten Blumen hoben sich nur durch ihr Relief von der gerinnenden Nässe ab.

Die Waffe war noch in seiner Hand. Das Übungsschwert!

Yoshis Augen füllten sich mit Tränen. Er konnte nicht schlucken; seine Hände waren plötzlich naß von Schweiß und zitterten. Er zog sich aus dem Zelt in die kühle Morgenluft zurück. *Amida Butsu Nyorai!* Armer Shite. Was mußte er empfunden, gelitten haben, daß er es über sich brachte, seinen Leib mit einem solch elenden, stumpfen Schwert aufzuschlitzen! Woher hatte er den Mut und die Kraft dazu genommen? War er ein Held oder ein Dummkopf?

Und sein Freund Yoshi war der Anlaß gewesen!

Er fand seine Stimme wieder. »Ohana! Komm schnell!« rief er.

»Was gibt es? Wer ruft?«

In allen Zelten wurde es lebendig. Stimmen fragten durcheinander. Der Schmerz in Yoshis Stimme hatte die ganze Truppe alarmiert.

Ito erreichte ihn als erster. Ein Blick genügte ihm, dann legte er Yoshi den Arm um die Schultern und führte ihn weg.

Die Schaustellertruppe war bestürzt. Mochten Leben und Tod für die Kriegerklasse wenig bedeuten, für einfache Schausteller war es ein ungewöhnliches Ereignis. Alle stimmten darin überein, daß Shite wie ein Held gestorben war, obwohl nur Aki und Yoshi den Grund ahnten. Diese zwei, vor so kurzer Zeit noch Liebende, gingen einander aus dem Weg. Sie sprachen nicht und behielten ihre Gedanken für sich.

Ohana führte die Truppe zum Rand der Lichtung, wo sie Shites Leichnam mit einer kurzen Shinto-Zeremonie begruben und die Sonnengöttin baten, ihn dem Heldenhimmel zu empfehlen.

Den Rest des Vormittags verbrachte Yoshi mit Gewissenserforschung. Sein Handeln hatte den Tod eines weiteren guten Mannes verursacht. Seine Gelübde hatten den Tod eines

Unschuldigen nicht verhütet. Er vergoß bittere Tränen um Shite. Viele waren gestorben, manche von seiner Hand, aber niemandes Tod war ihm so nahe gegangen wie der dieses jungen Mannes. Warum?

Im vergangenen Jahr war sein Onkel grausam getötet worden; vor nicht langer Zeit war sein Freund Santaro schimpflich hingerichtet worden, weil er ihm geholfen hatte. Yoshi hatte beider Tod stoisch hingenommen. Warum wühlte Shites Tod ihn so tief auf? Weil er sich schuldig fühlte. Akis körperliche Reize hatten ihn bewogen, Shite zu verraten. Wegen dieses Verrats war Shite gestorben.

Je länger er nachdachte, desto unglücklicher wurde er. Vielleicht war es am besten, die Truppe zu verlassen und Yoritomos Mission allein auszuführen. Obwohl die Zeit, die ihm zugemessen war, Kiso zu erreichen, knapp wurde, konnte Yoshi seine Aufgabe erfüllen, ohne die Schausteller hineinzuziehen und ihnen womöglich Schaden zuzufügen.

Am Nachmittag kam Ohana zu Yoshi. Ito, der traurige Melodien gspielt hatte, während Yoshi mit sich und seinen trüben Gedanken allein gewesen war, legte die *biwa* weg und ließ sie taktvoll allein.

»Wir trauern um einen so gutartigen Jungen, aber es ist geschehen«, sagte Ohana. »Wir müssen unser Leben wieder aufnehmen und weitermachen.«

Yoshi sagte nichts.

Ohana wartete eine kleine Weile, dann nahm er einen neuen Anlauf. »Komm, Suruga. Genug getrauert. Niemand kann den Toten helfen, und wir haben wichtige Dinge zu besprechen.«

»Es gibt nichts zu besprechen. Ich werde die Truppe morgen verlassen.« Yoshi wandte sich ab.

»Unsinn! Es ist ein Schicksalsschlag für uns alle, aber wir müssen und werden darüber hinwegkommen.« Ohana versuchte, Wärme in seine Stimme zu zwingen. »Ich weiß, daß ihr zwei gute Freunde wart. Shite verehrte dich.«

»Ich weiß«, sagte Yoshi.

»Hör auf, dich zu grämen. Shite wählte seinen Tod. Er bildete sich einen Heldentod ein... Aber war es nicht der Tod eines Feiglings? Er konnte der Wirklichkeit nicht gegenübertreten. Du bist zehnmal mutiger, als er es war. Hör auf, dich gehenzulassen.« Ein rauher Ton kam auf einmal in seine Stimme.

Yoshi preßte die Kiefer aufeinander, sein Blick durchbohrte Ohana. »Ich bin nicht zehnmal mutiger, als er es war. Seine Tat erforderte ungeheuren Mut. Im Tode wurde Shite der Held, von dem er träumte. Ich warne dich, Ohana, du darfst Shite nicht herabsetzen.«

»Ich habe weiter nichts über den Jungen zu sagen, aber ich trage Verantwortung für die anderen, und... ich könnte darauf verweisen, daß auch du daran trägst.«

»Ich habe hier keine Verantwortung. Ich verdiente meine Wegzehrung. Ich werde gehen, wie ich gekommen bin.« Yoshi wurde allmählich ärgerlich.

»Du wirst nicht gehen. Du mußt Shites Rolle übernehmen, bis ich einen Ersatzmann finden kann.«

Yoshi war bestürzt. »Ohana«, sagte er, »du mußt den Verstand verloren haben. Ich bin kein Schauspieler und habe nicht die Absicht, mich lächerlich zu machen.«

»Da besteht keine Gefahr«, versetzte Ohana. Seine Hängebacken wabbelten vor Erregung. »Du kannst die Rolle besser spielen als Shite. Gib es zu. Du hast ihn täglich unterwiesen und kennst jedes Wort und jede Geste.«

»Ich kann es nicht, und ich will es nicht.« Wie konnte er in Shites Fußstapfen treten? Ohana ahnte nicht, daß Yoshi die Schuld an Shites *seppuku* trug.

»Doch, du wirst.« Nun war es Ohana, der Yoshi mit einem drohenden Blick durchbohrte. »Hör mich an. Ich bin kein Dummkopf. Du kamst in schmutzigen, zerrissenen Kleidern, elend und hungrig, von nirgendwo. Kurz darauf erfahren wir, daß überall nach einer Person gesucht wird, die deiner Beschreibung entspricht. Und du, der du wie der Sohn eines Herrschers sprichst, suchtest Arbeit in meiner Truppe, ohne Bezahlung zu verlangen. Warum?«

Ohana wartete auf Yoshis Antwort. Als sie ausblieb, fuhr er fort: »Eine Bekanntmachung in Okabe beschrieb den Gesuchten; eine beträchtliche Belohnung war für seine Ergreifung ausgesetzt. Ich war versucht, sie zu verdienen, aber da ich ein gutherziger Mensch bin, behielt ich meine Er-

343

kenntnis für mich. Daß du frei bist, verdankst du meiner Großzügigkeit.«

Röte stieg in Yoshis Wangen. »Drohst du mir?«

»Keineswegs. Und es besteht kein Anlaß, beleidigend zu werden. Deine Interessen liegen mir ebenso am Herzen wie diejenigen meiner Truppe. Ich bin überzeugt, daß du einen guten Schauspieler abgeben und meine Freundlichkeit niemals vergessen wirst.«

Yoshis Magen zog sich schmerzhaft zusammen, aber es ließ sich nicht leugnen, daß Ohana recht hatte. Yoshi konnte die Rolle besser spielen als Shite. Gegen seinen Willen fühlte er sich zugleich geschmeichelt und herausgefordert. Yoritomos Mahnung kam ihm wieder in den Sinn: Sei geduldig, aber sieh zu, daß du Kyoto mit dem neuen Jahr erreichst. Die Schaustellertruppe war eine vollkommene Tarnung und ein vorzügliches Mittel, unentdeckt in die Hauptstadt zu gelangen.

Ohana war ein Heuchler und ein aufgeblasener Kerl, aber er bot eine Gelegenheit, die Yoshi nicht ignorieren konnte. Die Frage war, ob er, Yoshi, ein Schauspieler werden konnte?

»Die Fähigkeit, einen Satz vorzutragen oder eine Bewegung auszuführen, macht mich noch nicht zu einem Schauspieler«, sagte Yoshi. »Du begehst einen Fehler.«

»Schauspieler oder nicht, du bist alles, was ich habe. Nur du kennst die Rolle gut genug, um sie heute abend zu spielen.« Ohana stieß Yoshi mit dem ausgestreckten Zeigefinger vor die Brust, um seine Aussage zu bekräftigen.

»Heute abend? Du bist verrückt! Ich kann mich nicht rechtzeitig vorbereiten. Ich müßte proben.«

»Du mußt! Am Nachmittag kannst du die Rolle einüben. Heute abend wirst du auftreten, oder meine Gutmütigkeit wird verschwinden, und du wirst in den Händen von Hachibumis Samurai sein, ehe es wieder Morgen wird.«

»Du drohst mir schon wieder. Du Schinder!«

»Nicht doch, Suruga.« Ohana nahm einen salbungsvollväterlichen Ton an. »Das ist ein häßliches Wort. Laß uns höflich miteinander sein. Ich hege dessentwegen, was du hier getan hast, keinen Groll gegen dich.«

»Groll? Ich habe gearbeitet wie ein Kuli, um deine Truppe zu verbessern, und du belohnst mich mit Drohungen.«

»Suruga, ich brauche dich. Wir alle brauchen dich. Du hast meine Tochter gegen mich gewandt und dir meine Position als Führer der Truppe angeeignet, aber ich vergebe dir. Ohne den Helden haben wir keine Vorstellung. So einfach ist es.« Ein beschwörender Ton kam in seine Stimme. »Wirst du es für uns alle tun?«

»Heute abend, ja«, sagte Yoshi mit Verbitterung.

Nachdem er seine Entscheidung getroffen hatte, stürzte Yoshi sich in die Vorbereitungen. Für Schuldgefühle oder Reue war keine Zeit. Aki versuchte, mit ihm zu sprechen, doch schenkte er ihr in seiner Konzentration auf die Arbeit wenig Aufmerksamkeit. Ihre Unsicherheit, die er ursprünglich so attraktiv gefunden hatte, wurde zu siedender Wut, weil sie sein Verhalten als eine persönliche Beleidigung sah. Wie konnte er es wagen, sie zu ignorieren? Ihr Stolz konnte dies nicht hinnehmen. Niemand, gelobte sie sich, durfte sie gebrauchen und dann vergessen.

Die Truppe kehrte zu ihrer Probenarbeit zurück; nur Ume grämte sich um den so traurig dahingegangenen Shite. Die anderen benahmen sich schon bald so, als habe es ihn nie gegeben.

Bei der Probe war Yoshi ausgezeichnet. Er hatte Shite so oft unterwiesen und mit ihm geprobt, daß er sich – zumindest ohne die Nervenbelastung eines Publikums – in der Rolle sicher fühlte.

Sogar Tsure gab zu, daß er das Spielen leichter mache. Zum ersten Mal habe er einen zuverlässigen Partner.

Auch die anderen Schauspieler waren begeistert.

Aki, die der Probe mit ihrem Vater zusah, sagte: »Wir werden sehen, ob er vor einem Publikum genauso gut sein kann.«

Ohanas Nase war von einem vorzeitigen Beginn mit dem Sake röter als gewöhnlich. Seine Stimme war undeutlich, sein Ausdruck unglücklich. »Du mußt heute abend gut sein. Sein Leben hängt davon ab.«

Aki tat die Bemerkung ihres Vaters mit einem irritierten

Achselzucken ab. »Ich finde es unklug, ihn heute abend auftreten zu lassen. Du gibst seiner Arroganz Nahrung.«

»Sei unbesorgt, mein liebes Kind. Ich führe Suruga am kurzen Zügel. Er wird uns gut dienen, solange wir ihn brauchen. Dann... werden wir sehen.«

Vor einem kleinen Glasscherben, der Shite gehört hatte, legte Yoshi sich die Schminke auf. Er war sorgfältig darauf bedacht, sie dick aufzutragen und seine Züge zu verändern. Er hatte sogar erwogen, das ganze Programm mit einer Maske vor dem Gesicht zu spielen, entschied jedoch, daß es zu verdächtig sein würde. Er malte sich dicke schwarze Brauen, veränderte seinen Mund zu einem schmalen roten Schlitz und frisierte sein Haar, indem er sich Strähnen in die Stirn kämmte und das Haar an den Seiten zurückbürstete, womit er den Stil eines Kriegers karikierte.

»Glaubst du, daß du sie täuschen wirst?« Aki beobachtete seine Anstrengungen vom Zelteingang, ein spöttisches Lächeln in ihrem sorgfältig geschminkten Gesicht.

Yoshi erschrak. Hatte sie seine Gedanken gelesen? »Wen täuschen?« fragte er, so ruhig er konnte.

»Das Publikum natürlich. Du hast keine Bühnenerfahrung. Du wirst dich lächerlich machen und Schande über uns alle bringen.«

Yoshi war erleichtert. Anscheinend hatte Ohana ihn nicht bloßgestellt. Mit fester Stimme sagte er: »Ich habe die Rolle viele Male geübt. Ich werde euch keine Schande machen.«

Sein scheinbares Selbstbewußtsein ärgerte Aki. Hatte er ihre gemeinsame Nacht so rasch vergessen? Wenn er nur wie ein Mann zu einer Frau zu ihr sprechen würde... wenn er sie ansehen würde, wenn er sich erinnern würde... aber nein! Er nicht. Sie wandte sich zornig ab und ließ die Zeltklappe zufallen.

Yoshi verspürte sehr viel weniger Selbstvertrauen, als er zeigte. Er wollte Aki weder kränken noch sich entfremden, denn er fühlte, daß er ihre Unterstützung brauchte, aber sein tiefes Schuldgefühl und die Inanspruchnahme durch die bevorstehende Aufführung hinderten ihn daran, auf sie einzugehen.

Er versuchte sich ausschließlich auf die vor ihm liegende Aufgabe zu konzentrieren. Er breitete Shites Kostüme im Zelt aus. Es waren armselige Gewänder, mit Löchern an peinlichen Stellen, nachlässig genähten Säumen und aufgestickten Mustern, die sich ablösten. Es gab vier braune Übergewänder mit kreisförmigen Blumenstickereien auf einem Hintergrund von Blättern. Er wählte das am wenigsten schäbige Gewand und hoffte, das Muster werde die Löcher verbergen. Die *hakama* würde vom Gewand bedeckt sein, ausgenommen während der wenigen Minuten des entscheidenden Schwertertanzes. Er mußte sich mit dem Kostüm zufriedengeben.

Als es Zeit war, zur Vorstellung zu gehen, kratzte Obaasen, Ohanas Mutter, an seiner Zeltklappe.

Es war ein eigentümliches Gefühl, in voller Kostümierung durch den Wald zu gehen. Ein künstliches Geschöpf in natürlicher Umgebung. Die Beerensträucher lagen bereits im Schatten; im Hintergrund stand der Wald wie eine schwarze Wand.

Das Theater war im Garten vor dem Haupthaus des Herrensitzes aufgestellt. Der Hausherr und sein Gefolge saßen in einer Reihe auf der offenen Veranda. Über ihren Köpfen baumelten Irisblätter von den dunklen Dachbalken. Es war ein kleines Publikum an diesem zweiten Abend des Festes.

Yoshi wartete mit dem Rest der Truppe im Pavillon. Seine Nervosität wuchs von Minute zu Minute. Wie seltsam, daß ein Fechtmeister, der mehr als einmal gegen mehrere Gegner zugleich auf Leben und Tod gekämpft hatte, ohne die innere Ruhe zu verlieren, wegen einiger aufzusagender Sätze ins Schwitzen geriet.

Ohanas Truppe sollte auftreten, nachdem die fünf Musiker auf der Bühne ihr Konzert beendet hatten. Das gespenstische Winseln der Flöte webte ein filigranhaftes Muster vor dem rhythmischen Hintergrund der kleinen Trommel und dem gegenläufigen Rhythmus der großen Trommel. Die Saiteninstrumente untermalten die Melodie der Flöte mit Improvisationen.

Die Musik ließ Yoshi beinahe sein wachsendes Lampenfieber vergessen. Beinahe...

Er versuchte seine Zeilen im Kopf aufzusagen. Es hatte keinen Sinn. Er hatte alles vergessen. Wie sollte er anfangen? Seine Handflächen waren naß, Schweiß rann ihm von der Stirn über die Schminke, aber gleichzeitig hatte er kalte Hände und Füße, und seine Finger waren wie abgestorben.

Dann war das Konzert zu Ende, und die Akrobaten machten zum Applaus von der Veranda ihre Sprünge, Überschläge und menschlichen Pyramiden.

Allzufrüh war es Zeit für Yoshis Auftritt. Er merkte kaum, wie er auf die Bühne ging. Er hörte sein Stichwort, und ein Fremder antwortete. War das er? Wie in einem Traumzustand ging er durch den Anfang des Programms. Plötzlich warf er sein Übergewand ab und war mitten im Schwertertanz. Undeutlich – sie schienen alle so weit entfernt – hörte er Ito die Begleitmusik spielen und war sich bewußt, daß er im Gleichklang mit der *biwa* seine Wendungen, Paraden und Vorstöße vollführte. Dann war es vorbei.

Applaus!

Yoshi hatte noch niemals Applaus bekommen. Jetzt kam er kräftig und anhaltend und badete ihn in einer See von Wärme. Yoritomo, Kiso und Shites Tragödie war vergessen. Der Rest der Truppe war vergessen. Dies war Yoshis Triumph. Seiner allein.

Später saß er mit den anderen um das Lagerfeuer. Sogar Tsure gratulierte ihm. Alle bis auf Aki und Ohana lobten seine Darbietung.

»Es war nie besser«, sagte einer der Schauspieler. »Ich fühlte mich in die Handlung hineingezogen wie schon seit Jahren nicht mehr.«

»Der Schwertertanz war wunderbar.«

»Du gingst mit dem Schwert um, als wärest du ein wirklicher Fechtmeister.«

»Alles kam im richtigen Augenblick.«

Das Gespräch ging im Kreis herum. Jetzt verstand Yoshi, warum Schauspieler nach einer Vorstellung nicht schlafen können. Sein Auftritt hatte scheinbar nur Sekunden gedauert. Gern hätte er sich daran erinnert, die einzelnen Phasen noch einmal Revue passieren lassen und wieder den aufbrandenden Applaus genossen. Aber es gelang ihm nicht.

Eine Flasche wurde geöffnet und machte die Runde. Ohana brachte mit zitternden Hängebacken einen Toast aus. »Auf meine Entdeckung«, sagte er mit seiner undeutlichen Stimme. »Der Mann, den ich in einem Feld fand, den ich ausbildete und aufbaute, so daß er uns an diesem Abend Ruhm bringen würde.«

Es gab mehrere hochgezogene Brauen. Die Mitglieder der Schaustellertruppe wußten recht gut von Ohanas wachsender Eifersucht auf Yoshis Erfolg und seinem Zorn über den damit verbundenen Gesichtsverlust. Die Stille, die auf den Trinkspruch folgte, wurde von Yoshi unterbrochen, der seine Schale hob und dem anderen Bescheid tat. »Danke, Ohana. Ich bin deinem Beispiel gefolgt, seit du so gütig warst, mich einzustellen. In Anerkennung erwidere ich den Trinkspruch.«

Aki ließ ein vernehmliches Räuspern hören.

»Und«, fuhr Yoshi, ohne zu lächeln, fort, »in Anerkennung der Unterstützung und Ermutigung, die ich von deiner bezaubernden Tochter erfahren habe.«

Alle tranken von ihrem Sake, nur Aki nicht. Sie blickte finster zu Yoshi herüber, überzeugt, er habe es ironisch gemeint und mache sich vor der ganzen Gesellschaft über sie lustig.

Später stellte sie ihren Vater in seinem Zelt zur Rede. »Vater, du gibst Suruga zuviel Macht. Er wird dich von der Spitze der Truppe verdrängen, wenn du nicht achtgibst.«

»Meine liebe Aki, du mußt mir glauben. Ich behalte ihn im Auge. Er wird mir nichts wegnehmen.« Ohana zwinkerte ihr zu und nahm einen Schluck Sake.

»Er hält dich zum Narren«, gab sie zurück.

»Du beleidigst mich, Tochter. Ich sagte dir, er tut, was ich will. Ich beherrsche ihn. Du mußt mir vertrauen. Wir werden das unleugbare Talent dieses Mannes nutzen, um die Truppe zu verbessern und zu stärken. Vielleicht werden wir mit seine Hilfe eines Tages vor dem Kaiser spielen. Ich bin bereit, mich in Geduld zu üben. Und ich schlage vor, daß du es genauso machst.« Er trank und griff zur Flasche, um die Schale nachzufüllen. Aber sie war leer und gab trotz seines ärgerlichen Schüttelns keinen Tropfen mehr von sich.

49

Die nächsten Monate gingen rasch dahin. Die Truppe zog auf der Tokaido-Straße die Küste hinab, und ihr Ruhm wuchs mit jeder Aufführung. Jeder Monat brachte sie der Hauptstadt näher, und in den Städten entlang ihrer Route wurden der neue ›Shite‹ und die liebliche Aki mit Ungeduld erwartet.

Shites Tod hatte in Yoshi eine tiefgreifende Veränderung hervorgerufen. War die Schaustellertruppe vordem nur eine Zwischenstation auf seinem Weg zu einer Konfrontation mit Kiso gewesen, so war sie jetzt sein Leben. Nicht daß sein Haß auf Kiso nachgelassen hätte; er machte ihn nach wie vor für das Leid verantwortlich, das in jüngster Zeit in sein Leben gekommen war – Santaros Hinrichtung, seine Trennung von Nami und sogar Shites Tod.

Einstweilen aber ging Yoshi in seiner Arbeit auf, und die Einnahmen stiegen. Gold klimperte in Ohanas Beutel. Je mehr er sich auf Yoshi verließ, desto reicher wurde er, doch in dem Maße, wie ihm die Führung entglitt, suchte er Trost im Alkohol; von einem herrisch auftretenden Großmaul wandelte er sich zu einer vom Sake aufgeschwemmten, versoffenen Gestalt, die den Spott der Truppe auf sich zog. Ohana war der nominelle Leiter, aber Yoshi traf die Entscheidungen; er füllte das Vakuum aus, das durch Ohanas Abdankung entstanden war. Obwohl Yoshi offiziell eine Aushilfskraft war, regelte er die künstlerischen und internen Angelegenheiten der Truppe. Ohana übernahm die Verhandlungen mit den Interessenten, zu denen jetzt nicht nur lokale Feudalherren gehörten, sondern auch die großen buddhistischen Klöster und Shinto-Schreine. Ohana vertrat die Truppe nach außen, verhandelte über Engagements und nahm das Geld ein. Yoshi erhielt nach wie vor keinen Lohn, aber freie Verpflegung und Ersatz notwendiger Auslagen.

»Vor dem nächsten *Tanabata Matsuri*, dem Weberfest, werden wir neue Kostüme benötigen«, sagte Yoshi eines Morgens zu Ohana. »Ich möchte eine neue Inszenierung machen, die auf der Webergeschichte beruht.«

»Wir haben erst letzten Monat neue Kostüme machen lassen. Das Gold ist nicht unbegrenzt vorhanden.«

350

»Nichtsdestoweniger wirst du mehr ausgeben müssen.«

»Du drängst mich zu weit.«

»Nicht weit genug. Du mußt investieren, um würdig zu werden, im kaiserlichen Palast aufzutreten.«

»Du hast bereits zwei weitere Musikanten und einen Schauspieler eingestellt, dazu Kostüme für alle und neue Schwerter für den Schwertertanz!« Ohana war erbost.

»Das Geld ist gut angelegt. Wir werden Kostüme für den Weber und den Hirten brauchen. Du wirst den göttlichen Kaiser spielen. Für dein Kostüm habe ich an etwas Besonderes gedacht.«

»Mein Kostüm? Der himmlische Kaiser? Nun, wenn es sein muß...«

Zwei Methoden wirkten bei Ohana: Appelle an seine Geldgier und an seine Eitelkeit. Obwohl er nie wieder seinen längst zur Gewißheit gewordenen Verdacht, daß Yoshi der überall gesuchte Deserteuer aus Kisos Armee sei, erwähnt hatte, wußte Yoshi sehr gut, daß er ihn weiterhin nährte und hegte, sah er doch darin die Waffe, von der er Gebrauch machen würde, wenn Geldgier und Eitelkeit nicht länger befriedigt würden.

Während die anderen von ihrer Probenarbeit ausruhten, arbeitete Yoshi an seiner ersten Produktion.

Das Weberfest ging zurück auf eine alte chinesische Geschichte von einem Liebesverhältnis zwischen einem Hirten, verkörpert durch den Stern Altair, und eine Weberin, verkörpert durch den Stern Vega. Wegen ihrer Liebe verlor die Weberin das Interesse an ihrer Arbeit für die Götter, und der Hirte vernachlässigte seine Herden. Als der himmlische Kaiser ihre Pflichtvergessenheit entdeckte, verbannte er sie in weit voneinander entfernte Himmelsregionen. Sie konnten einmal im Jahr zusammentreffen; wenn die Nacht auf den siebenten Tag des siebenten Monats sternklar war, bildete ein Schwarm himmlischer Vögel eine Brücke, auf der Vega zu ihrem Geliebten gelangen konnte. War es wolkig oder regnerisch, so wurde die Zusammenkunft auf das folgende Jahr verschoben.

Das Fest war ein wichtiges Ereignis; Gedichte wurden den unglücklich Liebenden gewidmet, und Frauen beteten um

Geschicklichkeit im Weben, Nähen und den Künsten. Es war eines der fünf wichtigsten Feste des Jahres.

Yoshi schuf seine Version der Geschichte als Verbindung von Versen, Prosa und Gesang. Er wollte den Hirten, Aki sollte die Weberin spielen. Ito komponierte eine besondere Begleitmusik. Nichts dergleichen war je zuvor versucht worden. Die Handlung sollte in einer symbolischen Form dargestellt werden, um auch das gebildetste Publikum anzusprechen.

Seit Yoshi sich Ohanas Schaustellertruppe angeschlossen hatte, hatte er viele künstlerische Änderungen eingeführt. Genaugenommen waren sie keine bloße Dengaku-Gruppe mehr; sie hatten eine neue künstlerische Ebene erreicht und waren die Vorläufer einer neuen Gattung des Theaters, der *Noh*-Schauspiele.

Akis Ruhm wuchs, seit Yoshi ihre Rollen ausbaute. Die Qualitäten, die er an ihr entdeckt hatte, entwickelten sich mit jeder Vorstellung weiter. Erfolg und Anerkennung hätten sie glücklich machen sollen. Sie taten es nicht. Wie der wachsende Erfolg ihren Vater geldgieriger machte, wurde sie anspruchsvoller, als ihr Name Bekanntheit erlangte. Da sie Yoshi zu strafen gedachte, weil er sie ignoriert hatte, mied sie ihn, wo es möglich war, und sprach zu ihm nur über ihre neuen Rollen.

Yoshi konnte nicht entgehen, daß Aki Distanz zu ihm hielt. Er hatte sich für seine scheinbare Kälte entschuldigen wollen, doch schien der Zeitpunkt nie geeignet. Und inzwischen war es zu spät; wenn er versuchte, von persönlichen Angelegenheiten zu sprechen, zog Aki sich zurück – wenn nicht vorher schon geschäftliche Dinge dazwischenkamen.

Koetsu, der Leiter der Akrobaten, erinnerte Yoshi an ihre frühere Vereinbarung, und daraus entwickelte sich ein festes Programm. Am frühen Morgen unterrichtete Koetsu ihn in den Grundtechniken der Akrobaten, und als Gegenleistung lehrte Yoshi ihn Lesen und Schreiben und zog ihn für kleine Nebenrollen heran. Yoshi fand, daß die Dehnungs- und Gelenkigkeitsübungen seinen Bewegungen auf der Bühne mehr Flüssigkeit und Ausgewogenheit gaben. Zu der Stärke, die er früher als Fechtmeister entwickelt hatte, kam jetzt die

Fähigkeit zu einem vielseitigeren Gebrauch seines Körpers. Und wie Koetsu eine Begabung für die Schauspielerei zeigte, hatte Yoshi ein natürliches Talent für Akrobatik; er spürte die Beziehung seines Körpers zum umgebenden Raum.

Abends machte er Fechtübungen mit Tsure, der sich unter Yoshis Anleitung ständig verbesserte. Mit den neuen Klingen, die Yoshi erworben hatte, war der Schwertertanz realistischer und aufregender. Obwohl Tsure kein großer Fechter war, erwies er sich als ein nützlicher Übungspartner. Die akrobatischen Übungen mit Koetsu stärkten Yoshis Reaktionsvermögen und erhöhten seine Schnelligkeit, während die täglichen Fechtübungen mit Tsure der Erhaltung seiner Technik und Geschicklichkeit zugute kamen.

Yoshi war allein in seinem Zelt und überarbeitete den Text des Weber-Schauspiels. Über ihm flackerte die Lampe und ließ Schatten über das Papier tanzen. Sein Pinsel ging gleichmäßig zwischen Tintenstein und Papier hin und her. Das Stück war bis auf diese letzten Änderungen fertig. Die Schauspieler kannten ihre Rollen. Die neuen Kostüme waren fertig, und selbst Aki und Ohana waren erfreut über sie. Ohana sollte in voller Hoftracht auftreten, wie es dem himmlischen Kaiser geziemte. Dazu würde er ein vergoldetes Schwert tragen, das eigens für diese Rolle angeschafft worden war.

Aki als das Webermädchen trug über ihrem Gewand eine chinesische Jacke in der Farbe von Pfirsichblüten und eine lange, mit Darstellungen der himmlischen Sphäre bestickte Schleppe. Yoshi war zufrieden mit den Vorbereitungen. Die heutige Probe war gut verlaufen. Itos Musik war hervorragend. Schauspieler und Publikum würden mit dem Ergebnis gleichermaßen zufrieden sein.

Am anderen Ende des Lagers, in Ohanas Zelt, schalt Aki ihren Vater aus. »Dies sollte dein Triumph sein, dabei sitzt du da wie ein nasser Sack und siehst zu, wie Suruga dir deine Theatergesellschaft wegnimmt.«

»Er nimmt nichts«, murmelte Ohana. »Ich habe die Leitung. Er hört auf meine Anweisungen.«

»Er tut, was er will, und gibt dir ein neues Kostüm, damit du ihn nicht weiter fragst. Siehst du das nicht?«

353

»Ich sage dir, ich habe die Leitung. Ich habe für die Kostüme bezahlt, nicht er.«

»Das macht dich erst recht zum Narren.«

»Sei ruhig!« befahl Ohana mit zornigem Aufbegehren. »Ich habe genug gehört, nun höre du mich an! Weil ich ihn beherrsche, haben wir mehr Gold denn je zuvor. Bald werden wir in der Hauptstadt auftreten. Sobald wir uns in Kyoto etabliert haben, werden wir Suruga nicht mehr benötigen. Dann werde ich entscheiden, was mit ihm zu tun ist.« Und Ohana entließ seine Tochter mit einer gebieterischen Handbewegung und wandte sich wieder seiner Sakeschale zu.

50

Die Erstaufführung des Stückes, das den modisch chinesischen Namen *Chih-nu* trug, war eine kleine Sensation. Dies war für Yoshi besonders wichtig, weil sich unter den Gästen des Daimyo, der die Truppe engagiert hatte, der *Kurodo* befand, der Oberhofmeister des Kaisers. Die Zufriedenheit des *Kurodo* konnte ihnen den Weg an den Hof von Kyoto ebnen und den Abschluß von Yohis Mission beschleunigen.

Es gab nur einen Mißklang in der insgesamt zu den schönsten Hoffnungen berechtigenden Vorstellung: Aki zeigte sich nicht in ihrer besten Form. Alle anderen Mitglieder der Truppe übertrafen sich selbst. Immerhin war selbst eine indisponierte Aki eindrucksvoll genug, daß der Oberhofmeister ihr eine Einladung zum Abendessen sandte.

»Aki schien nicht sie selbst. Ist ihr unwohl?« fragte Koetsu.

»Sie war wunderschön«, sagte Ohana und bedachte den Akrobaten mit einem verdrießlichen Blick.

»Schön, ja. Sie sang wie ein Engel, aber es war, als sei sie unglücklich gewesen.«

»Warum sollte sie?« erwiderte Ohana. »Der Oberhofmeister fand nicht, daß ihre Leistung zu wünschen übrig ließ.«

Akis Abwesenheit beunruhigte Yoshi. Er ging zu Ohana

und machte ihm Vorhaltungen. »Es ist unklug von Aki, eine Einladung aus dem Publikum anzunehmen, ganz gleich von wem.«

»Ich überlasse dir gern die Ehre, ihr das zu sagen. Als ihr Vater bin ich stolz, daß ein Mann von solch hohem Rang ihre Gesellschaft wünscht...«

»Nichtsdestoweniger hätte sie ablehnen sollen.«

Yoshi war hin und her gerissen zwischen der Freude über den Erfolg seines *Chih-nu* und der Verärgerung über Akis gesellschaftliche Unempfindlichkeit. Er hatte eine prachtvolle Rolle für sie geschrieben. Die Theatergesellschaft hatte einen großen Erfolg errungen. Aber nun könnte Akis Zustimmung, den *Kurodo* aufzusuchen, unglückselige Auswirkungen haben. Yoshi glaubte, daß *Chih-nu* das geeignete Mittel sein würde, die Gesellschaft nach Kyoto zu führen. Akis Tun und Lassen konnte jedoch negative Folgen haben.

Ume und Obaasen löffelten einem nachdenklichen Yoshi Reis und Gemüse in seine Schale. Die fröhliche Stimmung der übrigen Schauspieler steigerte sich durch die kreisende Sakeflasche bis zur Ausgelassenheit. Sie sangen in scheußlicher Disharmonie, und als Yoshi gegessen hatte, schlüpfte er still davon zu seinem Zelt.

Die Nacht war warm und still. Jedes Blatt ätzte in den weißen Schein des Mondes einen unbeweglichen schwarzen Schatten. Pferde, Ochsen und die Mitglieder der Gesellschaft lagen in bleiernem Schlaf. Das Schnarchen der erschöpften Schläfer vermischte sich mit dem hohen, schrillen Singsang der Zikaden und dem tiefen Ruf der Baumfrösche.

Yoshi war wach, schrieb an einem Gedicht und wartete auf Akis Rückkehr. Die windstille, drückende Nacht fand ihn unruhig und unerfüllt. Er hatte niemanden, um seine Gefühle über den Erfolg von *Chih-nu* zu teilen. Seit nahezu einem Jahr war er von Nami getrennt, und viele Nächte hatte er sich unruhig auf seinem Lager gewälzt, an sie gedacht, sich gefragt, wann sie wieder zusammensein würden, und sich über ihre Sicherheit gesorgt.

Dies war eine Nacht für solch melancholische Gedanken. Er lebte eine Lüge, unfähig, offen zu sprechen. Ito und Koetsu waren freundliche Bekannte; er brauchte mehr. Seine Gedanken wanderten zu Aki. Er erinnerte sich ihrer einen gemeinsamen Nacht, der Nacht von Shites Tod. Es war traurig, über das Leben nachzudenken; alles war flüchtig wie Schaum auf der Brandung.

Ein leises Geräusch von der Straße. Den im silbrigen Schein liegenden Weg kam eine prächtige Sänfte entlang, getragen von sechs stummen Trägern. Sie hielt am Rand des Platzes, und Aki stieg aus. Sie sprach und lachte mit jemandem hinter dem Vorhang. Yoshi konnte nicht hören, was gesagt wurde, und dann bedeckte Aki ihr Gesicht mit dem Fächer und eilte zu ihrem Zelt.

Der Oberhofmeister! Yoshi bezweifelte sehr, daß sie die Nacht in unschuldiger Konversation verbracht hatten, aber es ging ihn nichts an. Aki war eine erwachsene Frau, die für sich selbst einzustehen hatte. Und Ohana hatte recht: Für eine Frau niedrigen Standes war es schmeichelhaft, eingeladen zu werden, einen Abend mit einem kaiserlichen Oberhofmeister zu verbringen. Yoshi fragte sich, warum er sich ärgerte. War es, weil Akis Verhalten den Erfolg seiner Mission bedrohen konnte, oder war es die Einsamkeit der Nacht, das Fehlen einer gleichgestimmten Seele, mit der er seinen Triumph teilen konnte?

Die Sänfte wurde wieder fortgetragen. Yoshi wartete, bis sie außer Sicht war, dann ging er hinüber und kratzte an Akis Zeltklappe. »Wer ist da?«

»Suruga«, antwortete Yoshi.

»Was willst du zu dieser Stunde?«

»Ich möchte mit dir sprechen.«

»Meinetwegen, komm herein. Sag schnell, was du sagen mußt. Ich bin müde.«

Eine kleine Laterne brannte im Zelt. Akis Decke war auf einer Schlafplattform ausgebreitet. Schwacher Parfümgeruch lag in der Luft. Sie war schon zum Schlafengehen hergerichtet, hatte ihre Toilettenartikel ordentlich aufgereiht, ihr Gewand sorgfältig auf eine lackierte Truhe gelegt. Ihr Haar war ausgebürstet, und sie bemühte sich nicht, es zu ändern, sei es aus Vertrautheit, sei es aus Geringschätzung.

Wärme stieg in Yoshis Wangen. Das matt erhellte Zelt

schien häuslich und anziehend, und das Bewußtsein der eigenen Einsamkeit verschärfte sich in dieser Umgebung. Um diese unwillkommenen Empfindungen zurückzudrängen, bemühte er sich, keine Sentimentalität aufkommen zu lassen, was dazu führte, daß seine Stimme unabsichtlich rauh klang. »Was war heute abend?«

»Ich wurde vom *Kurodo* zum Essen eingeladen.«

»Ich meine, während der Vorstellung.«

»Ist das die wichtige Angelegenheit, die du besprechen wolltest?«

»Ja. Es ist wichtig. Du brachtest die ganze Aufführung in Gefahr, weil du nicht dein Bestes gabst.«

»Sie gefiel dem Publikum und dem *Kurodo*.« Akis Stimme hatte einen ironischen Unterton.

Yoshi sagte: »Ich verstehe deinen Ton nicht. Bist du zornig auf mich?«

Akis Züge verhärteten sich. »Wie kannst du wagen, mich das zu fragen? Du, der mich eine Nacht liebte und dann ignorierte! Bin ich so abstoßend gewesen? Beleidigte ich deine vornehmen Instinkte? Selbst am Hof schickt ein Mann von Manieren einer Dame, deren Gunst er genossen, am nächsten Morgen ein Gedicht. Aber nicht der große Suruga. Er hat es nicht nötig!«

»Nein, nein. Amida sei mein Zeuge. Ich arbeitete für deinen Ruhm. Ich schrieb, um dich in den Heimatprovinzen berühmt zu machen. Als Shite starb, fühlte ich, daß ich ihn betrogen hatte. Kannst du das verstehen und vergeben? Er war mein Freund. Ich konnte mit dem Bild des toten Shite vor meinen Augen nicht zu dir gehen.«

»Wie soll ich das glauben?« Aki war mißtrauisch, aber sie hörte zu.

»Ich schrieb ein anderes Gedicht für dich.« Yoshi zog ein Pergament aus seiner Schärpe und las:

> »Das Ende des Sommers,
> Und wo sind die süßduftenden Blüten
> Die im grünen Frühling blühten?
> Vergangen wie welkes Gedenken
> Der Zeit, als wir Liebende waren.«

»Ein wenig spät... aber es ist schön. Du schriebst es für mich?« Der harte Zug um ihren Mund milderte sich.

»Für dich.« Er kam näher und legte die Arme um sie, fühlte ihre weiche Geschmeidigkeit. Der Duft ihres Parfüms stieg ihm berauschend in die Nase. Aki gab langsam nach, der Blick ihrer Augen wurde dunkel und gefühlvoll, ihre Züge erweichten sich.

Yoshis Körper reagierte aus seinem eigenen Wollen. Er drückte sie rückwärts auf die ausgebreitete Decke und öffnete gleichzeitig ihr Gewand.

»Wollen wir wieder Liebende sein?« murmelte sie, gerade als die Zeltklappe geöffnet wurde und Ohana hereinwankte.

»Was... im Namen Buddhas!« murmelte er und glotzte Aki an, die mit offenem Haar und Gewand in Yoshis Umarmung lag.

»Was, bei der Avichi-Hölle, tust du hier? Wie kannst du es wagen! Suruga, ich nahm dich auf, beschützte dich vor jenen, die auf deinen Kopf aus sind, und du vergiltst meine Güte, indem du meine Tochter verführst. Ich habe eine Schlange genährt.« Ohana fuchtelte mit betrunkenen, fahrigen Gesten herum, schwankend zwischen Zorn und Tränen des Selbstmitleids. »Sprich! Hast du keine Scham? Du hast mich verraten.«

Yoshi war in peinlicher Verlegenheit, aber sein Wunsch, Ohanas Zorn zu besänftigen, wurde von Verärgerung überspült.

»Du bist ein schlimmerer Dummkopf, als ich dachte«, sagte er. »Ohne mich würdest du in den Reisfeldern nach Kupfermünzen grapschen. Ich habe gearbeitet, um dich reich zu machen, und doch glaubst du, ich hätte dich verraten. Ja, ich fühle mich zu deiner Tochter hingezogen. Du brauchst dich nicht zu sorgen, Aki wird durch mich nicht zu Schaden kommen. Eher werde ich sie zu einer berühmten Darstellerin machen und euch beiden ein gedeihliches Leben sichern. Verstehst du mich, oder bist du zu betrunken?«

Ohana brach in Tränen aus; er war als Leiter seiner Truppe verdrängt worden, und nun stahl ihm der Emporkömmling die Zuneigung seiner Tochter. Er sank auf die

Knie und murmelte: »Verraten, verraten... von meinem eigenen Fleisch und Blut...«

51

Das Einsetzen des Winters, der in der Vergangenheit immer eine harte Zeit für die herumziehende Truppe gewesen war, verlor dieses Jahr seinen Schrecken, weil sie in einem Gasthof nicht weit von Kyoto festes Winterquartier nahmen. Wie erwartet, klagte Ohana über die zusätzlichen Ausgaben, insbesondere, da diese Art der Unterbringung nicht alles war, was seinem Geldbeutel zugemutet wurde. Kurz zuvor hatte Yoshi drei weitere Schauspieler eingestellt und mehr Ochsen und Karren gekauft.

Während des Herbstes und Frühwinters war ein Schwarm von Verehrern Aki von Stadt zu Tempel und zu Burg gefolgt, wo immer sie auftrat. Sie schien zufrieden mit Yoshis Zuwendung und hielt sie auf Distanz.

Yoshis einzige öffentliche Auftritte erfolgten bislang in voller Bemalung auf der Bühne. In dem Jahr, das er in Ohanas Truppe verbracht hatte, war er von niemandem erkannt worden; er befand, jetzt könnte er sich ohne Gefahr auf den Straßen Kyotos zeigen. Es bestand wenig Ähnlichkeit zwischen dem kecken, muskulösen Schauspieler, dessen Haar in theaterhafter Art und Weise geschnitten war, dessen Kleider auffallend und grell waren, und dem zurückhaltend-würdevollen Fechtmeisters des Jahres davor.

Er ging allein in die Stadt. Sein erster Besuch galt Yoritomos Agenten, einem Höfling des fünften Ranges. Der Mann war erfreut, Yoshis Meldung zu erhalten. »Ich werde Nachricht aussenden, daß Ihr Euch in Kyoto etablieren und bereit sein werdet, Eure Befehle auszuführen, ehe das neue Jahr beginnt«, sagte er.

Yoshi nickte. »Sagt Yoritomo, daß ich meine Verkleidung als Schauspieler zu nutzen hoffe, um Kiso zu überraschen.«

»Ich werde das melden. Bis wir von ihm hören, bleibt bei

der Theatergruppe und meldet Euch innerhalb von zwei Wochen bei mir.«

Yoshi war zufrieden. Bevor er ging, erkundigte er sich nach Namis Aufenthalt und Befinden. Der Agent war mitfühlend, konnte aber nicht helfen. »Sie ist irgendwo in der Stadt unter Hausarrest«, sagte er. »Kisos Männer bewachen sie bei Tag und Nacht.«

»Ist sie gesund und wohlauf?«

»Nach meinem besten Wissen, ja«, lautete die Antwort.

Yoshi war enttäuscht, daß er keine genauere Auskunft erhalten hatte. Er mußte bei nächster Gelegenheit selbst die Suche nach Nami aufnehmen. Einstweilen würde das Theater in Kyoto sein erster Schritt zur Erreichung des Ziels sein. Er verbrachte den Rest des Tages mit der Suche nach einem geeigneten Standort. Sein langfristiger Plan war die Unterbringung des Theaters in einem festen Gebäude, wo die Theatergesellschaft ein Stück ausarbeiten und täglich Vorstellungen verschiedener Stücke für jene geben würde, die sich den Eintrittspreis leisten konnten.

Das Theater sollte sein Geschenk an Ohanas Truppe sein, weil sie ihm eine Möglichkeit eröffnet hatte, unerkannt in die Hauptstadt zu gelangen. Sobald Yoritomos Plan bekannt und der Zeitpunkt geeignet wäre, würde er handeln. Wenig mehr als ein Jahr war vergangen, und Yoshi sah das Ziel in Reichweite.

Er überlegte, wo Nami untergebracht sein könnte. War sie Kisos Gefangene im Rokuhara-Palast... im kaiserlichen Palast, in Fumios Haus... oder in Yoshis eigenem Haus im nordwestlichen Viertel? Es gab so viele Möglichkeiten. Kyoto war groß. Eine systematische Suche würde erforderlich sein. Und darin lag eine Gefahr. Ein unbewaffneter Schauspieler, der sich in einer Stadt herumtrieb, welche in Kürze den Belagerungszustand erwartete, konnte unerwünschte Aufmerksamkeit auf sich ziehen. Er durfte seine Mission nicht gefährden. Yoshi war ungeduldig, aber seine innere Disziplin hinderte ihn an unüberlegtem Handeln.

Als er die Suzaki-Oji hinunterging, die breite Hauptstraße, lauschte er den durchdringenden Rufen der Straßenverkäufer, dem Hufgetrappel und dem Rumpeln der Ochsenkarren, roch den Dung von Ochsen und Pferden, von Räucherwerk und alle anderen Düfte des städtischen Lebens. Er nahm die pulsierende Energie der Hauptstadt in sich auf, die sich so sehr von der Schläfrigkeit der Provinzen unterschied.

Dennoch war nicht alles so, wie er es erinnerte. Energie und Geschäftigkeit schienen auf den ersten Blick unverändert; sah man genauer hin, konnte einem die Unterströmung von Gedrücktheit und Furcht nicht entgehen. Yoshi machte vor einer kleinen Schenke in einer der Seitenstraßen halt. Dort stand eine Gruppe von Ladenbesitzern in aufgeregtem Gespräch beisammen. Sie diskutierten die letzten Neuigkeiten, und Yoshi spitzte unauffällig die Ohren. Ihr Gespräch kreiste um eine doppelte Niederlage, die Kiso in den letzten Tagen erlitten hatte.

Kiso hatte einen taktischen Fehler begangen und seine Armee aufgeteilt, um die Taira an zwei Orten zugleich zu schlagen. Obwohl die Taira bei weitem schwächer waren, als sie es noch vor einem Jahr gewesen waren, hatten sie sich aufgerafft und Kisos Truppen bei Mizushima geschlagen. Kisos zweite Armeeabteilung, unter Yukiies Kommando, ergriff die Flucht, als Yukiie sie bei Muroyama im Stich gelassen hatte. Die geschlagenen und erbitterten Reste von Kisos einst stolzer Armee waren jetzt nach Kyoto zurückgekehrt und hielten sich an den unglücklichen Bürgern schadlos, die bereits seit einem Jahr unter den Härten der Besatzung stöhnten. Ladenbesitzer demütigten sich vor den rauhbeinigen Gruppen von Samurai. Nur alte und häßliche Frauen wagten sich auf die Straßen. Die Sänften hoher Würdenträger wurden von bewaffneten Posten begleitet. Jeder ging eilig seinen Geschäften nach und hielt zugleich verstohlen Ausschau nach Anzeichen von marodierenden Kriegern.

Die Stadt, weit davon entfernt, befreit zu sein, war schutzlos der Willkür fremder Besatzungsherrschaft preisgegeben. Die Einwohner lebten in Furcht vor den rauhen Eindringlingen, die sich nahmen, was sie wollten, und alle töteten, die sich widersetzten.

So gefürchtet die kaiserlichen Wachen der Taira gewesen waren, Kisos Krieger und Samurai waren noch schlimmer.

Anfangs hatte Yoshi die Atmosphäre der Stadt mit der

Freude des heimgekehrten verlorenen Sohnes in sich aufgenommen, aber als er den Ladenbesitzern lauschte, konnte er sich eines Gefühls tiefer Niedergeschlagenheit nicht erwehren. Das schöne Kyoto gehörte seinen Feinden.

Der Herbst war ungewöhnlich warm gewesen, und die milde Wetterlage hielt sich bis in den Frühwinter. Die Tage waren kurz und angenehm, die Nächte lang und frostig. Der Berg Hiei im Nordosten hatte seinen Gipfel in samtiges Weiß gehüllt, aber die Vorberge von Higashiyama leuchteten noch grün herüber. Nach drei aufeinanderfolgenden umenschlich harten Wintern war das Wetter so angenehm, daß nicht einmal Kisos Samurai die frohe Stimmung der ihren Tagesgeschäften nachgehenden Menschen verderben konnten.

Während der ersten Hälfte des zwölften Monats kehrte Yoshi mehrere Male nach Kyoto zurück. Die Truppe glaubte, er suche nach geeigneten Räumlichkeiten für das Theater, das er ihnen versprochen hatte. Und das tat er auch. Aber er wartete auch auf Yoritomos Befehle und erkundigte sich vorsichtig nach Namis Aufenthalt.

Ein Theater im vornehmen nordöstlichen Bezirk wäre der ideale Platz, unweit vom kaiserlichen Palast und in bequemer Reichweite der Höflinge, die Yoshi anlocken wollte. Der nordöstliche Bezirk war für Yoshi zugleich der sicherste Teil der Hauptstadt, weit von Kisos Hauptquartier in Rokuhara.

Zu seinem Schutz hatte Yoshi immer einen Kriegsfächer bei sich. Diese Waffe war nicht unvereinbar mit seiner theatralischen Aufmachung; ein Schwert zu tragen, wäre hingegen ein todeswürdiges Verbrechen für einen Schauspieler gewesen.

Die Tagesstunden verbrachte Yoshi mit der Suche nach einem Theater. Sobald es dunkel wurde, begann er die Stadt abzusuchen, angefangen bei Fumios und Chikaras Anwesen. Sollte Nami dort nicht zu finden sein, wollte er weiter westlich den Bezirk des kaiserlichen Palastes absuchen, dann seinen eigenen Besitz. Er fragte sich, wie Goro wohl ohne Fumios Unterstützung zurechtkam. Rokuhara wollte er, weil am gefährlichsten, zuletzt in seine Suche einbeziehen.

Die erste Nacht fand Yoshi auf dem Grundstück Chikaras.

Das einst stolze Herrenhaus war vernachlässigt, dem Verfall preisgegeben. Das Haupttor war aus den Scharnieren gerissen; Brände hatten mehrere Nebengebäude zerstört, und Plünderer hatten längst alle Wertgegenstände fortgeschleppt.

Yoshi verließ das Anwesen deprimiert über die vergängliche Natur aller Leistungen und Errungenschaften des Menschen. Chikara war stolz auf seinen prächtigen Besitz gewesen; nichts als Verwüstung und Verwahrlosung war davon geblieben. Offensichtlich hatte Nami in letzter Zeit nicht hier gelebt.

Eine Woche später fand Yoshi den geeigneten Platz für das Theater. Tagsüber traf er die Vorkehrungen und Verabredungen für den Bau, dann benachrichtigte er Yoritomos Agenten und gab ihm die Anschrift des Theaters. Er beschloß, den Mitgliedern der Theatergesellschaft nichts zu sagen, bis der Bau seiner Fertigstellung entgegenginge.

Am Abend stattete er Onkel Fumios früherem Besitz einen Besuch ab. Das Haus war bewohnt!

Am Spätnachmittag war der erste Schnee des Jahres gefallen und hatte die Stadt leicht überzuckert. Das Wetter war so mild, daß die dünne Schneedecke bald wieder dahinschmolz, und am Abend war der Boden aufgeweicht und voller lehmiger Pfützen. Yoshis Stiefel sanken ein und hinterließen allzu deutliche Abdrücke entlang der weißen Steinmauer, die das Anwesen umgab.

Am Tor stand kein Posten, aber aus den Abzugsöffnungen im Dach stieg Rauch; das deutete auf Bewohner hin.

Yoshis Herzschlag beschleunigte sich. Vielleicht war er nur noch fünfzig Schritte von Nami entfernt! Er betrachtete seine Fährte; es war nicht angezeigt, durch das Tor zu gehen und eine so deutliche Spur zurückzulassen. Die Mauer war in gutem Zustand, und niemand hielt Wache. Yoshi steckte den Kriegsfächer in seinen *obi* und erkletterte eine Zypresse, deren Äste über die Mauer ragten. Mit einem lauten Platschen landete er drüben in einer großen Pfütze ... und verharrte regungslos, als er ganz in der Nähe eine undeutliche Stimme sagen hörte: »Rokuro, hast du das gehört?«

»Nein. Komm her und iß.«

»Da war eben was.«

»Wahrscheinlich einer der verwilderten Hunde, die sich hier herumtreiben. Komm schon, das Essen wird kalt.«

»Wir sind hier, um Wache zu halten. Ich muß nachsehen.«

»Nur zu, halt dich selbst zum Narren. Wir lassen uns nicht stören.«

Der Mann brummte vor sich hin, tappte in der Nähe herum, entfernte sich dann aber wieder.

Also gab es Wächter, und zwar mehrere. Yoshi schlich weiter zum Hauptgebäude. Wenn Nami hier gefangengehalten wurde, würde sie in einem der Nebengebäude leben.

Eine angespannte halbe Stunde später hatte Yoshi seine Suche beendet. In den meisten Nebengebäuden gab es Anzeichen, daß sie bewohnt wurden; im Hauptgebäude hauste eine ganze Kompanie Samurai. Der Zustand der Räume zeigte jedoch, daß keine Frauen hier lebten.

Gerade als er das letzte der Nebengebäude verließ, in dem früher Bedienstete gewohnt hatten, hörte er einen Ruf.

»Jemand ist hier!« Es war dieselbe Stimme, die ihm vorhin schon einen Schrecken eingejagt hatte. »Da sind Fußspuren an der Mauer.«

»Wo?«

»Was?«

»Wer?«

Mehrere Stimmen fragten und riefen durcheinander.

»Frische Fußabdrücke! Er muß auf dem Grundstück sein. Rokuro, lauf zum Tor. Zwei von euch durchsuchen das Gelände. Alle übrigen überprüfen die Gebäude. Schnell!«

Yoshis Gedanken rasten. Er saß in der Falle. Der Besitz hatte vier Zugänge, von denen drei ständig verschlossen waren. Man kam nur zum Haupttor hinein und hinaus.

Yoshi zog den Kriegsfächer aus dem *obi*. Er würde versuchen, kampflos zu entkommen, doch wenn es sein mußte, würde er bis zum Tode kämpfen. Er hatte den Namen des Mannes gehört, Rokuro. Die Stimme seines Vorgesetzten war ihm durch die nachlässige Art der Aussprache aufgefallen... und Yoshi war jetzt ein Schauspieler.

Die Nacht war dunkel. Nur ein paar Harzfackeln erhellten das Grundstück. Kühn marschierte er auf das Tor zu und rief in einer leidlichen Nachahmung der belegten Stimme des Anführers: »Rokuro! Schnell, der Eindringling steckt hinter den Büschen am Teich. Nimm ihn von rechts, ich komme von links.«

Rokuro überlegte nicht lange, zog das Schwert und eilte zum Zierteich.

Sekunden später war Yoshi zum Tor hinaus und lief die schmale Straße hinunter, die an den Besitz grenzte. Von jenseits der Mauer drangen verwirrte Rufe an sein Ohr.

52

Am kalten, klaren zwanzigsten Tag des zwölften Monats verbrachte Yoshi die Tagesstunden am Bauplatz seines Theaters und überwachte die Arbeiten. Zimmerleute errichteten eine Bühne mit einer breiten Eingangsrampe. Ein besonderer Bühnenhintergrund wurde vorbereitet, und hinter der offenen Galerie wurde ein Balkon errichtet.

Während er die Arbeiten beaufsichtigte, blieb ihm genug Zeit, die Resultate seiner Suche nach Nami zu überdenken. Chikaras Besitz war eine unbewohnte Ruine, und Onkel Fumios Anwesen diente als Kaserne. Drei Möglichkeiten mit einiger Wahrscheinlichkeit blieben übrig: der kaiserliche Palastbezirk, sein eigener Besitz im nordwestlichen Viertel und Rokuhara.

An diesem Abend wollte er den kaiserlichen Palastbezirk durchsuchen; er war dem Bauplatz des Theaters am nächsten. Als er das letzte Mal dort gewesen war, hatte er sich zu seinem geheimen Treffen mit Go-Shirakawa als Fischer verkleidet eingeschlichen. Auch diesmal mußte er einen Weg finden, ungesehen hineinzukommen.

Ein zufälliges Gespräch mit dem Leiter seiner Zimmerleute löste das Problem. Dieselben Männer arbeiteten abends als Aushilfen an der Reparatur der im Vorjahr auf Antokus und der Nii-Donos Geheiß in Brand gesetzten Teile des Palastes. Yoshi sagte, daß er gerne mit ihnen gehen wolle. Nach dem Grund gefragt, deutete er ein Verhältnis mit einer Hofdame an. Der Zimmermeister nickte verstehend. »Aber das kann gefährlich werden, Herr«, sagte er. »Das Gelände wird von kaiserlichen Wachen und Kisos Samurai bewacht. Wir können Euch helfen, hineinzukommen, aber wir können nicht garantieren, daß Ihr sicher herauskommen werdet.«

»Das laßt meine Sorge sein«, sagte Yoshi. »Seht zu, daß ihr mich hineinbringt.«

Der Palastbezirk umfaßte mehr als fünfzig Gebäude und Pavillons. Der Zugang zum Palastbezirk war erst der Beginn der Suche.

Mit Brettern beladen und inmitten des kleinen Trupps der Zimmerleute kam Yoshi am späten Abend durch das Suzaku-Mon, das südliche Tor. Sie wurden ohne Fragen durchgelassen; es war leichter und ungleich angenehmer als damals in seiner Rolle als Fischlieferant.

Hinter dem *Dairi*, dem kaiserlichen Palast, dankte Yoshi den anderen und ging zu den Frauenpavillons. Er rechnete mit der Möglichkeit, Kisos Samurai zu begegnen; es war bekannt, daß sie die Frauenpavillons heimsuchten und die Hofdamen ängstigten.

Yoshi trug sein unauffälligstes braunes Übergewand, um so wenig Aufmerksamkeit wie möglich auf sich zu lenken, während er den Bezirk absuchte. Ohne Schwert oder Rangabzeichen galt er als Gemeiner und hatte strenge Bestrafung zu gewärtigen, wenn entdeckt wurde, daß er ohne Auftrag im Palastbezirk herumlief. Ohne Zwischenfall erreichte er das Frauenquartier. Selbst wenn Nami hier war, würde es schwierig sein, sie zu finden. Die Damen bewohnten zwölf große Pavillons. Jede hatte einen privaten Raum, der durch schwere hölzerne Läden geschützt und abgeschirmt war. Yoshi glitt von Schatten zu Schatten; der Anblick eines fremden Mannes in gewöhnlicher Kleidung hätte die Damen in Panik versetzen können.

Um die Lage zu erkunden, kauerte Yoshi hinter einer dichten Ligusterhecke nieder und beobachtete. Leider wußte er wenig über die gegenwärtige politische Situation. Zu einer Schauspielergesellschaft zu gehören, hatte seine Nachteile. Yoritomos Agent hatte ihm gesagt, Go-Shirakawa sei Kisos Gefangener. Als er vor einem Jahr mit Go-Shirakawa zusammengetroffen war, hatte der Kaiser eine Allianz mit Yoritomo angestrebt. Aber es gab keine Garantie, daß die Situation noch die gleiche war. Go-Shirakawa könnte sich gezwungen sehen, Yoshi zu verraten, um sein eigenes Leben zu retten.

Mehrere Male kamen Gruppen von Samurai an Yoshis Versteck vorbei. Sie riefen unflätige Bemerkungen, sangen in betrunkener Eintracht oder lachten über ihre vulgären Scherze. Kaiserliche Wachen sah er nur wenige. Das Gelände schien von Kisos Gebirgsbewohnern beherrscht zu sein.

Yoshi war drauf und dran, aufzugeben und am folgenden Abend wiederzukommen, als ihm das Glück zu Hilfe kam. Ein Höfling verließ einen der Pavillons. Als die Dame hinter ihm zum Eingang trat, fiel ein Lichtschein auf ihr Gesicht, und Yoshi erkannte sie. Shimeko! Er hatte sie am Hof kennengelernt; sie war eine Hofdame der Nii-Dono gewesen, und Gerüchte wollten wissen, daß Taira Kiyomori sie einst geschätzt hatte. Yoshi erinnerte sich ihrer blassen Schönheit und des bis zum Boden reichenden Haars. Manche sagten, sie habe der Nii-Dono nur widerwillig gedient und Kiyomori gefürchtet.

Yoshi hatte mehrere Male mit ihr gesprochen, stets durch ihren Wandschirm... sie war eine äußerst züchtige, auf Schicklichkeit bedachte junge Dame. Wirklich gesehen hatte er sie nur einmal, als sie mit Nami an einer Hofgesellschaft teilgenommen hatte. Ihre Schönheit war nicht leicht zu vergessen. Sie war mit Nami befreundet gewesen, und Yoshi war zuversichtlich, daß sie ihm helfen würde.

Als ihr Besucher gegangen war, überkletterte Yoshi das Geländer der Veranda und trat still an die geschlossenen Läden ihres Raumes. Vorsichtig klopfte er an das Holz.

Shimeko, in dem Glauben, ihr Liebhaber sei zurückgekehrt, riß die Tür auf. Sie sah einen fremden Mann, einen Gemeinen, und ehe Yoshi ein Wort hervorbringen konnte, begann sie zu schreien.

Läden klappten auf, Laternen wurden angezündet, und Dutzende erschrockener Stimmen erfüllten die Nacht.

Yoshi sprang übers Geländer, landete und sah sich einer Abteilung kaiserlicher Wachen gegenüber, die wie aus dem Boden gewachsen vor ihm stand.

»Nehmt ihn fest!« rief der Anführer und fuchtelte mit dem Schwert.

Yoshi zog den zusammengeklappten Kriegsfächer aus dem *obi*, als das halbe Dutzend Männer auf ihn zusprang. Er wirbelte herum und schlug mit dem stumpfen Ende des Fächers hinter sich. Es gab einen harten Schlag von Metall auf Knochen, und ein Angreifer fiel. Yoshi duckte einen Schwertstreich ab und schlug aufwärts in den Solarplexus des Mannes, der sich unter Schmerzgeheul krümmte.

Die übrigen hielten inne; sie hatten es mit einem Gemeinem zu tun, der nur mit einem Fächer bewaffnet war, aber mit unheimlicher Schnelligkeit reagierte. Als zwei von ihnen sich gleichzeitig auf ihn stürzten, parierte Yoshi eine Klinge mit den Eisenrippen des Fächers und setzte die Bewegung in das Gesicht des anderen fort. Blut schoß aus des Mannes Nase; das Schwert entfiel seinen Händen, er brach in die Knie, beide Hände über dem zerstörten Gesicht.

Yoshi machte einen Überschlag rückwärts, den er von den Akrobaten gelernt hatte. Er landete in geduckter Haltung, richtete sich auf und traf den zweiten Angreifer mit einem Fußstoß in den Magen. Der Kampf hatte weniger als eine Minute gedauert, und vier Wachsoldaten waren kampfunfähig.

Der Führer mißverstand die Situation. Er dachte, Shimeko und Yoshi seien Liebende. Er zog Shimeko aus der Türöffnung, riß ihr den Kopf am langen Haar in den Nacken und setzte ihr die Klinge an die Kehle.

»Halt. Laß die Waffe fallen, oder deine Frau stirbt!« rief er.

Yoshi war ratlos. Shimeko war ein Mittel, Nami ausfindig zu machen. Ergab er sich, um sie zu retten, würde er unzweifelhaft hingerichtet. Seine Mission würde mit einem Fehlschlag enden, und seine Suche nach Nami wäre umsonst gewesen, alles wegen einer Frau, die er kaum kannte. Er preßte die Zähne zusammen. Er konnte nicht zulassen, daß eine unschuldige Frau starb.

Der Führer der Abteilung zog härter an Shimekos Haar und bewegte drohend die Klinge. »Jetzt!« knurrte er.

Yoshi richtete sich auf und ließ den Fächer fallen. Er streckte die leeren Hände aus. »Laßt sie gehen«, sagte er. »Sie ist nicht meine Frau.«

Der Mann gab das zitternde Mädchen frei. »Bindet ihn«, befahl er seinen Leuten. »Das wird dieser Kerl teuer bezahlen!«

Eine blasse Wintersonne stand am Himmel, als Yoshi zum Palast geführt wurde. Trotz des Sonnenscheins brannten Öllampen in der Eingangshalle. Kupferne Kohlenbecken vermochten den weiten, kalten Raum kaum zu wärmen. Er war höhlenartig, beinahe leer, mit Decken, die sich hoch über der kleinen Menschengruppe in der Dunkelheit verloren.

Yoshi war umringt von einem Dutzend kaiserlicher Wachen. Er lag auf den Knien, die Hände waren ihm auf den Rücken gebunden. Sein Haar war in Unordnung, das Gesicht zeigte Hautabschürfungen und dunkle Verfärbungen von Blutergüssen. Die Wachabteilung hatte ihr Mütchen an ihm gekühlt.

Yoshi kniete vor einer Plattform, in deren Mitte ein thronartiger chinesischer Sessel stand. Wandschirme mit Malereien alter chinesischer Stadtansichten bildeten den Hintergrund. Go-Shirakawa musterte ihn kalt; sein Mund zuckte ungeduldig. Yukitaka, sein runzliger alter Kammerdiener, hatte eine Schale mit kandierten Früchten neben ihn gestellt, und Go-Shirakawas feiste Händ ergriffen immer wieder hinein und befingerten den Inhalt.

»Wie ist es dir gelungen, die Wächter zu überreden, daß sie dich zu mir brachten?« sagte Go-Shirakawa verdrießlich. »Wer bist du? Was willst du? Sprich!«

Yoshi berührte den hölzernen Boden dreimal mit der Stirn. Trotz der Verletzungen zeigte sein Gesicht Gefaßtheit, innere Stärke und Würde.

»Kaiserliche Hoheit, ich bitte, allein mit Euch sprechen zu dürfen. Ich habe eine Nachricht, die nur für Eure Ohren bestimmt ist.«

»Ich bewundere deine Kühnheit. Du, ein gewöhnlicher Eindringling, der keine Berücksichtigung verdient.« Seine Stimme nahm einen schneidenden Ton an. »Ich sollte dich kurzerhand exekutieren lassen.«

»Nur einen Augenblick allein, kaiserliche Hoheit, und ich werde alles erklären.«

Go-Shirakawa musterte Yoshi aus zusammengekniffenen Augen. Seine Stirnfalten setzten sich bis zum Scheitel des kahlen Schädels fort. »Du kommst mir irgendwie bekannt vor, Kerl«, sagte er. »Wo habe ich dich schon gesehen?«

»Ich werde es erklären, wenn wir allein sind«, erwiderte Yoshi kühl.

»Wachen, wartet draußen«, befahl Go-Shirakawa. Dann richtete er den Blick zu Yoshi und fügte hinzu: »Mein Kammerdiener wird bleiben.«

Yoshi nickte. »Ich vertraue Yukitaka«, sagte er.

Der alte Mann schaute ihn verdutzt an: »Du kennst mich?«

Die Wachen marschierten hinaus und ließen Yoshi mit gebundenen Händen auf den Knien vor dem Thronsessel zurück. Yoshi hob stolz den Kopf und blickte dem Kaiser ins Auge. »Ich bin Tadamori-no-Yoshi. Ihr schicktet mich...«

»Yoshi?« unterbrach ihn der Kaiser, wandte sich zu Yukitaka.

Der alte Mann sah Yoshi forschend an und sagte schließlich zögernd: »Ich glaube, er ist es. Verändert. Anders...« Dann kam Festigkeit in seine Stimme. »Er ist es bestimmt.«

Yoshi nickte.

Go-Shirakawa entspannte sich und führte eine weitere kandierte Frucht zum Munde. »Ja, Ihr seid es, Yoshi. Ich erkenne Euch jetzt.« Er lächelte schlau und fügte hinzu: »Ihr riecht viel angenehmer als bei unserer letzten Begegnung.«

»Danke, kaiserliche Hoheit.«

»Genug.« Go-Shirakawa biß in die Frucht und wies Yukitaka an, Yoshi die Hände loszubinden. Yoshi rieb sich die Handgelenke, um die Zirkulation wieder in Gang zu bringen. Als er bereit schien, sagte Go-Shirakawa: »Berichtet mir über Eure Mission.«

»Kaiserliche Hoheit, Ihr schicktet mich, über Yoritomos Eignung als Verbündeter Bericht zu erstatten. Ihr erhieltet meine Meldungen. Diese Mission ist beendet. Ihr befahlt mir, für Yoritomo zu arbeiten... das tue ich.« Er beugte sich näher und fragte: »Seid Ihr noch immer an einem Bündnis mit Herrn Yoritomo interessiert?«

»Mehr denn je.«

370

»Ihr seid jedoch trotz meiner Empfehlungen mit Kiso verbündet, den Yoritomo als seinen Feind betrachtet.«

»Das Bündnis mit Kiso wurde mir aufgezwungen«, sagte
Go-Shirakawa mit Bitterkeit. »Mein Interesse ist das Wohlergehen des Reiches. Als Kiso mich am Berg Hiei aufsuchte,
dachte ich, er und Yoritomo seien Verbündete. Einmal in Kisos Gewalt, blieb mir keine andere Wahl, als ihn zu akzeptieren. Seine Herrschaft ist verhängnisvoll. Kiso und seine zü-
gellosen Krieger zerstören meine Hauptstadt und terrorisie-
ren mein Volk.« Go-Shirakawa seufzte voller Überdruß.
»Yoritomo wird meine volle Unterstützung haben, wenn er
mich aus der Stadt retten kann. Ich bin tatsächlich ein Gefangener in meinem eigenen Palast. Sagt das Yoritomo, wenn
Ihr ihn wiederseht.«

»Ich habe Yoritomo seit über einem Jahr nicht gesehen.
Und ich werde ihn nicht sehen, ehe meine Mission für ihn beendet ist.«

»Was ist diese Mission?«

»Kiso zu fangen und zu strafen.«

Go-Shirakawa sog Luft durch die Zähne ein. »Ich wünsche
Euch viel Glück«, sagte er, »aber das ist eine unerfüllbare
Aufgabe. Kiso ist nie ohne seine Leibwache, die vier Könige,
wie sie genannt werden, und seine Frau, Tomoe. Sie sind
verschworen, ihn bis zum letzten Blutstropfen zu verteidigen. Wie könntet Ihr nahe genug an ihn herankommen, um
ihn zu fangen? Ich weiß, daß Yoritomo seinen Kopf will, um
ihn dem Volk zu zeigen. Aber den wird er erst bekommen,
wenn Kiso in der Schlacht besiegt ist.« Go-Shirakawa winkte
Yukitaka zu sich und flüsterte eine Frage. Dann nickte er zu
der Antwort.

»Yoshi, wir vertrauen Euch und werden Euch helfen. Yoritomo versammelt eine Armee, um auf Kyoto zu marschieren.
Kisos Streitkräfte sind geschwächt, seit sie von Koremori bei
Mizushima und von Shigehira bei Muroyama besiegt wurden.«

»Ich hörte Gerüchte über diese Niederlagen. Kiso war immer ein guter Taktiker. Warum spaltete er seine Streitkräfte
auf?«

»Ich schlug es vor«, sagte der Kaiser selbstgefällig.

»Und er stimmte zu?«

»Kiso tat es für eine Belohnung; eine Belohnung, an der ihm mehr liegt als an allen Schätzen der Welt. Bei den nächsten Beförderungszeremonien wird er zum *sei-i-taishogun* ernannt, dem dritten Shogun in der Geschichte des Reiches!«

»Der Titel und Eure offizielle Anerkennung werden seine politische Situation stärken.«

»Er wird den Titel haben, doch wird ihm die Stärke fehlen, ihn zu behalten! Die jüngsten Verluste haben seine Armee geschwächt und ihrer Moral geschadet. Kiso glaubt sich durch Yukiies feige Desertion bei Muroyama verraten; er war so töricht, seine Truppe wieder aufzuspalten und einen Teil der Armee auszusenden, um Yukiie einzufangen. Die Moral der Krieger sinkt weiter. Sie werden kämpfen, aber sie können gegen Yoritomo nicht mehr gewinnen.«

»Wenn ich Kiso vorher erreichen und fangen kann, werden seine Männer sich kampflos ergeben«, sagte Yoshi.

»Wenn...?«

»Es wird gelingen«, sagte Yoshi zuversichtlich. »Kaiserliche Hoheit, darf ich eine persönliche Frage stellen?«

Go-Shirakawa machte eine auffordernde Handbewegung.

»Ist Euch der Aufenthalt meiner Frau, Nami, bekannt?«

Go-Shirakawa und Yukitaka tauschten einen bedeutsamen Blick, dann ergriff der alte Kammerdiener das Wort und sagte: »Seid gewarnt, Yoshi. Sie wird als Köder in einer Falle benutzt. Sie wohnt im nordwestlichen Viertel, an der Sanjo-Straße...«

»In meinem Haus?«

»Ja. Das Grundstück wird von Kisos Samurai bewacht. Kiso spricht von Vergeltung. Er sagt, eines Tages werdet Ihr zu Eurer Frau kommen und gefangen werden.«

»Ich kenne meinen Besitz gut genug, daß ich unbemerkt eindringen und sie befreien kann«, sagte Yoshi.

»Wenn Ihr aber gesehen werdet, werden Kisos Männer sie zur Geisel machen. Entweder Ihr liefert Euch ihm aus, oder sie wird getötet. Die Wachen sagten, Ihr hättet Euch ergeben, als Shimeko bedroht wurde. Würdet Ihr kämpfen, wenn es den Tod Eurer Frau bedeutete? Ich bezweifle es. Bleibt Nami fern!«

»Ich muß wissen, ob sie wohlauf ist.«

»Das ist sie, bis auf ihre Einsamkeit«, sagte der Kaiser. »Wie ich ist sie eine Gefangene. Sie durfte ihren Hausdiener behalten und Besuche von Tomoe empfangen. Sie ist wohlauf.«

»Dann verläßt sie den Besitz nie?«

»Nur wenn sie eine Einladung von mir oder Kiso erhält«, erwiderte Go-Shirakawa.

»Ich glaube, es gibt eine Möglichkeit, Euch und Nami zu befreien und Kiso in meine Hände zu spielen.«

»Sprecht!«

»Ich habe im nordöstlichen Viertel Unterkunft gefunden und stehe durch einen Mittelsmann mit Yoritomo in Verbindung. Ehe Yoritomo die Hauptstadt belagern wird, wird er zu meiner Unterstützung Samurai in die Stadt einschleusen. Wenn ich bereit bin, werde ich diese Männer rufen und...«

Yoshi beschrieb die Theatergesellschaft, den Neubau, den er errichten ließ, wie beide zur Förderung seines Planes nutzbar gemacht werden konnten und wie Go-Shirakawa helfen könnte.

Als er geendet hatte, machte Go-Shirakawa zusätzliche Vorschläge. Yoshi stimmte ihnen zu. »Ich bin lange Zeit geduldig gewesen und werde noch länger geduldig sein.« Wieder berührte er den Boden dreimal mit der Stirn.

Sein weiteres Vorgehen war klar.

Yoshi erwog verschiedene Möglichkeiten, um an Nami heranzukommen, und entschied sich für eine direkte Vorgehensweise. Trotz Go-Shirakawas Warnung war er zuversichtlich, unbemerkt von den Wachen zu Nami vordringen zu können. Es war sein Haus, das sie bewachten, und er kannte es besser als sonst jemand.

Während der Stunde des Vogels, ungefähr um sieben Uhr abends, näherte er sich seinem kleinen Besitz. Ein Klumpen bildete sich in seiner Kehle. Hatte er je erwartet, das vertraute Haus wiederzusehen? Unter solchen Umständen? Er wünschte, er hätte anstelle des hölzernen Zaunes und der immergrünen Hecke eine massive Umfassungs-

373

mauer bauen lassen, aber wenigstens brauchte er jetzt keine hohe Wand zu überklettern.

Er trug dunkle, ungemusterte Kleidung, schlüpfte von Schatten zu Schatten und beobachtete. Er war sich eines jeden Lufthauches bewußt, jedes Schattens, jedes knarrenden Astes. Das Wissen, daß er in eine Falle gehen sollte, brachte ihm einen Vorteil. Die Wärter erwarteten ihn nicht. Sie hatten keinen Anlaß, sich still zu verhalten oder sich zu verbergen. Undisziplinierte Krieger waren wohl kaum ständig in Wachbereitschaft. Die Zeit machte sie nachlässig.

Bald hatte er herausgefunden, daß es außerhalb des Grundstücks zwei Gruppen von Bewachern gab, eine auf der anderen Straßenseite im Süden, die zweite im Osten. Weil große Teile dieses alten Viertels nach den Erdbeben und Bränden der vergangenen Jahre eingeebnet und nicht wieder aufgebaut worden waren, hatten die Wachen zum Schutz gegen das Wetter primitive Hütten errichtet.

Yoshi umging beide Gruppen. Sie saßen am Lagerfeuer, und solange vom Haus kein Alarmruf ertönte, war von diesen Männern nichts zu befürchten.

Wie ein Geist näherte er sich dem Nordrand des Grundstücks. Nichts hatte sich verändert – da war die schmale Lücke in der Hecke, wo früher eine Pforte gewesen war. Er überstieg den Zaun, schlüpfte hindurch und sah sich der Rückseite des Gästehauses gegenüber.

Es war bewohnt.

Er blickte zum Himmel auf. Wolkenlos, und Tsukuyomis Gesicht war im dritten Viertel und warf harte Schatten von Bäumen, Zäunen und Wänden. Er würde im vollen Mondschein die offene Fläche überqueren müssen.

Es sei gewagt.

In weiten Sätzen sprang er zur Veranda und warf sich in ihrem Schatten zu Boden, wartete atemlos auf ein Alarmzeichen. Alles blieb still. Aus dem Inneren des Hauses drang leises Stimmengemurmel. Er richtete sich auf und überkletterte das niedrige Geländer. Auf der Veranda drückte er sich im Schatten des überhängenden Daches an die Wand und lauschte.

Zwei Männer unterhielten sich. Einer von ihnen wurde

Ichijo genannt. Yoshi beschloß zu warten. Er vermutete, einer der beiden würde von Zeit zu Zeit einen Rundgang machen. Mit dem Vorteil der Überraschung auf seiner Seite sollte es nicht allzu schwierig sein, einen nach dem anderen auszuschalten.

Yoshi stieg wieder über das Geländer und kroch unter die Veranda. Die Erde war kalt und feucht, und die Zeit zog sich scheinbar endlos hin. In weiter Ferne verkündeten Glocken und Klappern die Stunde des Hundes. Eine weitere Ewigkeit verging, bis die Stunde des Wildschweins anbrach, zwei Stunden vor Mitternacht.

Yoshi fror. Er lag weniger als fünfzig Schritte von Nami entfernt, und sie ahnte es nicht. Sein Verlangen, zu ihr zu kommen, hielt ihn davon ab, sein Vorhaben aufzugeben. Er konnte nicht viel länger warten. Die Wächter dachten offenbar nicht daran, Rundgänge zu machen. Er würde sie umgehen müssen.

Yoshi wälzte sich gerade aus seinem Versteck, als über ihm Schritte auf der Veranda polterten. Er rollte zurück und dankte Hachiman und Buddha, daß sie ihn davor bewahrt hatten, zehn Sekunden früher zu handeln.

»Ich werde zurück sein, bevor es Tag wird«, sagte einer direkt über ihm.

»Das möchte ich dir raten, Ichijo, oder wir enden beide mit unseren Köpfen auf Stangen.«

Schritte stampften die drei Stufen hinab. Der andere Wächter murmelte nervös etwas vor sich hin. Yoshi wartete ab, um zu sehen, ob Ichijo sich vielleicht eines anderen besinnen und vorzeitig zurückkommen würde. Er betete zu Buddha und den Shinto-Göttern um die Kraft, Kälte und Ungeduld zu ertragen.

Jahre schienen zu verstreichen, bis die Tempelglocken endlich Mitternacht verkündeten, die Stunde der Ratte. Der Wächter hatte sich seit einer Stunde nicht mehr gerührt. Yoshi kroch aus seinem engen Versteck. Er war steif und durchgefroren, hatte Schwierigkeiten, auf die Beine zu kommen. Er streckte Muskeln und Gelenke. Als er seine Beweglichkeit wiedererlangt hatte, stieg er auf die Veranda und glitt zu den Fensterläden. Ein winziger Lichtschimmer führte ihn zu einem schmalen Ritz, der ihm einen begrenzten Blick ins Innere gewährte. In dem gewöhnlich leeren Raum lagen Kriegerausrüstungen zuhauf, dazwischen Abfälle, die nachlässige Benutzer im Laufe eines Jahres herumgestreut hatten. Der Wächter saß über ein kupfernes Kohlenbecken gebeugt und hatte der Tür den Rücken zugekehrt. Seine Schwerter lagen neben ihm am Boden, und er hatte sich eine Wolldecke um die Schultern gelegt.

Yoshi schlich zur Tür und versuchte sie aufzudrücken, dann verbiß er sich einen Fluch. Es wäre so einfach gewesen, wenn sie unverriegelt wäre. Aber sie war es nicht. Der Wächter mußte den Riegel vorgeschoben haben, nachdem sein Gefährte gegangen war.

Yoshi zog den Kriegsfächer aus der Jacke und klopfte damit an die Tür.

»Bist du's, Ichijo?«

In einer Nachahmung des mürrischen Tonfalls, den er zuvor von der Veranda gehört hatte, knurrte Yoshi: »Wer sonst? Mach auf, schnell! Ich erfriere hier draußen.«

Der Riegel wurde angehoben. »Freut mich, daß du zur Vernunft gekommen bist«, sagte der Wächter. »Ich sagte dir...« In diesem Augenblick schlug ihm die Tür ins Gesicht. Er wankte zurück, zu verblüfft, um einen Warnruf auszustoßen. Yoshis beschwerter Fächer traf seine Schläfe, als er sich zu seinen Schwertern bücken wollte. Der Atem entfuhr ihm in einem dünnen Pfeifen, und er sackte in sich zusammen.

Yoshi schlug das Herz im Halse. Beinahe wäre es schiefgegangen. Hätte der Mann um Hilfe gerufen, statt zu den Waffen zu greifen, wären die anderen Wächter von der Straße gelaufen gekommen. Durch den Griff zum Schwert hatte der Wächter Yoshi eine Chance gegeben.

Yoshi suchte in den verstreuten Ausrüstungsgegenständen herum und fand einen Strick. Er band und knebelte den Besinnungslosen, dann verließ er das Gästehaus.

Wenn Ichijo nicht frühzeitig zurückkehrte, blieben Yoshi fünf Stunden, die er mit Nami verbringen konnte. Unerschrocken ging er den überdachten Korridor zum Hauptgebäude entlang. Es lag dunkel und still da. Die Läden waren von innen verriegelt, die Tür desgleichen.

376

Er kratzte an den Läden. »Nami, Nami«, flüsterte er. Kurz darauf vernahm er eine Bewegung im Inneren, und plötzlich kamen ihm Zweifel. Wie, wenn es nicht Nami wäre? Aber er konnte nicht mehr zurück. »Nami«, wiederholte er drängend, »mach auf. Ich bin's, Yoshi.«

Er hörte ein lautes Luftholen, dann klickte es und der Fallriegel gab die Tür frei. Sie ging auf, und Namis bleiches Gesicht erschien im Mondlicht. Ihre Augen waren geweitet, der Mund ungläubig geöffnet. »Yoshi!« keuchte sie. »Sie werden dich fangen. Lauf!«

»Nein, ich bin sicher. Laß mich ein, schnell!«

Sie trat wie eine Schlafwandlerin zur Seite, unfähig zu glauben, daß Yoshi wirklich hier war. Er trat an ihr vorbei. »Schließe die Tür. Zünde die Öllampe an. Ich möchte dich sehen.« Nami tat wie geheißen. Mit dem Schließen der Tür lag der Raum in völliger Finsternis. Yoshi schwamm im süßen Duft ihres vertrauten Parfüms. »Nami, wo ist das Licht?«

»Wir dürfen nicht. Die Wächter...«

»Können uns nichts anhaben. Nami!« Yoshi vergaß das Licht in der Seligkeit ihrer Umarmung. Sie umklammerten einander in der Dunkelheit, während Nami vor Freude schluchzte und Yoshi vor Erregung zitterte. »Wie hast du mich gefunden? Wo bist du gewesen? Was tust du hier? Die Wächter...« Die Worte kamen ihr in atemloser Überstürzung von den Lippen, während sie Yoshi an sich drückte.

Er murmelte wortlos, liebkoste ihr Haar, küßte ihre Stirn, die Nase, die Lippen. Endlich stöhnte er: »Nami, Nami. So lang ist es her. Zu lang. Liebes...«

Nami führte ihn zu ihrem *chodai*, der mit Vorhängen versehenen Schlafplattform, und zog den Vorhang zurück.

Zusammen sanken sie auf ihr *futon* nieder und liebten einander, wie sie es vordem nie getan hatten und später niemals wieder tun würden. Erst als sie gesättigt von der Liebe voneinander rollten, beantwortete er Namis Fragen. »Ich kann nicht wieder hierherkommen, bis meine Mission erfüllt ist«, sagte er abschließend. »Du wirst bald eine Einladung von Go-Shirakawa erhalten. Die Einladung wird deine Anwesenheit bei einer Theatervorstellung erbitten, die Kiso und Tomoe zu Ehren gegeben wird. Du wirst annehmen...«

»Ich kann nicht. Ich kann nicht in Kisos Nähe sein.«

Yoshi spürte ihre Erregung und sagte beschwichtigend: »Sicherlich kannst du. Ich hasse Kiso mehr als du, und habe mehr Grund dazu...«

»Nein... nein, das ist nicht wahr!« erwiderte Nami mit tonloser Stimme. Yoshi konnte nicht sehen, daß sie den Kopf abgewandt hatte und gegen die aufsteigenden Tränen kämpfte.

»Du wirst kommen, weil du mich liebst«, sagte er.

Unter dem Eindruck ihrer wiedergewonnenen Nähe konnte Nami die Wahrheit nicht verbergen. Der Gedanke, daß Yoshi sie zu Kiso schickte, war ihr unerträglich. Sie mußte ihm von ihrer Schande sprechen, von dem Geheimnis, das sie seit Hiuchi-Yama bewahrt hatte. Sie brach in Tränen aus und bat Yoshi unter wildem Schluchzen, er möchte sie fest in die Arme nehmen und verstehen.

»Was ist, was hast du, mein Liebes?« fragte er wieder und wieder, da er ihre Worte durch das Schluchzen nicht verstehen konnte.

Endlich gelang es ihr, ihm zu sagen, wie sie getäuscht und mißbraucht worden war. Ihre Stimme brach, als sie in erneuertem Schrecken schluchzte und stöhnte.

Yoshi schwieg.

Als sie sich endlich beruhigt hatte, wartete sie auf seine Reaktion. Stille!

Ängstlich berührte sie sein Gesicht und fühlte heiße Tränen auf seinen Wangen, einen zuckenden Muskeln an seinem Mundwinkel. »O Yoshi! Vergib mir!« weinte sie.

Als er sprechen konnte, klang seine Stimme unendlich angestrengt, unendlich geduldig. »Du bist nicht schuldig, liebste Nami. Es ist Kisos Schlechtigkeit, seine Schuld. Seine Schuld! Jetzt verstehe ich deine Traurigkeit und Selbstversenkung vor unserer Hochzeit.« Yoshis Stimme hob sich in erbittertem Zorn. »Kiso muß sterben!«

»Ich versuchte, dich zu schonen, dich zu schützen. Ich kenne dein Gelübde und achte es. Ich will nicht der Anlaß sein, daß du es brichst.«

»Mein Gelübde ist gebrochen«, sagte er mit halberstickter Stimme.

»Nein, lieber Yoshi. Dein Gelübde ist wichtiger als Vergeltung. Du hast es mir hundertmal gesagt. Ein Gelübde wird vor den Göttern abgelegt und bedeutet mehr als weltliche Angelegenheiten. Was geschehen ist, ist geschehen. Ich liebe dich nicht weniger. Meine Liebe zu dir ist stärker denn je.«

»Und die meine auch«, sagte Yoshi. »Wieviel muß es dich gekostet haben zu schweigen . . . mich vor mir selbst zu schützen.«

Er schluckte. Wie nahe war er daran gewesen, seine Selbstbeherrschung zu verlieren! Er drückte seine Wange an Namis und fühlte, wie ihre Tränen sich mit den seinen mischten.

»Kiso muß sterben«, sagte er, »aber nicht von meiner Hand.«

Sie preßte sein Gesicht gegen ihres und wiederholte seinen Namen mit so viel Zärtlichkeit und Verstehen, daß ihm wieder Tränen übers Gesicht rannen und seine Kleider tränkten.

53

Nach dieser Nacht mit Nami fand Yoshi es schwierig, seinem Haus fernzubleiben. Um sich abzulenken, konzentrierte er sich auf den Theaterbau, wo er selbst mit Hand anlegte und letzte Verbesserungen vornahm. Ein paar Tage nach seiner Gefangennahme durch die kaiserlichen Wachen waren seine Abschürfungen und Prellungen hinreichend verheilt, so daß er der Theatertruppe gegenübertreten konnte, und kurz vor dem Beginn des neuen Jahres kehrte er zum Gasthaus zurück.

»Wir haben ein Theater«, verkündete Yoshi beim Abendessen. Die ganze Gesellschaft hatte sich im Gastzimmer des Wirtshauses versammelt. Der Geruch von Räucherfisch und grünem Tee erfüllte die Luft. »In diesem Augenblick stellen die Zimmerleute die Bühne fertig, Künstler malen einen neuen Hintergrund mit einer Kiefer, und alles wird kurz nach den Zeremonien zum neuen Jahr fertig sein.«

Die Neuigkeit wurde mit aufgeregter Diskussion quittiert. Alle wollten Näheres wissen.

»Auf dieser Bühne wird Platz genug sein, daß die Musikanten bequem sitzen können«, fuhr Yoshi fort. »Die Laternen werden genug Licht spenden, und unter der Bühne habe ich große Krüge aufstellen lassen, um eine bessere Resonanz zu schaffen. Auch die Schauspieler und Sänger können natürlicher sprechen und singen, weil die Resonanzkrüge und die feste Bühnenrückwand die Stimme besser zur Geltung bringen werden. Auch für die Akrobaten habe ich etwas Besonderes vorbereitet...«

Bevor Koetsu fragen konnte, was es damit auf sich habe, unterbrachen mehrere Mitglieder der Truppe mit der gleichen Frage: »Wann können wir das Theater sehen?«

»Bald, aber zuerst müssen wir ein ganz neues Stück einstudieren. Mit Ohanas Hilfe habe ich ein Schauspiel mit lohnenden Rollen für alle geschrieben.«

Ohana blickte überrascht auf, neugierig, was Yoshi in seinem Namen wohl getan hatte.

»Erzähl uns die Handlung«, rief einer der Schauspieler.

Yoshi stand auf und breitete die Arme aus. Mit lauter Stimme proklamierte er: »Ich werde den Gott Haya-Susa-no-wo spielen. Nach der Verstoßung aus dem Himmel zur Erde zurückgekehrt, finde ich einen alten Mann, der von unserem Leiter Ohana gespielt wird, und eine alte Frau, die von Ume gespielt wird...«

»O nein, das könnte ich nicht.« Ume verbarg ihr Gesicht.

Yoshi ignorierte die Unterbrechung und fuhr fort: »Die beiden haben ein schönes Mädchen, das von Aki gespielt wird. Der alte Mann und die alte Frau weinen, weil die achtköpfige Schlange Koshi im Laufe der Jahre ihre anderen Töchter gefressen hat; nun ist die Zeit gekommen, daß die Schlange dieses letzte Kind holen wird. Der alte Mann vertraut Haya-Susa-no-wo an, daß er Ashinadzuchi ist, Sohn des Berggottes, und singt ein Lied, in dem er das achtköpfige Ungeheuer beschreibt. Dessen Augen sind kirschrot; der Körper, mit acht Köpfen und acht Schwänzen, erstreckt sich über acht Hügel und durch acht Täler und ist mit Kiefern und Zedern bedeckt.«

Yoshi holte tief Atem und hob dramatisch die Stimme. »Mit Ashinadzuchis Erlaubnis nimmt Haya-Susa-no-wo die

Tochter und verwandelt sie in einen Kamm, den er sich ins Haar steckt. Er sagt dem alten Paar, sie sollen Sake von achtfacher Stärke brennen und acht Bottiche füllen, die in den acht Pforten eines großen Zaunes aufgestellt werden müssen. Dann sollen sie warten.

Die Schlange kommt und trinkt aus jedem Bottich, wird betrunken und legt sich nieder, worauf Haya-Susa-no-wo sein Schwert zieht und sie tötet. Beim Aufschneiden der Schlange entdeckt er das große Schwert namens *Kusanagi* und meldet seine Entdeckung Amaterasu, der Sonnengöttin.«

Die Theatergesellschaft saß stumm da, überwältigt von Yoshis Vision. Als erster faßte sich Koetsu. »Welche Rolle kommt den Akrobaten zu?« fragte er.

»Ihr werdet das achtköpfige Ungeheuer Koshi sein und euch gemeinsam wie ein Mann bewegen.«

Ein strahlendes Lächeln erhellte Koetsus Gesicht, als er sich die Wirkung vorstellte. Auch Ito war begeistert. »Ich werde sofort die Musik dazu komponieren. Schon höre ich ein besonderes Thema für das Ungeheuer, gespielt auf der großen Trommel und der *biwa*, und ein Gegenthema für Haya-Susa-no-wo, das auf der Flöte gespielt wird.«

»Morgen«, sagte Yoshi, »bereiten wir uns auf unseren kommenden Triumph in Kyoto vor. Wenn wir unsere Sache gut machen, werden wir bald für den Kaiser spielen.« Während die Gesellschaft seinen anfeuernden Worten applaudierte, dachte Yoshi bei sich: Und ich werde der Vollendung meiner Mission nahe sein. Kiso wird zahlen.

Eine Woche vor der geplanten Eröffnung gingen die Akrobaten in die Stadt. Sie brachten Flugzettel an, die Ohanas Gesellschaft und das vorgesehene Programm beschrieben. Der Rest der Gesellschaft traf am Abend des letzten Tages ein. Sie kamen ohne Aufsehen und bezogen die Quartiere, die Yoshi hinter dem Theater vorbereitet hatte. Ihr unauffälliger Einzug in die Stadt hatte zu einem bitteren Streit zwischen Yoshi und Ohana Anlaß gegeben.

»Wir haben unsere Ankunft immer durch einen Auftritt der Akrobaten angekündigt. Wie sonst können die Leute von uns wissen?«

»Dies ist Kyoto. Unsere Zettel sind angeschlagen. Die Hauptstadt hat seit dem Einrücken von Kisos Armee wenig Unterhaltung gehabt. Sie wird warten.«

Yoshi blieb ruhig, doch kostete es ihn große Anstrengung, seine Ungeduld angesichts Ohanas Mangel an Voraussicht zu verbergen. Die Dummheit und Gier dieses Mannes konnte seine Pläne gefährden.

»Wie kannst du wissen, daß die Leute warten werden? Es ist noch Zeit, die Akrobaten vorauszuschicken. Ich bezahle sie.«

»Ohana, vertraue mir. Die Hofgesellschaft würde deine Methoden nicht schätzen. Wir müssen in einer behutsamen Art und Weise an ihr ästhetisches Gefühl appellieren. Diese Vorgehensweise wird uns einen Auftritt vor dem Kaiser eintragen... und uns Ruhm und Reichtum bringen.«

»Aber ein kleiner Auftritt der Akrobaten, um ihnen Appetit zu machen!«

»Keine Akrobaten!«

»Vater, Suruga hat recht. Wir müssen an ihn glauben.« Aki war so hingerissen von ihrer neuen Rolle und den Tänzen, die Yoshi einstudiert hatte, daß sie bereit war, alles zu befürworten, was er sagte.

Auch Ohana wurde von der Gesellschaft beglückwünscht, aber es kränkte ihn, daß er behandelt wurde, als wäre er ein bloßer Schauspieler und nicht der Mann, dessen Name auf den Handzetteln erschien. Daß Yoshi die unangefochtene Herrschaft ausübte und die Gesellschaft für seine eigenen Zwecke benutzte, war eine schwärende Wunde in Ohanas Herzen.

Die Eröffnungsvorstellung von Haya-Susa-no-wo fand am zweiten Abend des neuen Jahres statt. Trotz der Kälte war das Theater voll. Öllampen warfen tanzende Schatten auf die schwarzen Deckenbalken über der Bühne. Eine Rampe führte von der Mitte des Zuschauerraumes zur Bühne hinauf; auf diesem Weg traten die Schauspieler auf und wieder ab. Die mit untergeschlagenen Beinen am Boden sitzenden Musiker spielten ihre Begleitmusik vor dem Bühnenbild mit dem Kiefernbaum. Der Chor, kostümiert und mit Masken, nahm die offenen Seiten der hölzernen Bühne ein.

Das gewöhnliche Publikum saß in einem Halbkreis der Bühne gegenüber unter den Sternen. Die Standespersonen vom fünften Rang aufwärts waren in einer besonderen, zweistöckigen, gedeckten Galerie untergebracht. Das Rascheln der Wintergewänder und Kimonos mischte sich in den eintönigen Chorgesang:

>>Seht hier Haya-Susa-no-wo
Er kommt aus den Himmeln
Mit dem Schwert eines Gottes
Haya-Susa-no-wo
Von den himmlischen Lüften
Mit dem Schwert eines Gottes.<<

So sang eine Hälfte des Chores, während die andere Hälfte im Gegengesang wiederholte: >>Ach, wie ich mir das Schwert eines Gottes wünsche!<<

Die Stimmen hallten durch das Theater, verstärkt von den dröhnenden Tonkrügen unter der Bühne.

Koetsu sang hinter einer *hannia*, einer Dämonenmaske, wie es sich für den achtköpfigen Drachen geziemte. Ohana trug die Maske eines alten Mannes, Ume die einer alten Frau. Die anderen erschienen in Bühnenaufmachung. Yoshi, der als *kimi*, Herr des Chores, wirkte, trug für seine Rolle als Haya-Susa-no-wo vollständige Kriegerrüstung.

Ohana fröstelte hinter seiner Maske, mehr aus Nervosität als von der trockenen Kälte der Nacht. Die Eröffnungsvorstellung war in seinen Augen zu einem katastrophalen Mißerfolg verurteilt. Er war eine geräuschvolle Zuschauermenge gewohnt, voll von ungestümem Humor, von den Akrobaten zu Heiterkeit und Späßen ermutigt. Dieses Publikum, das so still dasaß und nur durch das Rascheln von Gewändern aus Seidenbrokat Leben signalisierte, versprach einen schmählichen Durchfall.

Haya-Susa-no-wo trat in die Bühnenmitte und zog mit ausholender Gebärde das Schwert. Er stampfte mit dem

rechten Fuß auf die Bretter, ging mit gespreizten Beinen fe-
dernd in die Knie und verkündete in dieser kämpferischen
Haltung:

>>Am Anfang von Erde und Himmel
An den Ufern des Stromes
Am ewigen Firmament
War die hohe Versammlung der Götter...<<

Die Aufführung nahm ihren Anfang. Ohana zitterte unter
dem Stillschweigen des Publikums. O Unglückstag, als er
diesen Vagabunden in die Truppe aufgenommen hatte! So
weit zu kommen und dann alles durch zuviel Ehrgeiz zu zerstören!

Er spielte seine Rolle, und die Verzweiflung, die er über
den unausweichlichen Durchfall der Aufführung verspürte,
kam seiner Darstellung als tragischer Ashinadzuchi nur zugute.

Als die Akrobaten als achtköpfiges Ungeheuer auftraten,
ging ein Seufzen durch das Publikum, und als Haya-Susa-
no-wo in einer blendenden Schaustellung von Fechtkunst
schließlich das Ungeheuer erlegte, brandete begeisterter Bei-
fall auf.

Die Maske rettete Ohana vor peinlicher Bloßstellung auf
der Bühne. Er stand wie vom Donner gerührt da, sprachlos,
mit offenem Mund. Sie mochten es! Das Stück war ein Erfolg!
Er war gerettet!

Danach aber fraß der Wurm der Eifersucht im nominellen
Leiter der Ohana-Dengaku-Gesellschaft. Alle umdrängten
Yoshi und Aki, ohne Ohana zu beachten. Er verbarg seine
Gefühle und lachte, wenn er merkte, daß jemand ihn ansah.

>>Einen Trinkspruch! Einen Trinkspruch!<< rief er in einem
Versuch, seine Position als Leiter zurückzugewinnen.

>>Seid still, alle miteinander<<, sagte Yoshi. >>Unser Leiter
möchte einen Trinkspruch ausbringen.<<

Jemand kicherte. Der Spott entging Ohana nicht, und Bitterkeit sammelte sich in seiner Kehle.

>>Ich nahm einen Fremden auf und lehrte ihn gut. Viel von
meinem heutigen Erfolg gebührt Suruga, der unter meiner

Anleitung hart gearbeitet hat«, erklärte er und warf sich in die Brust.

»Deinem Erfolg?« rief ein angetrunkener Schauspieler.

»Heute abend feiert Ohana seinen größten Triumph«, erklärte Yoshi schnell. »Ohne ihn würde es keine Ohana-Dengaku-Gesellschaft geben. Wir schulden ihm alles.«

»Auf dich, nicht Ohana«, rief einer der neu eingestellten Musiker.

»Genug«, sagte Yoshi. »Ich trinke auf den Leiter der größten Schauspieltruppe in den zehn Provinzen. Auf Ohana und seine schöne Tochter Aki!« Er hob die Schale und trank. Alles brach in Hochrufe aus.

Ein weiterer Trinkspruch wurde auf die Akrobaten ausgebracht, und dann noch einer und noch einer... Yoshi war kein Freund der Sakeflasche, aber er konnte sich nicht einfach ausschließen. So trank er... und trank.

54

Am fünften Tag des ersten Monats 1184 fand im kaiserlichen Palast die Rangverleihungszeremonie statt. Herausragendes Ereignis war die von Go-Shirakawa ausgesprochene Ernennung Kiso Yoshinakas zum Shogun. Am Abend besuchte der neuernannte Hüter des Reiches auf Go-Shirakawas Vorschlag das Theater im nordöstlichen Viertel, um seine Ernennung zu feiern.

Die Torhüter mußten hundert Adlige abweisen, bevor die Aufführung begann. Ohana brach bei dem Gedanken an die verlorengegangenen Einnahmen in Tränen aus; Yoshi versicherte ihm, die heute Abgewiesenen würden an einem der nächsten Abende wiederkommen.

Am Spätnachmittag war Yukitaka gekommen und hatte Yoshi unterrichtet, daß Kiso der Vorstellung beiwohnen werde, Yoshi aber nichts Übereiltes tun dürfe. Go-Shirakawa hatte die von Yoritomo erbetene Verstärkung nicht erhalten. Yukitaka übergab Yoshi ein gefaltetes Blatt Maulbeerpapier, das mit einem Streifen karmesinroter Seide zu-

sammengebunden war. Es enthielt ein einziges Wort:
›Wartet.‹

Yoshi beobachtete das Publikum, während die Musiker
Itos Einleitungsmusik spielten. Seine Wachsamkeit wurde
belohnt. In letzter Minute betrat Kiso das Theater, umgeben von den *shi-tenno*. Sie saßen auf den Ehrenplätzen eines erhöhten Balkons im rückwärtigen Teil des Theaters.
Die untere Galerie war gefüllt mit Adligen und hohen kaiserlichen Beamten, die einander in ungewohnter Vertrautheit mit den Ellenbogen stießen.

Die Nachricht vom großen Erfolg Haya-Susa-no-wos
hatte sich wie ein Lauffeuer verbreitet. Über Nacht war es
gleichsam zur gesellschaftlichen Pflicht geworden, die Aufführung gesehen zu haben.

Yoshi verdrängte Kiso aus seinen Gedanken. Obwohl er
so kurz vor dem Abschluß seiner Mission ungeduldig war,
wollte er den geeigneten Augenblick abwarten.

Als die Vorstellung zu Ende war, erhielt die Truppe noch
lautere Ovationen als am Abend der Erstaufführung.
Ohana spielte seine Rolle weniger effektvoll, aber die
Maske tarnte seine schauspielerischen Patzer. Aki war bril-
lant. Die Rolle der Tochter war ihr auf den Leib geschrieben, und sie konnte ihr Talent voll zur Geltung bringen.

Die neu ernannten Adligen kamen hinter die Bühne, um
den Schauspielern ihre Aufwartung zu machen. Yoshi,
maskenhaft geschminkt und in seiner Theaterrüstung, dis-
kutierte das Stück mit einer Gruppe von Leuten, die sich
als Dichter und Musiker fühlten. Er bemerkte, daß es immer das gleiche war: Die Dilettanten, die an der Oberfläche
einer Kunst herumkratzten, versuchten die Berufskünstler
mit ihren Kenntnissen zu beeindrucken. Umringt von den
diskutierenden Fremden, wurde Yoshi mit einiger Verzögerung bewußt, daß Kiso und Imai die Gruppe um Aki beherrschten. Im Licht der rauchenden Öllampen boten die
Adligen in ihren farbenprächtigen und verzierten Gewändern ein glänzendes Bild, wie sie die weißgekleidete Aki
umdrängten. Rot mit goldgestickten Drachen, blau mit aufgemalten Schlachtszenen, eine Überfülle von Farben glitt
kaleidoskopisch durcheinander. Die tanzenden Schatten

machten die Menge gleichzeitig mehr und weniger menschlich.

Zwei Gestalten hoben sich besonders heraus – Aki in der Mitte, das blasse weiße Herz der vielfarbigen Blume, und ihr gegenüber Kiso, in schwarzer chinesischer Seide, mit einem gestickten Tigerkopf auf dem Rücken.

Yoshi war betroffen von der Ausstrahlung des schmalgesichtigen, glutäugigen Kiso. Er hatte ihn seit mehr als einem Jahr nicht gesehen. Seine Machtposition hatte Kiso aufblühen lassen.

Yoshi beobachtete den anderen mit Gefühlen, in denen sich Bewunderung und Abscheu vermengten. Dies war das Schwein, das Nami mißbraucht hatte. Mißbraucht? Der ungehobelte Hitzkopf hatte sie vergewaltigt! Aber Kiso hatte sich verändert; er hatte das Auftreten, die gelassene Stärke und die würdevolle Haltung eines Herrschers entwickelt. Das einst vernachlässigte und strähnige Haar war in einem fein gekämmten Knoten unter einem schwarzseidenen Hut zusammengebunden. Yoshi erkannte die luxuriöse Qualität des Gewandes, sicherlich eines Geschenks vom chinesischen Hof. Gab es Gerechtigkeit in dieser Welt? Der rauhe Gebirgskrieger Kiso war verschwunden; ein Jahr am Hof hatte den neuernannten Shogun zu diamantener Glätte und Härte poliert.

Der Empfang ging zu Ende. Die Schauspieler verspürten allmählich die Erschöpfung, die unausweichlich auf die Euphorie der Vorstellung folgte. Die Besucher verliefen sich nach und nach, und bald verneigten und verabschiedeten sich auch die beharrlichsten Verehrer.

Kiso und Imai blieben... mit Aki.

Yoshi gesellte sich zu ihnen. Er erinnerte sich Go-Shirakawas Warnung, aber Namis Enthüllung war wie ein Zwang, der ihn zu Kiso drängte. Auf der Bühne war Yoshi nicht erkannt worden, obwohl viele Adlige aus dem Publikum ihn am Hof gekannt hatten. Dies war gefährlicher, weil er dem anderen körperlich nahe war. Yoshis Puls flog, und feine Schweißperlen bedeckten seine dick aufgetragene Schminke. Kiso und Imai trugen Schwerter; wenn sie ihn erkannten, würden sie ihn auf der Stelle niedermachen.

387

Yoshi spürte, wie ein Nerv an seiner Wange zuckte, aber er konnte nicht anders. Kiso blickte ihn an, und seine Züge verrieten desinteressierte Neugierde. »Meinen Glückwunsch, Held«, sagte er. »Man sagt mir, daß du mehr als ein Schauspieler bist, und ich glaube es. Du kannst auch mit dem Schwert umgehen, wie ich gesehen habe. Ist es wahr, daß du das Schauspiel geschrieben und einstudiert hast?«

»Mit Ohanas Hilfe. Ich bin bloß ein armer Schauspieler, der sich mit dieser Arbeit den Lebensunterhalt verdient«, sagte Yoshi mit einer ironischen Verbeugung. Er hatte Selbstvertrauen gewonnen; seine Verkleidung schützte ihn.

»Du sprichst gut, und von *esemono* erwartet man nicht, daß sie sich mit der Dichtkunst befassen.«

»Es ist mein Talent zur Verstellung, Großkanzler Kiso.«

»Du kennst meinen Namen?«

»Jeder kennt Euren ruhmvollen Namen. Er ist gleichbedeutend mit Freundlichkeit, Großzügigkeit und Verständnis für uns, das niedere Volk.« Yoshi wurde kühner. Zwar bemühte er sich, die veränderte Klangfarbe seiner Stimme beizubehalten, aber seine Körperhaltung signalisierte einen Hauch von subtilem Spott.

Kiso wandte sich zu Imai. »Ich glaube, der Schauspieler macht sich über mich lustig. Ist das möglich? Falls es so wäre, würde ich ihm den Kopf abschlagen und auf künftige abendliche Unterhaltung verzichten müssen.«

»Er ist zu freimütig für einen Schauspieler. Wir sollten ihm über die Manieren, die wir erwarten, eine Lektion erteilen«, knurrte Imai.

»Vielleicht.« Kiso wandte sich wieder Yoshi zu. »Etwas an dir kommt mir bekannt vor. Ich kann es nicht unterbringen, aber es suggeriert etwas Unangenehmes. Entferne dich aus meiner Gegenwart, bevor ich gezwungen bin, dir weiterzuhelfen. Du spieltest gut. Du unterhieltest mich, aber jetzt stellst du meine Geduld auf die Probe.« Kisos Augen wurden zu Splittern von hartem schwarzem Onyx.

»Was das betrifft, edler Herr, so würde ich mir selbst die Zunge herausschneiden, wenn sie Euch beleidigte, aber ich muß darauf hinweisen, daß mein Platz hier ist. Ihr seid der Besucher.«

»Ein wenig mehr von dieser Unterhaltung, und ich könnte mich genötigt sehen, dir persönlich die Zunge herauszuschneiden. Welch ein Jammer würde das sein.«

Bevor Yoshi in dem allmählich eskalierenden verbalen Zweikampf erwidern konnte, trat Aki dazwischen. »Suruga, du bringst mich in Verlegenheit«, zischte sie. »Und uns alle in Schwierigkeiten. Bitte geh.«

»Wie du wünschst. Vielleicht können wir unser Gespräch ein anderes Mal beenden, edler Herr Kiso.«

»Zu deinen Diensten, Schauspieler.«

Als Aki zum Gasthaus zurückkehrte, war es Morgen. Sie trug einen trotzigen, selbstgefälligen Ausdruck zur Schau; Haarsträhnen hatten sich aus der Schleife gelöst, die sie zusammenhielt.

Während er auf Aki gewartet hatte, war Yoshi in sich gegangen. Es war falsch gewesen, Kiso herauszufordern, falsch und gefährlich und töricht. Er entschuldigte sich vor sich selbst damit, daß er Aki vor dem Unheil hatte schützen wollen, das ihr mit Sicherheit zustoßen würde, wenn sie mit Kiso ginge. Nach Namis Enthüllung sah Yoshi in Kiso wenig mehr als ein Vieh.

Yoshi hatte lange gearbeitet, um Aki und ihrem Vater das Theater als Vermächtnis zu überlassen. Sie hatten es beide nicht verdient, aber er dachte, er schulde es ihnen, da er nicht die Wahrheit sagen konnte: daß er sie benutzte, um Kisos Gefangennahme zu bewerkstelligen. Wie konnte er Aki davon abbringen, mit Kiso zu gehen und anstelle einer Belohnung eine Enttäuschung zu erleben? Er war in einer verwünschten Lage. Was konnte er sagen, um Aki vor ihrer Gier zu retten? Am liebsten hätte er sie angeschrien, aber er zwang sich zur Ruhe. »Mit Kiso zu gehen, war unklug«, sagte er. »Er bedrohte und beleidigte mich, trotzdem gingst du mit ihm.«

»Ich tue, was mir gefällt«, versetzte Aki kalt. »Du hast dich kindisch benommen. Du provoziertest Kiso ohne Grund. Nun, ich brauche weder deine Zustimmung noch deinen Rat. Kiso liebt eine Frau, wie ein Mann es tun sollte. Du hast mich einmal zurückgestoßen, und seit wir hier gastieren, findest du keine Zeit mehr für mich. Ich habe genug davon. Du wirst nie wieder eine Chance erhalten.«

»Hör auf mich. Geh nicht zu ihm. Er wird dich verraten!«

»Bist du eifersüchtig auf ihn? Was weißt du schon von ihm? Du bist ein Gemeiner, er ist der Shogun.«

»Ich kenne ihn, und er ist schlecht«, sagte Yoshi, zornig über Akis Uneinsichtigkeit. »Er lebt mit der berühmten Kriegerin Tomoe. Die beiden sind seit ihrer Kindheit zusammen. Sie wird dir nie erlauben, daß du Kiso mit ihr teilst.«

»Ich werde nicht auf dich hören. Kiso ist aufrichtiger, als du es bist. Er erzählte mir von Tomoe und von den anderen. Er ist ein starker Mann, der mehr als eine Frau unterhalten kann. Die anderen sind mir gleich. Ich glaube, Kiso wird mich zu einer offiziellen Gemahlin machen.«

»Kiso ist ein viehischer Mensch, der die Frauen ausnutzt. Er wird dich ebenso wegwerfen, wie er es vor dir mit anderen getan hat.«

»Ich bin nicht eine von denen. Ich finde es besser, die Gemahlin eines Würdenträgers mit einem Platz am Hofe zu sein, als mir den Lebensunterhalt mit der Schauspielerei zu verdienen.«

55

Die Nacht auf den achtzehnten Tag des ersten Monats war bitter kalt. Öllampen und vereinzelte Holzkohlenfeuer in kupfernen Becken konnten dem zugigen Theater wenig Wärme geben. Das Publikum saß in Wintergewänder gehüllt und versuchte, sich warmzuhalten. Die Zuschauer in der offenen Galerie wirkten bleichgesichtig und weich; weißer Puder und geschwärzte Zähne betonten die Rundlichkeit ihrer Gesichter. Eingestreut zwischen diese parfümduftenden Höflinge waren Männer, die in düsterem Schweigen dasaßen, Schwerter an den Seiten, ohne Insignien an den dicken Gewändern. Zu dunkelhäutig, um modisch zu wirken, war ihren Gesichtern eine gewisse Magerkeit und Härte gemeinsam. Hätte man sie in einer Gruppe gemeinsam gesehen, so hätten die Gesichter, Schwerter und schmucklosen Kleider sie als zähe Krieger aus dem Norden ausgewiesen. Hier in der Menge des Publikums, verborgen in den Schatten, blieben sie unauffällig.

Yoshi bemerkte sie von seinem Platz auf der Seite der Bühne. Trotz der Kälte rann ihm nervöser Schweiß über das geschminkte Gesicht. Ständig befingerte er sein Schwert, während er das Publikum beobachtete.

Wo war der Mann?

In diesem Augenblick traf Go-Shirakawa ein. Bewegung ging durch das Publikum, und auf der Galerie hinter den Zuschauerreihen setzte aufgeregte Geschäftigkeit ein. Yoshi hatte der Gesellschaft versprochen, daß sie vor dem Kaiser spielen würde. Niemand hatte wirklich daran geglaubt, doch nun war es eingetreten.

Go-Shirakawa wurde von Yukitaka und Nami zu seinem Platz geleitet. Sie waren umringt von Höflingen. Der Platz des Kaisers war in einer besonderen Loge auf dem Balkon. Aufmerksam ließ er seinen Blick über das Publikum schweifen, nickte leicht, als er die dunklen Männer an Ort und Stelle sah.

Yoshi begegnete Namis Blick, als sie sich auf ihren Sitz niedergelassen hatte. Trotz der Verkleidung erkannte sie ihn sofort. Sein Herz zerschmolz angesichts ihrer Schönheit. Er hatte ihr Gesicht kaum gesehen, als er vor einem Monat zu ihr geschlichen war... nur ein flüchtiger Blick im Mondschein. Jetzt sah er sie von ferne und erfreute sich an ihrer Lieblichkeit.

Doch es gab anderes zu tun. Wenn er Nami heute nacht retten wollte, mußte er genau auf die Einhaltung des Planes achten. Unaufmerksamkeit konnte er sich nicht leisten.

Die Vorstellung konnte beginnen. Das Publikum bewegte sich unruhig in der Kälte. Wo blieb Kisos Gesellschaft? Würden sie kommen? Seit er Aki umwarb, kam Kiso immer frühzeitig, um Geschenke zu bringen und Aki vor ihrem Auftritt Glück zu wünschen. Er hatte sich niemals verspätet. Wo steckte er?

Yoshi begegnete Go-Shirakawas Blick und hob fragend die Brauen. Go-Shirakawa antwortete mit der Andeutung eines

Achselzuckens. Er konnte nichts weiter tun. Der Rest lag in den Händen Yoshis, Yoritomos und der Götter.

In dem seit Yoshis Besuch bei Nami vergangenen Monat war viel geschehen. Nachdem Kisos Armee durch Yukiies Desertion und die verlorenen Schlachten gegen Koremori und Shigehira geschwächt war, hatte Yoritomo einen Zangenangriff gegen Kyoto unternommen, von Süden her über die Brücke bei Uji und aus dem Norden bei Seta, was Kiso zu einer neuerlichen Aufspaltung seiner geschwächten Streitkräfte gezwungen hatte.

Go-Shirakawa hatte Kiso samt Gefolge als seine Gäste zur Theateraufführung eingeladen. In seiner Einladung hatte er, scheinbar einer Laune folgend, Nami als persönlichen Gast mit einbezogen. Kiso konnte nicht ablehnen, ohne den Kaiser zu beleidigen.

Am Nachmittag war Yukitaka ins Theater gekommen, um Yoshi von ihrem Plan zu unterrichten. Heute abend war ihre letzte Chance, Kiso zu fangen, bevor er zu seinen Truppen ins Feld ging. Yoritomo war verständigt worden und hatte, wie vorher abgesprochen, Männer entsandt, die an strategisch wichtigen Punkten überall im Theater postiert werden und Yoshis Befehl unterstehen sollten. Go-Shirakawa hatte seine Grüße und besten Wünsche übersandt. Seine letzte Botschaft, von Yukitaka überbracht, hatte gelautet: ›Kiso darf nicht aus dem Theater entkommen. Unser Leben hängt davon ab, daß er gefangen oder getötet wird.‹

Nach Yukitakas Weggang hatte Yoshi ein Gespräch mit Ohana geführt, das ihn gründlich erzürnte. Nachdem Yoshi ihm Vorhaltungen wegen Aki gemacht und geraten hatte, er solle das Seine tun, daß sie zur Vernunft komme und sich nicht Kiso an den Hals werfe, sagte Ohana: »Ich hätte die Behörden längst über dich verständigen sollen. Die Belohnung, meine Gesellschaft und ihr Erfolg würden heute ganz allein mir gehören.«

Yoshi merkte, daß Ohana angetrunken war, und gern hätte er Bedauern darüber empfunden, was während der abendlichen Vorstellung geschehen würde. Aber er konnte es nicht. Wenn der Plan gelang, würde Ohana ohnehin das Theater haben... mehr als er verdiente.

Yoshi bewahrte seine Fassung und fragte ruhig: »Der Erfolg der Gesellschaft? Ohne mich warst du mit deiner Truppe verurteilt, ein elendes Leben gleichförmiger Plackerei zu führen und auf den Feldern vor Reisbauern zu spielen. Dein Dank ist nicht notwendig, aber gib wenigstens zu, daß du deinen Wohlstand mir verdankst.«

»Niemals! Du ... du bist ein gewöhnlicher Verbrecher und hast nicht mehr für das Theater getan, als ich selbst hätte tun können.«

Yoshi schüttelte den Kopf. »Ohana, du machst dich lächerlich.« Wie konnte ein Mensch so blind für seine eigenen Grenzen sein?

»Es mag sein, daß ich mich lächerlich mache, wie du so oft angedeutet hast, aber ich lasse mich von dir nicht zum Narren halten. Meine Tochter wird mich reich machen. Mein Theater hat mich bereits berühmt gemacht. Ich habe genug von dir. Ich brauche dich nicht mehr. Heute ist dein letzter Auftritt bei uns. Ich habe einen anderen Schauspieler eingestellt, der deine Rollen übernehmen wird. Sei klug und geh, bevor ich meine Großzügigkeit bedaure und dich gegen die Belohnung Kisos Samurai übergebe.«

Yoshi seufzte. Dieser Abend würde ohnedies seine letzte Vorstellung bringen; endlich konnte er offen zu Ohana sprechen. »Ohana«, sagte er, »ich bedaure dich und deine raffgierige Tochter. Ich bin froh, euch beide los zu sein. Heute abend werde ich meinen Abschied nehmen. Es wird meine größte Vorstellung sein...« Damit war das Gespräch beendet, und Yoshi ging. Er wunderte sich, daß er Ohana so lange hatte ertragen können. Seine Entlassung durch Ohana gab Yoshi die Gelegenheit, sich von seinen Freunden zu verabschieden und seine Abreise vorzubereiten.

Die Bühnenschwerter überließ er Tsure, seine Kostüme Koetsu, seine persönlichen Habseligkeiten Ito, dem Musikanten, und ein Bündel Stoff, das für Aki bestimmt gewesen war, gab er Ume. Er wünschte ihnen allen Glück und teilte ihre tränenreiche Trauer. Als der Abend heranrückte, machte er sich bereit.

Anstelle des stumpfen Bühnenschwertes bewaffnete er sich mit einer echten Klinge und polierte sie, bis sie die größtmögliche Schärfe aufwies. Es war ein gutes Gefühl, mit ordentlichem Stahl zu arbeiten. Mit bittersüßen Gefühlen erinnerte er sich seiner glücklichen Tage im *dojo* und der Befriedigung, eine schwierige Arbeit gut zu verrichten.

Während Yoshis letztem Nachmittag bei der Theatergesellschaft traf ein Bote mit einem Kasten für Aki ein. Der Kasten war mit Kisos Feldzeichen geschmückt. Aki öffnete ihn vor den Augen der Truppe und nahm freudig lächelnd einen Ballen besten Seidenbrokats heraus. Dann las sie die beigefügte Nachricht, und plötzlich gefror ihr Lächeln, und sie brach in fassungsloses Schluchzen aus. Sie wandte sich ab und lief in ihre Garderobe. Yoshi wußte Bescheid. Kiso hatte sie mit einem Geschenk abgefunden – dem Lohn der Gier.

Am Abend zogen schwere Wolken auf, und eines der seltenen Wintergewitter drohte. Die Luft war aufgeladen, roch nach Ozon. Seltsam, wie Yoshis Götter gerade in den Nächten, wenn Dämonen brüllten und ihre Donnerkeile über den Himmel schleuderten, dramatische Augenblicke arrangierten...

Die Musikanten beendeten ihre Ouvertüre; widerwillig verließ Yoshi seinen Aussichtspunkt und gesellte sich zu den anderen Schauspielern, um mit ihnen gemeinsam die Rampe hinauf zur Bühne zu gehen. Eine Hälfte des Chores sang die Eröffnung, *Kagura:*

> »Seht hier Haya-Susa-no-wo
> Er kommt von den Himmeln
> Mit dem Schwert eines Gottes
> Haya-Susa-no-wo
> Von den himmlischen Lüften
> Mit dem Schwert eines Gottes.«

Und die anderen antworteten:

> »Ach, wie ich mir das Schwert eines Gottes wünsche.«

Die atmosphärischen Bedingungen bewirkten, daß die Stimmen des Chores von den Tonkrügen unter der Bühne zu übernatürlich dröhnender Klangfülle verstärkt wurden. Es war, als hätten die alten Shinto-Götter ihre Kräfte auf dieses winzige Theater konzentriert.

Haya-Susa-no-wo hatte seinen Auftritt, das rechte Bein erhoben, das Schwert über dem Kopf. Er stampfte mit dem Fuß auf und nahm die machtvolle *kibadachi* ein, die breitbeinige Kampfstellung mit eingeknickten Knien. An diesem Abend hatte jede Bewegung eine besondere Bedeutung. Das Publikum war angesichts der von dieser Darstellung ausstrahlenden Kraft wie erstarrt. Schwere Kleider und kalte Hände und Füße waren vergessen. Dies war ein erhabener Augenblick der Schauspielkunst, der seltene ästhetische Schock, der eifersüchtig gehütet und genossen werden mußte.

»Am Anfang von Erde und Himmel
An den Ufern des Stromes...«

Yoshi sah, daß Kisos Platz besetzt war, und erhob seine Stimme zu einem Triumphgesang. Die Wände erzitterten unter der Kraft seiner Stimme.

»Am ewigen Firmament,
War die hohe Versammlung der Götter...«

Haya-Susa-no-wo erlebte eine Neuaufführung... zum letzten Mal.

Der Gewittersturm hielt sich in der Schwebe, als warte er auf sein Stichwort. Die Luft wurde kälter, und die Anspannung nahm zu. Das Publikum war gebannt, ausgenommen die dunklen Männer, die immer wieder um sich blickten und nach ihren Schwertern tasteten.

Die achtköpfige Schlange wurde erlegt, und Haya-Susano-wo öffnete ihren Bauch und fand darin das berühmte Schwert *Kusanagi*. Er trug sein abschließendes Lied vor!

»Gottgleich herrschtest du
Wahrer Abkömmling der Götter
Erhabener glänzender Sonnenprinz
Gütig zu deinem Volk
Das dich liebt wie die Blumen des Frühlings

Willkommen wie der Regen vom Himmel
Das ganze Land erwartet dich...«

Die ersten Schneeflocken sanken in den offenen Zuschauerraum herab und brachen den Bann des Gesanges. Die Schauspieler waren verwirrt. Dies war nicht das eingeübte und bisher aufgeführte Finale!

Ohne den einsetzenden Schneefall zu beachten, fuhr Yoshi fort:

»Doch am Morgen wird deine Stimme nicht mehr gehört
Wochen und Monate sind in Stille vergangen
Bis deine Diener, traurig und müde...«

Die dunklen Männer im Publikum erhoben sich.

»Auferstehen endlich für Frieden und Recht.«

Yoshis Stimme hallte von der Bühne und gab das Stichwort, das Yoritomos Männer zum Handeln aufforderte. Schwertklingen blitzten im Lampenschein. Ein schmetternder Blitzschlag entlud sich mit betäubender Gewalt über den Köpfen des Publikums und versetzte die Menschen in Panik. Viele sprangen auf. Eine Öllampe wurde umgestoßen, Flammenzungen leckten empor. Feuer, das am meisten gefürchtete Ereignis in einer Welt aus Holz und Papier. Feuer!

Yoshi stand wie erstarrt. Kisos Silhouette vor dem grellen Blitzschlag brannte auf seiner Netzhaut. Das Zeichen! Das Zeichen der Götter!

Höflinge und Damen kreischten und wogten in Panik durcheinander, versuchten, dem gefürchteten Feuer zu entfliehen. Alles drängte zu den Ausgängen, die im Nu von einer Menschenmasse verstopft waren, die Yoritomos Krieger von ihrem Ziel abdrängte.

Von der Bühne sah Yoshi Kisos dunkle Gestalt aufstehen und sich zum nächsten Ausgang wenden. »Kiso, Feigling!« rief er über die Köpfe der Menge hinweg. »Komm her und begegne deinem Schicksal!«

Kiso blickte verwirrt um sich. Sein schmales, finsteres Ge-

396

sicht war furchtbar im Widerschein des rasch um sich grei-
fenden Feuers.

»Wer fordert mich heraus?« ertönte seine Stimme durch
die Rufe und Schreie des Publikums.

»Ich, Tadamori-no-Yoshi von Suruga, der Vergeltung geschworen hat für den Tod Santaros und die Entehrung einer,
die ihm teuer ist.«

»Yoshi? Suruga?« Kiso war verblüfft. »Wo bist du? Wer bist
du?«

Yoshi wurde klar, daß die Schauspieler auf der Bühne im
flackernden Feuerschein und dem zunehmenden Schneefall
wie eine ununterscheidbare Masse wirken mußten.

Das Feuer loderte höher, aber Kiso machte keine Anstalten
zu fliehen. Er schob sich vorwärts, um seinen Herausforderer
besser sehen zu können.

»Ich bin es, Haya-Susa-no-wo«, rief Yoshi, trat an den Büh-
nenrand und schwang das Schwert über dem Kopf.

Noch immer drängte, grunzte und quietschte die Menge
wie eine buntfarbene Schweineherde vor den Ausgängen.
Yoritomos Männer kämpften gegen sie an, versuchten aus
dem Gedränge heraus und zu ihrem Ziel zu kommen. Kiso
stand seinem Herausforderer gegenüber, aber zwischen beiden war ein wogender Strom von Menschen.

»Dann komm. Stelle dich hier!« brüllte Kiso und schlug
seine Klinge durch die Luft. »Ich bin der Dämonenkrieger
Kiso und fürchte nicht Mensch, Gott oder Geist.«

Die Schauspieler auf der Bühne waren in Aufruhr. Aki
brach zusammen. Ume weinte hysterisch. Ito führte die alte
Obaasen hinaus. Tsure und Koetsu hielten Ohana zurück,
der sich wie ein Rasender gebärdete, Flüche schrie und Yoshi
von hinten anzugreifen suchte. Die Maske hatte er sich vom
Gesicht gerissen, seine Augen glänzten rötlich im Widerschein; Speichel tropfte ihm von den Lippen. Trotz seiner
kleinen Statur riß er die beiden Männer hin und her, als wären sie Puppen. Er sah seinen Traum zerstört, sein Theater
ringsum zusammenstürzen. Es war die Schuld des Vagabunden, Suruga oder Yoshi oder welchen verfluchten Namens er
sich sonst bediente.

Als Yoshi von der Bühne in die Menge springen wollte, gelang es Ohana, sich loszureißen. Er zog Tsure das Bühnenschwert aus dem *obi* und stürzte sich auf Yoshis Rücken. Koetsus warnender Aufschrei durchschnitt den Lärm, Yoshi wandte sich um und sah Ohana mit einem Schwert auf sich zuspringen. Im Abwehrreflex zog er sein Schwert in einem schnellen Rückhandschlag quer über Ohanas verzerrtes Gesicht.

Die Schwertspitze zerschnitt ihm das Gesicht von Schläfe zu Schläfe. Ohana ließ seine Waffe fallen, taumelte blindlings vorwärts, die Hände nach der Stelle ausgestreckt, wo er zuletzt Yoshi gesehen hatte.

Yoshi trat zurück und fiel von der Bühne in die wogende Menge. Ein letzter Blick zeigte ihm, wie Kiso und seine Männer, von Flammen eingekreist, Go-Shirakawa und Nami zum rückwärtigen Ausgang führten. Dann waren sie außer Sicht; Yoshi wurde aufgehoben und vom Menschenstrom zum nächsten Ausgang und hinaus auf die Straße getragen.

Der Plan war gescheitert. Sollte dies das Ergebnis des Zeichens sein, das er von den Göttern erhalten hatte?

56

Kisos Seidenhut saß schief auf seinem Kopf. Sein Gewand war versengt, und Rußspuren zeichneten seine glatten, harten Wangen, gaben seinen Zügen einen Ausdruck unmenschlicher Wildheit. Er war wütend; Yoshi war beinahe in seiner Hand gewesen! Yoshi hatte mit ihm gesprochen, ihn verhöhnt. Kiso bleckte die Zähne. Zornig stieß er Go-Shirakawa vor sich her, und als Yukitaka protestierte, schlug er den alten Mann mit der offenen Hand beiseite.

Yukitaka war entsetzt. Kiso und seine Gebirgler hatten sich tausendmal als Barbaren erwiesen. Aber dies war unerhört. Kiso hatte den Kaiser gestoßen und seinen Gefolgsmann geschlagen. Wahrhaftig, das Ende aller Gesetzlichkeit war gekommen.

Vor dem Theater wartete die kaiserliche Sänfte. Zweiunddreißig Träger standen fröstelnd in ihren dünnen Uniformen da und beobachteten nervös den bedrohlichen Brand.

»Tomoe, du wirst bei ihnen bleiben. Bewache sie gut. Imai wird dir zu Pferde folgen. Geht zum Haus der Nonne von Hahaki. Ich werde vorausreiten und die Wachen instruieren.«

Als Go-Shirakawa nach Kyoto zurückgekehrt war, hatte er das Haus der Nonne von Hahaki Kiso zur Verfügung gestellt. Es lag an der Ecke Rokujo- und Horikawa-Straße. Es hatte einer reichen Hofdame der Kaiserin Hachijo-in gehört und war von hohen und starken Mauern umgeben, die als unüberwindlich galten. Kiso nutzte es selten, da er die Weitläufigkeit und den Luxus des Rokuhara-Palastes vorzog. Der Besitz der Nonne von Hahaki war ideal als Arresthaus für den Kaiser und Nami.

Sobald Go-Shirakawa, Nami und Tomoe die Sänfte bestiegen hatten, befahl Kiso die Träger zum Haus der Nonne von Hahaki. Dann galoppierte er ihnen voraus. Unterwegs traf er mehrere Entscheidungen. Es war ihm klar geworden, daß die Ereignisse dieses Abends nicht zufällig gewesen waren; Go-Shirakawa und Yoshi spielten zusammen. Als er zurückdachte, fielen ihm die Gestalten ein, die sich kurz vor dem Ausbruch der allgemeinen Panik im Publikum erhoben und Schwerter gezogen hatten... Yoritomos Männer. Der Blitzschlag und das Feuer hatten ihn vor dem verschwörerischen Anschlag gerettet. Ein glückverheißendes Zeichen. Ja, der Kaiser hatte versucht, ihn an der Rückkehr zu seinen Truppen zu hindern, aber er war von übernatürlichen Kräften gerettet worden. Nun galt es, seine Männer gegen Yoritomo zu führen und den endgültigen Sieg zu erringen.

Der Fluß Uji bildete ein natürliches Hindernis zwischen der Hauptstadt und dem Osten. Um Kyoto zu erreichen, konnte Yoritomos Armee den Fluß nur an zwei Stellen überschreiten: an der Seta-Brücke, wo der Uji den Biwa-See verließ, und an der Uji-Brücke im Südosten. Yoritomos Truppen näherten sich den Brücken in einer Zangenbewegung. Nach den militärischen Katastrophen von Mizushima und Muroyama hatte Kiso geschworen, seine Armee nicht wieder aufzuteilen. Nun schien es, als würde ihm keine andere Wahl bleiben.

Am Ziel angelangt, ließ Kiso in aller Eile eine Suite für den Kaiser und einen kleinen, gutbewachten Raum in einem Seitenflügel für Nami herrichten. Sie würde ihn nicht sehr lange brauchen. Bald darauf traf die Sänfte ein, und die Wachen führten einen protestierenden Go-Shirakawa zu seinen Räumen.

Kiso befahl zwei Samurai, Nami zu ihrem Zimmer zu begleiten. Tomoe machte Anstalten, ihnen zu folgen.

»Bleib da«, sagte Kiso. »Das wird nicht nötig sein. Du mußt alles für einen frühen Abmarsch vorbereiten. Im Morgengrauen reiten wir zum Uji.« Er wandte sich zu seinem Stellvertreter. »Imai, du übernimmst die Armee bei der Seta-Brücke.«

»Bevor du dies befiehlst«, sagte Imai, »werde ich meine Meinung sagen. Yoshi war im Theater. Er ist in Kyoto. Meine Aufgabe sollte es sein, ihn aufzustöbern und zu töten.«

»Das ist genau, was Yoritomo und Go-Shirakawa möchten: daß wir Zeit verlieren, indem wir Yoshi in der Stadt herumjagen. Nein! Wenn wir nicht persönlich den Befehl über die Truppen übernehmen, werden wir Kyoto an Yoritomos Streitkräfte verlieren. Das darf nicht geschehen. Unser Heer muß kämpfen und siegen. Yoritomo muß an den Brücken aufgehalten werden.«

»Dann soll Yoshi ungestraft davonkommen?«

»Nein. Aber wir können nicht auf Yoshis Wiederauftauchen warten. Wir werden bei den Truppen gebraucht. Yoshi wird sich auf die Suche nach seiner Frau machen. Wenn er dieses Haus und Nami findet, soll er von ihrem Kopf begrüßt werden. Sie wird heute nacht sterben, bevor wir reiten.«

»Nein!« rief Tomoe. »Ich gab mein Wort, daß ihr kein Schaden zugefügt würde. Tötest du sie, so mußt du mich töten.«

»Schwester, bitte«, sagte Imai. »Kiso hat recht. Der Tod der Frau wird unsere Vergeltung an Yoshi sein. Ihr Leben bedeutet nichts. Wir werden sie töten und unsere Kräfte auf den Sieg über Yoritomo konzentrieren. Du verstehst...«

»Ich verstehe, daß du und Kiso wie Kinder seid, daß ihr nur an Rache denkt. Kämpft gegen Yoritomo, und ich werde

400

neben euch kämpfen. Zwingt mich, mein Wort zu brechen, und ihr werdet zuvor mich auf Leben und Tod bekämpfen müssen, Bruder oder nicht.«

Kiso stieß verdrießlich den Atem aus. »Wir haben keine Zeit für Streitereien. Tomoe, wenn du es für nötig hältst, meinem Befehl nicht Folge zu leisten, wirst du nicht am Uji kämpfen. Du wirst zurückbleiben und die Gefangenen bewachen. Wenn Imai und ich siegreich zurückkehren, werden wir wieder miteinander sprechen. Ich will Yoshi. Die Frau mag leben... einstweilen.«

»Es steht mir zu, an deiner Seite zu kämpfen. Du bringst Schande über mich, wenn du mich zurückläßt.«

»Genug! Du wirst nur mit mir kommen, wenn die Frau stirbt. Durch sie habe ich Gewalt über Yoshi. Wenn du mir ihretwegen den Gehorsam verweigerst, kann ich dir nicht vertrauen, wenn du neben mir kämpfst.« Kiso hielt ein, holte tief Atem und fügte hinzu: »Willst du mit mir kämpfen und vielleicht ruhmreich sterben, mußt du Nami opfern.«

»Ich gab mein Wort«, antwortete Tomoe. »Ich werde bleiben. Zur Avichi-Hölle mit dir. Ich habe dich immer geliebt und für dich gekämpft. Du stößt mich von dir in dem Augenblick, in dem du mich am dringendsten brauchst. Laß Nami leben und mich mit dir zum Ruhm reiten.«

»Wenn sie stirbt, reitest du.«

Tomoe kehrte ihm den Rücken und schritt steif hinaus.

Kiso preßte zornig und enttäuscht die Lippen zusammen. Tomoes Pflichtvergessenheit war kein glückverheißendes Zeichen. Kiso hatte immer flankiert von Tomoe und Imai gekämpft. Morgen würde Imai zur Seta-Brücke reiten, und er allein zur Uji-Brücke. Er räusperte sich und sagte mit rauher Stimme: »Imai, laß uns nicht bis zum Morgen warten. Laß uns ehrliche Rüstung anlegen und noch heute nacht reiten.«

Stundenlang bekämpften Yoshi und die anderen den Brand, der alle Teile des Theaters ergriffen hatte. Das Wintergewitter war so rasch abgezogen, wie es gekommen war, aber gegen Morgen verstärkte sich der Schneefall zu dichtem Gestöber, und das Feuer erstarb. Rauch und Dampf stiegen von den geschwärzten Stümpfen des Bühnenunterbaus auf, und dichter Schnee begann die Asche zuzudecken.

Koetsu, das Gesicht rußig, die Hände voller Brandblasen, wischte sich das Gesicht mit einem angesengten Ärmel. »Es war umsonst«, sagte er zu Yoshi, der an seiner Seite arbeitete. »Nichts ist übrig, was zu retten sich lohnte.«

»Wenigstens«, sagte Yoshi, »blieb der Brand auf das Theater beschränkt, und niemand wurde verletzt.«

Koetsu schaute ihn forschend an. »Außer Ohana«, erwiderte er.

»Amida, ja. Ich muß ihm helfen. Wo ist er?«

»Zu spät. Aki führte ihn vor Stunden weg. Er wird blind sein, wenn er überlebt.«

»Buddha möge mir vergeben. Sowenig ich ihn mochte, er war nicht mein Ziel.«

»Ohana war von Sinnen. Ich sah ihn. Hättest du dich nicht gewehrt, er hätte dich getötet.«

»Dennoch . . .«

»Du darfst dich nicht schuldig fühlen. Er war im Unrecht.«

»Was werdet ihr ohne Ohana tun?«

»Was bleibt uns übrig, als beisammenzubleiben und das Theater wieder aufzubauen? Du hast uns den Weg gezeigt. Wir werden dein Werk fortsetzen. Ich werde als Leiter fungieren, und Ume wird Akis Rolle übernehmen. Wir haben sehr wenig Geld, aber mit Beharrlichkeit wird es gelingen.«

»Zwar muß ich euch verlassen, aber ich werde euch helfen, so gut ich kann«, sagte Yoshi.

Einer der Akrobaten kam zu ihnen und sagte: »Ein alter Mann wartet auf der Straße, Yoshi. Er möchte mit dir sprechen. Er sagt, es sei wichtig.«

Yoshi runzelte die Stirn. Ein alter Mann?

»Ich werde so bald wie möglich wiederkommen«, sagte Yoshi und ging.

Yukitaka stand neben einem Ochsenkarren im Schnee. »Ihr müßt sofort handeln«, sagte er ohne Vorrede. »Kaiserliche Wachen folgten der Sänfte zum Haus der Nonne von Hahaki. Der Kaiser und Eure Frau werden dort gefangengehalten. Kiso und Imai sind fortgeritten, um gegen Yoritomos Armee zu kämpfen. Ihr müßt sogleich losreiten und den Kaiser und Eure Frau vor Kisos Wachen retten.«

Yoshi schwang sich auf eines der Pferde, die der Schaustellertruppe gehörten, und ritt zu dem bezeichneten Haus. Er traf ein, als die ersten Strahlen Amaterasus vom östlichen Horizont in den Himmel fächerten.

Er kam zu spät. Haus und Grundstück lagen verlassen. Er unterdrückte einen Fluch und ritt zurück zum nordöstlichen Viertel.

Nachdem Kiso und Imai ihrem Schicksal entgegengeritten waren, ging Tomoe zu Namis Quartier im Nordflügel. Sie fand Nami kniend auf einer Bodenmatte, die Augen geschlossen, das Gesicht still wie der Tod; ihre feinen Züge waren wachsbleich im Schein einer einzigen Öllampe, die auf einem Dreibein brannte.

»Liebe Nami, vergib uns den Schmerz, den wir dir zufügten«, sagte Tomoe.

Nami schlug langsam die Augen auf und starrte wie in einem Traum geradeaus. »Yoshi war so nahe«, sagte sie mit leiser Stimme. »Ich dachte...«

Tomoe ergriff ihre Hand. »Ich weiß. Verzage nicht. Du wirst bald bei ihm sein.«

»Das Schicksal hat sich gegen uns verschworen. Geheimnisvolle Kräfte beeinflussen Yoshis Weg durch diesen Zyklus. Was mag er in seinem früheren Leben getan haben, um dieses seltsame Karma zu verdienen?«

»Alles wird gut ausgehen.«

»Wie kann es gut ausgehen? Ich gehöre zu Yoshi. Aber wann immer ich mit ihm bin, ereignen sich neue Tragödien.«

»Und ich gehöre zu Kiso. Er ist nach Süden zu seinen Truppen geritten, mein Bruder nach Osten zur Seta-Brücke. Ich blieb zu deiner Bewachung zurück... aber mein Platz ist bei Kiso. Ich muß zu ihm, obwohl ich fürchte, daß unsere Sache verloren ist. Trotz seiner Fehler kann ich ihn nicht verlassen, wenn ich weiß, daß seine letzten Tage gekommen sind.« Tomoe schluckte und fuhr sich mit dem Ärmel ihres Hofgewandes über die Augen. Mit leiser, freundlicher Stimme fuhr sie fort: »Ich werde den Wachen befehlen, zu den Brücken von

Seta und Uji zu reiten. Wenn sie ausreiten, werde auch ich zu Kiso stoßen. Geh du zu Go-Shirakawa und führe ihn aus diesem verwünschten Haus.«

»Ich kann nicht zulassen, daß du das tust, so teuer mir der Gedanke an Freiheit ist. Unsere Freilassung wird ein Verrat an demjenigen sein, den du liebst. Kiso wird es dir niemals verzeihen.«

»Er wird niemals erfahren, was ich getan habe. Ich werde ihm sagen, daß du gut bewacht und in sicherer Gefangenschaft seist.«

»Tomoe, wenn er zurückkehrt und uns nicht vorfindet...«

Tomoe ergriff Namis Hand und drückte sie fest. »Kiso ist zum Untergang verurteilt«, sagte sie. »Seine Armee ist zusammengeschmolzen und in schlechter Verfassung. Die letzten Niederlagen haben ihre Moral gebrochen. Sie können gegen die vereinten Streitkräfte Yoritomos, Yoshitsunes, Noriyoris, der Miuras, der Dois und der Ochiais nicht bestehen. Ich reite zu ihm, um ehrenhaft an seiner Seite zu sterben.«

»Tomoe, bitte bleib bei mir und rette dich.«

»Ich kann nicht. Sobald ich diese Hofgewänder mit meiner Kriegerrüstung vertauscht habe, reite ich zum Uji. Vielleicht wird Kiso versuchen, die gleiche Taktik anzuwenden, die Yoshi einmal gebrauchte – die Brücke abzureißen und den überlegenen Feind abzuhalten.«

»Yoshi verlor den Kampf am Uji.«

»Wir könnten gewinnen. Unsere Bergbewohner sind ein harter Schlag, die besten Samurai der Welt.«

Nami erhob sich und streckte die Arme zu Tomoe aus. Sie hielten einander einige Augenblicke lang in fester Umarmung, dann machte Tomoe sich los und sagte forsch: »In einer halben Stunde. Ich werde die Männer vom Wachdienst entbinden. Sie werden sich freuen, mit mir dem Ruhm entgegenzureiten.«

So geschah es, daß Nami kurz vor Morgengrauen Go-Shirakawa zum Tor hinaus auf die Straße führte. Sie hoben die Gesichter zum dunklen Himmel und fühlten Schneeflocken auf Stirn und Wangen, den Geschmack der Freiheit.

»Ich bin das Gehen nicht gewohnt«, sagte der Kaiser, »aber wenn Ihr vorausgeht, werde ich folgen.«

Sie waren auf der breiten Straße zum kaiserlichen Bezirk, als sie trommelnde Hufschläge nahen hörten. In einer Mauernische suchten sie Deckung vor dem vermeintlichen Verfolger. Nami spähte hinaus und versuchte den einzelnen Reiter zu identifizieren. Ihr Herz tat einen Sprung, als sie sah, wer es war. »Yoshi!« rief sie. »Yoshi, wir sind hier!«

57

Die Szene glich einer Vision der kältesten Hölle in Yomis Unterwelt. Der Uji, genährt von Quellen in den Bergen um den See, hatte seine Ufer in einem rauschenden, wirbelnden Strom überflutet. Sechzigtausend Reiter und Fußsoldaten standen am Ostufer. Boten eilten mit Nachrichten und Befehlen von Abteilung zu Abteilung. Verpflegungskarren holperten und rutschten auf vereisten Wegen, blieben in Schneewehen stecken. Rufe, das Klirren von Waffen und Rüstungen, wiehernde Pferde und brüllende Ochsen verstärkten das chaotische Durcheinander. Der kalte Dreiviertelmond des zweiundzwanzigsten Tages im ersten Monat 1184 schien auf den Schauplatz hinab.

General Yoshitsune, jüngerer Bruder des Sippenoberhaupts Yoritomo, befehligte die Armee bei der Uji-Brücke. Yoshitsune war ein tapferer, aber relativ unerfahrener General. Seine Truppen erreichten den Fluß in einem Zustand begeisterter Raserei. Yoshitsunes Befehle zum Anhalten gingen in Lärm und Verwirrung ungehört unter. Er verlor die Kontrolle über seine Armee; Reiter und Fußsoldaten warfen sich zu Tausenden in das eisige Wasser, um von der starken Strömung des angeschwollenen Flusses fortgerissen zu werden.

Die Brücke war abgerissen worden. Kisos Männer hatten sie Planke um Planke abgebaut. Sie waren darin Yoshis Beispiel gefolgt, der vier Jahre zuvor die gleiche Taktik angewandt hatte, um Chikaras überlegene Streitkräfte aufzuhalten.

Inspiriert durch Yoshis Taktik am Hiuchi-Yama, hatten Kisos Truppen überdies zugespitzte Pfähle in die diesseitige

Uferböschung gerammt und ein dickes Seil gespannt. Diejenigen von Yoshitsunes Kämpfern, denen es gelang, die eiskalte Strömung zu durchschwimmen, wurden von dem Seil am Erreichen des Ufers gehindert, bis auch sie mitgerissen wurden.

Die Sonne ging auf. Der Morgen war erfüllt von den Schreien der Menschen und Tiere, die von den reißenden Wassern erfaßt wurden.

Es ließ sich nicht leugnen, daß Yoshitsunes Krieger von wildem Kampfgeist beseelt waren. Die drohende Todesgefahr lastete mit weniger Gewicht als eine Feder auf ihren Schultern. Sie wetteiferten miteinander, die ersten am anderen Ufer des Ujis zu sein, und in ihrem Überschwang täuschten Freunde einander, um diese Ehre zu erringen.

Hatakeyama, ein alter Krieger, gelangte als erster hinüber. Als er am feindlichen Ufer stand, rief ihn eine Stimme von hinten. Er wandte den Kopf und sah einen jungen Mann namens Oguchi gegen die Strömung ankämpfen. Blut aus einer Schulterwunde färbte das Wasser stromab wie einen langen dünnen Wimpel. Oguchis Pferd war von der Strömung mitgerissen worden, und Oguchi, geschwächt vom Blutverlust, drohte unterzugehen.

Hatakeyma, der den jungen Samurai seit dessen Kindheit kannte, stieg wieder in den Fluß und half dem anderen heraus. Auf der Uferböschung stehend, zog Oguchi mit dem gesunden Arm das Schwert und rief: »Ich, Oguchi Shigechika, geboren in der Provinz Musashi, treuer Diener Minamoto Yoritomos, erkläre, daß ich der Erste bin, der das Ufer des Uji zu Fuß erreichte.«

Hunderte von anderen taten es Hatakeyama und Oguchi gleich und drängten vorwärts, ohne ihr Leben zu achten. Viele ertranken in der Strömung, viele wurden von Pfeilen getroffen und versanken, aber viele andere erreichten das andere Ufer und stürzten sich auf Kisos Kämpfer. Hunderte von Paaren fochten mit *naginata*, Schwertern und sogar mit Dolchen. Krieger stießen und schlugen wild um sich, während ihre Füße im eisigen Schlamm und zertrampelten Schnee ausglitten.

Um zehn Uhr hatte Kisos Armee verloren; ihre Moral war

nicht stark genug, um einer so gewaltigen Übermacht standzuhalten.

Kiso und Tomoe schlugen sich tapfer. Jeder von ihnen tötete mehr als ein Dutzend Gegner. Rücken an Rücken fochten sie gegen die Besten des Feindes. Tomoes Haar, vor kurzem noch sorgfältig gekämmt und parfümiert, war mit einem
hachimaki aus Hanf achtlos zurückgebunden; es schlug ihr im
kalten Morgenwind ums Gesicht, als sie den Rücken ihres
Geliebten gegen Dutzende von Angreifern schützte.

Ein Horn von Kisos vergoldetem Helm, von einem Kriegspfeil verbogen, verstärkte die schneidige Kühnheit seiner Erscheinung. Sein *hitatare* aus rotem Brokat war an vielen Stellen aufgeschlitzt, und er hatte eine Anzahl kleinerer Verletzungen erlitten, aber seine chinesische Rüstung hatte unter
dem Ansturm seiner Feinde gut ausgehalten.

Als Kiso seine Klinge durch den Helm eines Angreifers
schlug und den Schädel des Mannes bis zum Kinn spaltete,
rief er Tomoe zu: »Ich bin froh, daß du zu mir kamst. Ohne
dich bin ich unvollständig.«

Im Geschrei der Herausforderungen, den Jammerrufen
der Verwundeten und dem Klirren von Stahl konnte Tomoe
ihn kaum hören. »Wie hätte ich fernbleiben können?« antwortete sie, während sie einen Schmetterlingsschlag aus-
führte, der tief in die Achselhöhle eines Gegners drang. »Die
Wachen werden sich der Gefangenen annehmen.« Sie log
mit reinem Gewissen. Kiso würde die Wahrheit niemals erfahren. Sie waren zum Tode verurteilt.

Noch bevor Tomoes Gegner in den blutigen, zerstampften
Schnee fiel, nahm ein anderer seine Stelle ein. Als sie seinen
Angriff parierte, hörte sie Kiso rufen: »Es war falsch, daß wir
uns trennten. Imai verdiente, diesen letzten Kampf an meiner Seite auszufechten. Wir hätten gemeinsam kämpfen und
fallen sollen.«

»Ich will nicht ohne meinen Bruder sterben«, erwiderte Tomoe. »Die Schlacht ist verloren, und ich werde müde. Wir
wollen uns durch den Feind kämpfen, solange wir die Kraft
dazu haben. Dann können wir nordwärts reiten und zu Imai
stoßen. Mögen die Götter über unser Schicksal entscheiden.«

»Gut gesprochen, Tomoe.« Statt sich die Angreifer bloß

vom Leibe zu halten, ging Kiso zum Angriff über. Seine Klinge blitzte in unberechenbarem Muster. »Folge mir«, rief er über die Schulter.

Sie gewannen Boden, langsam zuerst, dann rascher, als sie sich aus der Mitte des Schlachtgetümmels herauskämpften.

Sobald sie im Freien waren, blickte Kiso zurück und erkannte, daß die Schlacht tatsächlich verloren und seine Träume zerronnen waren. Er war Shogun. Sein Ehrgeiz war erfüllt worden, aber so bald schon zu Asche zerfallen. Tote Krieger und Pferde lagen zuhauf über das eisige Feld verstreut. Und noch immer überquerten Truppen des Angreifers den Uji. Die Stellung der Verteidiger war aufgespalten in kleine Gruppen von wenigen Männern, die sich gegen Hunderte wehrten.

»Nach Norden!« rief Kiso, als sie den Baum erreichten, wo sein grauer Hengst und Tomoes Pferd angebunden waren.

Als sie davongaloppierten, wurden hinter ihnen Rufe laut.

»Kiso entkommt!«

Der Ruf wurde aufgenommen und weitergegeben. »Folgt ihm! Laßt ihn nicht entwischen!«

Schwere, tiefhängende Wolken zogen über den Himmel. Obwohl es erst Nachmittag war, lag trübes Halbdunkel über dem Land. Kiso und Tomoe trieben ihre Pferde durch vereiste Reisfelder und gefrorene Äcker, durch dichten Wald und Bambusgehölze. Sie hatten ihre Verfolger vor einer Stunde abgeschüttelt, doch obgleich die Entfernung zur Brücke von Seta nicht groß war, schlugen sie immer wieder Haken und verbargen sich in Dickichten, wenn sie Reitertrupps sichteten, die das Land absuchten.

Kiso saß vornübergebeugt in seinem geprägten und mit vergoldetem Zierrat geschmückten Sattel. Er war müde und erschöpft vom Blutverlust aus einem Dutzend kleiner Wunden, und die Flucht vom Schlachtfeld hatte ihn entmutigt.

Tomoes zähes Gebirgspferd hielt leicht mit Kisos großem grauem Hengst Schritt. Obwohl ihre Rüstung an vielen Stel-

408

len zerschnitten und zerschlagen war, hatte sie keine Wunden davongetragen. Kisos Banner auf dem weißen Minamoto-Hintergrund war um einen Stab gewickelt und an ihrem Sattel befestigt.

»Komm, Kiso. Mut«, sagte sie. »Wir dürfen nicht noch mehr Zeit verlieren. Wir müssen Seta erreichen, ehe es dunkel wird.«

Kiso richtete sich angestrengt auf. Er hatte den Helm, der ihn als einen Anführer kennzeichnete, weggeworfen. Sein Haar flatterte wild um den Kopf, seine hart gemeißelten Züge waren gezeichnet von Erschöpfung und von Trauer verdüstert. Seine Augen, die sonst wie Kohlen glommen, blickten stumpf und apathisch.

»Ich habe mich geirrt. Wir hätten uns nicht von Imai trennen sollen«, murmelte er. »Wir werden ihn nie finden. Vielleicht ist er ohne uns gefallen. Ein schlechtes Omen. Wir schworen, gemeinsam zu leben und zu sterben... und ich schickte ihn fort.«

»Wir dürfen nicht aufgeben.«

Windstöße trieben den Schnee über den Boden. Die Sichtweite betrug nur wenige *cho.* Sie mußten sich nordwestlich von Seta befinden und näherten sich der Brücke vom Ufer des Biwa-Sees bei Otsu.

»Halt!« zischte Tomoe. Gleichzeitig zog sie an den Zügeln. Jemand überquerte das Feld vor ihnen, eine im Schneetreiben kaum sichtbare Gestalt.

Kiso wartete apathisch.

»Ein Mann«, sagte Tomoe mit neu auflebendem Kampfgeist. »Laß ihn näherkommen, dann nehmen wir ihm den Kopf.«

Yoshi erreichte die Brücke, kurz nachdem es Yoshitsunes Truppenmassen gelungen war, die Flußüberquerung zu erzwingen. Er war auf dem Westufer und nahm an der ersten Phase der Schlacht teil, aber schon nach wenigen Minuten war sein Pferd von einem Pfeil getroffen worden und unter ihm zusammengebrochen. Das göttliche Zeichen des Blitzschlages hatte ihn von seinem Gelübde entbunden, und nun sprang er von seinem sterbenden Pferd und kämpfte in einer

Art ekstatischer Trance zu Fuß weiter. Während er die Klinge schwang, hielt er in den Reihen des Feindes nach Kiso Ausschau, doch blieb seine Suche in der Unordnung des Schlachtgetümmels vergeblich.

Wiederholt rief er seine Herausforderung: »Ich, Tadamorino-Yoshi von Suruga, fordere den Verräter namens Kiso im Namen des Kaisers und Minamoto Yoritomos zum Zweikampf heraus!« Der Schlachtenlärm war jedoch so gewaltig, daß er nur von den wenigen gehört wurde, die in seiner unmittelbaren Nähe waren. Viele nahmen die Herausforderung an, aber Kiso war nicht unter ihnen. Yoshi trug keine Rüstung, seine Ärmel waren zerschlitzt, sein Gewand in Fetzen, doch er focht mit der Schnelligkeit eines göttlichen *kami*, und kein Schwert ritzte seine Haut. Er war über und über mit Blut bedeckt und beschmiert, aber es war das Blut seiner Gegner, die er tot auf dem vereisten Feld zurückließ.

Die Waagschale des Kriegsglückes senkte sich zugunsten Yoshitsunes zahlenmäßiger Überlegenheit. Die Schlachtreihen der Verteidiger wurden durchbrochen, die Krieger in kleinere Gruppen aufgespalten. Es war die Stunde der Schlange, zehn Uhr vormittags. Yoshi zog sich aus dem Kampf zurück und überblickte das zertrampelte Feld. Dort war er! Kiso! Lief zu seinem Pferd, gefolgt von einem kleinen Samurai. Yoshi gab den Alarmruf. »Kiso entkommt! Verfolgt ihn! Laßt ihn nicht entwischen!«

Er selbst rannte über das Feld dem fliehenden Shogun nach, aber Kiso war zu weit entfernt. Nur zwei Pferde waren an den Baum gebunden gewesen; Kiso und sein Begleiter hatten sich auf sie geschwungen und waren davongaloppiert.

Yoshi rannte Hals über Kopf zurück zum Schlachtfeld. Er mußte ein Pferd finden.

»Imai! Es ist Imai«, sagte Tomoe mit finsterer Heftigkeit. Kiso richtete sich auf, als sei er von einem Schwert in den Rücken gestoßen worden. Seine trauervolle Miene hellte sich auf. »Imai, Imai!« rief er triumphierend und ritt in den Wind auf seinen Pflegebruder zu. Seine Augen brannten vor Kälte und Gemütsbewegung.

Imai richtete sich in den Steigbügeln auf; er warf den Kopf zurück und brüllte vor Freude: »Kiso! Tomoe!«

»Ich fürchtete allein für dich«, sagte Kiso. »Ich konnte nicht sterben, ohne dein Schicksal zu kennen. Imai, Freund, Bruder, ich verließ meine Truppen, um an deine Seite zu kommen.«

»Wieviel bedeutet mir deine Sorge«, sagte Imai. »Meine Männer stehen allein gegen General Noriyori, weil ich fürchtete, du würdest ohne mich sterben.«

Tomoe blickte von einem zum anderen. Sie sah die Tränen über ihre Gesichter rinnen, das breite, hartflächige Gesicht ihres Bruders und das schmale, raubvogelartige ihres Geliebten. Sie fühlte die Nässe in den eigenen Augen. Sie ritten nahe zueinander und umfaßten sich voll Freude.

Tomoe überwand den Andrang ihrer Gefühle. Sie wischte sich die Wangen mit dem Ärmel und sagte: »Nun, da wir zusammen sind, laßt uns unser Banner entfalten und alle Gefolgsleute sammeln, die noch leben. Laßt uns ruhmreich zusammen sterben.«

Kiso fuhr sich über die Augen und blickte zu Imai. Sie waren wie einer – ein Gedanke, ein Herz. Imai nickte, obwohl Kiso nicht gesprochen hatte.

»Nein, Tomoe. Du mußt um dein Leben reiten. Unser Gelübde gilt füreinander, nicht für dich.«

»Ihr könnt mich nicht ausschließen. Ich kämpfte so tapfer wie jeder Mann. Das habe ich heute bewiesen. Ohne mich würdet ihr jetzt nicht wieder vereint sein. Ich habe meinen Platz bei euch verdient.« Sie entfaltete das weiße Banner an ihrem Sattel, und als die beiden davongaloppierten, folgte sie ihnen dichtauf.

Außerhalb des Dorfes Seta erwartete Kiso ein Anblick, der alles übertraf, was er in seinem an Kämpfen nicht armen Leben gesehen hatte. Von den achttausend Mann, die unter Imais Kommando gestanden hatten, waren noch dreihundert übrig. Tiefhängende Wolken zogen über das Schlachtfeld hin, das mit Gefallenen übersät war, Körpern und Körperteilen, die von den Kämpfenden und den von Panik erfaßten reiterlosen Pferden in den eisigen Boden getrampelt worden waren.

Imai stand in den Steigbügeln und rief mit Stentorstimme: »Unser Herr, Kiso Yoshinaka von Shinano, ist zurückgekehrt. Tapfere Krieger, gesellt euch zu uns in unserem höchsten Ruhm.«

Auf dem blutigen Schlachtfeld lösten sich Kämpfer vom Gegner und stießen zu Kiso und Imai. Unter den Überlebenden waren die Brüder Jiro und Taro. Sie kamen auf ihren gepanzerten Pferden geritten und hieben rechts und links auf Noriyoris Krieger ein, die sie umdrängten wie Fliegen das Aas.

»Ho, Kiso«, rief Taro. »Nun werden wir diesen Hunden zeigen, wie die Männer von Shinano kämpfen.«

»Wie viele sind wir?« fragte Kiso.

»Weniger als dreihundert«, lautete die Antwort.

»Und der Feind?«

»Mehr als sechstausend.«

»Dann ist es ein fairer Kampf. Folgt mir!« Kiso schwenkte das Schwert über dem Kopf, richtete es auf den Feind und galoppierte direkt auf die sechstausend zu. Sein Mund war in einer dämonischen Grimasse geöffnet. Krieger wichen zurück vor der wilden Kraft, die aus seinen Augen leuchtete.

»Kiso Yoshinaka«, rief er, »ich bin der Herr von Iyo, Herr von Shinano, Shogun des Reiches. Steht und kämpft, wenn ihr es wagt!«

Dreihundert rasende Berserker prallten auf das Zentrum von sechstausend gepanzerten, disziplinierten Kriegern; nur fünfzig erreichten die andere Seite. Sie brachen aus einer Orgie des Tötens, aufgeschlitzter und abgeschlagener Köpfe, Arme und Beine hinter der feindlichen Front ins Freie hervor.

Als Kiso die Reste seiner Truppe um sich sammelte, erschienen aus dem Nebel am Flußufer zweitausend weitere Krieger. »Ich bin Doi-no-Sanehira. Wo ist der sogenannte Dämonenkrieger? Er mag sich mir stellen!« verkündete ihr Anführer.

Die Herausforderung war kaum ausgesprochen, als Kisos fünfzig Überlebende in einem wahren Todeslauf vorwärtsstürmten. Ohne Schonung des eigenen Lebens warfen sich die zerschlagenen, aus vielen Wunden blutenden Gebirgskrieger in einen scheinbar undurchdringlichen Wall von

412

Stahl. Sanehiras Truppen versuchten sie zum Stehen zu bringen, wurden aber von ihrer todesverachtenden Wut zurückgeworfen.

Kiso führte sie ein zweites Mal durch den Wall feindlicher Krieger. Als er die andere Seite erreichte, zählte er noch fünf, die mit ihm durchgekommen waren.

Noreyoris und Sanehiras Offiziere ließen die Lücken in den Reihen ihrer Krieger schließen und warteten in respektvoller Stille auf Kisos nächsten Angriff.

Das Tageslicht schwand. Vom Fluß her zogen Nebel über das Feld und deckten barmherzig die Toten und Sterbenden zu. Kiso zog den grauen Hengst herum, daß er sich aufbäumte, wild wieherte und eine volle Drehung beschrieb. Zweitausend Mann unter Doi Sanehira zu Kisos Rechter, sechstausend unter Noriyori zu seiner Linken. Kiso ließ seinen Blick zu den Gefährten schweifen; da waren der tapfere Imai, da waren Jiro und Taro, und da war Tomoe, von deren Haaransatz ein blutiges Rinnsal in den Kragen ihrer Rüstung floß.

Kiso brachte sein Pferd zur Ruhe und beugte sich zu Tomoe, daß sein Gesicht dem ihrigen nahe war. »Du wirst uns jetzt verlassen«, befahl er in einem Ton, der keinen Widerspruch duldete. »Ich will nicht meinen Feinden zum Gespött werden, indem ich mit einer Frau sterbe. Ich habe dich immer geliebt...« Seine Stimme brach bei diesen Worten, und er mußte gewaltsam ein Schluchzen unterdrücken. »Aber meine Ehre wird dies nicht erlauben. Du mußt gehen.«

Tomoes Blick ging von einem zum anderen. »Imai, mein Bruder...« sagte sie. Er wandte den Kopf. »Jiro, Taro, wir sind Kameraden.« Sie wollten ihr nicht in die Augen sehen.

Da fauchte sie: »Seid beschämt, wenn ihr den Tod seht, den ich sterbe!« Damit warf sie ihr Pferd herum und griff eine Gruppe von dreißig Samurai an, die im Nebel vorgeritten war. »Ich bin Tomoe Gozen«, schrie sie, als sie auf den Anführer losstürmte, »mutiger als hundert Mann. Haltet mir stand, wenn ihr es wagt!«

»Ich bin Onda-no-Hachiro Moroshige«, antwortete der Führer hastig, »Hauptmann im Dienst Yoritomos. Keine Frau kann mir entgegentreten.«

Er hatte die Erklärung kaum abgegeben, als Tomoe sein Pferd rammte und ihn aus dem Sattel stieß. Als er sich benommen aufrappelte, schrie sie wie ein dämonischer Geist, riß seinen Kopf an ihren Sattel und enthauptete ihn mit einem wilden Zustoßen ihres Kurzschwertes.

Sofort wurde sie von Moroshiges Gefolgsleuten überwältigt. Zwei hielten sie fest, während die anderen losgaloppierten, um gegen Kiso zu kämpfen. Einer der beiden zog ihr den Kopf am Haar zurück, um ihr die Kehle zu entblößen. Tomoe öffnete die Augen, ihren Töter anzusehen, und spuckte ihm ins Gesicht.

58

Yoshi traf mit einer Abteilung von General Miuras Kriegern auf dem Schlachtfeld ein. Sie hatten die nebeligen Flußauen nach Kiso abgesucht, bis der Schlachtenlärm sie zur Seta-Brücke gelenkt hatte. Sie erreichten den Schauplatz des Endkampfes zur rechten Zeit, um zu sehen, wie Jiro und Taro unter dem Pfeilhagel von Onda Moroshiges Kriegern fielen.

»Da!« rief Yoshi und streckte den Arm aus. »Kiso!«

Kiso und Imai trennten sich. Kiso trieb seinen grauen Hengst in den Nebel zum Kiefernwald von Awazu. Imai ritt im Kreis und hielt die ihn umringenden Krieger in Schach. Er schien über dem Nebel zu schweben. Sein Pferd schnaubte und tänzelte. »Imai Shiro-no-Kanehira bin ich!« rief er. »Pflegebruder des Shogun Kiso Yoshinaka. Nehmt meinen Kopf, wenn ihr es wagt.«

Einer von Moroshiges Samurai nahm die Herausforderung an. Yoshi ritt auf Imai zu, als sein Blick auf den Samurai fiel, der die Klinge an Tomoes Kehle gesetzt hatte. »Halt«, befahl er und sprang vom Pferd. Er umfaßte den Arm des Samurai mit stählernem Griff. »Ich bin General Tadamori-no-Yoshi«, sagte er. »Ich befehle dir, sie loszulassen.«

Der Samurai gehorchte widerwillig.

Yoshi half Tomoe auf die Beine.

»Töte mich«, verlangte sie.

»Nein. Du hast Nami das Leben gerettet, und nun werde ich es dir zurückzahlen.«

»Das kannst du nur, wenn du Kiso und meinen Bruder leben läßt.«

»Das liegt nicht in meiner Macht.«

»Dann laß mich an meines Bruders Seite sterben.«

Ein rauher Triumphschrei drang vom Kampfplatz herüber. Tomoe und Yoshi sahen Imai hoch im Sattel, in der erhobenen Hand den Kopf des Samurai.

»Nächst Kiso bin ich der mächtigste Krieger unter den Lebenden. Ich will euch zeigen, wie ich sterben kann.« Imai warf den Kopf einem angreifenden Samurai ins Gesicht, steckte sich das Kurzschwert in den Mund und sprang mit dem Kopf voran vom Pferd. Die Klinge durchstieß seine Kehle und drang mit solcher Gewalt in seinen Schädel, daß die Spitze noch den Stahlhelm an seinem Hinterkopf durchbohrte.

Tomoes Lippen bebten, als sie ihren Bruder sterben sah. »So tapfer, aber so töricht!« rief sie. »Ich fürchte den Tod nicht, aber so zu sterben dient keinem Zweck. Ich wähle das Leben... Yoshi...«

»Ja?«

»Entgelte Namis Leben mit weiterer Gunst«, sagte sie.

»Alles, was in meiner Macht steht.«

»Nimm nicht Kisos Kopf. Laß ihn in Würde sterben.«

»Das kann ich versprechen.«

Tomoe warf ihre Rüstung ab, saß auf und ritt in die Richtung, die zuvor Kiso genommen hatte.

Kiso lenkte seinen grauen Hengst im Schritt durch den Kiefernwald von Awazu. Die Energie, die wie eine Sonne in ihm gebrannt und ihn gegen seine Feinde aufrecht gehalten hatte, war verausgabt, zusammengesunken zu einer stumpfen Glut, die ihm kaum noch die Kraft ließ, den Grauen zu lenken.

Imais letzte Worte widerhallten in seinem Sinn: »Da wir beide heute sterben werden, haben wir unser Gelübde eingehalten. Laß mich allein gegen sie kämpfen, während du in die Wälder entkommst und dein Leben in Frieden endest.«

415

Er hätte Imai nicht verlassen sollen. Die sich überstürzenden Ereignisse hatten ihn verwirrt. Er erinnerte sich an alles, was er nicht hätte tun sollen. Die Liste war schier endlos. Zu rasch war er von einem ärmlichen Landedelmann aus dem Bergland zum Shogun des Reiches aufgestiegen und hatte zugelassen, daß Besitzgier, Lust und leichtfertiger Hochmut ihn zugrunde richteten.

Es wurde Nacht. Langsam zog der Nebel auch durch den Wald und ließ kaum noch den Weg erkennen. Es war nicht auszumachen, ob er auf festem Boden oder auf den gefrorenen Oberflächen der kleinen Teiche ritt, die in dieser Gegend zahlreich waren. Unter dem Schnee verborgene Baumwurzeln und Steine erschwerten dem Pferd das Vorankommen. Kiso lenkte es nur mit seinem Instinkt, suchte den Weg mit Hilfe der Pferdehufe. So erschöpft und deprimiert er war, seine Sinne blieben wachsam. Er war sich der kleinen Tiere bewußt, die durch das Unterholz flohen, einer Eule, die aus einem Kiefernwipfel rief, des von den Zweigen fallenden Schnees, wenn er sie im Vorbeireiten streifte... Aber er hörte keine Verfolger.

Vor ihm öffnete sich der Wald und gab den Blick auf ein weites Feld frei. Dichter Nebel bedeckte den Boden. Tsukiyomis Viertelgesicht verbreitete einen unheimlichen, blassen Schein.

In der Ferne zeichnete sich ein Bauerngehöft ab. Hunde bellten. Obwohl er noch volle zehn *cho* entfernt war, hatten sie den Reiter gewittert.

Kiso wollte nicht weiter. Der Feind war Meilen zurück. Es war an der Zeit, den friedlichen Tod zu suchen, den Imai ihm gewünscht hatte. Er beschloß, das Feld zu überqueren, einen abgeschiedenen Winkel zu suchen und sein Leben mit Würde zu beenden.

Ein weithin hallender Ruf aus dem Kiefernwald störte die Nachtstille. Kiso wandte sich im Sattel um und sah einen Reiter herangaloppieren. Seine Augen weiteten sich. Die Gestalt, die da auf ihn herabstieß, war eine Reinkarnation des schrecklichen Kriegsgottes Fudo. Der Reiter stand in den Steigbügeln, das Schwert über dem Kopf, daß der Mondschein auf der kreisenden Klinge blinkte.

»Ki-i-i-s-s-o-o-o!« Der Ruf hätte einem geringeren Mann das Blut in den Adern gefrieren lassen können, aber Kiso half er, die Erschöpfung und Lethargie abzuschütteln. Er kannte die Stimme und wußte sogleich, daß Yoshi ihn gefunden hatte. Und er hatte Yoshi gefunden!

Seine Energie flammte erneut auf, doch glichen seine scharf geschnittenen Züge einer Totenmaske, als er sich mit einem Knurren dem Gegner stellte, der sein Pferd mit voller Kraft dem grauen Hengst entgegentrieb.

Leder prallte auf Leder, Metall klirrte auf Metall, und beide Reiter wurden aus den Sätteln geworfen. Kiso landete auf Schulter und Rücken, sah Yoshi noch in der Luft herumschnellen und mit der Geschmeidigkeit eines Akrobaten über den Boden rollen. Kiso zwang sich aufzustehen. Yoshi war bereits auf den Beinen und führte den ersten Schlag.

Kiso parierte die Klinge im letzten Augenblick. Stahl klang auf Stahl. Kiso atmete schwer; seine geblähten Nasenflügel verströmten Dampf.

Er beantwortete Yoshis ersten Angriff mit einer Serie von Schlägen, die ein Muster aus Stahl um ihn woben. So schnell bewegte sich die Klinge, daß das Auge ihr nicht folgen konnte.

Yoshi wich zurück, bis Kisos Angriff vorüber war, dann antwortete er mit einem bösartigen Wasserrad auf Kisos Kopf, gefolgt von einem Rumpfspalter und einer umgekehrten Acht. Kraft und Schnelligkeit seines Angriffs waren furchteinflößend, aber Kiso, der aus dem tiefsten Inneren seiner Seele seine letzte Kraft mobilisierte, parierte jeden Schlag.

Die zwei Klingen verhakten sich ineinander, und die Kämpfer starrten einander aus nächster Nähe in die Augen. Ihr dampfender Atem vermischte sich zu einer Wolke, die ihre Gesichter umgab, als jeder den Druck verstärkte, um einen Vorteil zu gewinnen. Kisos ausgemergeltes Gesicht war verkniffen in einem Ausdruck von Haß und Entschlossenheit, Yoshis Züge blieben bei gleicher Entschlossenheit starr und eisig.

»Ich hätte dich töten sollen, als wir das erste Mal in Hi-

kuma zusammenstießen«, keuchte Kiso, als sie vor- und zu-
rückschwankten, im tödlichen Kampf ineinander verbissen.

Yoshi antwortete, indem er den Druck gegen Kisos
Schwertarm verstärkte. Kiso sprang plötzlich zurück,
brachte seine Klinge aus der Bindung und schlug nach Yoshis
Knöcheln.

Yoshi übersprang den blitzenden Halbkreis und stieß mit
dem langen Schwert zu, als wäre es ein *naginata*. Die unor-
thodoxe Taktik überraschte Kiso, und er verdankte sein Leben nur der dicken, zähen Brustplatte seiner Rüstung.

Trotz des beißenden Windes, gegen den die Rüstung wenig Schutz bot, begann Kiso zu schwitzen. Er hatte niemals
Furcht gekannt, und auch jetzt hatte er keine, aber die
Schwäche machte sich bemerkbar; seine Hände zitterten,
seine Lungen schienen nicht genug Luft aufnehmen zu können. Wieder und wieder mußte er zurückweichen. Was war
los? Verließ ihn der Mut? Ausgeschlossen. Er war Kiso, Shogun des Reiches, der Dämonenkrieger! Er bleckte die Zähne
und versuchte einen erneuten Angriff.

Yoshi parierte mit einem Minimum von Anstrengung; sein
Gesicht zeigte kaum Anspannung, keine Gefühlsregung außer kalter Distanziertheit. Kiso merkte, daß Yoshi ihn beobachtete, als wäre er eine Fliege, die darauf wartete, daß man
ihr die Flügel ausriß.

Als sie zuerst zusammengeprallt waren, hatten sie einander als Gleiche gegenübergestanden. Doch je mehr der
Kampf sich in die Länge zog, desto stärker machte sich Kisos
Verwundung und seine Erschöpfung bemerkbar. Er wurde
langsamer, und Yoshi schien jede seiner Bewegungen vor-
auszusehen. Yoshis unirdische Ruhe und seine übernatürliche Schnelligkeit gaben Kiso das Gefühl, gegen einen Geist
zu kämpfen, einen schrecklichen *kami*, der Vergeltung für die
schwächeren Seelen verlangte, denen Kiso Unrecht getan
hatte.

Der Schweiß rann Kiso von der Stirn, seine Muskeln wei-
gerten sich, den Befehlen zu gehorchen, die er ihnen gab. Er
blickte in den aufsteigenden Nebel, der ihn wie ein See umgab, leer bis auf den Dämon, der mühelos angriff und ab-
wehrte und wieder angriff... Kiso zitterte. Sein Mund war

weit aufgerissen, als er versuchte, mehr Luft einzuatmen. Er sagte sich, daß er nicht unterliegen werde... schließlich war er Kiso, der tausend Zweikämpfe siegreich bestanden hatte; sollte er diesmal verlieren, so würde er dem Tod tapfer die Stirn bieten. Er stieß seinen rauhen Kriegsschrei aus und führte einen letzten Angriff; eine Abfolge, die sonst nie versagt hatte, um einen Gegner zurückzudrängen oder zu überwinden. Yoshi wich dem blinkenden Stahl mit Leichtigkeit aus. Er schien wie ein böser Traum auf dem Nebelteppich zu treiben.

Kiso spürte, daß er am Ende war. Gab es denn keine Möglichkeit, diesen *kami* zu töten? Yoshi kam wieder näher, glitt durch den milchigen Nebelteppich, das Schwert über den Kopf erhoben. Kiso spürte, daß ihm die Kraft fehlte, einen weiteren Angriff zu parieren. Nur noch eine Abwehr blieb ihm, eine Technik, die er jahrelang geübt, aber niemals gebraucht hatte. Eine Verzweiflungsabwehr, unorthodox und überraschend; sie durfte nicht versagen.

Er richtete das Schwert auf Yoshis Brust und schleuderte es wie einen Speer mit aller Kraft, die er noch aufbringen konnte. Das Schwert flog wie ein Pfeil auf Yoshi zu, Kiso fühlte, daß er richtig gezielt hatte. Das Schwert konnte nicht fehlen.

Yoshi verließ nicht einmal seinen Platz, wich dem Schwertspeer bloß mit einer Seitwärtsdrehung aus. Die Waffe verschwand im Nebel.

Kisos Augen weiteten sich. Yoshi lächelte! Ein Lächeln, kälter als die Nacht.

Kiso sank auf die Knie; er hatte nicht mehr die Kraft zur Gegenwehr. Aber er war Kiso Yoshinaka; er würde so tapfer sterben, wie er gelebt hatte.

Er hob den Blick angesichts des Todesengels und reichte Yoshi sein Kurzschwert. »Töte mich«, sagte er. »Ich bin bereit.«

Aus dem Wald drang Pferdegetrappel. Von Süden her näherte sich eine Abteilung Samurai.

Yoshis Blick ruhte auf dem im Schnee knienden Kiso, der ihm die Kehle hinhielt. Kiso hatte tapfer und gut gekämpft. Während ihres Zweikampfes hatte es Augenblicke gegeben, in denen Yoshi an seiner Fähigkeit zu siegen gezweifelt hatte, aber Kiso hatte seit dem frühen Morgen in der Schlacht gestanden und war entkräftet.

Yoshi erinnerte sich dessen, was der Mann Nami angetan hatte, Santaro und der Sache Yoritomos. Kiso hatte die Einigkeit der Minamoto-Sippe zerstört. Yoshi hob die Klinge und wartete, daß Kiso zurückzucken, zittern oder um Gnade bitten würde.

Nichts.

Kiso sah ihn ruhig an. Yoshi zögerte. Hatten die Götter ihn aus seinem Gelübde entlassen? Er hatte in der Schlacht gekämpft und getötet, hatte eine göttliche Ekstase verspürt. Ja! Der Blitzschlag war ein Zeichen gewesen. Er war frei von seinem Gelübde. Kiso war sein.

Yoshi dachte an Tomoe, die Nami gerettet, Kiso geliebt und einen ehrenhaften Tod für ihn erbeten hatte. Er sah die Grausamkeit und Arroganz hinter Kisos schmalem Gesicht und dem ruhigen Blick, und er sah seine Tapferkeit und die Treue zu seinen Kameraden... Kiso war der beste und der schlimmste der Samurai.

Yoshi stieß seine Klinge in die Scheide.

»Was machst du?« fragte Kiso. »Töte mich. Du hast gesiegt. Ich habe nichts, wofür ich noch leben könnte.«

»Nimm dein Pferd und reite nach Norden zu Tomoe«, sagte Yoshi. »Ihr zuliebe lasse ich dir dein Leben.«

»Nein. Nein! Das kannst du nicht tun. Du entehrst mich. Ich verlor im Zweikampf. Du mußt meinen Kopf nehmen.«

»Geh.«

»Nimm mein Leben. Meine vier Könige sind tot, mein Pflegebruder Imai... Ich habe nur noch meine Ehre. Töte mich... bitte.«

Yoshi wandte sich ab und ging zu Kisos grauem Hengst. Er führte das Pferd zu der Stelle, wo Kiso kniete. »Geh!« wiederholte er und ließ die Zügel fallen. Dann schwang er sich auf sein eigenes Pferd.

»Laß mir wenigstens ein Schwert, damit ich mir selbst das Leben nehmen kann.«

Yoshi lenkte sein Pferd zu den schwarz aus dem Nebel aufragenden Bäumen des Awazu-Waldes. Das Hufgetrappel und die Stimmen der Samurai kamen aus größerer Nähe. In wenigen Minuten würden sie aus dem Wald kommen.

»Geh, solange du kannst«, rief Yoshi über seine Schulter.

Mit einem Fluch bestieg Kiso seinen Grauen und wandte sich nach Norden, als die Krieger aus dem Wald geritten kamen. Er drängte den Grauen in einen Handgalopp. Unter den Hufen dröhnte, knisterte das Eis; er war auf einem der zugefrorenen Teiche. Hinter ihm wurden Stimmen laut.

»Wer reitet dort?« fragte einer der Samurai.

»Niemand von Bedeutung«, erwiderte Yoshi.

»Es muß einer von Kisos Leuten sein!« rief der Samurai, trieb sein Pferd an Yoshi vorbei und folgte Kiso.

»Ich bin Miura-no-Tamehisa von Sagami!« brüllte er. »Halt an, Feigling, und stell dich zum Kampf, wenn du es wagst.«

Kiso wollte den Grauen wenden und sich dem Herausforderer stellen, doch im selben Augenblick brach das Eis, und mit einem schrillen Wiehern versank das Pferd bis zum Widerrist in eisigem schwarzem Wasser. Kiso stieß die Füße aus den Steigbügeln und fluchte. Das war nicht die Art, wie er sterben wollte, waffenlos, ertrunken in einem Tümpel.

Der Graue warf sich gegen den Eisrand, versuchte aus dem Wasser zu kommen; Kiso sprang aus dem Sattel und auf die knisternde Eisdecke, die Zügel in der Hand, um dem Pferd weiterzuhelfen. Er hob den Kopf und spähte zurück, um seinen Verfolger zu suchen.

Miura-no-Tamehisa ließ, ohne abzusitzen, einen Kriegspfeil fliegen. Dieser traf Kiso ins Gesicht und fuhr am Hinterkopf aus seinem Schädel, rote und graue Partikel verspritzend, die seine aufrechte Gestalt einen Augenblick wie ein Heiligenschein umgaben.

Dann fiel Kiso vornüber auf den Hals des Pferdes und glitt davon ab, um im schwarzen Wasser zu verschwinden. Das Pferd brüllte von neuem auf; ein barmherziger zweiter Pfeil brachte es zum Verstummen, und es versank mit seinem Herrn.

Tamehisa ritt zurück und zügelte sein Pferd neben Yoshi, der das Drama aus einiger Entfernung verfolgt hatte. »Dieser Mann trug Kisos Feldzeichen. Wißt Ihr, wer er war?«

421

»Niemand von Bedeutung«, antwortete Yoshi. »Es lohnt sich nicht, naß zu werden, um seinen Kopf zu holen.«

59

Drei Wochen waren seit Kiso Yoshinakas Niederlage gegen seinen Vetter Yoritomo vergangen. Kyoto war in Festtagsstimmung. Am Hof hatte es nicht wenige gegeben, deren Freude über Kisos Niederlage von der Befürchtung gedämpft worden war, daß Yoritomos Besatzungsarmee unter den Generälen Yoshitsune und Noriyori nicht weniger wild und zügellos sein würde als Kisos Truppen. Ihre Ängste waren unbegründet. Yoritomo hatte seine disziplinierten Krieger fest unter Kontrolle.

Der elfte Tag des zweiten Monats 1184 sah die offizielle Eröffnungssitzung des kaiserlichen Rates. Go-Shirakawa und Yoritomo knieten Seite an Seite auf der zentralen Plattform im Saal des Großrates. An diesem Tag wurden Beförderungen ausgesprochen und Ämter vergeben. Die Namen der Auserwählten wurden auf die Auswahlrolle geschrieben, und sie wurden mit einer Dreimal-drei-Schalen-Zeremonie in ihren neuen Rang erhoben.

Yoshi hatte seinen Platz auf der Plattform der Räte eingenommen. Seit er diesen Raum zuletzt gesehen hatte, waren viele Veränderungen eingetreten. Die Mitglieder der Taira und ihre Anhänger waren vor Kisos Armee nach Süden geflohen und hatten Antoku, den kindlichen Kaiser, seine Familie und die Reichsinsignien mit sich genommen. Gleichwohl sah Yoshi viele Räte, die vor zwei Jahren noch Munemori unterstützt hatten. Wie es bei Männern in Machtpositionen oftmals der Fall ist, wechselte ihre Untertanentreue, wenn das Selbstinteresse es verlangte. Diese Männer hatten ihren früheren Taira-Verbündeten abgeschworen und unterstützten jetzt Yoritomo.

Go-Shirakawas rasierter Schädel glänzte im Licht Dutzender Fackeln und Laternen, die den weiten Raum erhellten. Er nickte wiederholt, als Namen von einer Rolle abgelesen wurden. Als der letzte Name verkündet war, räusperte er sich und schaute zu Yoritomo.

Yoritomo lächelte kaum merklich.

Go-Shirakawa räusperte sich abermals. »Wir begrüßen neue Mitglieder in unseren erlauchten Reihen und erhoffen eine lange Zeit allseitigen Gedeihens.«

Der Rat applaudierte höflich.

Als es wieder still geworden war, nahm Yoritomo das Wort und sagte: »Heute begrüßen wir die neuen Großräte und verkünden eine zusätzliche Beförderung, eine Erhebung vom fünften in den vierten Rang. General Tadamorino-Yoshi hat dem Kaiser und mir unvergleichliche Dienste geleistet. Heute soll er dafür belohnt werden.« Yoritomo blickte in Yoshis Richtung. »General Yoshi, tretet vor«, sagte er.

Yoshi war erstaunt, verbarg aber seine Überraschung, als er zu der Matte vor der zentralen Plattform schritt, niederkniete und den Boden dreimal mit der Stirn berührte.

»Die Ländereien und Besitztümer Fumios sowie die Besitztümer und Ländereien Chikaras werden durch kaiserliches Edikt auf Euch übertragen. General Yoshi, von diesem Tag an werdet Ihr als Gouverneur der Provinz Suruga dienen.«

Während die Räte spontan applaudierten, verneigte Yoshi sich wieder und nahm die Schale Reiswein entgegen, die ihm von einem Bediensteten gereicht wurde. Er hob die Schale und sagte: »Möge ich dem Kaiser und unserem Herrn Yoritomo so gut dienen, wie sie mir beigestanden haben. Und mögen wir uns zehnmal zehntausend Jahre der friedlichen Früchte unserer Bemühungen erfreuen.«

Die Schalen wurden gefüllt und geleert, gefüllt und geleert, gefüllt und geleert, während Yoshis Herz vor Freude zerspringen wollte. Er konnte im Triumph in das Land seiner Kindheit zurückkehren. Fumios Burg sollte wiederaufgebaut werden. Er und Nami würden ein ausgefülltes und glückliches Leben führen...

Trotz der Nachtkühle hatte Yoshi die Läden geöffnet und die Bambusjalousien an der Südseite aufgezogen. Die Brise trug den Duft früher Pflaumenblüten herein. Die Glut eines runden Holzkohlenbeckens ließ die Umrisse der *kodai*, der Schlafplattform hervortreten, wo Yoshi in Namis Armen lag.

Im Nordosten verkündeten die tausend Tempelglocken vom Berg Hiei die Stunde des Hasen. Eine Eule rief, und die Welt war erfüllt von den Geräuschen und Düften des nahen Frühlings.

Yoshi lag entspannt unter der Decke, fühlte den süßen Druck von Namis Körper, die an ihn geschmiegt lag, den Kopf in seiner Armbeuge. Worte waren überflüssig. Während des Abends und der Nacht hatten sie ihre Triumphe und Sorgen diskutiert und geteilt, hatten Liebesschwüre ausgetauscht und sie mit ihren Körpern besiegelt.

Yoshis Hand strich zärtlich über Namis Flanke, folgte der Rundung ihrer Hüften, der zurückweichenden Taille und der zarten Krümmung ihrer Brust.

»Yoshi, Lieber«, murmelte Nami schläfrig, »ich muß dir etwas sagen.«

Yoshi öffnete die Augen in aufflackernder Sorge. Konnte an diesem größten und schönsten Tag seines Lebens etwas fehlgegangen sein?

Nami fuhr mit samtweicher Stimme fort:

> »Wolken werden der Dämmerung weichen
> Amaterasus warmes Lächeln
> Schmilzt die Sorgen des Winters
> Eine neue Sonne erhellt das Dunkel
> In meines Herzens heimlicher Kammer.«

Ein unaussprechliches Glücksgefühl durchströmte Yoshis Herz. Tränen stiegen ihm in die Augen. Ein Kind von Nami. Ein Sohn? Eine Tochter? Ganz gleich, der Zyklus war vollendet. Das Kind würde im Haus seiner Vorfahren zur Welt kommen, und die Familie würde fortdauern.

Yoshi berührte Namis Wange mit den Lippen und flüsterte seine Antwort:

> »Vergängliche Welt
> Wo Trauer vergessen wird

Beim ersten Kuckucksruf
Zum Lobpreis der kommenden Sonne.«

Als Yoshi geendet hatte, erreichte ein erster Widerschein warmen goldenen Lichtes den Blumengarten. Der Winter mit seinen Sorgen lag weit hinter ihnen.

Yoshi küßte eine Freudenträne von Namis Wange und flüsterte: »Ich liebe dich, Nami.«

»Und ich dich«, antwortete sie.

ERIC VAN LUSTBADERs

unvergleichlich fesselnde, erotische Fernost-Thriller

Schwarzes Herz
Roman
479 Seiten
01/6527 -
DM 9,80

Teuflischer Engel
Roman
576 Seiten
01/6825 - DM 9,80

Der Ninja
Roman/474 Seiten
01/6381 - DM 9,80

Wilhelm Heyne Verlag München

MOTTO: HOCHSPANNUNG

Meisterwerke der internationalen Thriller-Literatur

Marvin H. Albert
Vendetta
01/6302 - DM 5,80
Der Don ist tot
01/6336 - DM 5,80
Der Schnüffler
01/6396 - DM 5,80
Driscoll's Diamanten
01/6472 - DM 5,80
Der Korse
01/6541 - DM 7,80
Ypsilon
01/6668 - DM 7,80
Das Tal der Mörder
01/6733 - DM 6,80
Der Dschungel
01/6802 - DM 6,80

Richard Bachman
Der Fluch
01/6601 - DM 7,80
Menschenjagd
01/6687 - DM 6,80
Sprengstoff
01/6762 - DM 7,80

Desmond Bagley
Atemlos
01/6081 - DM 6,80
Bahama-Krise
01/6253 - DM 7,80
Der Feind
01/6296 - DM 7,80
Die Gnadenlosen
01/6394 - DM 7,80
Der goldene Kiel
01/6456 - DM 7,80
Die Erbschaft
01/6529 - DM 7,80
Die Täuschung
01/6799 - DM 7,80

Robert Bloch
Psycho 2
01/6287 - DM 6,80
Psycho
01/6374 - DM 5,80

Robert Byrne
Der Tod eines
Wolkenkratzers
„Skyscraper"
01/6654 - DM 6,80
Der Damm
01/6735 - DM 7,80
Der Tunnel
01/6765 - DM 7,80

John le Carré
Eine Art Held
01/6565 - DM 9,80
Die Libelle
01/6619 - DM 9,80
Der wachsame
Träumer
01/6679 - DM 9,80
Dame, König,
As, Spion
01/6785 - DM 7,80

Agatha Christie
Singendes Glas
01/6832 - DM 6,80

Francis Clifford
Agentenspiel
01/6176 - DM 5,80

Robert Daley
Im tödlichen Abseits
01/6360 - DM 7,80
Prince of the City
01/6436 - DM 7,80
Im Jahr des Drachen
01/6483 - DM 8,80
Der gehetzte Bulle
01/6556 - DM 7,80
Nacht über
Manhattan
01/6721 - DM 7,80

Len Deigthon
Eiskalt
01/5390 - DM 6,80
Nagelprobe
01/5466 - DM 6,80
Finale in Berlin
01/5641 - DM 5,80
Ipcress -
Streng geheim
01/5711 - DM 5,80
Fische reden nicht
01/5811 - DM 7,80
Das Milliarden-Dollar-
Gehirn
01/5863 - DM 5,80
Tod auf teurem Pflaster
01/5952 - DM 5,80
Komm schon, Baby,
lach dich tot
01/6094 - DM 6,80
Sahara-Duell
01/6242 - DM 6,80

Colin Forbes
Target 5
01/5314 - DM 6,80
Tafak
01/5360 - DM 6,80
Nullzeit
01/5519 - DM 6,80
Lawinenexpress
01/5631 - DM 7,80
Focus
01/6443 - DM 7,80
Endspurt
01/6644 - DM 7,80
Das Double
01/6719 - DM 9,80

John Gardner
Moment mal,
Mr. Bond
01/6620 - DM 6,80
Operation Eisbrecher
01/6695 - DM 6,80

TOP-THRILLER

Wer Spannung sagt, meint Heyne-Taschenbücher

Die Ehre des
Mr. Bond
01/6789 - DM 6,80

Joseph Hayes
Sekunde der Wahrheit
01/6240 - DM 9,80

Jack Higgins
Die Mordbeichte
01/5469 - DM 5,80
Schlüssel zur Hölle
01/5840 - DM 5,50
Mitternacht ist schon vorüber
01/5903 - DM 5,80
Im Schatten des Verräters
01/6010 - DM 5,80
Der eiserne Tiger
01/6141 - DM 5,80

Stephen King
Brennen muß Salem
01/6478 - DM 9,80
Im Morgengrauen
01/6553 - DM 6,80
Der Gesang der Toten
01/6705 - DM 7,80
Es
Großformatiges Paperback
01/6657 - DM 24,80

Tabitha King
Das Puppenhaus
01/6625 - DM 7,80
Die Seelenwächter
01/6755 - DM 7,80
Die Falle
01/6805 - DM 8,80

Dean R. Koontz
Unheil über der Stadt
01/6667 - DM 7,80

Elmore Leonard
Sie nannten ihn Stick
01/6532 - DM 6,80
LaBrava
01/6627 - DM 6,80
Mr. Majestyk
01/6791 - DM 6,80

Robert Ludlum
Die Matlock-Affäre
01/5723 - DM 7,80
Das Osterman-Wochenende
01/5803 - DM 7,80
Das Kastler-Manuskript
01/5898 - DM 7,80
Der Rheinmann-Tausch
01/5948 - DM 7,80
Das Jesus-Papier
01/6044 - DM 7,80
Das Scarlatti-Erbe
01/6136 - DM 7,80
Der Gandolfo-Anschlag
01/6180 - DM 7,80
Der Matarese-Bund
01/6265 - DM 10,80
Der Borowski-Betrug
01/6417 - DM 9,80
Das Parsifal-Mosaik
01/6577 - DM 9,80
Der Holcroft-Vertrag
01/6744 - DM 9,80

Eric van Lustbader
Der Ninja
01/6381 - DM 9,80
Schwarzes Herz
01/6527 - DM 9,80

**Heyne Jubiläumsband:
Thriller**
Fünf ungekürzte Romane
von internationalen
Spannungsautoren
800 Seiten
(50/6 nur DM 10,–)

**Heyne Jubiläumsband:
Spannung**
Fünf ungekürzte Romane
von weltberühmten Autoren
der Spannungsliteratur
800 Seiten
(50/1 nur DM 8,–)

Drei aufregende Fernost-Thriller

"Jeder, der Lustbaders Ninja verschlungen hat, wird von diesem orientalischen Rache-Epos hingerissen sein." — James Patterson

Dai-Sho
Roman
512 Seiten
01/6864 - DM 9,80

Gai-Jin
Roman
442 Seiten
01/6957 - DM 8,80

Giri
Roman / 414 Seiten
01/6806 - DM 7,80

Wilhelm Heyne Verlag München

HEYNE BÜCHER

PETER SCHOLL-LATOUR

Der Tod im Reisfeld

**Einer der größten Bucherfolge unserer Zeit.
Weltauflage 1,2 Millionen.**

Peter Scholl-Latour kennt Asien wie kaum ein anderer.
Er ist mit allen Ländern zwischen dem Golf von
Bengalen und dem Golf von Tonking vertraut! Vietnam,
Kambodscha, Laos, Thailand,
Burma, Singapur, und er
kennt China, den mächtigen
Nachbarn.
Er bietet eine Reportage
höchsten Ranges und
beschreibt ein Drama
historischen Ausmaßes, den
Vietnam-Konflikt.
*„Das spannendste und
informativste deutsche
Indochina-Buch."*
Der Spiegel

Heyne-Taschenbuch
395 Seiten
01/6876 – DM 9.80

Wilhelm Heyne Verlag München

MOTTO: HOCHSPANNUNG

Meisterwerke der internationalen Thriller-Literatur

David Morell
Totem
01/6582 - DM 6,80
Testament
01/6682 - DM 7,80
Blutschwur
01/6760 - DM 6,80

Marc Olden
Giri
01/6806 - DM 7,80

Ellis Peters
Im Namen der Heiligen
01/6475 - DM 6,80
Ein Leichnam zuviel
01/6523 - DM 6,80
Die Jungfrau im Eis
01/6629 - DM 6,80

Das Mönchskraut
01/6702 - DM 6,80
Der Aufstand auf dem Jahrmarkt
01/6820 - DM 6,80

Jonathan Ryder
Der Genessee-Komplott
01/6348 - DM 9,80
Die Halidon-Verfolgung
01/6481 - DM 9,80

Lawrence Sanders
Schwarzes Gold, weiße Gier
01/6297 - DM 7,80
Die Marlow-Chronik
01/6384 - DM 6,80
Die Tangent-Verschwörung
01/6460 - DM 7,80
Die Zukunfts-Akte
01/6540 - DM 8,80
Die Anderson-Bänder
01/6634 - DM 7,80

John Saul
Blinde Rache
01/6636 - DM 7,80
Wehe, wenn sie wiederkehren
01/6740 - DM 7,80

Craig Thomas
Jade-Tiger
01/6210 - DM 7,80
Wolfsjagd
01/6312 - DM 7,80
Schneefalke
01/6408 - DM 8,80
See-Leopard
01/6496 - DM 7,80
Firefox down
01/6570 - DM 7,80

Joseph Wambaugh
Ein guter Polizist
01/6122 - DM 7,80
Der müde Bulle
01/6221 - DM 7,80
Die Chorknaben
01/6321 - DM 8,80
Tod im Zwiebelfeld
01/6416 - DM 9,80
Nachtstreife
01/6470 - DM 7,80
Der Hollywood-Mord
01/6566 - DM 7,80

Preisänderungen vorbehalten.

Wilhelm Heyne Verlag München

Heyne Jubiläumsband: Action
Vier ungekürzte Action-Romane von internationalen Spannungsautoren
750 Seiten
(50/13 nur DM 10,-)

Heyne Jubiläumsband: Agenten
Fünf ungekürzte Romane von weltberühmten Autoren der Spannungsliteratur
800 Seiten
(50/18 nur DM 10,-)

Heyne Taschenbücher.
Das große Programm von Spannung bis Wissen.

HEYNE BÜCHER

Allgemeine Reihe mit großen Romanen und Erzählungen

Tip des Monats

Heyne Sachbuch

Heyne Report

Heyne Psycho

Scene

Heyne MINI

Heyne Filmbibliothek

Heyne Biographien

Heyne Lyrik

Heyne Ex Libris

Heyne Ratgeber

Ratgeber Esoterik

Heyne Kochbücher

Kompaktwissen

Heyne Western

Blaue Krimis/ Crime Classics

Der große Liebesroman

Romantic Thriller

Exquisit Bücher

Heyne Science Fiction

Heyne Fantasy

Bibliothek der SF-Literatur

Jeden Monat erscheinen mehr als 40 neue Titel.

Ausführlich informiert Sie das Gesamtverzeichnis der Heyne-Taschenbücher. Bitte mit diesem Coupon oder mit Postkarte anfordern.

Senden Sie mir bitte kostenlos das neue Gesamtverzeichnis

Name

Straße

PLZ/Ort

An den Wilhelm Heyne Verlag Postfach 20 12 04 · 8000 München 2